国家示范性高等职业院校重点建设专业教材

桥梁上部构造施工

Qiaoliang Shangbu Gouzao Shigong

主　编　陈　珂
副主编　郭天惠
主　审　汪金育

人民交通出版社

内 容 提 要

本书是国家示范性高职院校重点建设专业教材。本书系统地阐述了各种体系桥梁上部构造施工架设方法和涵洞施工技术，并介绍了桥涵施工常用的配套机具和其他主要桥型的施工技术。全书共分四个学习情境，分别为：桥梁上部构造认知、桥梁上部构造施工、路面系及附属工程施工、涵洞施工。

本书是高职高专院校道路桥梁工程技术专业教学用书，也可供相关教学使用，或作为有关专业继续教育及职业培训教材。

图书在版编目(CIP)数据

桥梁上部构造施工/陈珂主编. —北京：人民交通出版社，2010. 10

国家示范性高等职业院校重点建设专业教材

ISBN 978-7-114-08714-1

I. ①桥… II. ①陈… III. ①桥梁结构：上部结构—工程施工—高等学校：技术学校—教材 IV. ①U443.3 ②U445

中国版本图书馆 CIP 数据核字(2010)第 194707 号

国家示范性高等职业院校重点建设专业教材

书　　名：桥梁上部构造施工
著 作 者：陈　珂
责任编辑：黎小东
出版发行：人民交通出版社
地　　址：(100011)北京市朝阳区安定门外外馆斜街 3 号
网　　址：http://www.ccpress.com.cn
销售电话：(010)59757969，59757973
总 经 销：人民交通出版社发行部
经　　销：各地新华书店
印　　刷：北京盈盛恒通印刷有限公司
开　　本：787 × 1092　1/16
印　　张：14.5
字　　数：352 千
版　　次：2010 年 11 月　第 1 版
印　　次：2013 年 1 月　第 2 次印刷
书　　号：ISBN 978-7-114-08714-1
定　　价：33.00 元

序

《教育部关于全面提高高等职业教育教学质量的若干意见》(教高[2006]16号)明确指出:"高等职业教育作为高等教育发展中的一个类型,肩负着培养面向生产、建设、服务和管理第一线需要的高技能人才的使命"。探索类型发展道路、构建高技能人才培养模式、开发特色教学资源,是高职院校的历史责任。

2007年,贵州交通职业技术学院被列为国家示范性高等职业院校建设单位。国家示范性院校建设的核心是专业建设,而课程和教材又是专业建设的重要内容之一。如何通过课程的建构来推动人才培养模式的改革和创新?教材编写工作又如何与学校人才培养模式和课程体系改革相结合?如何实现课程内容适合高素质技能型人才的培养?这均是学院示范性建设中的重要命题。

令人欣慰的是学院教师历经3年的不断探索和实践,为学院示范建设作出了功不可没的成绩。其中教材建设就是部分成果的体现,也是全体专业教师、一线工程技术人员共同的智慧结晶和劳动成果。在这些教材中,既有工学结合的核心课程教材,也有专业基础课程教材。无论是哪种类型的教材,在编写中,学院都强调对教材内容的改革与创新,强调示范性院校专业建设成果在教材中的固化,强调教材为高素质技能型人才培养服务,强调教材的职业适应性。因为新教材的使用,必须根植于教学改革的成果之上,反过来又促进教学改革目标的实现,推进高职教育人才培养模式改革。

本教材与传统教材相比有如下三个方面的特点:

第一,该教材由原来传统知识体系的章节结构形式,改为工作过程的项目、模块结构形式;教材中的项目来源于岗位工作任务分析确定的工作项目所设计的教学项目,教材中的模块来源于完成工作项目的工作过程。

第二,教材的内容不再依据相关学科的理论知识体系,而来源于相应岗位的工作内容。教学内容的选取依据完成岗位工作任务对知识和技能的要求,建立在行业专家对相应岗位工作任务分析结果和专业教师深入行业进行岗位调研结果的基础上。注重学生实践训练、培养学生完成工作的能力。

第三,教材不再停留在对课程内容的直接描述,而是十分注重对教学过程的设计,注重学生对教学过程的参与。在教材的各个项目之前,一般都提出了该项目应该完成的工作任务,该任务可能是学习性的工作任务,也可能是真实的工作任务。

在这些教材的编写过程中，也倾注了相关企业有关专家的大量心血和辛勤劳动，在此谨向他们表示衷心的感谢！由于开发时间短，教学检验尚不充分，错误和不当之处难免，敬请专家、同行指教。

贵州交通职业技术学院教材编写委员会

2009.11.20

前　言

“桥梁上部构造施工”是高职高专道路桥梁工程技术专业课程。通过本课程的学习，使学生在掌握桥梁上部构造施工的基本知识、实践技能的基础上，培养学生进行桥梁上部构造施工和组织的能力，以及运用国家现行施工规范、规程、标准的能力，促进学生解决桥涵工程问题能力和施工组织能力的提高。

本教材与企业合作，以企业调研为基础，确定桥梁上部构造施工的工作任务，明确培养桥涵施工能力的学习目标。

对“桥梁上部构造施工”课程的设计，是基于桥梁上部构造技术施工过程的系统化设计原则，以培养桥梁上部施工能力为主线，贯穿课程的始终。以桥梁上部构造施工技术项目为导向，将桥梁上部构造施工技术项目分解为桥梁上部构造认知、桥梁上部构造施工、桥面系及附属工程施工、涵洞施工四个情境进行内容安排。

书中引言、学习情境 1 和学习情境 2 由贵州交通职业技术学院陈珂编写，学习情境 3 和学习情境 4 由贵州交通职业技术学院郭天惠编写，全书由陈珂统稿。贵州高速公路开发总公司汪金育担任本书主审。

在编写过程中，编者参考和引用了大量有关文献资料，在此对原作者顺致谢意。

由于时间仓促，水平有限，书中内容难免存在缺点和错误，敬请读者批评指正。

编　者

2010 年 9 月

目　录

引 言

一、本课程的性质与研究对象

本课程是道路桥梁工程技术专业核心课程,目标是让学生掌握桥梁上部构造的浇筑、预制与安装的施工技术。

本课程的教学主要围绕桥梁上部构造的浇筑、预制与安装等施工技术项目进行叙述,并在每个学习情境中安排一个阶段项目,通过完成阶段项目来学习相关的知识,训练相应的技能,实现能力培养的目标。

二、桥梁施工技术发展概述

在桥梁工程中,施工是非常重要的一环,它决定着工程的质量和整个工程的造价等问题。因此,在桥梁施工中,合理地选择施工方法,正确地组织施工和科学管理具有十分重要的意义。

人类在原始时代,要跨越水道和峡谷,是利用自然倒下来的树木、自然形成的石梁或石拱、溪涧突出的石块、谷岸生长的藤萝等来完成的。古代桥梁在17世纪以前,一般是用木、石材料建造的,并按建桥材料把桥分为石桥和木桥。石桥的主要形式是石拱桥。在罗马帝国时代,欧洲建造拱桥较多,如公元前200~公元200年间在罗马台伯河建造了8座石拱桥,其中建于公元前62年的法布里西奥石拱桥,桥跨为两孔,各孔跨径为24.4m。拱桥除圆拱、割圆拱外,还有椭圆拱和坦拱。公元1542~1632年法国建造的皮埃尔桥为七孔不等跨椭圆拱,最大跨径约32m。当时椭圆拱曾盛行一时。1567~1569在佛罗伦萨的圣特里尼搭建了三跨坦拱桥，其矢高同跨度比为1∶7。

11~17世纪建造的桥，有的在桥面两侧设商店，如意大利威尼斯的里亚尔托桥。

举世闻名的河北省赵县的赵州桥(又称安济桥),是我国古代石拱桥的杰出代表(图0-1)。该桥于隋大业初年(605年左右)由李春建造,是一座空腹式的圆弧形石拱桥,净跨37.02m,宽9m,拱矢高度7.23m。在拱圈两肩各设有两个跨度不等的腹拱,这样既能减轻桥身自重、节省材料,又便于排洪、增加美观。赵州桥的设计构思和工艺的精巧,不仅在我国古代桥梁中首屈一指,据对世界桥梁的考证,像这样的敞肩拱桥,欧洲到19世纪中叶才出现,比我国晚了1 200

图0-1 赵州桥

多年。赵州桥的雕刻艺术，包括栏板、望柱和锁口石等，其上的狮、象、龙形态逼真，琢工精致秀丽，不愧为文物宝库中的艺术珍品。

回顾混凝土梁桥的发展历史，可以清楚地看到施工工艺的革新对桥梁类型和体系发展的重要性，它对提高桥梁的跨越能力和丰富结构构造形式都起着重要的作用。早期的混凝土梁桥一般是采用支架就地浇筑施工的中、小跨径的钢筋混凝土简支梁桥和悬臂梁桥，随着桥梁构件的工厂化，出现了装配式钢筋混凝土简支梁桥。自从预应力技术在桥梁工程中应用之后，并随着起重能力的提高，中小跨径的装配式预应力混凝土简支梁桥得到了普遍推广。这些装配式混凝土简支梁桥，大多数采用分片式整体预制，安装后横向整体化，即采用整体施工的方法。

20 世纪 50 年代中期，悬臂施工法从钢桥引入了混凝土梁桥，混凝土梁桥可以从桥墩对称进行分段悬臂浇筑施工或悬臂拼装施工（图 0-2、图 0-3）。这种施工方法不用或很少用支架，不影响河道的通航，建造大跨径桥梁不需要大型起吊设备，从而使预应力混凝土悬臂梁桥、预应力混凝土 T 形刚构桥、连续梁桥和连续刚构桥（图 0-4）得到了普遍发展。继悬臂施工法之后，1959 年顶推施工法首次用于预应力混凝土连续梁桥的施工（图 0-5），它是在沿桥纵轴方向的桥后开辟预制场地，分节段预制主梁，并用纵向预应力筋连成整体，然后通过水平液压千斤顶施力，借助滑动装置，将梁段向对岸顶进就位。

图 0-2　悬臂浇筑施工法

图 0-3　悬臂箱梁拼装

图 0-4　连续刚构桥

图 0-5　顶推法施工

桥梁结构的发展对施工提出了各种不同的要求，也促进了施工方法的发展。随着多跨长桥和高架桥梁的大量建造，出现了与它们相适应的逐跨施工和移动模架施工方法。多跨长桥及高架桥的跨径通常考虑经济分孔，采用等截面梁，因此要求施工快速、简便，使用一套机具设备连续作业。逐跨施工法可以整跨预制逐跨施工，可以在节段预制后再进行逐跨拼装施工，也可在支架上逐跨现浇施工。而移动模架法则是采用大型的施工设备，在梁的位置上逐跨完成梁的一系列制造工作后，纵移施工设备连续施工。其相当于把桥梁的预制场移到桥位，并依靠动力逐跨完成，对于大型桥梁工程施工向工厂化、机械化、自动化和标准化方向迈进是一种有益的尝试（图 0-6）。

桥梁转体施工是 20 世纪 40 年代以后发展起来的一种架桥工艺（图 0-7）。它是在河流的两岸或适当的位置，利用地形或使用简便的支架先将半桥预制完成，之后以桥梁结构本身为转动体，使用一些机具设备，分别将两个半桥转体到桥位轴线位置合龙成桥。转体施工将复杂的、技术性强的高空及水上作业变为岸边的陆上作业，既能保证施工的质量、安全，也减少了施工费用和机具设备，同时在施工期间不影响桥位通航。转体施工法较多用于拱桥的施工，目前在梁桥、斜拉桥、刚架桥等不同桥型的上部构造施工中也有应用。

图 0-6　移动模架法施工

图 0-7　转体施工法

科学技术的发展将不断对施工提出新的要求，今后也将会出现更多的、适应各种不同条件的施工方法。混凝土梁桥的施工方法很多，即使在同一种方法中也有不同的情况，所需的机具、劳动力、施工步骤和施工期限也不一样。因此，在确定桥梁施工方法时应根据桥梁的设计要求、施工现场、环境、设备、经验等各种因素综合分析考虑，合理选择最佳的施工方法。

三、桥梁上部构造施工方法

桥梁上部构造的形式是多种多样的，其施工方法的种类也较多，但除一些比较特殊的施工方法之外，大致可分为预制安装法和现浇法两大类。现将常用施工方法（图 0-8）的特点和适用性分述如下。

1. 预制安装法

预制安装法可分为预制梁安装和预制节段式块件拼装两种类型。前者主要指装配式的简支梁板，如空心板梁、T 形梁、I 形梁及小跨径箱梁等的安装，是先将梁（板）吊装就位，而后进行横向连接或施工桥面板而使之成为桥梁整体；后者是指将梁体（一般为箱梁）沿桥轴向分段预制成节段或节式块件，运到现场进行拼装（悬臂拼装），连续梁、T 构、刚构和斜拉桥多采用这种方法进行施工。

1)自行式吊车吊装法

自行式吊车吊装法多采用汽车吊、履带吊等机械，有单吊和双吊之分，一般适用于跨径在30m以内的简支梁(板)的安装作业。在现场吊装的桥梁孔跨内或引道上应有足够设置吊车的场地，同时应确保运梁道路的畅通。吊车的选型应充分考虑梁体的质量和作业半径后方可决定。

2)跨墩龙门安装法

跨墩龙门安装法是在墩台两侧顺桥向设置轨道，其上安置跨墩的龙门吊，将梁体在吊起状态下运到架设地点而安装在预定位置。此法一般可将梁的预制场地安排在桥头引道，以缩短运梁距离。其优点是：施工作业简单、施工速度快，容易保证施工安全。但要求架设地点的地形平坦、土质良好，梁体应能沿顺桥向搬运，桥墩不能太高。此法因设备的费用较高，架设安装的孔跨数不能太少。

- 施工方法
  - 预制安装法
    - 自行式吊车吊装
    - 跨墩龙门吊装
    - 架桥机安装
    - 扒杆吊装
    - 浮吊架设
    - 浮运整孔架设
    - 缆索吊装
    - 提升
    - 逐孔拼装
    - 悬臂拼装
  - 现浇法
    - 固定支架法
    - 逐孔现浇
    - 悬臂浇筑法
    - 顶推
  - 转体施工法
  - 劲性骨架法

图0-8　上部构造施工方法

3)架桥机安装法

架桥机安装法是预制梁的典型架设安装方法。在孔跨内设置安装导梁，以此作为支承梁来架设梁体，这种作为支承梁的安装梁结构称为架桥机。目前架桥机的种类甚多，有专用的架桥机设备，也有施工者应用常备构件(万能杆件和贝雷桁片等)自行拼装而成的。按形式的不同，架桥机又可分为单导梁、双导梁、斜拉式和悬吊式等。悬臂拼装和逐跨拼装的节段式桥梁也经常采用专用的架桥机设备进行施工。其特点是：不受架设孔跨的桥墩高度影响，也不受梁下条件的影响；架设速度快，作业安全度高，对于跨数较多的长大桥梁更具优越性。

4)扒杆吊装法

扒杆吊装法是一种较原始但简单易行的方法，对一些质量小的小型构件比较适宜，目前已很少采用。但近年国内也有采用扒杆吊装大跨径(330m)桁式拱的经验，单件吊装最大质量达200t。

5)浮吊架设法

浮吊架设法一般适用于河口、海上长大桥梁的架设安装，包括整孔架设和节段式块件的悬臂拼装。采用此法工期较短，但梁体的补强、趸船的补强及趸船、大型吊具、架设用的卡具等设备均较大型化。浮吊和趸船移动，伴随而来的是会使梁体摇动，因此应充分考虑其倾覆问题。

6)浮运整孔架设法

浮运整孔架设法是将梁体用趸船载运至架设地点后进行架设安装的方法，可分两种方式：第一种方式是用两套卷扬机(或液压千斤顶装置)组合提升吊装就位；第二种方式是利用趸船的吃水落差将整体梁体安装就位。

7)缆索吊装法

缆索吊装法是当桥址为深谷、急流等桥下净空不能利用时，在桥台或桥台后方设立钢塔架，塔架上悬挂缆索，以缆索作为承重索进行架设安装的施工方法。缆索吊装较多地应用于拱桥的拼装施工，梁式桥及其他桥型也有采用此法施工的。吊装法有直吊式和斜拉式之分。缆索吊装法比其他方法的架设机械庞大且工期长，采用时应对其经济性进行充分分析。

8)提升法

提升法有两种形式：一是采用卷扬机装置进行提升，较适用于悬臂拼装的桥梁；另一种是采用液压式千斤顶装置进行连续提升，较适用于重型构件或梁(板)的架设安装。

9)逐孔拼装法

逐孔拼装法一般适用于节段式预应力混凝土连续梁的施工。在施工的孔跨内搭设落地式支架或采用悬吊式支架，将节段预制块件按顺序吊放在支架上，然后在预留孔道内穿入预应力筋，对梁施加预应力使其成为整体，这种方法被形象地称为"穿糖葫芦"。

10)悬臂拼装法

悬臂拼装法现多用于预应力混凝土梁体的施工，其他类型的桥梁也可选用。这是一种将梁体分节段预制，墩顶附近的块件用其他架设机械安装或现浇，然后以桥墩为对称点，将预制块件沿桥跨方向对称起吊、安装就位后，张拉预应力筋，使悬臂不断接长、直至合龙的施工方法。悬臂拼装法施工速度快，桥梁上、下部结构可平行作业，预制块件的施工质量易控制，但预制节段所需的场地较大，大跨桥梁施工时，对拼装精度要求较高，因此此法可在跨径100~200m的大桥中选用。这种施工方法可不用或少用支架，施工时不影响通航或桥下交通，宜在跨深水、山谷和海上进行施工，并适用于变截面预应力混凝土梁桥。

悬臂拼装可用的机具设备较多，有移动式吊车、缆索吊、汽车吊和浮吊等，可根据不同的桥梁结构和地形条件进行选择。

2. 现浇法

1)固定支架法

固定支架法是在桥跨间设置支架、安装模板、绑扎钢筋、现场浇筑混凝土的施工方法，特别适用于旱地上的钢筋混凝土和预应力混凝土中小跨径连续梁桥的施工。支架按其构造的不同可分为满布式、柱式、梁式和梁柱式几种类型，组件形式有门式支架、扣件式支架、碗扣式支架、贝雷桁片、万能杆件及各种型钢组合构件等。在这种施工法中，支架虽为临时结构，但施工中需承受梁体的大部分恒重，因此必须有足够的强度和刚度。同时支架的地基要可靠，必要时需对地基进行加固处理。固定支架法施工的特点是：梁的整体性好，施工平稳、可靠，不需大型起重设备；施工中无体系转换的问题；但需要大量施工支架，并需要有较大的施工场地。

2)逐孔现浇法

(1)在支架上逐孔现浇施工

在支架上逐孔现浇施工是一种与前述的固定支架法相类似的施工方法，其区别在于逐孔现浇施工仅在梁的一孔(或两孔)间设置支架，完成后将支架整体转移到下一孔进行连续施工，因此这种方法可仅用一孔(或两孔)的支架和模板周转使用，所需施工费用较少。支架可用落地式、梁式和落地移动式。落地式支架多用于旱地桥梁或桥墩较低的情况；梁式支架的承重梁则可支承在位于桥墩承台的立柱上或锚固于桥墩的横梁上；落地移动式支架可在地面设置轨道，支架在轨道上(或其他滑动、滚动装置上)进行转移。逐孔现浇施工的接头通常设在距桥墩中心约 $L/4$ 弯矩较小的部位。这种施工方法适用于中小跨径及结构构造比较简单的预应力混凝土桥梁。

(2)移动模架逐孔现浇施工

移动模架逐孔现浇施工方法是使用不着地移动式的支架和装配式的模板进行连续地逐孔现浇施工。此法自20世纪50年代末开始使用以来，得到了较广泛的应用，特别对于多跨长桥以及弯、坡、斜桥如高架桥、海湾桥，使用十分方便。其施工快速，安全可靠，机械化程度高，节省劳力，减轻劳动强度，少占施工场地，不会受桥下各种条件的影响，能周期循环施工。但因其模架设备的投资较大，拼装与拆除都较复杂，所以此法一般适用于跨径20~50m的预应力混凝土连续梁桥施工,且桥长至少应在500m以上。

移动模架可分为在梁下以支架梁等支承梁体重力的活动模架(支承式)和在桥面上设置的主梁支承梁重的移动悬吊模架两种形式。

3)悬臂浇筑法

悬臂浇筑法最常用的是采用挂篮悬臂浇筑施工,在桥墩两侧对称逐段就地浇筑混凝土,待混凝土达到一定强度后张拉预应力筋,移动挂篮继续进行施工,使悬臂不断接长,直至合龙。挂篮悬臂浇筑施工是1959年首先由前联邦德国迪维达克公司创造和使用的,因此又称迪维达克施工法。挂篮的构造形式很多,通常由承重梁、悬吊模板、锚固装置、行走系统和工作平台几部分组成。挂篮的功能是:支承梁段模板,调整位置,吊运材料机具,浇筑混凝土,拆模和在挂篮上进行预应力张拉工作。挂篮除强度应保证安全可靠外,还要求造价省,节省材料,操作使用方便,变形小,稳定性好,装拆移动灵活和施工速度快等。

悬臂浇筑施工不需在跨间设置支架,使用少量施工机具设备,便可以很方便地跨越深谷和河流,适用于大跨径连续梁桥的施工。同时根据施工受力特点,悬臂施工一般宜在变截面梁中使用。

4)顶推法

顶推法施工是在桥台的后方设置施工场地,分节段浇筑梁体,并用纵向预应力筋将浇筑节段与已完成的梁体连成整体,在梁体前端安装长度为顶推跨径0.7倍左右的钢导梁,然后通过水平千斤顶施力,将梁体向前方顶推出施工场地,重复这些工序即可完成全部梁体的施工。顶推法最早是1959年在奥地利的阿格尔桥上使用,其特点是:由于作业场所限定在一定范围内,可于作业场上方设置顶棚而使施工不受天气影响,全天候施工。连续梁的顶推跨径为30~50m时最为经济有利,如果跨径大于此值,则需有临时墩等辅助手段。逐段顶推施工宜在等截面的预应力混凝土连续梁桥中使用,也可在组合梁和斜拉桥的主梁上使用。用顶推法施工,设备简单,施工平稳,噪声低,施工质量好,可在深谷和宽深河道上的桥梁、高架桥以及等曲率曲线桥、带有曲线的桥和坡桥上采用。

顶推施工的方法可分为单点顶推和多点顶推两种。

3. 转体施工法

转体施工法多用于拱桥的施工,也可用于斜拉桥和刚构桥的施工。这种施工法是在岸边立支架(或利用地形)预制半跨桥梁的上部结构,然后借助上、下转轴偏心值产生的分力使两岸半跨桥梁上部结构向桥跨转动,用风缆控制其转速,最后就位合龙。该法最适用于峡谷、水深流急、通航河道和跨线桥等地形特殊的情况,具有工艺简单,操作安全,所需设备少、成本低,速度快等特点。转体法分平转和竖转两种施工方法,施工中又分为有平衡重和无平衡重两种方式。

4. 劲性骨架法

劲性骨架法是以钢骨架作为拱圈的劲性拱架,采用现浇混凝土包裹骨架,最后形成钢筋混凝土拱桥。这种埋入式拱架法在我国国内有施工实例,国外称为“米兰拱”。“米兰拱”骨架可采用型钢或钢管等材料制作。

思考题

1. 桥梁施工方法的发展趋势是什么?
2. 桥梁上部构造有哪些施工方法?

学习情境1　桥梁上部构造认知

工作任务　板、梁构造

学习目标

1. 叙述板、梁构造的内容；
2. 知道板、梁构造的功能（作用）；
3. 了解板、梁结构的布置。

任务描述

利用某在建公路桥梁施工文件、多媒体教学资源和教师的讲解，同学们能掌握板、梁构造的内容。

学习引导

本学习任务沿着以下脉络进行学习。

第一步：结合课件，教师讲解相关知识；

第二步：展示某在建公路桥梁施工文件；

第三步：掌握板、梁的构造。

单元学习1　板、梁构造要求

一、结构基本尺寸的规定

1. 板

钢筋混凝土简支板桥的标准跨径不宜大于13m；连续板桥的标准跨径不宜大于16m。预应力混凝土简支板桥的标准跨径不宜大于25m；连续板桥的标准跨径不宜大于30m。

空心板桥的顶板和底板厚度，均不应小于80mm。空心板的空洞端部应予填封。

人行道板的厚度，就地浇筑的混凝土板不应小于80mm；预制混凝土板不应小于60mm。

2. 梁

钢筋混凝土T形、I形截面简支梁标准跨径不宜大于16m，钢筋混凝土箱形截面简支梁标准跨径不宜大于25m，钢筋混凝土箱形截面连续梁标准跨径不宜大于30m。预应力混凝土T形、I形截面简支梁标准跨径不宜大于50m。

T形、I形截面梁应设跨端和跨间横隔梁。当梁横向刚性连接时，横隔梁间距不应大于10m。

箱形截面梁应设箱内端横隔板。内半径小于240m的弯箱梁应设跨间横隔板，其间距对于钢筋混凝土箱形截面梁不应大于10m；对于预应力箱形截面梁则需经结构分析确定。共同受力的多箱梁桥，梁间应设跨端横隔梁，需要时宜设跨间横隔梁，其设置及间距可按T形截面梁办理。

箱形截面悬臂梁桥，除应设箱内端横隔板外，悬臂跨径50m及以上的箱形截面悬臂梁桥在悬臂中部尚应设跨间横隔板。条件许可时箱形截面梁横隔板应设检查用人孔。

预制T形截面梁或箱形截面梁翼缘悬臂端的厚度不应小于100mm；当预制T形截面梁之间采用横向整体现浇连接时或箱形截面梁设有桥面横向预应力钢筋时，其悬臂端厚度不应小于140mm。T形和I形截面梁，在与腹板相连处的翼缘厚度，不应小于梁高的1/10，当该处设有承托时，翼缘厚度可计入承托加厚部分厚度；当承托底坡大于1/3时，取1/3。

箱形截面梁顶板与腹板相连处应设置承托；底板与腹板相连处应设倒角，必要时也可设置承托。箱形截面梁顶、底板的中部厚度，不应小于梁净跨径的1/30，且不应小于200mm。当箱形截面梁承受扭矩时，其箱壁厚度应满足$t_2 \geqslant 0.1b$和$t_2 \geqslant 0.1h$的条件（b、h为箱形截面宽度和高度）。

T形、I形截面梁或箱形截面梁的腹板宽度不应小于140mm；其上下承托之间的腹板高度，当腹板内设有竖向预应力钢筋时，不应大于腹板宽度的20倍，当腹板内不设竖向预应力钢筋时，不应大于腹板宽度的15倍。当腹板宽度有变化时，其过渡段长度不宜小于12倍腹板宽度差。当T形、I形截面梁或箱形截面梁承受扭矩时，其腹板平均宽度对于箱形截面其箱壁厚度应满足$t_2 \geqslant 0.1b$和$t_2 \geqslant 0.1h$的条件（b、h为箱形截面宽度和高度），对于T形、I形截面受扭构件的腹板应符合$b/h \geqslant 0.15$的条件（b、h分别为腹板宽度和净高）。

二、钢筋布置、数量及有关规定

1. 一般规定

为了防止钢筋受到大气影响而锈蚀，并保证钢筋与混凝土之间的黏结力充分发挥作用，钢筋至混凝土边缘需设保护层。若保护层太薄，就不能达到以上目的；太厚则混凝土表面距钢筋太远，减小了钢筋混凝土截面的有效高度，而且容易造成混凝土剥落。因此，主钢筋外缘至混凝土表面的距离，对于Ⅰ类环境条件不小于30mm；对于Ⅱ类环境条件不小于40mm；对于Ⅲ、Ⅳ类环境条件不小于45mm，且不大于50mm；当受拉区主筋的混凝土保护层厚度大于50mm时，应在保护层内设置直径不小于6mm、间距不大于100mm的钢筋网。

当计算中充分利用钢筋的强度时，其最小锚固长度应符合表1-1的规定。

钢筋最小锚固长度　　表1-1

项目 \ 钢筋种类 / 混凝土强度等级		R235				HRB335				HRB400，KL400			
		C20	C25	C30	≥C40	C20	C25	C30	≥C40	C20	C25	C30	≥C40
受压钢筋		40d	35d	30d	25d	35d	30d	25d	20d	40d	35d	30d	25d
受拉钢筋	直端	—	—	—	—	40d	35d	30d	25d	45d	40d	35d	30d
	弯钩端	35d	30d	25d	20d	30d	25d	25d	20d	35d	30d	30d	25d

注：①d为钢筋直径。

②对于受压束筋和等代直径$d_0 \leqslant 28$mm的受拉束筋，其锚固长度应以等代直径按表值确定，束筋的各单根钢筋在同一锚固终点截断；对于等代直径$d_0 > 28$mm的受拉束筋，束筋内各单根钢筋，应自锚固起点开始，以表内规定的单根钢筋的锚固长度的1.3倍，呈阶梯形逐根延伸后截断，即自锚固起点开始，第一根延伸1.3倍单根钢筋的锚固长度，第二根延伸2.6倍单根钢筋的锚固长度，第三根延伸3.9倍单根钢筋的锚固长度。

③采用环氧树脂涂层钢筋时，受拉钢筋最小锚固长度应增加25%。

④当混凝土在凝固过程中易受扰动时，锚固长度应增加25%。

受拉钢筋端部弯钩应符合表 1-2 的规定。

受拉钢筋端部弯钩形状及要求 表 1-2

弯曲部位	弯曲角度	形 状	钢 筋	弯曲直径 D	平直段长度
末端弯钩	180°	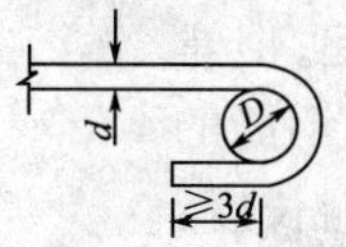	R235	≥2.5d	≥3d
	135°	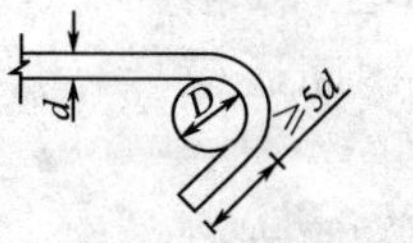	HRB335	≥4d	≥5d
			HRB400 KL400	≥5d	
	90°	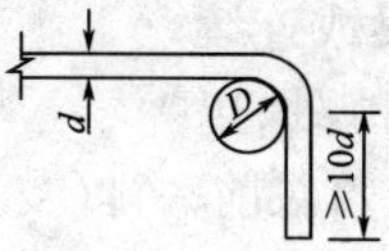	HRB335	≥4d	≥10d
			HRB400 KL400	≥5d	
中间弯折	≤90°	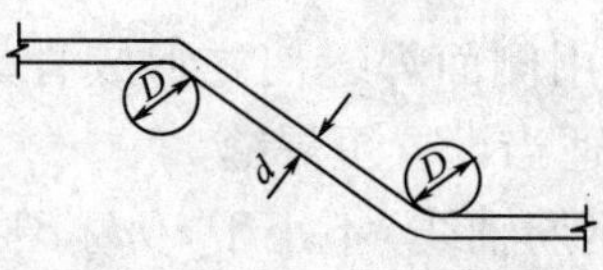	各种钢筋	≥20d	—

2. 梁内钢筋规定

主钢筋设在梁的下缘，随着弯矩值的变化向支点逐渐减少。主钢筋可在跨间适当位置切断或弯起。为保证主梁在梁端有足够的钢筋数量，伸过支点截面的钢筋不应少于主钢筋截面积的 20%，且不少于两根。两外侧钢筋应延伸出端支点以外，并弯成直角顺梁端延伸到顶部与架立钢筋焊接。两侧之间的其他钢筋为弯起钢筋，伸出支点截面以外的长度不应小于 10 倍钢筋直径（环氧树脂涂层钢筋为 12.5 倍钢筋直径）；R235 钢筋应带半圆弯钩。主梁中每片骨架的纵向钢筋根数一般为 3～6 根，焊接钢筋骨架（图 1-1）的层数不应多于 6 层，单根钢筋直径不应大于 32mm。

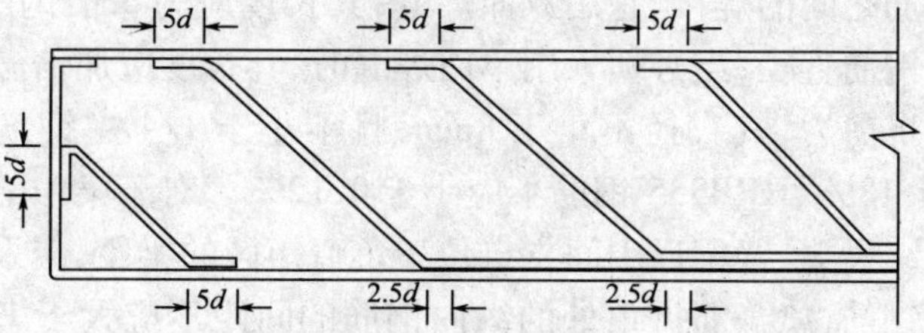

图 1-1 焊接骨架图

在焊接钢筋骨架中，为保证焊接质量，使焊缝处强度不低于钢筋本身的强度，焊缝长度必须满足下述要求（图 1-1）。

（1）利用主钢筋弯起的斜筋，在弯起处应与其他主钢筋相焊接。焊缝长度：双面焊为 2.5d；单面焊为 5.0d。

（2）附加斜筋与主钢筋或架立钢筋的焊缝长度：双面焊为 5.0d；单面焊为 10d。

（3）各层主钢筋相互焊接的焊缝长度：双面焊为 2.5d；单面焊为 5.0d。

弯起钢筋（斜钢筋）的作用是抵抗剪力及主拉应力。当主钢筋弯起数量不足时，可在主钢筋和架立钢筋上加焊斜钢筋。斜钢筋与梁的轴线一般布置成 45°。受拉区弯起钢筋的弯起点，应设在按正截面抗弯承载力计算充分利用该钢筋强度的截面以外不小于 $h_0/2$ 处，此处 h_0 为梁有效高度；弯起钢筋可在按正截面受弯承载力计算不需要该钢筋截面面积之前弯起，但弯起钢筋与梁中心线的交点应位于按计算不需要该钢筋的截面(图 1-2)之外。弯起钢筋的末端应留有锚固长度：受拉区不应小于 20 倍钢筋直径，受压区不应小于 10 倍钢筋直径，环氧树脂涂层钢筋增加 25%；R235 钢筋还应设置半圆弯钩。

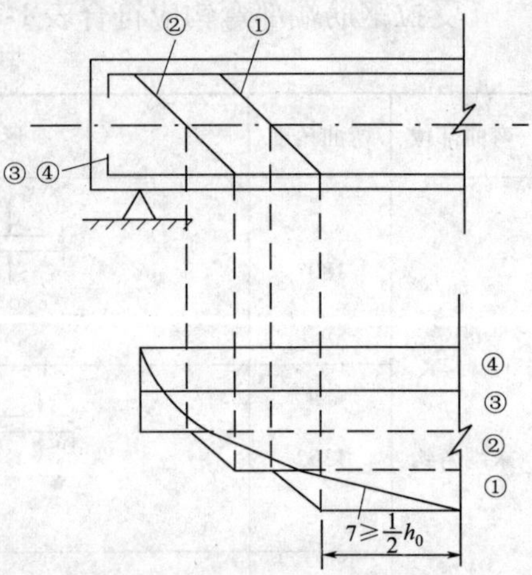

图 1-2　弯起钢筋弯起点位置

靠近支点的第一排弯起钢筋顶部的弯折点，简支梁或连续梁边支点应位于支座中心截面处，悬臂梁或连续梁中间支点应位于横隔梁(板)靠跨径一侧的边缘处，以后各排(跨中方向)弯起钢筋的梁顶部弯折点，应落在前一排(支点方向)弯起钢筋的梁底部弯折点处或弯折点以内。弯起钢筋不得采用浮筋。

钢筋混凝土梁采用多层焊接钢筋时，可用侧面焊缝使之形成骨架(图 1-1)。侧面焊缝设在弯起钢筋的弯折点处，并在中间直线部分适当设置短焊缝。

弯起钢筋应按圆弧弯折，圆弧半径(至钢筋轴线)不小于 $10d$。弯起钢筋的数量(包括根数和直径)由斜截面抗剪强度计算确定。而弯起钢筋的弯起点位置还需满足桥涵设计规范的有关要求。现行规范规定，简支梁第一排(对支座而言)弯起钢筋的弯终点应位于或超过支座中心截面处，以后各排弯起钢筋的弯终点应落在或超过前一排弯起钢筋的弯起点截面。这样布置可以保证可能出现的任一条斜裂缝至少能遇到一排弯起钢筋与之相交。当纵筋弯起形成的弯起钢筋不足以承担梁的剪力时，可采用两次弯起或补充附加斜筋；当纵筋经计算不需要弯起时，其多余的纵筋可按弯矩要求在适当位置将其切断。

焊接钢筋骨架的弯起钢筋，除用纵向钢筋弯起外，也可用专设的弯起钢筋焊接。千万不可采用不与主钢筋焊接的斜筋(浮筋)。

斜钢筋与纵向钢筋之间的焊接，宜用双面焊缝，其长度应为 5 倍钢筋直径，纵向钢筋之间的短焊缝应为 2.5 倍钢筋直径；当必须采用单面焊缝时，其长度应加倍。

箍筋的作用是抵抗剪力，其直径不小于 8mm，且不小于 1/4 主钢筋直径。其配筋率 ρ_{sv}，R235 钢筋不应小于 0.18%，HRB335 钢筋不应小于 0.12%。对于梁中配有按受力计算需要的纵向受压钢筋或在连续梁、悬臂梁近中间支点位于负弯矩区的梁段，应采用闭合式箍筋，同时，同排内任一纵向受压钢筋，离箍筋折角处的纵向钢筋的间距不应大于 150mm 或 15 倍箍筋直径两者中较大者，否则，应设复合箍筋。相邻箍筋的弯钩接头，沿纵向其位置应交替布置。

箍筋间距不应大于梁高的 1/2，且不大于 40cm；当所箍钢筋为按受力需要的纵向受压钢筋时，不应大于所箍钢筋直径的 15 倍，且不应大于 40cm。在钢筋绑扎搭接接头范围内的箍筋间距，当绑扎搭接钢筋受拉时不应大于主钢筋直径的 5 倍，且不大于 10cm；当搭接钢筋受压时不应大于主钢筋直径的 10 倍，且不大于 20cm。在支座中心向跨径方向长度相当于不小于一倍梁高范围内，箍筋间距不宜大于 10cm。

近梁端第一根箍筋，应设置在距端面一个混凝土保护层距离处。梁与梁或梁与柱的交接范围内可不设箍筋；靠近交接面的一根箍筋，其与交接面的距离不宜大于 5cm。

架立钢筋的作用布置在梁的上缘,主要起固定斜钢筋和箍筋的作用,并使梁内全部钢筋形成骨架。

防收缩钢筋的作用是防止梁肋侧面因混凝土收缩等原因而导致的裂缝。其钢筋面积 $A_g = (0.001 \sim 0.002)bh$($b$ 为梁肋宽度,h 为梁高)。钢筋直径为 6 ~ 8mm,其间距在受拉区不应大于腹板宽度,且不应大于 200mm,在受压区不应大于 300mm。在支点附近剪力较大区段和预应力混凝土梁锚固区段,腹板两侧防收缩钢筋截面面积应予以增加,钢筋间距宜为 100 ~ 150mm。

受弯构件的钢筋净距,应考虑浇筑混凝土时,振捣器可以顺利插入。各主钢筋间横向净距与层之间的竖向净距,当钢筋为三层以下时,不应小于 30mm,并不小于钢筋直径;当钢筋为三层以上时,不应小于 40mm,并不小于钢筋直径的 1.25 倍。对于束筋,此处直径采用等代直径。

在装配式 T 形梁中,钢筋数量多,如按钢筋最小净距要求(在高度方向钢筋的净距也要满足≥3cm 或≥1.25d 的要求)排列就有困难,在此情况下可将钢筋叠置,并与斜筋、架立钢筋一起焊接成钢筋骨架(图 1-1)。试验证明,焊接钢筋骨架整体性好,能保证钢筋与混凝土共同工作,其钢筋重心位置较低,梁肋混凝土体积也较小。此外,可避免大量就地绑扎工作,入模安装很快,是装配式 T 形梁桥最常用的钢筋构造形式。然而,焊接钢筋骨架的主筋与混凝土的黏结面积较小,一般说来抗裂性能稍差,因此,在实践中采用表面呈螺纹形或竹节形的钢筋,并选用较小直径的钢筋,有条件时还可将箍筋与主筋接触处点焊固结,以增大其黏结强度,从而改善其抗裂性能。

翼缘板内的受力钢筋沿横向布置在板的上缘,以承受悬臂的负弯矩。在顺桥向还应设置分布钢筋。板内主钢筋的直径不小于 10mm,间距不宜大于 200mm。分布钢筋不小于 8mm,间距不大于 200mm,且单位板宽内分布钢筋截面积不小于主钢筋截面积的 15%。在有横隔梁部位,分布钢筋面积应增至主钢筋面积的 30%,以承受集中轮载作用下的局部弯矩,所增加的分布钢筋每侧应从横隔梁轴线伸长 $L/4$(L 为板的跨径)的长度。

3. 板内钢筋规定

行车道板内主钢筋直径不应小于 10mm。人行道板内的主钢筋直径不应小于 8mm。在简支板跨中和连续板支点处,板内主钢筋间距不应大于 200mm,各主钢筋间横向净距与层之间的竖向净距,当钢筋为三层以下时,不应小于 30mm,并不小于钢筋直径;当钢筋为三层以上时,不应小于 40mm,并不小于钢筋直径的 1.25 倍。对于束筋,此处直径采用等代直径。

行车道板内主钢筋可在沿板高中心纵轴线的 1/6 ~ 1/4 计算跨径处按 30° ~ 45°弯起。通过支点不弯起的主钢筋,每米板宽内不应少于 3 根,并不应少于主钢筋截面面积的 1/4。

行车道板内应设置垂直于主钢筋的分布钢筋。分布钢筋设在主钢筋的内侧,其直径不应小于 8mm,间距不应大于 200mm,截面面积不宜小于板的截面面积的 0.1%。在主钢筋的弯折处,应布置分布钢筋。人行道板内分布钢筋直径不应小于 6mm,其间距不应大于 200mm。

布置四周支承双向板钢筋时,可将板沿纵向及横向各划分为三部分。靠边部分的宽度均为板的短边宽度的 1/4。中间部分的钢筋应按计算数量设置,靠边部分的钢筋按中间部分的半数设置,钢筋间距不应大于 250mm,且不应大于板厚的两倍。

斜板的钢筋可按下列规定布置(图 1-3):

(1)当整体式斜板的斜交角(板的支座轴线的垂直线与桥纵轴线的夹角)不大于 15°时,主钢筋可平行于桥纵轴线方向布置。当整体式斜板斜交角大于 15°时,主钢筋宜垂直于板的支座轴线方向布置，此时，在板的自由边上下应各设一条不少于3根主钢筋的平行于自由边的钢筋带，并用箍筋箍牢。在钝角部位靠近板顶的上层，应布置垂直于钝角平分线的加强钢筋，在钝角部位靠近板底的下层，应布置平行于钝角平分线的加强钢筋，加强钢筋直径不宜小于12mm，间距为100～150mm，布置于钝角两侧1.0～1.5m边长的扇形面积内。

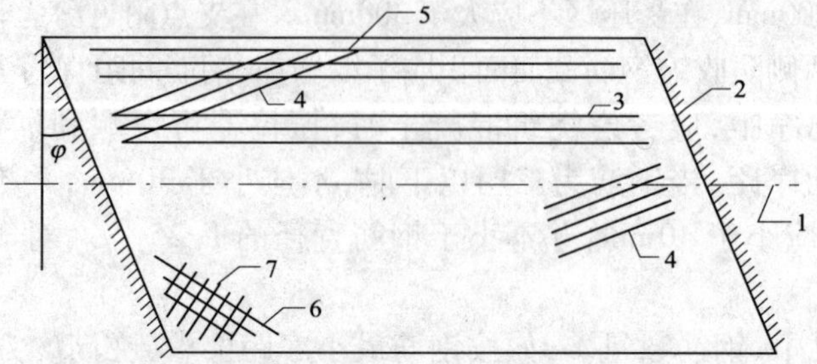

图1-3　斜板桥钢筋布置

1-桥纵轴线；2-支承轴线；3-顺桥纵轴线钢筋；4-与支承轴线正交的钢筋；5-自由边钢筋带；6-垂直于钝角平分线的钝角钢筋；7-平行于钝角平分线的钝角钢筋

（2）斜板的分布钢筋宜垂直于主钢筋方向设置，其直径、间距和数量与行车道板要求相同。在斜板的支座附近宜增设平行于支座轴线的分布钢筋；或将分布钢筋向支座方向呈扇形分布，过渡到平行于支承轴线。

三、预应力钢筋

现浇施工采用后张法预应力混凝土结构，结构配筋除了主要的纵向预应力筋外，还有一些非预应力筋，如局部受拉主筋、架立钢筋、箍筋、水平分布钢筋、承受局部压力的钢筋骨架（图1-4）。

纵向预应力筋主筋在跨中均靠近梁的下缘布置，以对混凝土施加的压力来抵消荷载引起的拉应力。

当预应力筋数量不太多，能全部在梁端锚固时，为使张拉工序简便，通常都将预应力筋全部弯至梁端锚固［图1-4c）］。这种布置的预应力筋弯起角不大（一般在20°以下），这对减小摩阻损失有利。然而，对于钢束根数较多的情况，或者当预应力混凝土梁的梁高受到限制，以致不能全部在梁端锚固时，就必须将一部分预应力筋弯出梁顶［图1-4d）］。这样的布置方式使张拉作业的操作稍趋繁复，使预应力筋的弯起角口较大（达25°～30°），增大了摩阻引起的预应力损失，但能缩短预应力筋长度，节约钢材，对于提高梁的抗剪能力也更有利。

在实际设计中，鉴于梁在跨中区段弯矩变化平缓以及荷载剪力也不大，故通常在三分点到四分点之间开始将预应力筋弯起。当然，预应力筋弯起后，截面也必须满足破坏阶段的强度要求。

预应力筋起弯的曲线形状可以采用圆弧形、抛物线或悬链线三种，通常在曲线的矢跨比较小时，三者的各点坐标很接近。圆弧线施工放样简便，弯起角度较大，可得到较大的预剪力，故通常都在梁中部保持一段水平直线后并按圆弧弯起。悬链线的预应力筋（或制孔器）可利用其自重下垂达到规定线形，定位方便，但它在端部的起弯角度较小。预应力筋弯起的曲率半径，当采用钢丝束、钢绞线配筋时一般不小于4m。

预应力筋在跨中横截面内的布置，应在保证梁底保护层和位于索界内的前提下，尽量使其重心靠下，以增大预加力的偏心距，节省高强钢材。同时应使预应力筋在满足构造要求的同

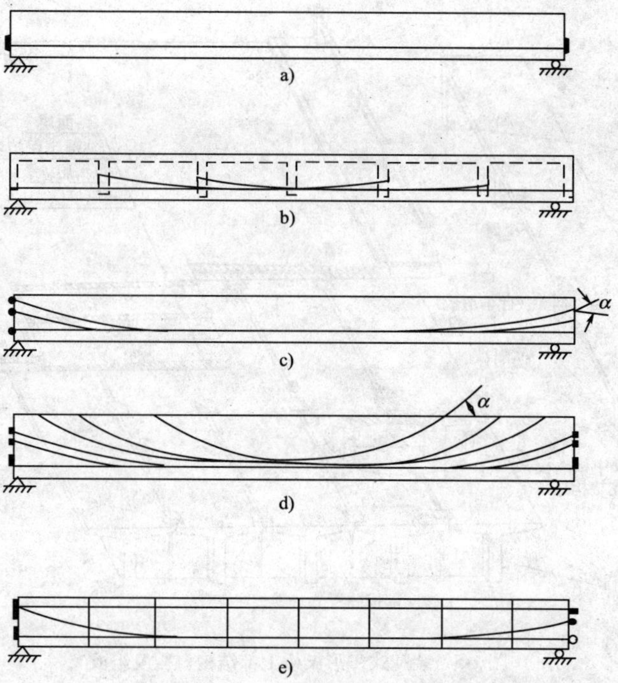

图 1-4　纵向预应力筋布置图式

时，尽量相互靠拢，以减小下马蹄的尺寸。此外还应将适当数量的预应力筋布置在腹板中线处，以便于起弯。

预应力筋在一定区段内逐渐弯起，有以下三个目的：

(1)简支梁的弯矩从跨中向支点逐渐减小，故预应力筋的偏心距也应逐渐减小，否则上缘的拉应力过大。必须将部分力筋弯起，以减小支点的负弯矩。

(2)临近支点的区段剪力很大，可用弯起力筋所产生的竖向分力来抵消它。

(3)分散梁端预压应力和便于布置锚具。

后张法预应力混凝土梁(包括连续梁和连续刚构边跨现浇段)的部分预应力钢筋，应在靠近端支座区段横桥向对称成对弯起，宜沿梁端面均匀布置，同时沿纵向可将梁腹板加宽。在梁端部附近，设置间距较密的纵向钢筋和箍筋。

预应力管道内径的截面积，不应小于 2 倍预应力钢筋截面面积。

单元学习 2　梁桥上部结构概貌及构件布置

一、梁桥上部结构概貌

国内外所建造的装配式钢筋混凝土及预应力混凝土梁式桥，通常采用板桥、肋梁桥或箱形梁桥，其中中小跨径以 T 形梁桥最为普遍。图 1-5 所示就是典型的装配式 T 形梁桥上部构造概貌，它由几片 T 形截面的主梁并列在一起装配连接而成。T 形梁的顶部翼板构成行车道板，与主梁梁肋垂直相连的横隔梁的下部以及 T 梁翼板的边缘，均设焊接钢板连接构造(或将主梁相连接部分的翼板和横隔梁预留部分现浇)将各主梁连成整体，这样就能使作用在行车道板上的局部荷载分布给各片主梁共同承受。

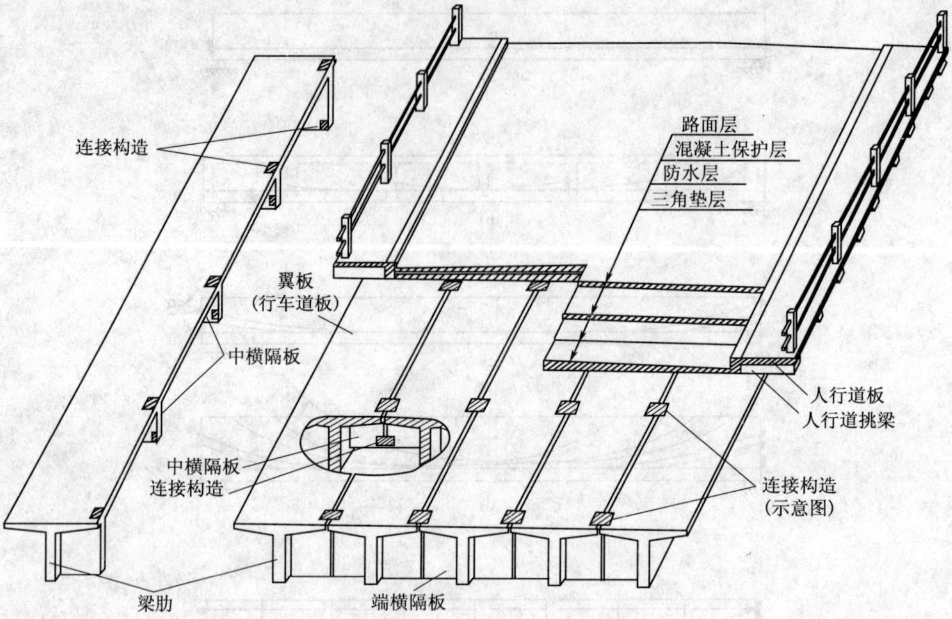

图 1-5　装配式 T 形梁桥上部结构概貌及组成

二、梁桥上部结构布置

1. 主梁(或主板)布置

主梁(主板)间距大小不但与钢筋和混凝土的材料用量、构件的安装重力有关,对于肋梁桥和箱形梁桥还与翼板的刚度有关。一般来说,对于跨径大一些的桥,适当地加大主梁(主板)间距,可减少钢筋和混凝土的用量。但构件重力的增大也使吊运和安装工作更加困难。肋梁桥主梁间距一般取 1.5 ~ 2.2m;板桥主板的宽度,一般可根据桥面净空的需要和安装重量确定;箱形截面梁桥的主梁布置可根据需要来定。

图 1-6 为装配式 T 形梁纵横截面。

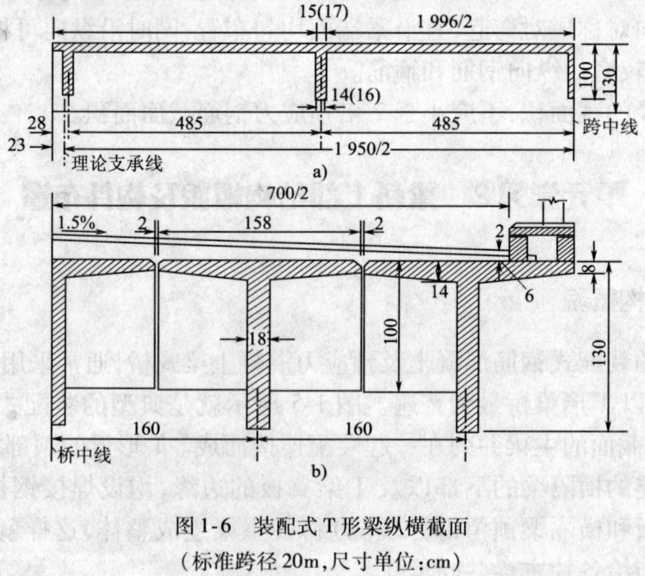

图 1-6　装配式 T 形梁纵横截面

(标准跨径 20m,尺寸单位:cm)

2. 横隔梁布置

横隔梁在装配式肋梁桥或箱形梁桥中起着连接主梁的作用,它的刚度越大,桥梁的整体性能越好,在荷载作用下各主梁就能更好地共同受力。因此,梁的端横隔梁是必须设置的。当梁的跨径大于 13m 时需在跨内增设 1 ~ 3 道内横隔梁。然而,设置横隔梁使主梁模板工作稍趋复杂,横隔梁的焊接接头又往往要在设于桥下的专门工作架上进行,施工比较麻烦。必要时可将横隔梁也做成装配式构件。

3. 主梁(板)的横向连接

1)装配式板桥横向连接

为了使装配式板块具有整体性,且在外荷载作用下相邻板块能共同工作,在块件之间必须设置横向连接。常用的连接方法有企口混凝土铰连接和钢板焊接连接。

(1)企口混凝土铰连接

企口混凝土铰连接的形式有圆形、菱形、漏斗形三种(图 1-7)。它是在块件安装就位后,在企口缝内用 C30 ~ C40 小石子混凝土填筑密实而成的。实践证明,这种铰确能保证传递横向剪力使各块板共同受力。如果要使桥面铺装层也参与受力,也可以将预制板中的箍筋伸出以与相邻板同样伸出的箍筋互相搭接,再将其浇筑在铺装层内[图 1-7d)]。

(2)钢板焊接连接

由于企口混凝土铰需要现场浇筑混凝土,并需待混凝土达到设计强度后才能通车,为了加快工程进度,也可采用钢板焊接连接(图 1-8)。它的构造是:用一块钢盖板 $N1$ 焊在相邻两构件的预埋钢板 $N2$ 上。连接构造的纵向中距通常为 80 ~ 150cm,根据受力特点,在跨中部分布置较密,向两端支点处逐渐减疏。

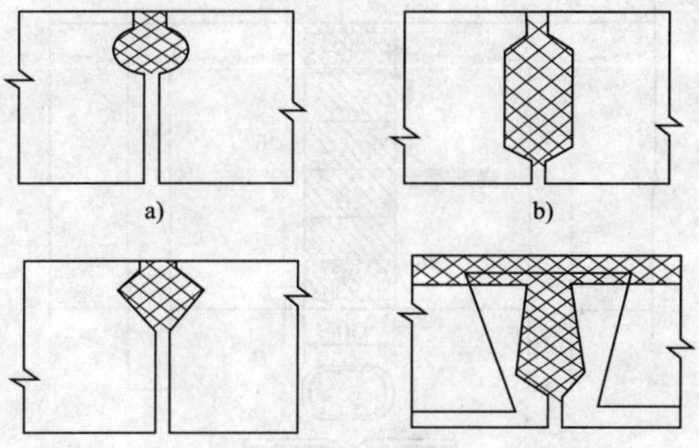

图 1-7　企口混凝土铰连接

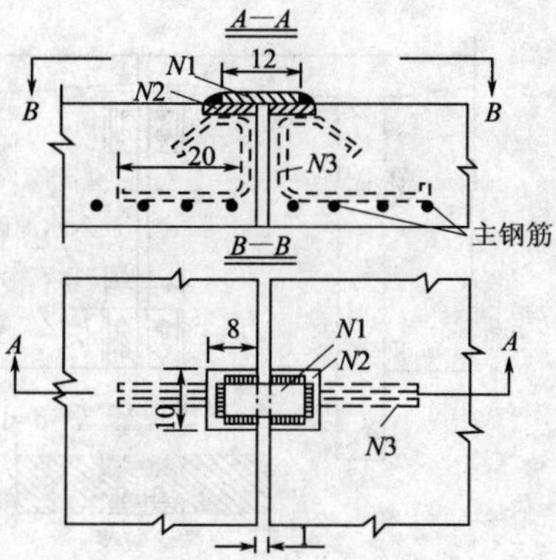

图 1-8　钢板焊接连接(尺寸单位:cm)

2)装配式梁桥横向连接

通常在设有端横隔梁和中横隔梁的装配式肋梁桥中,均借助横隔梁的接头使所有主梁连接成整体,接头要有足够的强度,以保证结构的整体性,并使在运营过程中不致因荷载反复作用和冲击作用而发生松动。

(1)钢板连接

图 1-9 所示为过去常用的主梁中横隔梁的构造形式(图 1-9 所示 T 梁的中横隔梁)。在横隔梁靠近下部边缘的两侧和顶部的翼板内均埋有焊接钢板,焊接钢板则预先与横隔梁的受力钢筋焊在一起做成安装骨架。当 T 梁安装就位后即在横隔梁的预埋钢板上再加焊盖接钢板使连成整体。端横隔梁的焊接钢板接头构造与中横隔梁相同,但由于其外侧(近墩台一侧)不好

施焊，故焊接接头只设于内侧。相邻横隔梁之间的缝隙最好用水泥砂浆填满，所有外露钢板也应用水泥灰浆封盖。这种接头强度可靠，焊接后立即就能承受荷载，但现场要有焊接设备，而且有时需要在桥下进行仰焊，施工较困难，运营后外露钢板的水泥灰浆封盖易脱落，钢板易锈蚀脱落，目前基本不采用。

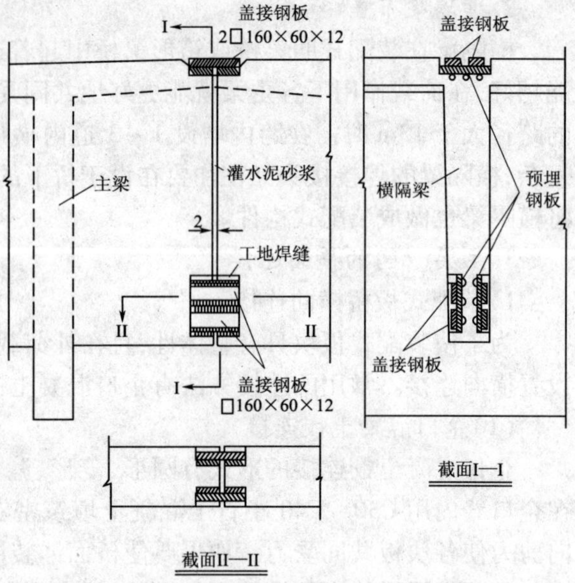

图 1-9　钢板连接

(2)螺栓连接

此种接头方法基本上与焊接钢板接头相同，不同之处是盖接钢板不用电焊，而是用螺栓与预埋钢板连接[(图 1-10a)]，为此，钢板上要预留螺栓孔。这种接头由于不用特殊机具而有拼装迅速的优点，但在运营过程中螺栓易于松动。

(3)现浇混凝土连接[(图 1-10b)]

这种接头的做法是：主梁预制时在横隔梁及翼板接缝处预留一定宽度并伸出钢筋，安装时将相邻构件的预留钢筋按图纸要求进行绑扎，支好模板后现浇混凝土封闭接缝，接缝宽度约为 0.50m 左右。这种横向连接在工地不需要特殊机具，连接质量好，但现浇混凝土数量较多，接头施工后也不能立即承受荷载。这种连接构造为梁式桥目前所广泛采用。

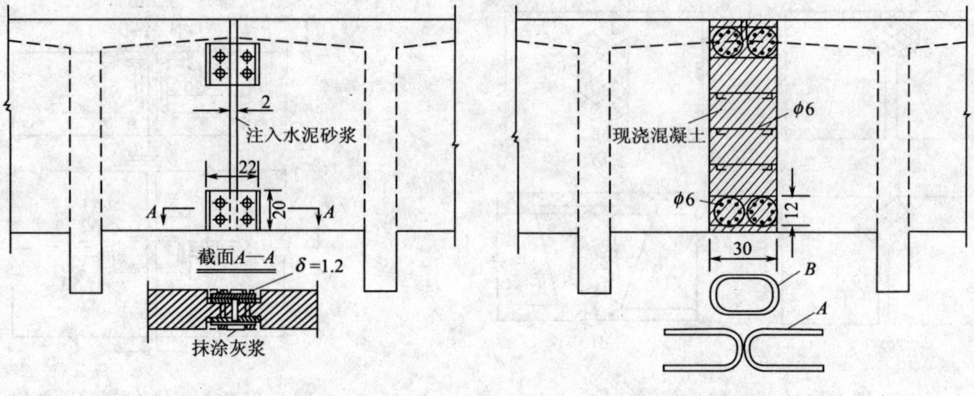

图 1-10　螺栓及现浇混凝土连接(尺寸单位：cm)

4. 主梁(板)构造及钢筋种类与布置

1)装配式钢筋混凝土板桥的构造及钢筋布置

在装配式钢筋混凝土板桥主板内的钢筋包括：主钢筋、弯起钢筋(斜筋)、箍筋、架立钢筋和分布钢筋。多采用绑扎钢筋骨架。

主钢筋设在板的下缘，随着弯矩值的变化向支点逐渐减少，主钢筋可在跨间适当位置切断或弯起。斜钢筋的作用是抵抗剪力及主拉应力。当主钢筋弯起数量不足时，可在主钢筋和架立钢筋上加焊斜钢筋。由于板桥跨径小，一般情况下，不需要设置斜筋。箍筋的作用是抵抗剪力，并固定主筋的位置。架立钢筋布置在板的上缘,主要起固定斜钢筋和箍筋的作用,并使板内全部钢筋形成骨架。分布钢筋则布置在板的上方或侧面,防止混凝土在凝结时产生收缩裂缝。

2)装配式预应力混凝土板桥钢筋布置

在装配式预应力混凝土板桥主板内,其弯起钢筋(斜筋)、箍筋、架立钢筋和分布钢筋与普通钢筋混凝土板相同,主钢筋采用预应力钢筋。其布置形式见图1-11、图1-12。

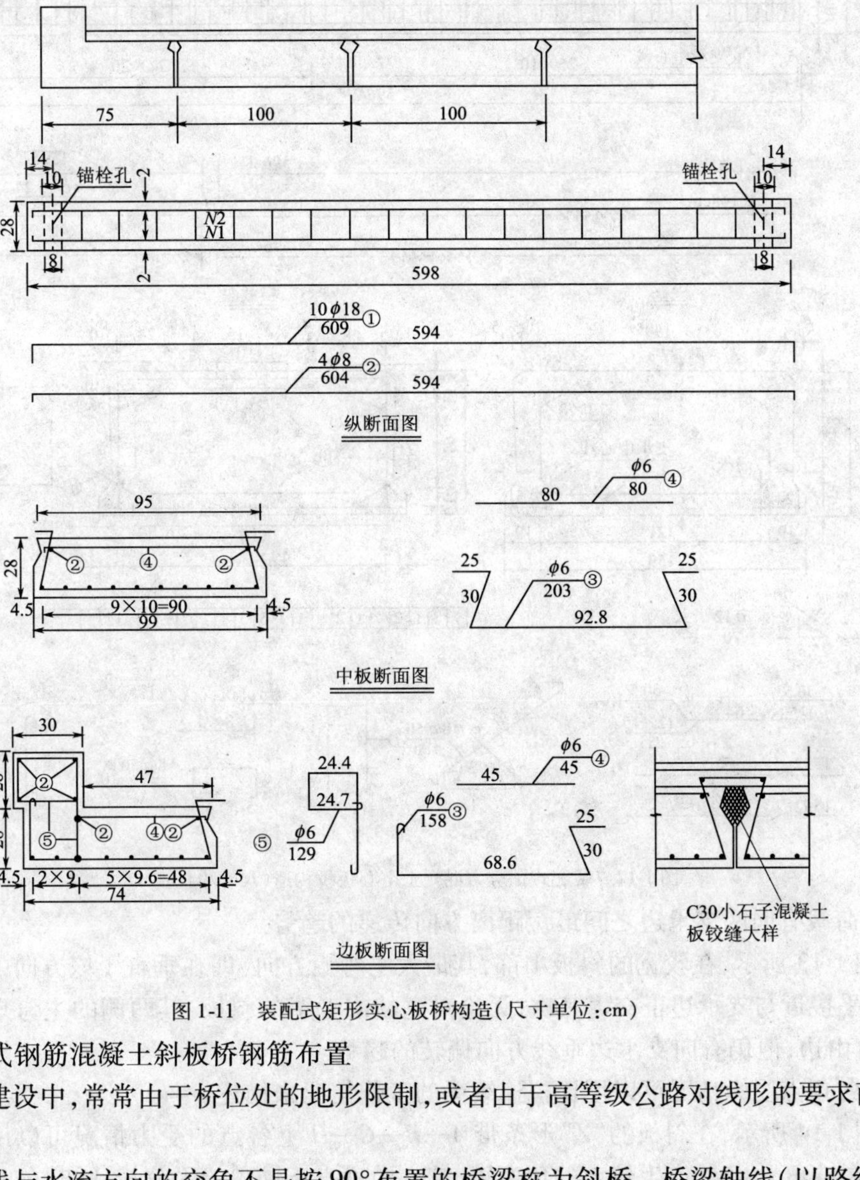

图1-11 装配式矩形实心板桥构造(尺寸单位:cm)

3)装配式钢筋混凝土斜板桥钢筋布置

在桥梁建设中,常常由于桥位处的地形限制,或者由于高等级公路对线形的要求而将桥梁做成斜交。

桥梁轴线与水流方向的交角不是按90°布置的桥梁称为斜桥。桥梁轴线(以路线前进方向)与水流方向的第一象限角称为交角;锐角称为斜交角;桥梁轴线与支承线的垂线之间的夹角称为斜交角。斜交角位于桥梁轴线(以路线前进方向)左边时,称为左斜交;位于右边时,称为右斜交。斜交板桥虽然有改善线形的优点,但它的受力状态比正交板桥要复杂得多。因此钢筋的布置也比正板桥复杂。为了了解斜板桥的钢筋布置,首先应对斜板桥的工作性能有所了解,以便从构造上予以认识。

理论和试验表明,简支的斜板在垂直荷载作用下一般具有下列特性。

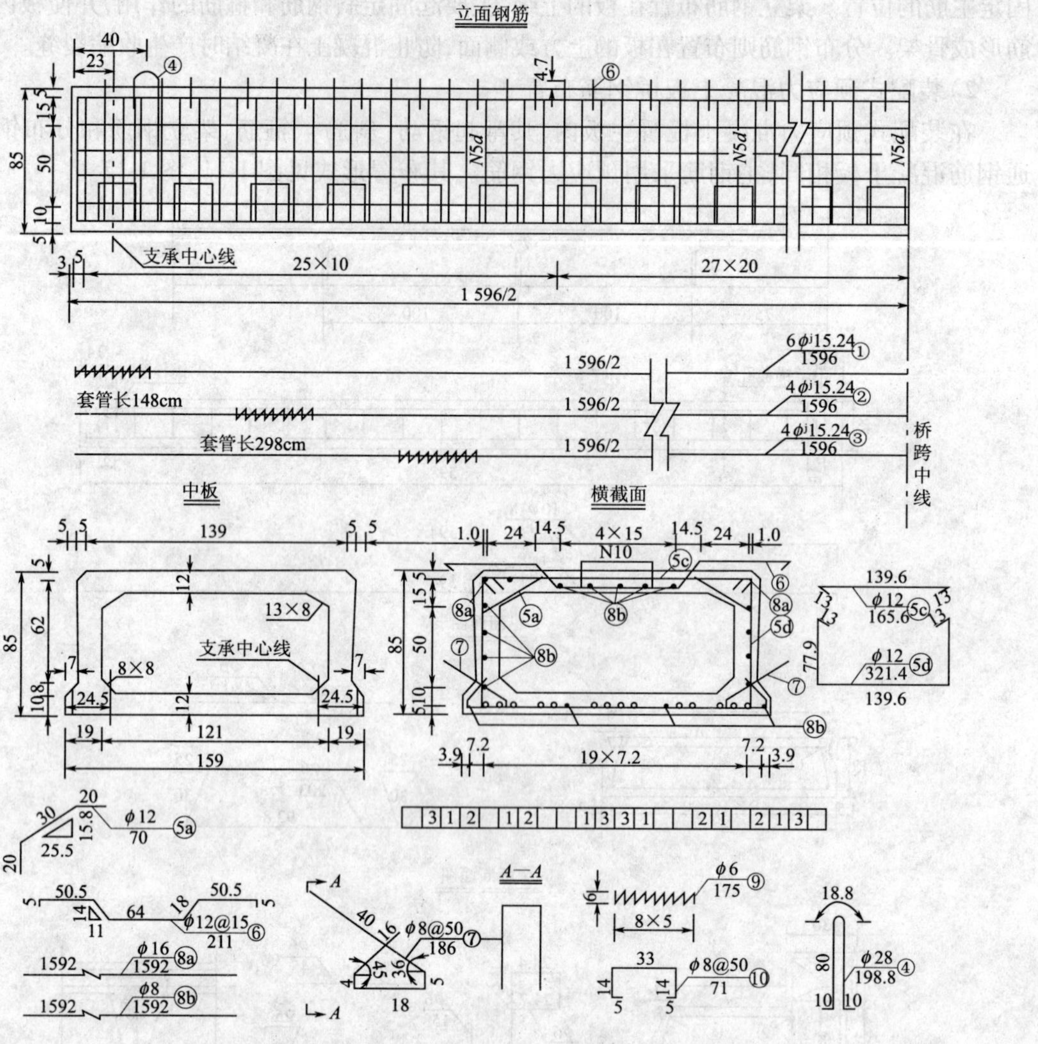

图 1-12　装配式预应力混凝土空心板桥构造(尺寸单位:cm)

(1)荷载有向两支承边之间最短距离方向传递的趋势。

如图 1-13 所示,在较宽的斜板中部,其最大主弯矩方向(即在垂直于该方向的截面上没有扭矩)几乎接近与支承边正交。其次,无论对宽的或者窄的斜板,其两侧的主弯矩方向虽接近平行于自由边,但仍有向支承边垂线方向偏转的趋势。

(2)各角点受力情况可以用比拟连续梁的工作情况来描述。

如图 1-14 所示,在斜板的“Z”形条带 $A—B—C—D$ 上各点的受力情况可以用三跨连续梁来比拟,在钝角 B、C 处产生较大的负弯矩,其方向垂直于钝角的平分线;同时在 B、C 点的反力也较大,锐角 A、D 点的反力较小,当斜交角度和斜跨径与板宽之比都较大时,锐角便有向上翘起的趋势。此时若固定锐角角点,势必导致板内有较大的扭矩。

(3)在均布荷载作用下,当桥轴线方向的跨长相同时,斜板桥的最大跨内弯矩比正交板桥要小,跨内纵向最大弯矩或最大应力的位置随着斜度的变大而自中央向钝角方向移动。

图 1-15a)表示斜板桥最大跨内弯矩 M_{φ} 与正板桥跨中弯矩 $M_{\varphi}=0$ 的比值随斜度改变的变化曲线;图 1-15b)表示在满布均匀荷载时,跨内最大弯矩位置沿板宽的变化曲线。由图可知,

当斜交角度在15°以内时，可以近似地按正交板桥计算；当斜交角度大于15°时，则应按斜交板桥进行计算。因此，桥涵设计规范对此作了详细的规定。

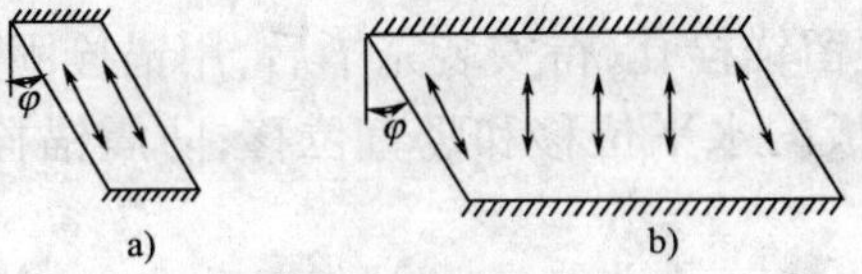

图1-13 斜板的最大主弯矩方向

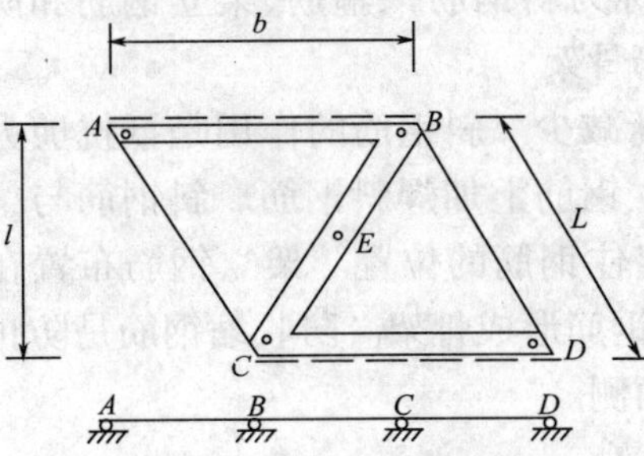

图1-14 比拟连续梁

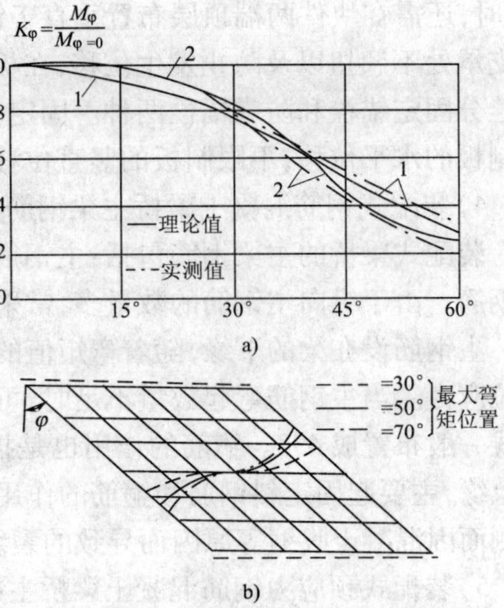

图1-15 弯矩随斜度的变化

1-板跨中央；2-自由边中点

(4)在上述同样情况下，斜交板桥的跨中横向弯矩比正交板桥的要大，可以认为横向弯矩增加的量，相当于跨径方向弯矩减小的量。

熟悉了斜板的工作性能以后，就可据此配置斜板桥的钢筋。

装配式斜交板桥由于每块装配式板的宽度较小，跨宽比都很大，所以斜板内的受力情况比较好。板的钢筋布置与斜度大小有关，当斜交角度为10°~20°时，主钢筋顺桥向布置，箍筋平行于支承线布置[(图1-16a)]；当斜交角度为30°~60°时，主钢筋顺桥向布置，箍筋垂直于主钢筋布置。另外，在块件两端支点附近各增加与主钢筋斜交且平行于支承线的箍筋[(图1-16b)]。

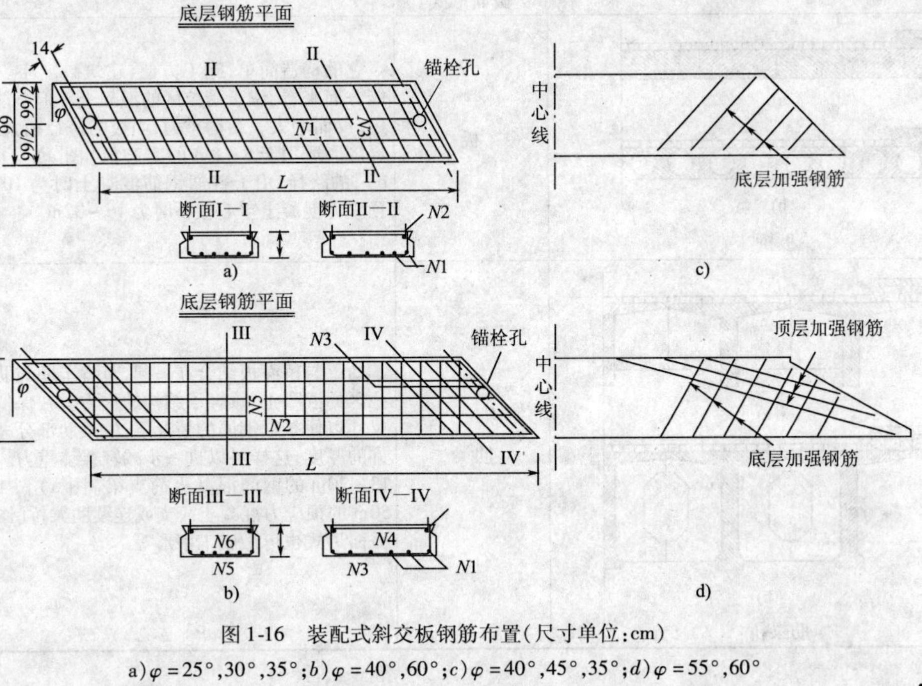

图1-16 装配式斜交板钢筋布置(尺寸单位:cm)

a) $φ=25°,30°,35°$；b) $φ=40°,60°$；c) $φ=40°,45°,35°$；d) $φ=55°,60°$

在斜板块件的钢筋布置中，当斜交角度大于20°时，需在块件两端底层布置垂直于支承线的附加钢筋[（图1-16c）]，并在桥面铺装层内布置垂直于钝角平分线的附加钢筋，当斜度大于50°时，还需在块件两端顶层布置垂直于钝角平分线的附加钢筋[（图1-16d）]。为了使铰接斜板支承处不翘扭以及防止发生位移，在板端部中心处预留锚栓孔，待安装完毕后，用锚栓固定。锚栓分固定锚栓和防震锚栓两种。固定锚栓同时限制板的水平位移和竖直位移；防震锚栓只限制板的水平位移，不限制板的竖直位移。

4）装配式钢筋混凝土梁桥主梁钢筋布置

装配式梁桥的主梁钢筋包括：主钢筋、弯起钢筋（也称为斜钢筋）、箍筋、架立钢筋和防收缩钢筋。由于纵向主钢筋的数量多，常采用多层焊接钢筋骨架。

主钢筋设在梁的下缘，随着弯矩值的变化向支点逐渐减少。斜钢筋的作用是抵抗剪力及主拉应力。当主钢筋弯起数量不足时，可在主钢筋和架立钢筋上加焊斜钢筋。斜钢筋与梁的轴线一般布置成45°。箍筋的作用也是抵抗剪力，并固定住钢筋的位置。架立钢筋布置在梁的上缘，主要起固定斜钢筋和箍筋的作用，并使梁内全部钢筋形成骨架。防收缩钢筋是防止梁肋侧面因混凝土收缩等原因而导致的裂缝，布置在梁肋两侧。

5）装配式预应力钢筋混凝土梁桥主梁钢筋布置

装配式预应力钢筋混凝土梁桥主梁内钢筋主要有：预应力钢筋、普通钢筋、箍筋、架立钢筋和防收缩钢筋等。其中预应力钢筋代替普通钢筋混凝土梁中的主筋和斜筋，箍筋、架立钢筋和防收缩钢筋与普通钢筋混凝土梁的作用及布置方式相同。普通钢筋布置在梁底，对于全预应力混凝土结构只起架立作用，对于部分预应力混凝土结构要考虑部分普通钢筋受力。

三、梁桥主要承重结构截面形式

梁桥主要承重结构截面形式见表1-3。

梁桥主要承重结构截面形式 表1-3

类　型	承重结构截面形式	设计要领
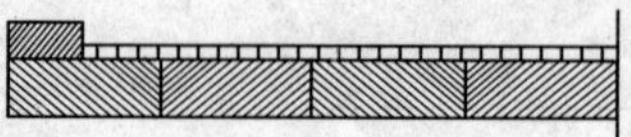 a)  b) 板桥	板	它的构造简单，施工方便，建筑高度小。但从力学性能方面来看，位于受拉区的混凝土不但不能充分发挥作用，反而增大了结构重力，当板的跨径稍大时，就显得不经济。适用于5～8m的实心板[图a)]；空心板桥[图b)]的跨径，用于普通钢筋混凝土时为10～16m；用于预应力混凝土空心板桥时为16～32m
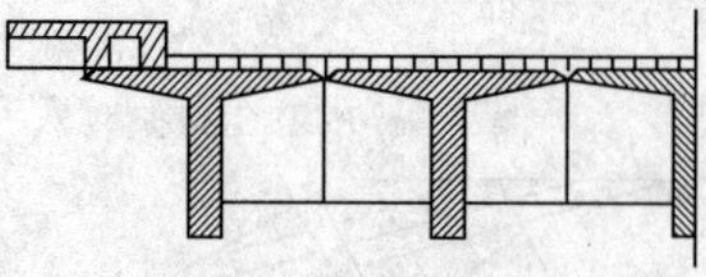 a) 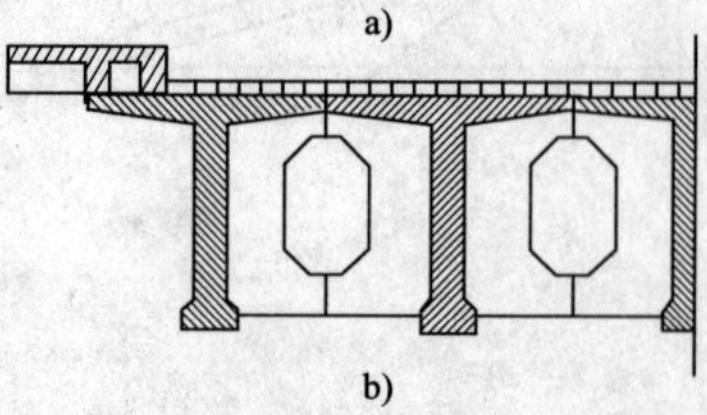 b) 肋梁桥	肋梁	肋梁与桥面板结合在一起，节省了肋与肋之间处于受拉区的混凝土，减轻了结构的重力。在保持下翼缘足够尺寸以便布置钢筋的情况下，使梁肋部分减小到可能容许的厚度，这样可以进一步减轻梁体重力。适用跨径为13～20m的钢筋混凝土简支梁[图a)]，跨径为25～50m的预应力混凝土简支或连续肋梁桥[图b)]。肋梁截面形式也可做成工字形等

续上表

类　　型	承重结构截面形式	设计要领
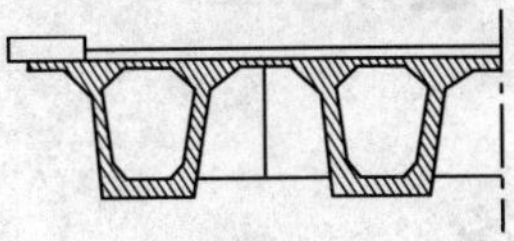 箱梁桥	封闭的薄壁箱	箱形梁因底板能承受较大压力，因此，它不仅能承受正弯矩，而且也能承受负弯矩。同时箱形梁整体受力性能好，箱壁可以做得很薄，能有效减轻重力。一般大跨径的悬臂梁桥、连续梁桥和斜拉桥往往采用箱形梁。为适应悬臂梁和连续梁的受力情况，箱形梁的截面高度常采用变高度，在支点处较高，在跨中处较矮。可做成单箱单室、单箱多室和多箱多室等形式

思考题

1. 装配式简支梁桥按主梁的截面形式可分为哪几种类型？
2. 装配式钢筋混凝土简支梁桥的主梁、横隔梁及翼缘板内钢筋的配筋有什么特点？
3. 横隔梁应怎样布置？有什么作用？
4. 钢筋混凝土简支T梁的钢筋有哪几种？各有什么作用？

学习情境2　桥梁上部构造施工

工作任务1　桥梁施工准备

学习目标

1. 叙述桥梁施工准备的内容；
2. 知道桥梁施工准备过程；
3. 了解桥梁施工准备的方法。

任务描述

利用某在建公路桥梁施工文件、多媒体教学资源和教师的讲解，同学们能掌握桥梁施工准备的内容。

学习引导

本学习任务沿着以下脉络进行学习。

第一步：结合课件，教师讲解相关知识；

第二步：展示某在建公路桥梁施工文件；

第三步：掌握桥梁施工准备的内容。

单元学习　桥梁施工准备

施工准备工作的基本任务是为桥梁工程的施工建立必要的技术和物资条件，统筹安排施工力量和施工现场，是施工企业搞好目标管理、推行技术经济承包的重要依据，也是施工得以顺利进行的基本保证。

施工单位在承接了施工任务后，要尽快做好各项准备工作，创造有利的施工条件，使施工工作能连续、均衡、有节奏、有计划地进行，从而按质、按量、按期完成施工任务。

施工准备工作通常包括技术准备、劳动组织准备、物资准备和施工现场准备等工作。

一、技术准备

技术准备是施工准备的核心。由于任何技术上的差错和隐患都可能危及人身安全和造成质量事故，带来生命、财产和经济的巨大损失，因此，必须认真做好技术准备工作。

1. 熟悉设计文件、研究施工图纸及现场核对

桥梁施工图文件主要包括目录、设计说明书、全桥工程数量表、桥位地形图、桥型布置图、桥梁各构件结构构造图、桥梁各构件钢筋布置图、桥梁各附属构件构造图及钢筋布置

图等。

1）桥梁设计说明书

桥梁施工图的设计说明书是对该桥的总体描述，通过阅读桥梁设计说明书，可以了解既建桥梁以下几方面的信息：

（1）桥梁所处的地理位置、桥梁的孔径及全长、与路线主线的夹角等。

（2）桥址处的自然地貌。

（3）桥位处的水文情况。

（4）桥位处的地质情况。

（5）桥梁的设计标准及引用的规范。

（6）桥梁各主要构件的结构形式。

（7）桥梁所采用的主要材料型号及规格。

（8）桥梁设计及施工要点（施工注意事项）。

（9）其他需说明的事项，如图纸中各部分的尺寸单位等。

2）全桥工程数量表

全桥工程数量表是全桥各分项工程所需材料及用量的汇总表。在表中可以找出自己所承担分项工程的各部位应采用材料的规格、强度等级及工程数量，据此可以进行施工准备和核算工程初步造价。

3）桥位地形图

桥位地形图上主要标示桥位地形、桥梁位置、墩台位置、指北针、高程系统及调治构造物、防护工程等，以及桥头接线的路线中心线、公里及百米桩、直线或平曲线半径、缓和曲线参数，桥梁长度、桥梁中心桩号和交角等。比例尺一般为1:500～1:2 000。

在识读桥位地形图时，首先在图中找出桥梁所在的位置，桥梁的起点桩号和终点桩号，桥梁两端连接线路的走向，桥位附近地形的起伏情况，原有道路的等级以及距离待建桥位的距离，桥位附近有无居民区以及电力、通信等情况。对桥位附近的综合情况了解之后，可以初步选定桥梁预制场、项目办公地址及施工人员的临时住地，然后再通过现场考察，进一步进行施工场地的布设。

4）桥型布置图

桥型布置图，体现桥梁总体概貌，主要包括：桥梁立面、平面、横断面和各主要部位构造尺寸。在桥梁立面图上标示有河床断面（山区或地形复杂的桥梁应有三条地面线）、地质分界线、特征水位、墩台高度、钻孔位置及编号、冲刷深度、基础埋置深度及高程、桥面纵横坡度等。当为弯桥或斜桥时，还标示有桥轴线半径、水流方向及斜交角度。在图的下部设计要素栏内标示有里程桩号、设计高程、地面高程、坡度、坡长、竖曲线要素、直线与平曲线要素等。比例尺一般为1:200～1:2 000。

通过桥梁总体布置图不但可以明确桥梁基本尺寸，同时，还可以知道桥梁的结构形式、建桥所用材料等。

5）桥梁主要结构构造图

预制与安装施工的桥梁上部结构施工图中，主要有上部结构横断面图、主梁（板）体一般构造图等。在构造图中标有各部尺寸及分部件材料数量表，图的下方附注或说明中标注有尺寸单位及图中无法表示而需说明的事项。对技术条件复杂或施工条件困难的桥梁还应包括施工概略流程图、施工概略进度表等。

6）钢筋布置图

钢筋布置图（或称为钢筋构造图）是对结构所采用钢筋种类、形状、数量、每根钢筋长度及布置位置的一个表述。在采用预制与安装施工的桥梁上部结构施工图中，钢筋布置图主要有梁（板）体普通钢筋布置图、预应力钢筋布置图（预应力混凝土结构）、横隔梁钢筋布置图、桥面板（翼缘板）钢筋布置图等。

2. 施工前的设计技术交底

设计技术交底一般由建设单位（业主）主持，设计、监理和施工单位（承包人）参加。先由设计单位说明工程的设计依据、意图和功能要求，并对特殊结构、新材料、新工艺和新技术提出设计要求，进行技术交底。然后施工单位根据研究图纸的记录以及对设计意图的理解，提出对设计图纸的疑问、建议和变更。最后在统一认识的基础上，对所探讨的问题逐一做好记录，形成"设计技术交底纪要"，由建设单位正式行文，参加单位共同会签盖章，作为与设计文件同时使用的技术文件和指导施工的依据，以及建设单位与施工单位进行工程结算的依据。当工程为设计施工总承包时，应由总承包人主持进行内部设计技术交底。

3. 制订施工方案、进行施工设计

在全面掌握设计文件和设计图纸，正确理解了设计意图和技术要求，以及进行了以施工为目的的各项调查之后，应根据进一步掌握的情况和资料，对投标时初步拟订的施工方法和技术措施等进行重新评价和深入研究，以制订出详尽的更符合现场实际情况的施工方案。

施工方案一经确定，即可进行各项临时性结构诸如基坑围堰、浮运沉井和钢围堰的制造场地及下水、浮运、就位、下沉等设施，钻孔桩水上工作平台，连续梁桥顶推施工的台座和预制场地，悬浇桥梁的挂篮，导梁或架桥机，模板支架及脚手架，自制起重吊装设备，施工便桥便道及装卸码头等的施工设计。施工设计应在保证安全的前提下，尽量考虑使用现有材料和设备，因地制宜，使设计出的临时结构经济适用、装拆简便、功能性强。

4. 编制施工组织设计

施工组织设计是施工准备工作的重要组成部分，也是指导工程施工中全部生产活动的基本技术经济文件。编制施工组织设计的目的在于全面、合理、有计划地组织施工，从而具体实现设计意图，优质高效地完成施工任务。

5. 编制施工预算

施工预算是根据施工图纸、施工组织设计或施工方案、施工定额等文件进行编制的。施工预算是施工企业内部控制各项成本支出、考核用工、签发施工任务单、限额领料以及基层进行经济核算的依据，也是制订分包合同时确定分包价格的依据。

二、劳动组织准备和物资准备

1. 劳动组织准备

1）建立组织机构

确定组织机构应遵循的原则是：根据工程项目的规模、结构特点和管理机构中各职能部门的职责，人员的配备应力求精干，以适应任务的需要。坚持合理分工与密切协作相结合，使之便于指挥和管理，分工明确，责权具体。

2）合理设置施工班组

施工班组的建立应认真考虑专业和工种之间的合理配置，技工和普工的比例要满足合理的劳动组织，并符合流水作业方式的要求，同时制订该工程的劳动力需要量计划。

3)集结施工力量、组织劳动力进场

进场后应对工人进行技术、安全操作规程以及消防、文明施工等方面的培训教育。

4)施工组织设计、施工计划和施工技术的交底

在单位工程或分部分项工程开工之前,应将工程的设计内容、施工组织设计、施工计划和施工技术等要求,详尽地向施工班组和工人进行交底,以保证工程能严格按照设计图纸、施工工艺、安全技术措施、降低成本措施和施工验收规范的要求施工;对新技术、新材料、新结构和新工艺的实施方案和保证措施的落实进行技术交底;对有关部位的设计变更和技术核定等事项进行技术交底。

5)建立、健全各项管理制度

管理制度通常包括:技术质量责任制度、工程技术档案管理制度、施工图纸学习与会审制度、技术交底制度、技术部门及各级人员的岗位责任制、工程材料和构件的检查验收制度、工程质量检查与验收制度、材料出入库制度、安全操作制度、机具使用保养制度等。

2. 物资准备

物资准备工作的内容主要包括:

(1)工程材料,如钢材、木材、水泥、砂石等的准备。

(2)工程施工设备的准备。

(3)其他各种小型生产工具、小型配件等的准备。

三、施工现场准备

施工现场的准备工作,主要是为工程的施工创造有利条件和提供物资保证。其具体内容如下。

1. 施工控制网测量

按照勘测设计单位提供的桥位总平面图和测图控制网中所设置的基线桩、水准高程以及重要桩志和保护桩等资料,进行三角控制网的复测,并根据桥梁结构的精度要求和施工方案补充加密施工所需要的各种标桩,建立满足施工要求的平面和立面施工测量控制网。

2. 补充钻探

桥梁工程在初步设计时所依据的地质钻探资料往往因钻孔较少、孔距过大而不能满足施工的需要,因此,必须对有些地质情况不甚明了的墩位进行补充钻探,以查明墩位处的地质情况和可能的隐蔽物,为基础工程的施工创造有利条件。

3. 做好"四通一平"工作

"四通一平"是指水通、电通、通信通、路通和平整场地。为满足蒸汽养生的需要以及考虑寒冷冰冻地区特殊性,还要考虑暖气供热的要求。

4. 建造临时设施

按照施工总平面图的布置,建造所有生产、办公、生活、居住和储存等临时用房,以及临时便道、码头、混凝土拌和站、构件预制场地等。

5. 安装调试施工机具

对所有施工机具都必须在开工之前进行检查和试运转。

6. 材料的试验和储存堆放

按照材料的需要量计划,应及时提供包括混凝土和砂浆的配合比与强度、钢材的机械性能等各种材料试验申请计划,并组织材料进场,按规定的地点和指定的方式进行储存堆放。

7. 新技术项目的试制和试验

按照设计文件和施工组织设计的要求，认真组织新技术项目的试验研究。

8. 冬雨季施工安排

按照施工组织设计要求，落实雨季施工的临时设施和技术措施，做好施工安排。

9. 消防、保安措施

建立消防、保安等组织机构和有关的规章制度，布置安排好消防保安等措施。

10. 建立健全施工现场各项管理制度

根据工程特点，制订施工现场必要的各项规章制度。

工作任务2 桥梁施工设备

学习目标

1. 掌握桥梁施工设备种类；
2. 熟悉桥梁施工设备的构造；
3. 了解桥梁施工设备的使用方法。

任务描述

利用某在建公路桥梁施工文件、多媒体教学资源和教师的讲解，同学们能掌握桥梁施工设备的种类。

学习引导

本学习任务沿着以下脉络进行学习。

第一步：结合课件，教师讲解相关知识；

第二步：展示某在建公路桥梁施工文件；

第三步：掌握桥梁施工设备的种类。

桥梁施工设备和机具的好坏，决定着施工技术的先进与否。而施工技术的发展，也要求各种施工设备和机具不断更新和改造。

现代桥涵施工的机械化，要求广泛地使用各种类型的工程机械和机具，以确保工程施工质量，加快施工进度，降低工程成本，最大限度地减轻工人劳动强度，并对克服公害、扩大施工范围、搞好文明施工起着极其重要的作用。国内外施工企业都在不断提高工程机械装备率，培训人才，加强工程机械的运用与管理工作。

近些年来，随着国民经济的快速、稳定、持续发展，公路交通建设任务日趋繁重，全国公路和城市道路基础设施的建设规模逐年扩大，发展速度加快，工程技术标准和质量要求不断提高，促使长期处于滞后状态的桥涵施工设备得到长足的发展。近十年来我国高速公路的大量兴建和旧路的扩建改造，先进机械设备的广泛应用与合理组织机械化施工，取得了高质量、高速度、高效益的丰硕成果。

桥涵施工机械品种繁多，按功能分类，主要有桩工机械、起重吊装机械、混凝土机械、钢筋加工机械和排水机械等。

单元学习2.1　桥涵施工设备及支架

桥梁施工中常备式设备主要有:万能杆件、贝雷梁、脚手架、钢板桩、组合钢模板等。

一、万能杆件

万能杆件是用角钢制成的可拼成节间距为2m×2m的桁架杆件。因其通用性强,弦杆、腹杆及连接板等均为标准件,具有装拆方便、运输方便、利用率高等特点,可以拼装成桁架、墩架、塔架、龙门架等形式,还可以作为墩台、索塔施工脚手架等。

1. 万能杆件分类

万能杆件的构件一般分为杆件、连接板、缀板三大类。

杆件:杆件在拼装时组成桁架的弦杆、腹杆、斜撑。

连接板:各种规格的连接板可将弦杆、腹杆、斜撑等连接成需要的各种形状。

缀板:缀板可将断面由四肢或两肢角钢组成的各种弦杆、腹杆等在其节间中点做一个加强连接点,使组合断面的整体性更好。

万能杆件的类型有铁道部门生产的甲型(M型)和乙型(N型),西安筑路机械厂生产的乙型(或西乙型)三种。其中西乙型万能杆件(表2-1)共有大小24种构件。用万能杆件组拼桁架(图2-1)时,按高度2m、4m、6m的模数组拼。其腹杆形式:当高度为2m时,为三角形;当高度为4m时,为菱形;当高度为6m时,为多斜杆形。

2. 西乙型杆件

西乙型杆件的规格、尺寸及质量如表2-1所示。

西乙型杆件的规格、尺寸、质量　　表2-1

编号	名　称	规格(mm)	单位质量(kg)	附　注
1	长弦杆	∠100×100×12×3994	71.43	
2	短弦杆	∠100×100×12×1994	35.69	
3	斜杆	∠100×100×12×2350	42.07	
4	立杆	∠75×75×8×1770	15.98	
5	斜撑	∠75×75×8×2478	22.38	
6	连接角钢	∠90×90×10×580	8.20	用于3或2
7	支承角钢	∠100×100×12×494	8.84	用于1或2
7A	支承靴角钢	∠100×100×12×594	10.63	用于1或2
8	节点板	t=3250×280×10	9.42	1、2与4、5相连
11	节点板	□860×552×10,A=33.89cm^2	35.88	1、2与3、4相连
13	节点板	□580×552×10,A=2492cm^2	19.56	1、2与4、16相连
15	弦杆填塞板	□8×480×10	3.01	用于1或2
16	长立杆	∠71×75×8×3770	34.04	
17	节点板	□626×350×10,A=2005cm^2	15.74	4、16与4、5相连
18	节点板	305　×314×10,A=606cm^2	4.76	4、16与4、5水平相连

续上表

编号	名　称	规格(mm)	单位质量(kg)	附　注
19	缀板	12210 × 180 × 10	2.97	用于 1 或 2
20	缀板	12170 × 160 × 10	2.14	用于 3、4、5、16
21A	支承靴		24.01	
22	节点板	□580 × 392 × 10	17.85	1、2 与 4、5 相连
22A	节点板	□580 × 566 × 10	25.77	1、2 与 4、5 相连
23	节点板	540 × 262 × 10，$A = 1334\text{cm}^2$	10.47	4、16 与 4、5 相连
24	普通螺栓	ϕ22 × (40、50、60)		
25	普通螺栓	ϕ27 × (40、50、60、70、80)		
28	大节点板	□860 × 886 × 10，$A = 7042\text{cm}^2$	73.84	1、1 与 3、4 相连

N 型万能杆件的 3 为∠100 × 75 × 10 × 2350(mm)；9 为角钢之 75 × 75 × 8 × 630(mm)；10 为横撑角钢∠75 × 75 × 8 × 5770(mm)；25 的螺栓直径为 ϕ28mm，其他各种节点板与支承靴尺寸稍有差异。

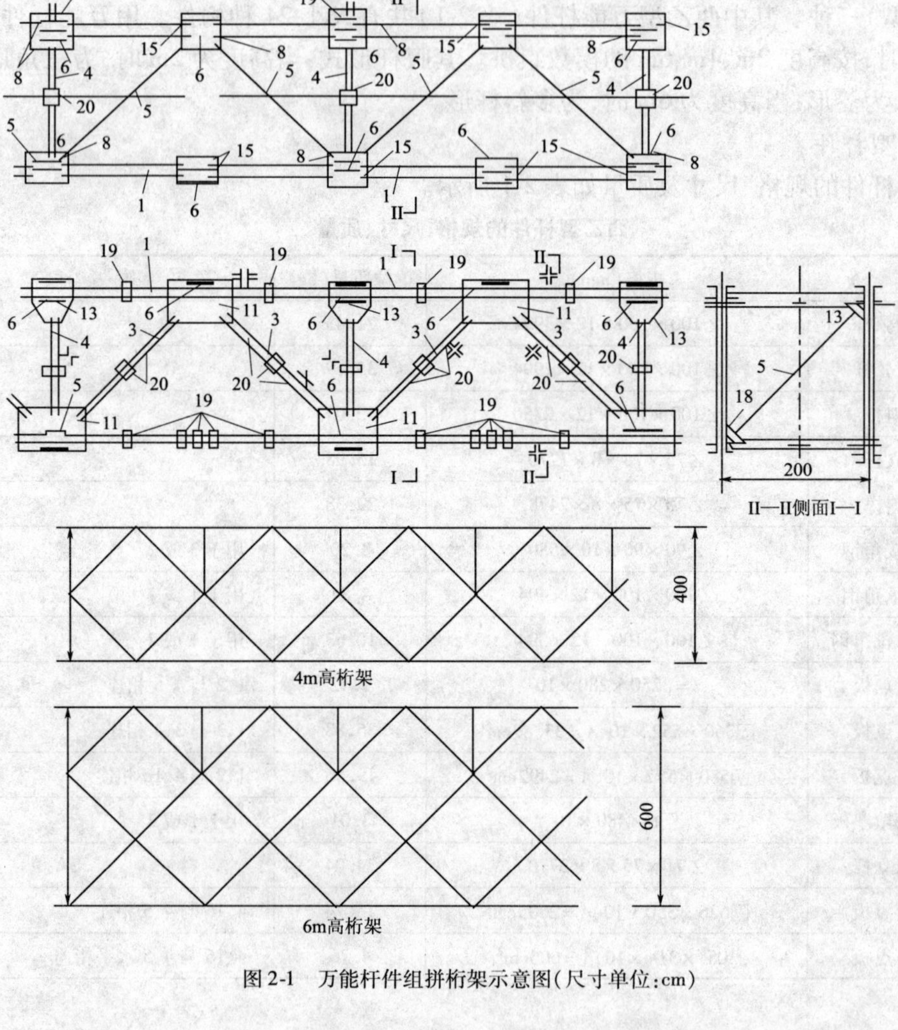

图 2-1　万能杆件组拼桁架示意图(尺寸单位：cm)

二、贝雷梁

贝雷梁是一种由桁架拼装而成的钢桁架结构，见图 2-2。

贝雷梁的主要构件由桁架、加强弦杆、横梁、桁架销、螺栓、支撑构件等组成。

(1)桁架(图 2-2)中各孔的用途如下：弦杆螺栓孔 1 用在拼装双层或加强梁上，在拼装时，将桁架螺栓或弦杆螺栓插入弦杆螺栓孔内，使双层桁架或桁架与加强弦杆连接起来；支撑架孔 2 用来安装支撑架，以加固上、下节桁架；风构孔 7 用来连接抗拉杆；端竖杆上的支撑架孔 2 用来安装支撑架、斜撑和联板；横梁夹具孔 6 用来安装横梁夹具。在下弦杆上设有 4 块横梁垫板 8，垫板上有栓钉，用来固定横梁位置。

(2)加强弦杆(图 2-3)。加强弦杆质量为 80kg，弦杆的一头为阳头，另一头为阴头。在加强弦杆的中间设有支撑架孔 1 和弦杆螺栓双孔 2。设置加强弦杆的目的在于提高梁的抗弯能力，充分发挥桁架腹杆的抗剪作用。

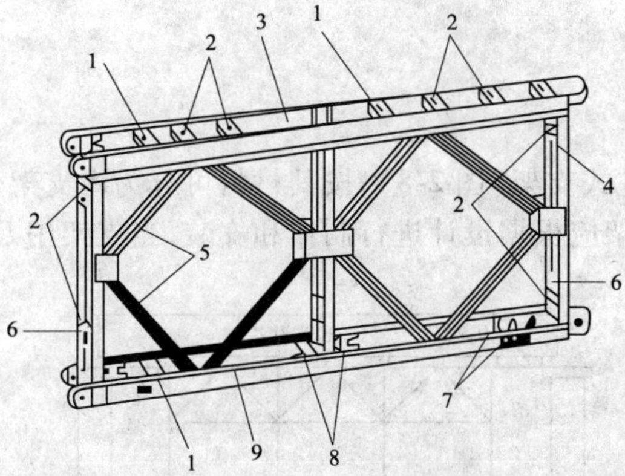

图 2-2　桁架

1-弦杆螺栓孔；2-支撑架孔；3-上弦杆；4-竖杆；5-斜撑；6-横梁夹具孔；7-风构孔；8-横梁垫板；9-下弦杆

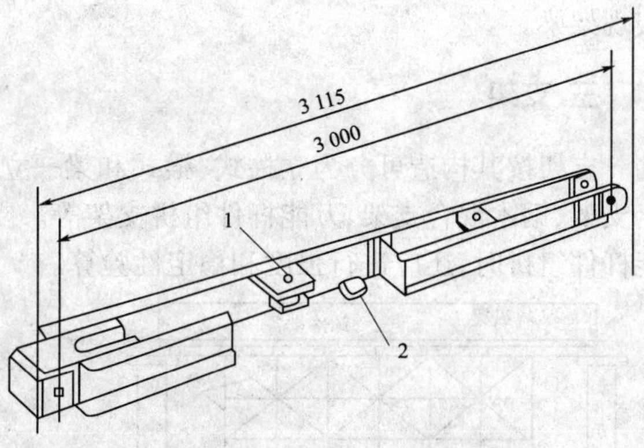

图 2-3　加强弦杆(尺寸单位：mm)

1-支撑架孔；2-弦杆螺栓孔

(3)横梁(图 2-4)。横梁中间 4 个卡子 2 用来固定纵梁位置，两端短柱 1 用来连接斜撑。安装横梁时，将栓钉孔套入桁架下弦杆横梁垫板上的栓钉，使横梁在桁架上就位。栓钉孔 3 的间距与桁架间距相同，横梁就位后，桁架的间距也就固定下来了。

(4)销子(图 2-5)。销子用于连接桁架。在销子的一端有一个小圆孔，安装时插入保险插销，防止销子脱落。

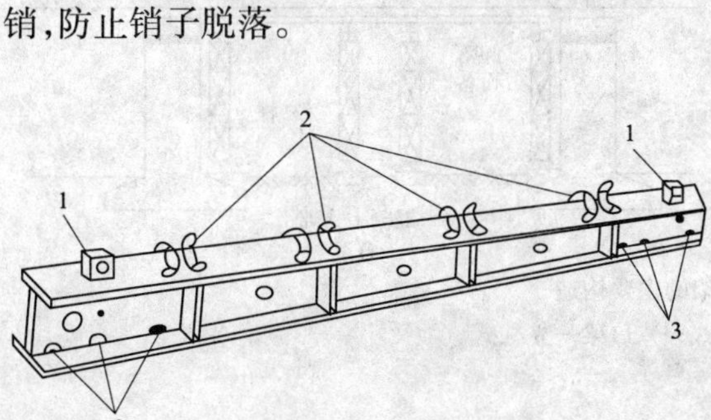

图 2-4　横梁

1-短柱；2-卡子；3-栓钉孔

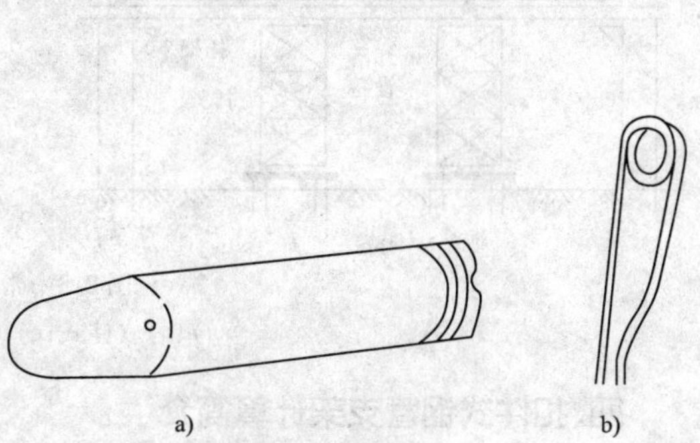

图 2-5　销子

a)销子；b)保险插销

(5)支撑架(图 2-6)。支撑架质量 21kg,用撑架螺栓连接于第一排与第二排桁架之间,使之连成整体。

(6)桁架螺栓和弦杆螺栓(图 2-7)。桁架螺栓质量 3kg,用来连接上、下层桁架使用时,将螺栓自下而上插入双层桁架的螺栓孔内,然后用螺帽拧紧。弦杆螺栓质量 2kg,用来连接桁架—加强弦杆,其形状与桁架螺栓完全相同,仅长度短 7cm。

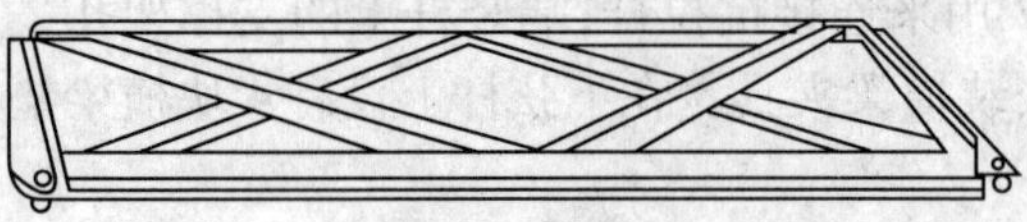

图 2-6　支撑架

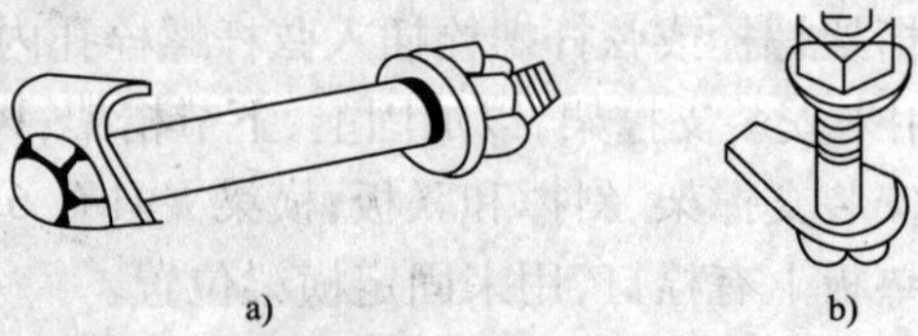

图 2-7　桁架螺栓和弦杆螺栓

a)桁架螺栓;b)弦杆螺栓

为了加强单片贝雷桁架的强度,主桁架可由数排并列或双层叠置。桥梁工程中习惯于先"排"后"层"称呼。贝雷架常拼成导梁作为承载移动支架,再配置部分起重设置与移动机具来实现架梁。

三、支架

支架按其构造可分为立柱式、梁式和梁—立柱式支架(图 2-8);按其材料可分为木支架、钢支架、钢木混合支架、万能杆件组拼支架等。支架应根据设计进行制作和安装,当支架用万能杆件组拼时,还应进行强度和稳定性验算。

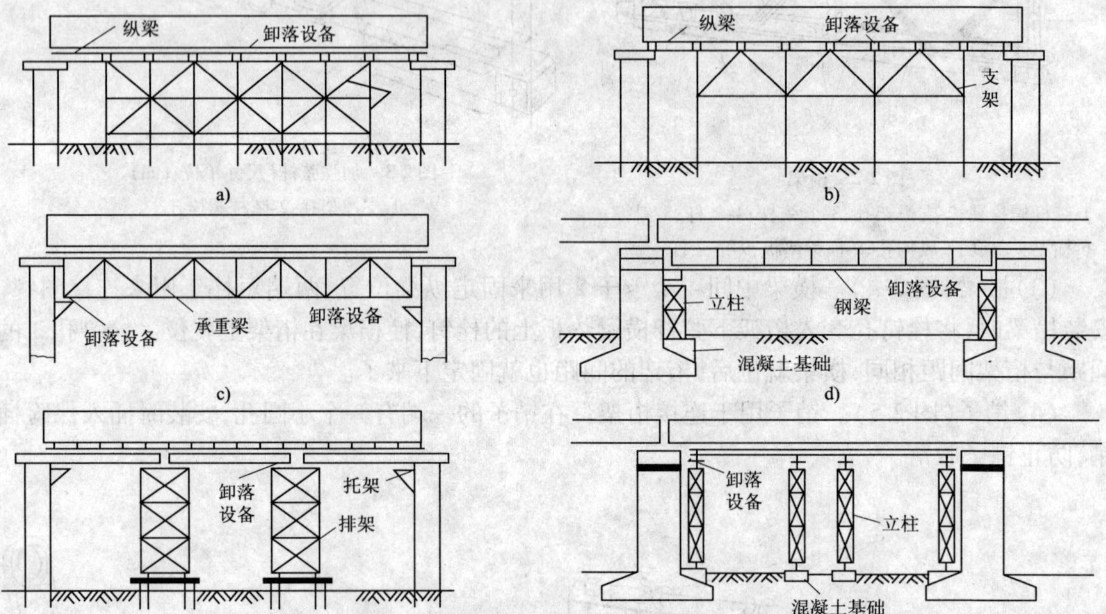

图 2-8　常用支架的主要构造

a)、b)立柱式;c)、d)梁式;e)、f)梁—立柱式

四、扣件式钢管支架计算简介

1. 构造

扣件式钢管支架适用于无水或水流较浅的河流,主要由立杆(立柱)和横向水平杆(小横

杆)、纵向水平杆(大横杆)、剪刀撑和斜撑等组成。立杆、大横杆、小横杆是主要受力构件,采用 Q235A(3 号)钢,截面特性见表 2-2。扣件式钢管支架杆件连接采用直角扣件、旋转扣件和对接扣件三种,供两根钢管直角连接、搭接连接或对接连接用,三种扣件的容许荷载分别为 6kN、5kN 和 2.5kN。

扣件式钢管截面特性 表 2-2

外径 a(mm)	壁厚 t(mm)	截面积 A(mm^2)	惯性矩(mm^4)	抵抗矩 W(mm^3)	回转半径(mm)	每米长自重(N)
48	3.0	4.24×10^2	1.078×10^2	4.493×10^2	15.95	33.3
48	3.5	4.89×10^2	1.215×10^2	5.078×10^3	15.78	38.4

立杆间距应根据计算确定,一般顺桥向(纵向)为 1.0~1.2m,横桥向以 0.5~1.1m 为宜,大横杆步距不宜超过 1.5m。

扣件式钢管支架必须搭设在经处理的坚实地基上,在立柱底部铺设垫层和安放底座。垫板可以采用厚度不小于 200mm 的混凝土或厚度不小于 50mm 的木板。

2. 荷载

(1)扣件式钢管支架自重,包括立柱、纵向水平杆、横向水平杆、支承杆件、扣件等的自重,可按表 2-2 计算。

(2)模板、新浇混凝土等荷载。

(3)施工人员及其设备、运输工具等荷载。

3. 立杆

立杆按两端铰接的受压构件计算,计算长度 l = 大横杆步距 h。

$$N\leqslant\phi A[\sigma] \tag{2-1}$$

式中:N——立杆轴向力计算值,同时应满足表 2-3 的要求;

A——立杆横截面面积;

ϕ——立杆轴心受压构件纵向弯曲系数,见《路桥施工计算手册》附录三;

$[\sigma]$——钢材强度极限值,为 215kPa。

钢管支架容许荷载[Ⅳ] 表 2-3

横杆间距 r(cm)	60,8×3 钢管		60,8×3.5 钢管	
	对接立杆(kN)	搭接立杆(kN)	对接立杆(kN)	搭接立杆(kN)
100	31.7	12.2	35.7	13.9
125	29.2	11.6	33.1	13.0
150	26.8	11.0	30.3	12.4
180	24.0	10.2	27.2	11.6

4. 纵、横向水平杆

按受弯构件计算。

(1)横向水平杆(顶端小横杆):认为所有荷载均由小横杆承受并传给立杆,按两跨或三跨连续梁验算其抗弯强度和挠度,也可按近似公式计算。

①弯曲强度:

$$\sigma=\frac{ql_1^2}{10W}\leqslant[\sigma] \tag{2-2}$$

②抗弯刚度：

$$f = \frac{ql_1^4}{150EI} \leqslant [f] \tag{2-3}$$

(2)纵向水平杆(大横杆)：按两跨或三跨连续梁计算，梁的跨度 l = 立杆间距。用小横杆传来的最大反力计算值，按最不利荷载布置计算其最大弯矩值，其弯曲强度按下式验算。

$$\sigma = \frac{M_{max}}{W} \leqslant [\sigma] \tag{2-4}$$

当按两跨连续梁计算时：

$$M_{max} = 0.333Fl_2, \ f = 1.466\frac{Fl_2^2}{100EI} \tag{2-5}$$

当按三跨连续梁计算时：

$$M_{max} = 0.267Fl_2, \ f = 1.883\frac{Fl_2^2}{100EI} \tag{2-6}$$

式中：M_{max}——大横杆的最大弯矩；

W——杆件截面抵抗矩，见表2-2；

l_1——小横杆的计算跨径；

l_2——大横杆的计算跨径；

EI——杆件的抗弯刚度；

q——小横杆的均布荷载值；

F——小横杆作用在大横杆上的集中荷载；

f——小横杆的最大挠度值；

$[f]$——容许挠度值，取3mm。

5. 扣件抗滑承载力

扣件抗滑承载力可由下式表示：

$$R \leqslant R_c \tag{2-7}$$

式中：R——由大小横杆传给立杆的最大竖向作用力；

R_c——扣件抗滑移承载力设计值，对直角扣件和旋转扣件，$R_c = 8.5kN$。

6. 立柱地基承载力

立柱地基承载力可由下式表示：

$$P_K = \frac{F_K + G_K}{A} \leqslant f_a \tag{2-8}$$

式中：P_K——相应于荷载标准组合时，立柱基础底面处的平均压力设计值；

G_K——基础自重力和基础上的土重力；

A——基础底面积；

f_a——修正后地基承载力特征值；

F_K——相应于荷载标准组合时，上部结构传至基础顶面的竖向力值。

单元学习2.2　混凝土施工设备

混凝土是混凝土结构工程的一个重要组成部分，其质量好坏直接关系到结构的承载能力和使用寿命，而混凝土施工设备对混凝土质量好坏起着重要的作用。混凝土机械主要包括：混凝土搅拌机、混凝土搅拌站(楼)、混凝土搅拌输送车、混凝土输送泵及泵车和振动机械等。下面对混凝土施工的主要设备进行介绍。

一、混凝土搅拌机

混凝土搅拌机是把水泥、砂石集料和水混合并拌制成混凝土混合料的机械。主要由拌筒、加料和卸料机构、供水系统、原动机、传动机构、机架和支承装置等组成,如图 2-9 所示。

图 2-9 混凝土搅拌机

混凝土搅拌机,包括通过轴与传动机构连接的动力机构及由传动机构带动的滚筒,在滚筒筒体上装围绕滚筒筒体设置的齿圈,传动轴上设置与齿圈啮合的齿轮。采用新型结构简单、合理,采用齿轮、齿圈啮合后,可有效克服雨雾天气时托轮和搅拌机滚筒之间的打滑现象;采用的传动机构又可进一步保证消除托轮和搅拌机滚筒之间的打滑现象。

1. 混凝土搅拌机的分类

1)按工作性质分

按工作性质可将混凝土搅拌机,分为周期性工作搅拌机和连续性工作搅拌机。

2)按搅拌机形式分

常见搅拌机按搅拌形式分类,可分为如下几种:

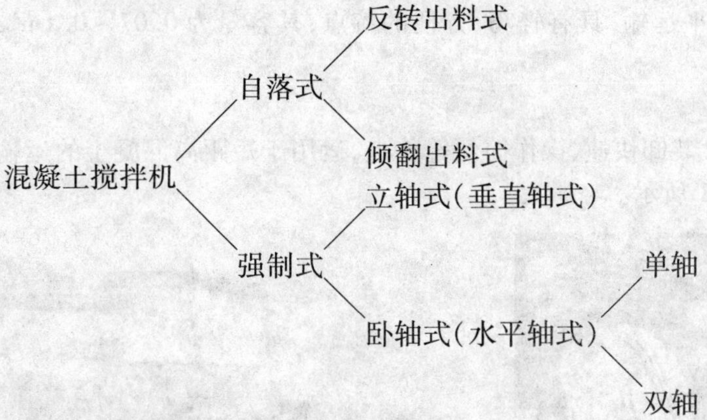

3)按搅拌桶形状分

按搅拌桶形状可将搅拌机分为鼓筒式、锥式和圆盘式。

另外,搅拌机还分为裂筒式和圆槽式(即卧轴式)搅拌机。

2. 混凝土搅拌机的维护保养

(1)保持机体的清洁,清除机体上的污物和障碍物。

(2)检查各润滑处的油料及电路和控制设备,并按要求加注润滑油。

(3)每班工作前,在搅拌筒内加水空转 1 ~ 2min,同时检查离合器和制动装置工作的可靠性。

(4)混凝土搅拌机运转过程中,应随时检查电动机、减速器、传动齿轮的噪声是否正常,温升是否过高。

(5)每班工作结束后,应认真清洗混凝土搅拌机。

3. 混凝土搅拌机安装

(1)固定式搅拌机,应安装在牢固的台座上。若长期使用,应埋设地脚螺栓;若短期使用,应在机下铺设木枕并找平放稳。

(2)移动式搅拌机,应安装在平坦坚硬的地坪上,用木方或支撑架架牢,并保持水平,不准以轮胎代替支撑;使用时间较长的(一般超过3个月的)应将轮胎卸下妥善保管,轮轴端部应做好清洁和防锈工作。

(3)传动机构、工作装置、离合器、制动器,均应紧固,灵活可靠,防护罩齐全。

(4)搅拌机钢丝绳不得有锈蚀、断丝、压扁等报废情况。

(5)机体上保险挂钩、料斗上吊耳应完好;当料斗升起时,应挂上保险钩。

(6)对需挖设上料斗地坑的搅拌机,其坑口周围应垫高夯实,上料轨道架的底端面也应夯实或铺砖架的后面应用木料加以支撑,以防止工作时间长,轨道变形。

(7)搅拌机应设防雨棚,机械周围无泥水,干净整洁。

(8)搅拌机应设置“一机一闸一漏一箱”。漏电保护器参数为30MA×0.1s,电机绝缘电阻值应大于0.5MΩ。

二、混凝土运输设备

混凝土的运输设备必须根据工程情况来选用。常用的混凝土运输工具有手推车、机动翻斗车、混凝土搅拌运输车、混凝土泵、提升机、起重机架空缆索等。

1. 手推车

手推车主要用于短距离水平运输,具有轻巧、方便的特点,其容量为0.07~0.1m^3,如图2-10所示。

2. 机动翻斗车

机动翻斗车具有机动灵活、装卸快速、操作简便等特点,运用于短距离混凝土的运输或砂石等散装材料的倒运,如图2-11所示。

图2-10　手推车

图2-11　机动翻斗车

3. 混凝土搅拌运输车

混凝土搅拌运输车是一种用于长距离运输混凝土的施工机械。它是将运输的搅拌筒安装在汽车底盘上,把在预拌混凝土搅拌站生产的混凝土成品装入拌筒内,然后运至施工现场。在整个运输过程中,混凝土的搅拌筒始终在作匀速转动,从而使混凝土在长途运输后,仍不会出现离析现象,以保证混凝土的质量。当运输距离很长,采用上述运输工具难以保证运输质量时，可采用装载干料运输、拌和用水另外存放的方法，当快到浇筑地点时方加水搅拌，待到达浇筑地点时混凝土也已经搅拌完毕，便可卸料进行浇筑，如图 2-12 所示。

三、混凝土振捣设备

混凝土振捣设备——混凝土振捣器是一种借助动力通过一定装置作为振源产生频繁的振动，并使这种振动传给混凝土，以振捣混凝土的设备。合理选择和正确使用混凝土振捣器，不但可以提高混凝土浇筑速度和质量，而且可以降低工程成本，改善劳动条件，是人工振捣无法达到的。以下介绍混凝土振捣设备的类型及操作要点。

目前，使用较普遍的振捣设备有插入式振捣器、附着式振捣器、平板式振捣器和振动台等。

1. 插入式振捣器

插入式振捣器外形如图 2-13 所示，其操作要点如下：

图 2-12　混凝土搅拌运输车

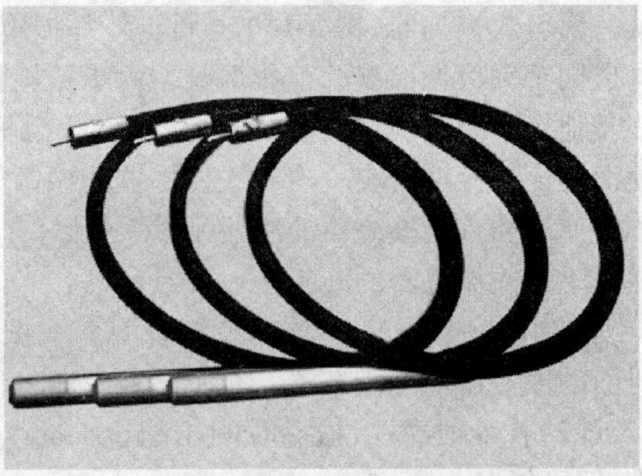

图 2-13　插入式振捣器

(1)振捣器的电动机旋转时，若软轴不转，振捣棒不起振，系电动机旋转方向不对，可调换任意两相电源线即可；若软轴转动，振捣棒不起振，可摇晃棒头或将棒头轻磕地面，即可起振。

(2)作业时，要使振捣棒自然沉入混凝土，要做到“快插慢拔”。快插是为了防止先将表面混凝土振实而无法振捣下部混凝土，且使下部混凝土出现分层、离析现象；慢拔是为了让混凝土有充足时间填满振捣棒抽出时形成的空隙。宜将振捣棒上下略为抽动，以使上下混凝土振捣均匀。

(3)分层振捣混凝土时，每层厚度不应超过振捣棒长的 1.25 倍；在振捣上一层时，应插入下层尚未初凝层中 50mm 左右，以促使上下层相互结合。

(4)振捣时间要掌握恰当，时间过短混凝土不易被捣实，过长又可能使混凝土出现离析。一般每个插入点的振捣时间为 20 ~ 30s，而且以混凝土表面呈现浮浆、不再出现气泡、表面不再下沉落为准。

(5)作业时，振捣棒插入混凝土的深度不应超过棒长的 2/3 ~ 3/4。否则，振捣棒将不易拔出而导致软管损坏。

(6)振捣时插入点排列要均匀，可采用“行列式”或“交错式”的秩序移动。注意振捣棒各插点间距应均匀，一般间距不要超过振捣棒有效作用半径的 1.5 倍，以免漏振。

2. 平板式振捣器

平板式振捣器(图 2-14)属外部振捣器，它直接在混凝土表面上移动进行振捣工作。适用于坍落度不太大的塑性、半塑性、干硬性、半干硬性的混凝土或浇筑层不厚，表面较宽敞的混凝土捣固,如水泥混凝土路面、平板、拱面等。

平板式振捣器的施工作业要点如下:

(1)在水平混凝土表面振捣时,平板式振捣器是利用电动机振子所产生的惯性的水平力来自行移动的,操作者只需控制移动的方向即可。

(2)平板与混凝土接触,使振波有效地传给混凝土,使混凝土振实至表面出浆,一直到不再下沉。每一位置连续振捣时间一般为20~40s。

(3)在振捣时振捣器不应放在已凝固或初凝的混凝土上,以免振伤振捣器和振松已凝混凝土。

图2-14　平板式振捣器

3. 附着式振捣器

附着式振捣器(图2-15)也属于外部振捣器,其振捣构造同于平板振捣器的工作部分。由于振捣作业方式的不同,附着式振捣器是靠底部的螺栓或其他锁紧装置固定安装在模板外部(或滑槽料斗等),振捣器是通过模板传给混凝土,从而使混凝土被振捣密实。附着式振捣器的振捣作用不太远,仅适用于振捣钢筋较密、厚度较小等不宜使用插入式振捣器的结构。

附着式振捣器的施工作业要点如下:

(1)在一个模板上,同时用多台附着式振捣器振捣时,各振捣器的频率必须保持一致,相对面的振捣器应交错布置。布置间距应通过试验确定。

(2)作业时,每次振捣时间不超过1min,当混凝土在模内泛浆流动成水平状不再出现气泡,即可停振。

(3)当钢筋较密或构件断面较窄时,可采取边浇边振捣的方法。

4. 振动台

振动台(图2-16)为一个支承在弹性支座上的工作平台,平台下设有振动机构。混凝土振动台由电动机、同步器、振动平台、固定框架、支承弹簧及偏振子等组成。工作时,振动机构作上下方向的定向振动。振动台主要用于混凝土制品厂预制件的振捣。具有生产效率高、振捣效果好等优点。

图2-15　附着式振捣器

图2-16　振动台

振动台的施工作业要点如下:

(1)混凝土振动台,需承受强力振动而使混凝土振实成型,故应安装在牢固的基础上。

(2)混凝土构件厚度小于200mm时，可将混凝土一次装满振捣，如厚度大于200mm时，则需分层浇筑，每层厚度不大于200mm时，或随浇随振。

(3)振捣时间应根据实际情况决定，一般以混凝土表面呈水平，不再冒气泡，表面出现浮浆时为准。

工作任务3　桥梁施工测量

学习目标

1. 叙述桥梁施工测量的内容；
2. 熟悉桥梁施工测量的要求；
3. 让学生掌握施工过程的测量技术。

任务描述

利用某在建公路桥梁施工文件、多媒体教学资源和教师的讲解，让学生掌握施工过程的测量技术。

学习引导

本学习任务沿着以下脉络进行学习。

第一步：结合课件，教师讲解相关知识；

第二步：展示某在建公路桥梁施工文件；

第三步：让学生掌握施工过程的测量技术。

单元学习3.1　施工测量内容

施工测量的内容和要求如下：

(1)根据桥梁的形式、跨径及设计要求的施工精度，确定利用原设计网点加密或重新布设控制网点。

(2)补充施工需要的水准点，桥涵轴线、墩台控制桩。

(3)桥涵放样测量及要求如下：

①当有良好的丈量条件时，可采用直接丈量法进行墩台施工定位。直接丈量，应对尺长、温度、拉力、垂度和倾斜度进行改正计算[改正计算公式见《公路桥涵施工技术规范》(JTJ 041—2000)附录A]。

②大、中桥的水中墩、台和基础的位置，宜用校验过的电磁波测距仪测量。桥墩中心线在桥轴线方向上的位置中误差不应大于±15mm。

③曲线上的桥梁施工测量，应按照设计文件，参照公路曲线测定方法处理。

④涵洞测量放样时，应注意核对涵洞纵、横轴线的地形剖面图是否与设计图相符，应注意涵洞长度、涵底高程的正确性。对斜交涵洞、曲线上和陡坡上的涵洞，应考虑交角、加宽、超高

和纵坡对涵洞具体位置、尺寸的影响,并注意锥坡、翼墙、一字墙和涵洞墙身顶部和上下游调治构造物的位置、方向、长度、高度、坡度,使之符合技术要求。

(4)桥梁施工过程中的测量和竣工测量

①施工过程中,应测定并经常检查桥涵结构浇砌和安装部分的位置和高程,并做出测量记录和结论,如超过允许偏差时,应分析原因,并予以补救和改正。各结构部分的允许偏差见相关规范。

桥轴线超过1 000m的特大桥梁和结构复杂的桥梁施工过程,应进行主要墩、台(或塔、锚)的沉降变形监测,桥梁控制网应每年复测一次,以确保施工安全和质量。

②桥梁竣工后应进行竣工测量,测量项目如下:

a. 测定桥梁中线,丈量跨径;

b. 丈量墩、台(或塔、锚)各部尺寸;

c. 检查桥面高程。

(5)为防止差错,施工测量必须由两个人相互检查校对,并做出测量和检查核对记录。

单元学习3.2　施工测量的精度要求

平面、水准控制测量及质量要求如下:

(1)平面控制网可采用三角测量和GPS测量。其中,三角测量等级的确定应符合表2-4的规定。

平面控制测量等级　　表2-4

等　级	桥位控制测量	等　级	桥位控制测量
二等三角	>5 000m的特大桥	一级小三角	500~1 000m的特大桥
三等三角	2 000~5 000m的特大桥	二级小三角	<500m的大、中桥
四等三角	1 000~2 000m的特大桥		

(2)平面控制网三角测量。三角网的基线不应少于两条,依据当地条件,可设于河流的一岸或两岸。基线一端应与桥轴线连接,并趋近于垂直。当桥轴线较长时,应尽可能两岸均设基线,长度一般不小于桥轴线长度的0.7倍,困难地段不得小于0.5倍。设计单位布设的基线桩精度够用时应予以利用。三角网所有角度宜布设为30°~120°,困难情况下不应小于25°。

①三角测量的技术要求应符合表2-5~表2-8的规定。

三角测量的技术要求　　表2-5

等　级	平均边长(km)	测角中误差(″)	起始边边长相对中误差	最弱边边长相对中误差	测回数			三角形最大闭合差(″)
					DJ_1	DJ_2	DJ_6	
二等	3.0	±1.0	≤1/250 000	≤1/120 000	12	—	—	±3.5
三等	2.0	±1.8	≤1/150 000	≤1/70 000	6	9	—	±7.0
四等	1.0	±2.5	≤1/100 000	≤1/40 000	4	6	—	±9.0
一级小三角	0.5	±5.0	≤1/40 000	≤1/20 000	—	3	4	±15.0
二级小三角	0.3	±10.0	≤1/20 000	≤1/10 000	—	1	3	±30.0

水平角方向观测法的技术要求 表 2-6

等级	仪器型号	光学测微器两次重合读数之差(″)	半测回归零差(″)	一测回中 2 倍照准差较差(″)	同一方向值各测回较差(″)
四等及以上	DJ_1	1	6	9	6
	DJ_2	3	8	13	9
一级及以下	DJ_2	—	12	18	12
	DJ_6	—	18	—	24

注:当观测方向的垂直角超过 ±3°的范围时,该方向一测回中 2 倍照准差较差,可按同一观察时段内相邻测回同方向进行比较。

测距的主要技术要求 表 2-7

平面控制网等级	测距仪精度等级	观测次数		总测回数	一测回读数较差(mm)	单程各测回较差(mm)	往返较差
		往	返				
二、三等	Ⅰ	1	1	6	≤5	≤7	$\leqslant\sqrt{2}(a+b\cdot D)$
	Ⅱ			8	≤10	≤15	
四等	Ⅰ	1	1	4~6	≤5	≤7	
	Ⅱ			4~8	≤10	≤15	
一级	Ⅱ	1	—	2	≤10	≤15	
	Ⅲ			4	≤20	≤30	
二级	Ⅱ	1	—	1~2	≤10	≤15	
	Ⅲ			2	≤20	≤30	

注:①测回是指照准目标 1 次,读数 2~4 次的过程;

②根据具体情况,测边可采取不同时间段观测代替往返观测;

③a——标称精度中的固定误差(mm);

b——标称精度中的比例误差系数(mm/km);

D——测距长度(km)。

测距的主要技术要求 表 2-8

测距仪精度等级	每千米测距中误差 m_D(mm)	
Ⅰ级	$m_D\leqslant5$	$m_D=\pm(a+b\cdot D)$
Ⅱ级	$5<m_D\leqslant10$	
Ⅲ级	$10<m_D\leqslant20$	

注:表中符号意义同前。

②三角网平差一般按角度以条件观测平差为主。平差计算结束后,验算精度应符合表2-5的规定。

a. 三角网测角中误差按式(2-9)计算:

$$m_\beta=\sqrt{\frac{(WW)}{3n}} \tag{2-9}$$

式中:m_β——测角中误差(″);

W——三角形闭合差(″);

n——三角形的个数。

b. 测边单位权中误差按式(2-10)计算：

$$\mu = \sqrt{\frac{(Pdd)}{2n}} \tag{2-10}$$

式中：μ——测边单位权中误差；

d——各边往、返距离的较差(mm)，应不超过按仪器标称精度的极限值(2 倍)；

n——测距的边数；

P——各边距离测量的先验权，其值为 $1/\delta_D^2$，δ_D 为测距的先验中误差，可按测距仪的标称精度计算。

c. 任一边的实际测距中误差按式(2-11)计算：

$$m_{Di} = \mu \sqrt{\frac{1}{P_i}} \tag{2-11}$$

式中：m_{Di}——第 i 边的实际测距中误差(mm)；

P_i——第 i 边距离测量的先验权；

μ——意义同前。

当网中的边长相差不大时，平均测距中误差可按式(2-12)计算：

$$m_D = \sqrt{\frac{(dd)}{2n}} \tag{2-12}$$

式中：m_D——平均测距中误差(mm)。

(3)桥位测量的精度要求见表 2-9。

测距的主要技术要求 表 2-9

测量等级	桥轴线相对中误差	测量等级	桥轴线相对中误差
二等	1/130 000	一级	1/20 000
三等	1/70 000	二级	1/1 000
四等	1/40 000		

注：对特殊的桥梁结构，应根据结构特点确定桥轴线控制测量的等级与精度。

(4)GPS 测量控制网的设置精度和作业方法应符合现行《公路全球卫星定位系统(GPS)测量规范》(JTJ/T 066)的规定。

控制网相邻点间弦长标准差按式(2-13)确定：

$$\sigma = \sqrt{a^2 + (bd)^2} \tag{2-13}$$

式中：σ——弦长标准差(mm)；

a、b、d 取值见表 2-10。

GPS 控制网的主要技术指标 表 2-10

级别	每对相邻点平均距离 d (km)	固定误差 a (mm)	比例误差 b (mm/km)	最弱相邻点点位中误差 m (mm)
一级	4.0	5	1	10
二级	2.0	5	2	10
三级	1.0	5	2	10

注：各级 GPS 控制网每对相邻点间最小距离不应小于平均距离的 1/2，最大距离不宜大于平均距离的 2 倍。

(5)高程控制测量

①水准测量等级的确定应符合下列要求：2 000m 以上的特大桥一般为三等，1 000 ~

2 000m的特大桥为四等,1 000m 以下的桥梁为五等。水准测量的等级划分及主要技术要求见表2-11。

水准测量的主要技术要求 表2-11

等级	每千米高差中数中误差(mm)		水准仪型号	水准尺	观测次数		往返较差、附合或环线闭合差(mm)
	偶然中误差 M_Δ	全中误差 M_W			与已知点联测	附合或环线	
二等	±1	±2	DS_1	铟瓦	往返各一次	往返各一次	$\pm 4\sqrt{L}$
三等	±3	±6	DS_1	铟瓦	往返各一次	往一次	$\pm 12\sqrt{L}$
			DS_3	双面		往返各一次	
四等	±5	±10	DS_3	双面	往返各一次	往一次	$\pm 20\sqrt{L}$
五等	±8	±16	DS_3	单面	往返各一次	往一次	$\pm 30\sqrt{L}$

注:L 为往返测段、附合或环线的水准路线长度(km)。

②水准测量精度计算应符合表2-11 的规定。

a. 高差偶然中误差 M_Δ 按式(2-14)计算:

$$M_\Delta = \sqrt{\left(\frac{1}{4n}\right)/\left(\frac{\Delta\Delta}{L}\right)} \tag{2-14}$$

式中:M_Δ——高差偶然中误差(mm);

Δ——水准路线测段往返高差不符值(mm);

L——水准测段长度(km);

n——往返测的水准路线测段数。

b. 高差全中误差 M_W 按式(2-15)计算:

$$M_W = \sqrt{\left(\frac{1}{N}\right)\left(\frac{WW}{L}\right)} \tag{2-15}$$

式中:M_W——高差全中误差(mm);

W——闭合差(mm);

L——计算各闭合差时相应的路线长度(km);

N——附合路线或闭合路线环的个数。

当二、三等水准测量与国家水准点附合时,应进行正常水准面不平行修正。

③特大、大、中桥施工时设立的临时水准点,高程偏差(Δh)不得超过按式(2-16)计算的值:

$$\Delta h = \pm 20\sqrt{L}(\text{mm}) \tag{2-16}$$

式中:L——水准点间距离(km)。

对单跨跨径≥40m 的 T 形刚构、连续梁、斜拉桥等的偏差(Δh)不得超过按式(2-17)计算的值:

$$\Delta h_1 = \pm 10\sqrt{L}(\text{mm}) \tag{2-17}$$

式中:L——水准点间距离(km)。

在山丘区,当平均每公里单程测站多于 25 站时,高程偏差(Δh)不得超过按式(2-18)计算的值:

$$\Delta h_2 = \pm 4\sqrt{n}(\text{mm}) \tag{2-18}$$

式中：n——水准点间单程测站数。

高程偏差在允许值以内时，取平均值为测段间高差，超过允许偏差时应重测。

④当水准路线跨越江河（或湖塘、宽沟、洼地、山谷等）时，应采用跨河水准测量方法校测。跨河水准测量方法可按照《公路勘测规范》（JTG C10—2007）执行。

工作任务4　原材料性能及混凝土配合比设计

实训目标

1. 掌握钢筋、混凝土组成材料技术指标；
2. 熟练判断钢筋、混凝土组成材料是否合格；
3. 根据不同情况及强度等级确定混凝土配合比。

任务描述

利用某在建公路桥梁施工文件、多媒体教学资源和教师的讲解，让学生掌握施工过程的原材料性能及混凝土配合比设计。

实训引导

本学习任务沿着以下脉络进行学习。

第一步：结合课件，教师讲解相关知识；

第二步：展示某在建公路桥梁施工文件；

第三步：让学生掌握施工过程的原材料性能及混凝土配合比设计。

单元学习4.1　桥用钢材的基本要求

一、要求

钢材是重要的建筑材料。桥用钢材主要指用于钢筋混凝土结构、预应力钢筋混凝土结构及钢桥中的各种钢筋、钢丝及型钢等。由于钢材在工厂生产中有较严格的工艺控制，因此，质量通常能够得到保证。

1. 桥用钢材种类

桥涵用钢材的分类可按形状、化学成分、生产工艺、质量、用途等多种分类方法分类。

1）按形状分类

按其形状分类，可分为型材、棒材（或线材）和异型材（特种形状）。

（1）型材主要包括型钢和钢板，主要用于钢桥建筑。

（2）线材主要包括钢筋、预应力钢筋、高强钢丝和钢绞线等，它是钢筋混凝土桥梁建筑中使用的重要材料之一。

（3）异型材是为特殊用途而制作的，如预应力混凝土中用的锚具、夹具和大变形伸缩装置中使用的异型钢梁等。

2)按含碳量分类

按含碳量分类,可分为低碳钢、中碳钢和高碳钢。

(1)低碳钢:含碳量小于0.25%。

(2)中碳钢:含碳量0.25% ~0.6%。

(3)高碳钢:含碳量大于0.6%。

3)按合金元素总量的多少分类

按合金元素总量的多少分类,可分为低合金钢、中合金钢和高合金钢。

(1)低合金钢:含合金元素总量小于500。

(2)中合金钢:含合金元素总量500 ~1 000。

(3)高合金钢:含合金元素总量大于10 000。

2. 桥用钢筋

桥涵用钢筋包括下述几种。

1)热轧钢筋

用加热钢坯轧成的条形成品钢筋,称为热轧钢筋。它是建筑工程中用量最大的钢材品种之一,主要用于钢筋混凝土和预应力混凝土结构的配筋。

热轧钢筋按其轧制外形分为热轧光圆钢筋、热轧带肋钢筋。带肋钢筋通常为圆形横截面,且表面通常带有两条纵肋和沿长度方向均匀分布的横肋。按肋纹的形状分为月牙肋和等高肋。月牙肋的纵横肋不相交,而等高肋则纵横肋相交。月牙肋钢筋有生产简便、强度高、应力集中、敏感性小、疲劳性能好等优点,但其与混凝土的黏结锚固性能稍逊于等高肋钢筋。根据《钢筋混凝土用热轧光圆钢筋》(GB 1499.2—2007)和《钢筋混凝土用热轧带肋钢筋》(GB 1499.2—2007),热轧钢筋的力学性能应符合表2-12的规定。H、R、B分别为热轧、带肋、钢筋三个词的英文首位字母。

热轧钢筋的性能 表2-12

强度等级代号	R_{eL}(MPa)(屈服强度)	R_m(MPa)(抗拉强度)	A(%)(断后伸长率)	A_{gt}(%)(最大伸长率)
	不小于			
HRB335 HRBF335	355	455	17	7.5
HRB400 HRBF400	400	540	16	
HRB500 HRBF500	500	630	15	

注:根据供需双方协议,伸长率类型可从A或A_{gt}中选定。如伸长率类型未经协议确定,则伸长率采用A,仲裁检验时采用A_{gt}。

热轧钢筋中的低碳钢热轧圆盘条,直径为8 ~20mm,也广泛地应用在土木建筑及金属制品中。盘条分为建筑用盘条和拉丝用盘条两类。

2)冷轧带肋钢筋

热轧圆盘条经冷轧后,在其表面带有沿长度方向均匀分布的三面或两面横肋,即成为冷轧带肋钢筋。钢筋冷轧后允许进行低温回火处理。冷轧带肋钢筋按抗拉强度分为四个牌号,分别为CRB550、CRB650、CRB800、CRB970。C、R、B分别为冷轧、带肋、钢筋三个词的英文首位字母,数值为抗拉强度的最小值。与冷拔低碳钢丝相比较,冷轧带肋钢筋具有强度高、塑性好,与混凝土黏结牢固,节约钢材,质量稳定等优点。CRB550宜用做普通钢筋混凝土结构;其他牌号宜用在预应力混凝土结构中。

3)预应力混凝土用热处理钢筋

预应力混凝土用热处理钢筋,是用热轧带肋钢筋经淬火和回火调质处理后的钢筋。通常,有直径为6mm、8.2mm、10mm 三种规格,其条件屈服强度为不小于1 325MPa,抗拉强度不小于1 470MPa,伸长率不小于600,1 000h 应力松弛率不大于3.5%。按外形分为有纵肋和无纵肋两种,但都有横肋。钢筋热处理后卷成盘,使用时开盘钢筋自行伸直,按要求的长度切断。不能用电焊切断,也不能焊接,以免引起强度下降或脆断。热处理钢筋在预应力结构中使用,具有与混凝土黏结性能好、应力松弛率低、施工方便等优点。

4)冷拔低碳钢丝

冷拔低碳钢丝是由直径为6~8mm 的 Q195、Q215 或 Q235 热轧圆盘条经冷拔而成。低碳钢经冷拔后,屈服强度可提高40%~60%,同时塑性大为降低。所以,冷拔低碳钢丝变得硬脆,属硬钢类钢丝。它的性能要求和应用可参阅有关标准或规范。目前,已逐渐限制该类钢丝的一些应用。

3.桥梁用钢材的主要力学性能及表面质量要求

1)桥梁用钢材的主要力学性能

(1)强度

强度是钢材力学性能的主要指标,包括屈服强度和抗拉强度。

①屈服强度也称屈服极限,它是钢材开始丧失对变形的抵抗能力,并开始产生大量塑性时所对应的应力。

中碳钢和高碳钢没有明显的屈服点,通常以残余变形0.2%的应力作为屈服强度。

②抗拉强度是钢材所能承受的最大拉应力。即当拉应力达到强度极限时,钢材因完全丧失了对变形的抵抗能力而断裂。

③屈强比是屈服强度与抗拉强度的比值,通常用来比较结构的可靠性和钢材的有效利用率。屈强比越小,结构可靠性越高;但比值太小,则钢材的利用率太低。

(2)塑性

塑性是钢材在受力破坏前可以经受永久变形的性能,通常用伸长率和断面收缩率表示。

①伸长率是钢材受拉发生断裂时所能承受的永久变形能力。试件拉断后标准长度的量与原标准长度之比的百分率即伸长率。

②断面收缩率是指试件拉断后缩颈处横断面积的最大缩减量占原横断面积的百分率。

(3)冷弯性能

冷弯性能是钢材在常温条件下承受规定弯曲程度的弯曲变形能力,并可在弯曲中显示钢材缺陷的一种工艺性能。

(4)硬度

硬度是钢材抵抗其他较硬物体压入的能力,实际上硬度为钢材抵抗塑性变形的能力。

(5)冲击韧性

冲击韧性是钢材在瞬间动荷载作用下抵抗破坏的能力。

(6)耐疲劳性

钢材在交变应力(随时间交替变更的应力)的反复作用下,往往在工作应力远小于抗拉强度时发生骤然断裂,这种现象称为“疲劳破坏”。钢材抵抗疲劳破坏的能力称为耐疲劳性。

(7)良好的焊接性

良好的焊接性是指钢材的连接部分焊接后力学性能不低于焊件本身，以防止产生硬化脆裂和内应力过大等现象。

2)钢筋表面质量要求

钢筋外表面不得有严重锈蚀、麻坑、裂纹、结疤、折叠、夹砂、夹层等缺陷。热轧带肋钢筋表面允许有凸块，但不得超过横肋高度，表面上其他缺陷的深度和高度不得大于所在部位尺寸的允许偏差。钢筋表面不得有油污和其他影响使用的缺陷。

4. 桥用钢筋的力学性能测试方法

1)试件取样

(1)组批规则

钢筋应按批进行检查和验收，每批应由同一牌号、同一外形、同一规格、同一生产工艺和同一交货状态的钢筋组成，每批不大于60t。

(2)取样数量

各类钢筋每组试件数量见表2-13。

各类钢筋每组试件数量 表2-13

钢筋种类	每组试件数量		
	拉伸试验	弯曲试验	反向(复)弯曲
热轧带肋钢筋	2根	2根	1根(反向弯曲)
热轧光圆钢筋	2根	2根	
低碳热轧圆盘条	2根	2根	
冷轧带肋筋	逐盘一根	每批2个	2根(反复弯曲)

(3)取样方法

①规定取两个试件的，均应从任意两根(两盘)中分别在每根钢筋上切取一个试件，用作拉伸试件和冷弯试件。

②低碳热轧圆盘条，冷弯试件应取自同盘的两端。

③试件切取时，应在任意一端截去500mm后切取。

④一般试件长度为：

拉伸试件 $L \geqslant 10d + 200$mm

弯曲试件 $L \geqslant 5d + 200$mm

2)试验项目及方法

(1)屈服强度和抗拉强度

钢筋拉伸试验在试验机上进行时，当测力度盘的指针停止转动后的恒定负载或第一次回转的最小负荷即为所求屈服点的荷载。

屈服强度(σ_s)以MPa表达，并按式(2-19)计算：

$$\sigma_s = \frac{F_s}{A_0} \tag{2-19}$$

式中：F_s——相当于所求屈服应力时的荷载(N)；

A_0——试件原截面面积(mm^2)。

中碳钢和高碳钢没有明显的屈服点，采用分级加载，求出弹性直线段相应于小等级负荷的平均伸长增量，由此计算出偏离直线段后各级负荷的弹性增长。从总伸长中减去弹性伸长即为残余伸长。通常以残余伸长0.2%的应力作为屈服强度，表示为$\sigma_{0.2}$，并按式(2-20)计算：

$$\sigma_{0.2}=\frac{F_{0.2}}{A_0} \tag{2-20}$$

式中：$F_{0.2}$——相当于所求应力的荷载(N)；

A_0——试件原截面面积(mm^2)。

抗拉强度是向试件连续加载直至拉断，由测力度盘或拉伸曲线上读出最大负荷F_b，抗拉强度(σ_b)以MPa表达，按式(2-21)计算：

$$\sigma_b=\frac{F_b}{A_0} \tag{2-21}$$

式中：F_b——试件拉断前的最大荷载(N)；

A_0——试件原截面面积(mm^2)。

(2)塑性

工程中钢材塑性指标通常用伸长率和断面收缩率表示，钢筋一般可进行伸长率单项抽验。当试件拉断后，标距长度的增量与原标距长度之比的百分率即为伸长率。伸长率(δ_n)以%表达，并按式(2-22)计算：

$$\delta_n=\frac{L_1-L_0}{L_0}\times 100\% \tag{2-22}$$

式中：L_1——试件拉断后标距部分的长度(mm)；

L_0——试件原标距长度(mm)；

δ_n——长、短比例试件的伸长率，分别以δ_5、δ_{10}表示，定标距试件伸长率应附该标距长度数值的脚注，如$L=100$mm或$L=200$mm，则伸长率分别以δ_{100}、δ_{200}表示。

为了避免由于试样断裂位置不符合所规定的条件而必须报废试样，可以使用如下方法测定断后伸长率：在试验前将原始标距(L_0)细分为N等分。试验后，以符号X表示断裂后试样短段的标距标记，以符号Y表示断裂试样长段的等分标记，此标记与断裂处的距离最接近于断裂处至标距标记的X距离。如X与Y之间的分格数为n，按如下方法测定断后伸长率。

①如$N-n$为偶数，测量X与Y之间的距离和测量从Y至距离为$(N-n)/2$个分格的Z标记之间的距离。按照式(2-23)计算断后伸长率：

$$\delta=\frac{XY+2YZ-L_0}{L_0}\times 100\% \tag{2-23}$$

②如$N-n$为奇数，则测量X与Y之间的距离，和测量从Y至距离分别为$(N-n-1)/2$和$(N-n+1)/2$个分格的Z'和Z''标记之间的距离。按照式(2-24)计算断后伸长率：

$$\delta=\frac{XY+YZ'+YZ''-L_0}{L_0}\times 100\% \tag{2-24}$$

(3)硬度

按现行规范检测钢硬度的方法主要有布氏硬度和洛氏硬度两种。

①试验仪具。

a. 布氏硬度试验法。

(a)布氏硬度试验机。

(b)钢球。钢球应用淬火硬钢制成，其硬度值应不低于维氏硬度HV850；钢球直径为2.5mm、5.0mm或10.0mm；钢球表面光洁度应不低于12，并在5倍放大镜下观察无任何表面缺陷。

(c)试件。试件表面应制成光滑平面，以便压痕边缘足够清晰而保证测量压痕直径的准确性；试件表面无氧化皮或其他外来污物；制作试件时，不应使试件表面因受热或加工硬化而改变其硬度。

b. 洛氏硬度试验法。

(a)洛氏硬度试验机。

(b)试件。试件试验面必须精细制备使其平坦，不带有油脂、氧化皮、裂缝、显著加工痕迹、凹坑及外来污物。试件表面加工时应避免因受热或冷加工改变金属的性能；对于弯曲面的试件，其曲率半径不得小于 15mm，如半径为 5～15mm，则测到的硬度值需加以修正；试件表面层最小厚度不小于卸除主负荷后压头压入深度的 8 倍。

②试验方法。

a. 布氏硬度法。

(a)试验应在 10～30℃温度下进行。

(b)根据试件的硬度、厚度选用钢球直径和试验力。

(c)将试件放在支承台上，加初负荷使试件与钢球互相接触，必须使所施加作用力与试验平面垂直，平稳均匀地施加负荷，不得受到冲击和振动，并按规定时间保持负荷。

(d)卸下负荷，用测微显微镜测量压痕直径，从相互垂直方向各测 1 次（或从直读式硬度机上读出压痕直径）。钢球直径为 10mm、5mm 或 2.5mm 时，压痕直径测量分别精确到 0.02mm、0.02mm 和 0.01mm，压痕两直径之差应不超过较小直径的 2%。

(e)试验后压痕直径的大小应在 $0.25D < d < 6D$ 范围内，否则试验结果无效，另行选择相应的负荷重新试验。

(f)试验后试件边缘及背面呈现变形痕迹时，试验无效，另选择直径较小钢球及相应负荷重新试验。

(g)压痕中心距试件边缘应不小于压痕直径的 2.5 倍，两压痕中心间距不小于压痕直径的 2.5 倍；试验布氏硬度值 HB 小于 35 的金属时，上述距离分别为压痕直径的 3 倍和 6 倍。

(h)HB 可根据压痕直径计算。当 HB≥100 时，硬度值取整数；当 HB = 10～100 时，计算到小数一位；当 HB < 10 时，计算到小数两位。

b. 洛氏硬度法。

(a)试验在 10～30℃温度下进行。

(b)根据试件的硬度选用试验条件。

(c)试件的试验面、支承面、试台表面和压头表面应清洁。试件应稳固地放置在试台上，以保证在试验过程中不产生位移及变形。

(d)在任何情况下，不允许压头与试台及支座触碰。试件支撑面、支座和试台工作面上均不得有压痕。

(e)试验时，必须保证试验力方向与试件的试验面垂直。

(f)在试验过程中，试验装置不应受到冲击和振动。

(g)施加初始试验力时，指针或指示线不得超过硬度计规定范围，否则应卸除初始试验力，在试件另一位置试验。

(h)调整示值指示器至零点后，应在 2～8s 内施加全部主试验力。

(i)应均匀平稳地施加试验力，不得有冲击及振动。

(j)施加主试验力后，总试验力的保持时间应以示值指示器指示基本不变为准。

总试验力保持时间推荐如下：对于施加主试验力后不随时间继续变形的试件，保持时间为1～3s；对于施加主试验力后随时间缓慢变形的试件，保持时间为6～8s；对于施加主试验力后随时间明显变形的试件，保持时间为25～30s。

(k)达到要求的保持时间后，在2s内平稳地卸除主试验力，保持初始试验力，从相应的标尺刻度上读出硬度值。

(l)两相邻压痕中心间距离至少应为压痕直径的4倍，但不得小于2mm。任一压痕中心距试样边缘距离至少应为压痕直径的2.5倍，但不得小于1mm。

(m)在每个试件上的试验点数应不少于4点。对大批量试件的检验，点数可适当减少。

(4)冲击韧性

①主要仪器设备。

a. 冲击试验机。

(a)冲击试验机的标准打击能量为300J±10J或150J±10J，打击瞬间摆锤的冲击速度应为5.0～5.5m/s。根据需要也可使用其他冲击能量的试验机。

(b)试验机的试样支座及摆锤刀刃尺寸应符合规定。

(c)冲击试验机的其他技术条件应符合《摆锤式冲击试验机的检验》(GB 3808—2002)规定。

(d)对于高温或低温冲击试验，温度控制装置应能将试验温度稳定在规定值的±2℃之内。

(e)使用液体介质加热或冷却试样时，恒温槽应有足够容量和介质，并应有使介质温度均匀的装置。

b. 测温仪器。

(a)测温用的玻璃温度计最小分度值应不大于1℃，误差应符合规定，测温热电耦应符合II级热电耦要求。

(b)测温仪器(数字指示装置或电位差计)的误差应不超过±0.1%。

(c)热电耦参考端温度应保持恒定，偏差应不超过0.5℃。

②试验要求。

a. 试样。

(a)规定以10mm×10mm×55mm带有V形缺口的试样为标准试样。试样的尺寸及偏差应符合规定。试样缺口底部应光滑，无与缺口轴线平行的明显划痕。进行仲裁试验时，试样缺口底部的光洁度不应低于7。

(b)试样毛坯切取的部位、取向、数量均应按照相应技术条件的规定执行。毛坯切取和试样加工过程中，不应受加工硬化或热影响而改变金属的冲击性能。

(c)试样的标记不应影响支座对试样的支承，也不应使缺口附近产生加工硬化。一般可标记在试样的端面、侧面或缺口背面距端面15mm以内，但不应标在支承面上。试样在加工和保存期间应防止锈蚀，缺口部位应避免划伤。

b. 试验前应检查摆锤空打是否指零(摆锤自由下垂时，使被动指针紧靠主动指针并对准最大冲击能量处，扬起摆锤空打，被动指针应指零位)，其偏差不应超过最小分度值的1/4。

c. 试样的放置应紧贴支座，并能使摆锤刀刃打击在背向缺口的一面。试样缺口对称面应位于两支座对称面上，其偏差不应大于±0.2mm。

d. 试验时检查试样尺寸用的量具精度不应低于0.02mm。

e. 当没有规定具体温度时，试验温度一般为20℃±5℃。

③结果计算。

钢材冲击韧性 A_k 按式(2-25)和式(2-26)计算：

$$A_k = F(H-h) \tag{2-25}$$

$$A_k = FL(\cos\beta - \cos\alpha) \tag{2-26}$$

式中：F——摆锤静载(N)；

L——摆锤重心到立柱间距离(m)；

H——摆锤扬起时的高度；

h——摆锤回落时的高度。

(5)冷弯性能试验

冷弯性能试验是钢筋在常温条件下进行的一项工艺性试验。试验可在配备弯曲装置的压力机或万能试验机上进行。常用弯曲装置有支辊式、V形模具式、虎钳式、翻板式四种，其中使用最多的是支辊式弯曲装置。支辊长度应大于试样宽度或直径，支辊半径应为1～10倍试样厚度，且支辊应具有足够的硬度。支辊间距离应符合规定，在试验期间应保持不变。弯曲压头直径应符合规定，弯曲压头宽度应大于试样直径，且应具有足够的硬度。试验时将试样放在满足以上条件的设备上缓缓弯曲至规定的弯曲角度。若无裂纹、起层或断裂等现象，则认为合格。如钢材含碳、磷量较高或受过不正常的热处理，则冷弯试验往往不能合格。

(6)反复弯曲试验

反复弯曲试验时，应将试样一端夹紧，然后绕着规定半径的圆柱形表面使试样弯曲90°，再向相反方向弯曲，如此反复。弯曲圆弧半径、圆弧顶部至拨杆底面的距离以及拨杆的孔径应按试件尺寸进行选择。

试样从起始位置向左右弯曲90°后返回至起始位置，作为第一次弯曲；再由起始位置向左右弯曲90°，再返回起始位置作为第二次弯曲；依次连续反复弯曲。试样折断时的最后一次不计。

弯曲次数达到或超过有关标准中所规定的弯曲次数为合格。

5. 预应力钢材试验检测

1)预应力混凝土用钢筋、钢丝和钢绞线的力学性能和表面质量要求

预应力混凝土用钢筋有热处理钢筋、冷拉钢筋和热轧螺纹钢筋。预应力混凝土用的钢丝有冷拔低碳钢丝、冷拉或消除应力的光圆钢丝、螺旋肋钢丝和刻痕钢丝。消除应力钢丝包括低松弛钢丝和普通松弛钢丝两种。桥涵工程用钢丝一般为低松弛钢丝。

(1)热处理钢筋

热处理钢筋由热轧螺纹钢筋经淬火和回火的调质处理而成。经热处理后改变了钢筋的内部组织结构，其性能得到改善，抗拉强度提高到预应力钢筋所需要的强度等级。热处理钢筋按其螺纹外形分为有纵肋和无纵肋。热处理钢筋的力学性能有屈服强度、抗拉强度和伸长率等指标。

表面质量要求：钢筋表面不得有肉眼可见的裂纹、结疤、折叠；允许有凸块，但不得有超过横肋高度的凸块；表面允许有不影响使用的缺陷，但不得沾油污。

尺寸偏差应符合有关规范的要求。

(2)冷拉钢筋

冷拉钢筋是将钢筋在常温下拉伸超过屈服点，以提高钢筋的屈服极限、强度极限和疲劳极限的一种加工工艺。但经冷拉后会降低钢筋的延伸率、断面收缩率、冷弯性能和冲击韧性。预应力混凝土结构所用钢筋，主要要求具有高的屈服强度、变形极限等强度性能，而对延伸率、断面收缩率、冷弯性能和冲击韧性要求不高。冷拉钢筋的力学性能包括屈服强度、抗拉强度、伸

长率和冷弯性能。

表面质量要求：钢筋冷拉后，表面不应发生裂纹；冷弯试验后无裂纹、鳞落或断裂现象。

(3)精轧螺纹钢筋

精轧螺纹钢筋是用热轧方法直接生产的一种无纵肋钢筋。钢筋的连接是在端部用螺纹套筒进行连接接长。其力学性能包括屈服点、抗拉强度、冷弯性能和10h松弛率。

表面质量要求：钢筋表面不得有横向裂纹、结疤和机械损伤，钢筋表面允许有不影响力学性能和连接的缺陷。

(4)冷拔钢丝

冷拔钢丝是把直径6～8mm的普通碳素钢筋条用强力拉过比它本身直径还小的硬质合金拉丝模。这时钢筋同时受到纵向拉力和横向压力的作用，截面变小，长度拉长，经过几次拉丝，其强度比原来有极大的提高。冷拔钢丝的力学性能要求包括抗拉强度、伸长率和180°反复弯曲次数。

表面质量要求：钢丝表面不得有裂纹和机械损伤。

(5)高强钢丝

高强钢丝有冷拉钢丝、消除应力钢丝和消除应力刻痕钢丝。

冷拉钢丝是用盘条钢筋通过拔丝模或轧辊经冷加工而成、以盘卷供货的钢丝。力学性能要求包括抗拉强度、规定非比例伸长应力、最大力下总伸长率、弯曲次数、弯曲半径、断面收缩率、每210mm扭矩的扭转次数和初始应力相当于70%公称抗拉强度时1 000h后应力松弛率。

消除应力钢丝是按一次性连续处理方法生产的钢丝。生产工艺如下：钢丝在塑性变形下进行的短时热处理，得到的是低松弛钢丝；钢丝经过矫直工序后在适当的温度下进行的短时的热处理，得到的是普通松弛应力钢丝；消除应力钢丝的力学性能要求包括抗拉强度、规定非比例伸长应力、最大力下总伸长率、弯曲次数、弯曲半径、初始应力相当于公称抗拉强度的百分数和1 000h后应力松弛率。

刻痕钢丝是钢丝表面沿着长度方向具有规则间隔的压痕。其力学性能要求包括抗拉强度、规定非比例伸长应力、最大力下总伸长率、弯曲次数、弯曲半径、初始应力相当于公称抗拉强度的百分数和1 000h后应力松弛率。

表面质量要求：钢丝表面不得有裂纹、小刺、机械损伤、氧化铁皮及油污；回火成品表面允许有回火颜色，表面允许有浮锈，但不得锈蚀成目视可见的麻坑。

(6)钢绞线

钢绞线是钢厂用优质碳素结构钢经过冷加工、再经回火和绞捻等加工而成，塑性好、无接头、使用方便，专供预应力混凝土结构使用。其力学性能要求包括抗拉强度、整根钢绞线的最大力、规定非比例延伸力、最大力总伸长率和1 000h后应力松弛率等。

表面质量要求：钢绞线表面不得带有降低钢绞线与混凝土黏结力的润滑剂、油渍等物质，允许有轻微的浮锈，但不得锈蚀成肉眼可见的麻坑。

2)预应力混凝土用钢筋、钢丝和钢绞线的力学性能检测

(1)组批规则

各种预应力混凝土用钢筋、钢丝、钢绞线应按批进行检查和验收，每批应由同一批号、同一外形、同一规格、同一生产工艺和同一交货状况的钢筋组成。

(2)取样、复验规则

①热处理钢筋。每批钢筋的质量不大于60t。从每批钢筋中抽取10%的盘数(不小于25

盘)进行表面质量和尺寸偏差检查。如果不合格,则应逐盘检查,从每批钢筋中抽取10%的盘数(不小于25盘)进行力学性能试验。试验结果如有一项不合格时,该盘不合格的应报废,并从未试验的钢筋中取双倍数量的试样进行复验;如仍有一项不合格,则该批钢筋为不合格。

②冷拉钢筋。冷拉钢筋应分批进行检验,每批质量不得大于20t。每批钢筋的级别和直径均应相同。每批钢筋外观经逐根检查合格后,再从任选的两根钢筋上各取一套试件进行拉力试验和冷弯试验,如有一项不合格时,则取双倍数量的试件重做全部各项试验;如仍有一根不合格,则该批钢筋为不合格。

计算冷拉钢筋的屈服强度和抗拉强度时,采用冷拉前的公称截面面积。冷弯试验后,冷拉钢筋的外观不得有裂纹、鳞落或断裂现象。

③精轧螺纹钢筋。应分批进行检验,每批质量不大于100t。对表面质量逐根进行目视检查,外观合格后在每批中任选两根钢筋截取试件进行拉伸试验,如有一项不合格时,则取双倍数量的试件重做全部各项试验;如仍有一根不合格,则该批钢筋为不合格。拉伸试验的试件不允许有任何形式的加工。

④冷拔低碳钢丝。应逐盘进行抗拉强度、伸长率和弯曲试验。从每盘钢丝上任一端截去不少于500mm后再取两个试样,分别进行拉力和180°反复弯曲试验,试验结果应符合要求。弯曲试验后不得有裂纹、鳞落或断裂现象。

⑤高强钢丝。应分批检验,每批质量不大于60t。先从每批中抽查5%,但不少于5盘,进行形状、尺寸和表面检查,如不合格,则将该批钢丝逐盘检查。在上述检查合格的钢丝中抽取5%,但不少于3盘,在每盘钢丝的两端取样进行抗拉强度、弯曲和伸长率试验。试验结果如有一项不合格时,该盘不合格的应报废,并从同批未试验过的钢丝中取双倍数量的试样进行该不合格项的复验,如仍有一项不合格,则该批钢丝为不合格。

⑥钢绞线。每批钢绞线的质量不大于60t。从每批钢绞线中任取3盘,并从每盘所选的钢绞线端部正常部位截取一根试样进行表面质量、直径偏差和力学性能试验。如每批少于3盘,则应逐盘进行上述试验。试验结果如有一项不合格时,该盘不合格的应报废,并从该批未试验过的钢绞线中取双倍数量的试样进行该不合格项的复验;如仍有一项不合格,则该批钢绞线为不合格。

⑦规定非比例延伸力测试。钢绞线规定非比例延伸力采用的是引伸计标距的非比例延伸达到原始标距0.2%时所受的力($F_{p0.2}$)。为方便供方日常检验,也可以测定规定总延伸达到原始标距1%的力(F_{t1}),其值符合标准规定的$F_{p0.2}$值时可以交货,但仲裁试验时应测定$F_{p0.2}$。测定$F_{p0.2}$和F_{t1}时,预加负荷为规定非比例延伸力的10%。

⑧应力松弛性能试验。应力松弛是预应力筋在恒定长度下应力随时间而减小的现象。目前,桥涵施工中普遍要求测量预应力钢筋的松弛率。

应力松弛性能试验时,要求试验期间试样的环境温度始终保持在20℃ ±2℃内。试验标注长度不小于公称直径的60倍。试样制备后不得进行任何热处理加工和冷加工。初始负荷应在3~5min内均匀施加完毕,持荷1min后开始记录松弛值。允许用100h的测试数据推算1 000h的松弛率值。

6.焊接钢筋质量检测方法

钢筋接头一般应采用焊接,螺纹筋可采用挤压套管接头或锥螺纹接头。钢筋的焊接应优先选用闪光对焊,当缺乏闪光对焊条件时,也可采用电弧焊、电渣压力焊、气压焊等。不同焊接方法的质量检测内容和标准如下。

1)钢筋闪光对焊接头

(1)批量规定

在同一台班内,由同一焊工按同一焊接参数完成的300个同类型(指钢筋级别和直径均相同的接头)接头作为一批。一周内连续焊接时可以连续计算,一周内累计不足300个接头时,也按一批计算。

(2)外观检查

每批抽查10%的接头,并不得少于10个。

(3)焊接等长预应力钢筋

焊接等长预应力钢筋(包括螺丝端杆与钢筋)时,可按生产时同等条件制作模拟试件。

(4)螺丝端杆连接接头

螺丝端杆连接接头可只做拉伸试验。

(5)力学性能试验

包括拉伸试验和弯曲试验。应从每批成品中切取6个试件,3个进行拉伸试验,3个进行弯曲试验。试验结果应符合下列要求:

①3个热轧钢筋接头试件的抗拉强度均不得小于该级别钢筋规定的抗拉强度,如热处理Ⅲ级钢筋接头试件的抗拉强度均不得小于HRB400钢筋的抗拉强度。

②应至少有2个试件断于焊缝之外,并呈延性断裂。

当试验结果有1个试件的抗拉强度小于上述规定值,或有2个试件在焊缝或热影响区发生脆性断裂时,应再取6个试件进行复验。

③预应力钢筋与螺丝端杆闪光对焊接头拉伸试验结果,应至少有3个试件全部断于焊缝之外,呈延性断裂。

当试验结果有1个试件在焊缝或热影响区发生脆性断裂时,应从成品中再切取3个试件进行复验;当仍有1个试件在焊缝或热影响区发生脆性断裂时,应确认该批为不合格品。

④模拟试件的试验结果不符合要求时,应从成品中再切取试件进行复验,其数量和要求应与初始试验时相同。

⑤当进行闪光对焊接头弯曲试验时,应将受压面的金属毛刺和镦粗变形部分消除,且与母材的外表齐平。

弯曲试验可在万能试验机、手动或电动液压弯曲试验器上进行。焊缝应处于弯曲中心,弯心直径和弯曲角应符合规定。当弯至90°时,至少有2个试件不得发生破断。

当试验结果有2个试件发生破断时,应再取6个试件进行复验;当仍有3个试件发生破断,应确认该批接头为不合格品。

2)钢筋电弧焊接头

(1)批量规定

以300个同类型接头为一批,不足300个时仍作为一批。

(2)外观检查

应在接头清渣后逐个进行目测或量测,检查结果应符合下列要求:

①焊缝表面平整,不得有较大的凹陷、焊瘤。

②接头处不得有裂纹。

③咬边深度、气孔、夹渣的数量和大小以及接头偏差,不得超过规定的数值。

④坡口焊及熔槽帮条焊接头,其焊缝加强高度不大于3mm。

⑤外观检查不合格的接头,经修整或补强后,可再次提交二次验收。

(3)强度检验试验

从成品中每批切取3个接头做拉伸试验，试验结果应符合下列要求：

①3个热轧钢筋接头试件的抗拉强度均不得低于该级别钢筋的规定抗拉强度值，如热处理III级钢筋接头试件抗拉强度均不得小于HRB400钢筋规定的抗拉强度。

②至少有2个试件呈塑性断裂，3个试件均断于焊缝之外。

③当检验结果有1个试件的抗拉强度低于规定指标或有2个试件发生脆性断裂时，应取双倍数量的试件进行复验。复验结果若仍有1个试件的抗拉强度低于规定指标，或有1个试件断于焊缝，或有3个试件呈脆性断裂时，则该批接头即为不合格品。

3)电渣压力焊

(1)接头质量检查

电渣压力焊接头应逐个进行外观检查。在做力学性能试验时，从每批接头中随机切取3个试件做拉伸试验，应符合下列要求：

①在一般构筑物中，以300个同级别钢筋接头作为一批。

②在现浇钢筋混凝土结构中，每一施工区段中以300个同级别钢筋接头作为一批，不足300个接头仍作为一批。

(2)外观检查质量要求

电渣压力焊接头外观检查结果应符合下列要求：

①接头焊毕，应停歇适当时间，才可回收焊剂和卸下焊接夹具。敲去渣壳，四周焊包应较均匀，凸出钢筋表面的高度至少4mm。

②电极与钢筋接触处，无明显的烧伤缺陷。

③接头处的弯折角不大于4°。

④接头处的轴线偏移不超过0.1倍钢筋直径，同时不大于2mm。

外观检查不合格的接头应切除重焊，或采取补强措施。

(3)拉伸试验质量要求

电渣压力焊接头拉伸试验结果，应至少有3个试件的抗拉强度均不得低于该级别钢筋规定的抗拉强度值。

当试验结果有1个试件的抗拉强度低于规定指标，应取6个试件进行复验，若仍有1个试件的抗拉强度低于规定指标，则确定该批接头为不合格品。

4)气压焊

(1)接头质量检查

气压焊接头应逐个进行外观检查。当进行力学性能试验时，应从每批接头中随机切取3个接头做拉伸试验。在梁、板的水平钢筋连接中，应另切取3个接头做弯曲试验，且应按下列规定抽取试件：以300个接头作为一批，不足300个接头仍作为一批。

(2)外观检查质量要求

气压焊接头外观检查结果应符合下列要求：

①偏心量e不得大于钢筋直径的0.15倍，同时不得大于4mm，当不同直径钢筋焊接时，按较小钢筋直径计算。当超过限量时，应切除重焊。

②两钢筋轴线弯折角不得大于4°，当超过限量时，应重新加热矫正。

③镦粗直径d不得小于钢筋直径的1.4倍，当小于此限量时，应重新加热镦粗。

④镦粗长度l_c不得小于钢筋直径的1.2倍，且凸起部分平缓圆滑。当小于此限量时，应

重新加热镦粗。

⑤压焊面偏移 d_n 不得大于钢筋直径的 0.2 倍。

(3)拉伸试验质量要求

气压焊接头拉伸试验结果,应至少有 3 个试件的抗拉强度均不得低于该级别钢筋规定的抗拉强度,并断于压焊面之外,呈延性断裂。若有 1 个试件不符合要求时,应切取 6 个试件进行复验,若仍有 1 个试件不符合要求,该批接头为不合格品。

(4)弯曲试验质量要求

气压焊接头弯曲试验时,应将试件受压面的凸起部分除去,与钢筋外表面齐平。弯心直径应符合规定。

弯曲试验可在万能试验机、手动或电动液压弯曲试验器上进行。压焊面应处在弯曲中心点,弯至 90°,3 个试件均不得在压焊面发生破断。

当试验结果有 1 个试件不符合要求,应切取 6 个试件进行复验,若仍有 1 个试件不符合要求,该批接头为不合格品。

二、钢筋加工

1. 钢筋加工前的准备工作

1)钢筋的检查

钢筋进场后,应检查钢筋出厂质量证明书和试验报告单。对桥涵所用的钢筋应抽取试样做力学性能试验。

2)钢筋的调直

直径 10mm 以下的钢筋多卷成盘形,粗钢筋常弯成“发卡”形,以便运输和储存。因此,运到工地的钢筋,应先调直。

盘圆钢筋应先放开,把它截成 30～40m 的长度,然后用人力或电动绞车拉直。图 2-17 所示为人工绞磨拉直钢筋。也可用钢筋调直机调直。

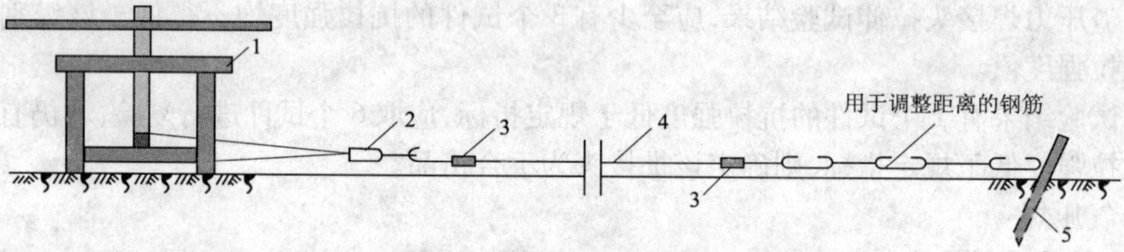

图 2-17　人工绞磨调直钢筋

1-绞架;2-滑轮;3-夹具;4-钢筋;5-固定桩

3)钢筋的除锈去污

钢筋应有洁净的表面,使钢筋与混凝土间有可靠的黏结力。油渍、漆皮、鳞锈均应在使用前清除干净。

4)钢筋的画线配料

配料工作应以施工图纸中每一根钢筋的下料长度和库存材料规格为依据,将不同直径和不同长度的各号钢筋顺序填写配料单,按表列各种长度及数量进行配料。

(1)钢筋下料长度计算

①弯曲伸长量计算。

一般可按下列数字估算伸长量:弯 45°时伸长 $0.5d$;弯 90°时伸长 $1d$;弯 180°时伸长 $1.5d$。

②下料长度计算。

下料长度 = 钢筋设计长度 + 接头长度 − 弯曲伸长量

(2)配料注意事项

①对于焊接接头，受拉钢筋接头的截面积在同一截面(钢筋长度方向 $35d$ 并≥50cm)内不得超过钢筋总面积的 50%。

②对于绑扎搭接接头，其截面积在同一截面内(钢筋搭接长度范围内)受拉区不能超过钢筋总面积的 25%；受压区不能超过钢筋总面积的 50%。

5)钢筋替换

当施工图中采用的钢筋品种或规格与库存材料不一致时，可参考下列原则进行代换：

(1)等强度代换。结构构件系强度控制，钢筋按强度相等原则进行代换。

(2)等面积代换。结构构件系最小配筋率控制，钢筋按面积相等原则进行代换。

(3)替换后的构件，如果不进行裂缝验算，替换钢筋的直径不宜大于原设计钢筋直径，钢筋强度不宜大于原设计钢筋强度。

重要结构中的主钢筋在代用时，应由原设计单位作变更设计。

6)钢筋切断

钢筋切断可依其直径的大小，用人工或机械方法进行。人工截切直径 10 ~ 22mm 的钢筋可用上下搭口及铁锤割断[图 2-18a)]；10mm 以下的钢筋可用剪刀剪断[图 2-18b)]。

2. 钢筋加工

1)钢筋接长

钢筋接长的方式有闪光接触对焊、电弧焊和绑扎搭接三种。闪光接触对焊接长钢筋，一般电焊均以采用闪光焊为宜。绑扎接头的质量差，费钢料，只有在没有焊接条件的情况下才可采用。

(1)闪光接触对焊

图 2-19 所示为闪光接触对焊示意图，图 2-20 所示为接触对焊的接头形式。

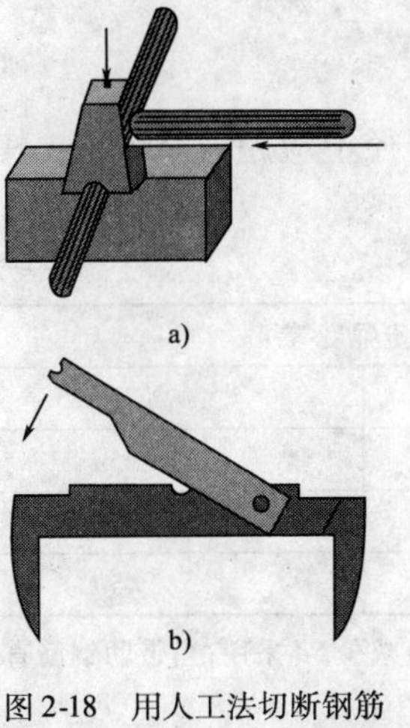

图 2-18 用人工法切断钢筋

a)以上下搭口切断钢筋；b)用剪刀剪钢筋

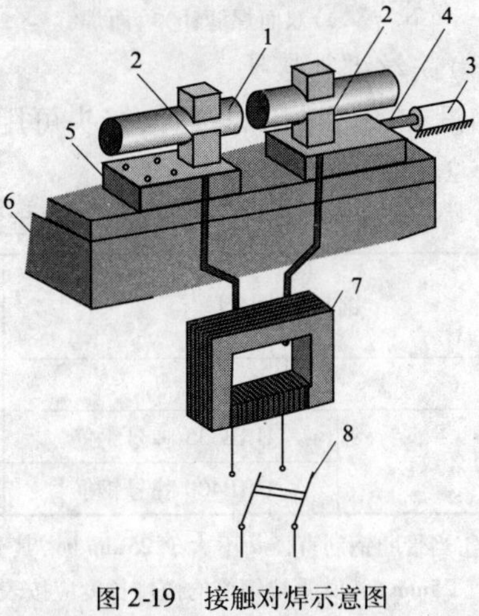

图 2-19 接触对焊示意图

1-钢筋；2-电极；3-压力构件；4-活动平板；5-固定平板；6-机身；7-变压器；8-闸刀

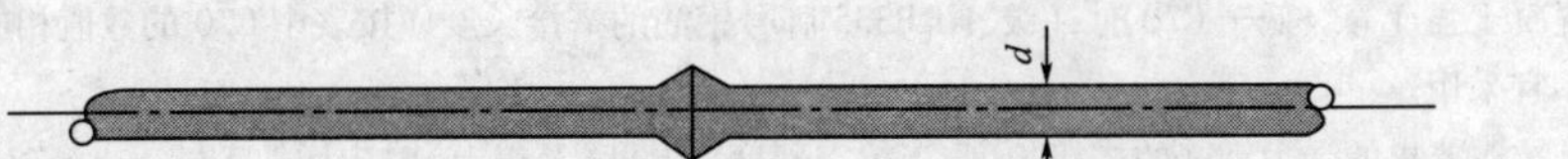

图 2-20 接触对焊接头

(2)电弧焊

电弧焊系将一根导线接在被焊钢筋上，另一根导线接在夹有焊条的焊钳上，将接触焊件接通电流，并立即将焊条提起2～3mm，产生电弧（温度高达4 000℃），将焊条和钢筋熔化并汇合成一条焊缝，至此焊接过程结束。图2-21所示为电弧焊的接头形式。

钢筋焊接完毕，同样应对接头进行外观检查，并进行力学性能试验。外观检查应满足下列要求：

①焊缝应没有缺口、裂缝和较大的金属焊瘤；

②接头处钢筋轴线的曲折，其角度不得大于4°；

③接头处钢筋轴线的偏移不得大于钢筋直径的0.1倍，也不得大于3mm；

④焊缝宽度和高度应按图2-22所示的尺寸进行测量。

力学性能试验，其抗拉极限强度不能小于该种钢筋的抗拉极限强度。

钢筋电弧焊所采用的焊条，其性能应符合低碳钢和低合金电焊条标准的有关规定，其牌号应符合设计要求。

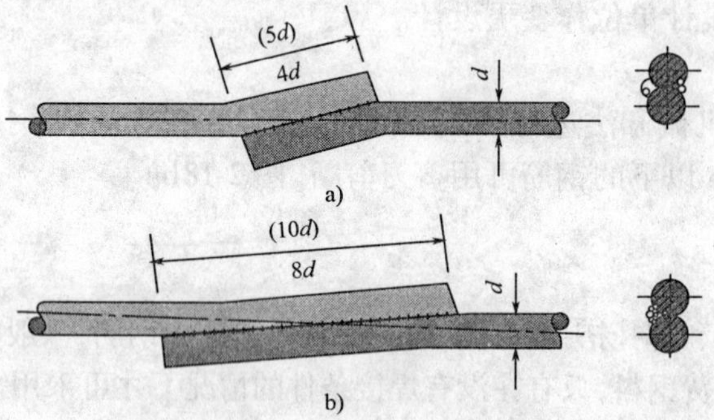

图2-21　电弧焊接头（不带括号的适用于Ⅰ级钢筋，带括号的适用于Ⅱ、Ⅲ级钢筋）

a）双面焊缝；b）单面焊缝

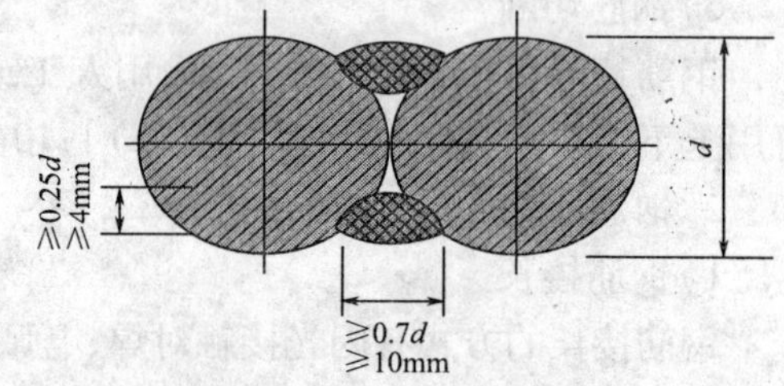

图2-22　焊缝宽度和高度

(3)铁丝绑扎接头

当没有条件采用焊接时，接头可用铁丝绑扎搭接，但钢筋直径不应超过25mm。其搭接长度见表2-14。

受拉钢筋绑扎接头的搭接长度　表2-14

钢筋类型		混凝土强度等级		
		C20	C25	高于C25
Ⅰ级钢筋		35d	30d	25d
月牙纹	HRB335牌号钢筋	45d	40d	35d
	HRB400牌号钢筋	55d	50d	45d

注：①当带肋钢筋直径d不大于25mm时，其受拉钢筋的搭接长度应按表中值减少5d采用；当带肋钢筋直径d大于25mm时，其受拉钢筋的搭接长度应按表中值增加5d采用。

②当混凝土在凝固过程中受力钢筋易受扰动时，其搭接长度宜适当增加。

③在任何情况下，纵向受拉钢筋的搭接长度不应小于300mm；受压钢筋的搭接长度不应小于200mm。

④当混凝土强度等级低于C20时，Ⅰ级、HRB335牌号钢筋的搭接长度应按表中C20的数值相应增加10d；HRB500钢筋不宜采用。

⑤对有抗震要求的受力钢筋的搭接长度，当抗震烈度为七度（及以上）时应增加5d。

⑥两根不同直径的钢筋的搭接长度，以较细的钢筋直径计算。

2）钢筋的弯制成形

钢筋应按设计尺寸和形状用冷弯方法弯制成形。当弯制钢筋的工作量不大时，可用人工弯筋器在成形台上弯制。人工弯筋器由扳子和底盘组成，如图2-23所示。

当弯制大量钢筋时，宜采用电动弯曲机，能弯制6～40mm的钢筋。

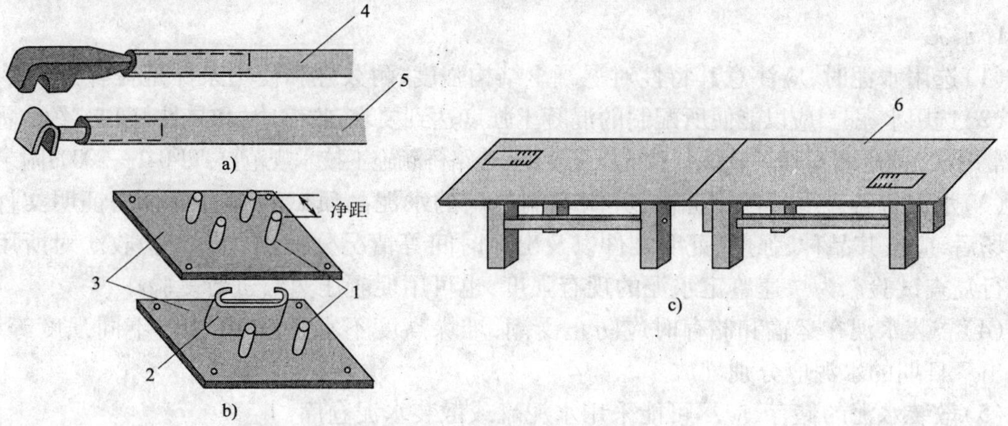

图2-23　人工弯筋设备及成形台

1-扳柱；2-钢套；3-底盘；4-横口扳子；5-深口横口扳子；6-成形台

3）钢筋骨架焊接

钢筋骨架的焊接应采用电弧焊，先焊成单片平面骨架，然后再将平面骨架焊成立体骨架，使骨架具有足够的刚性和不变形性，以便吊运。

工作台[图2-23c)]的形式很多，台高一般为30～40cm，钢筋按照骨架的尺寸用角钢固定在台面上，每根斜筋的两侧也用木条固定。

无论是点焊或施焊，骨架相邻部位的钢筋不能连续进行，而应该错开焊接（即跳焊）。图2-24所示为钢筋骨架焊接顺序。同一部位有多层钢筋时，各条焊缝也不能一次焊好，而要错开施焊。

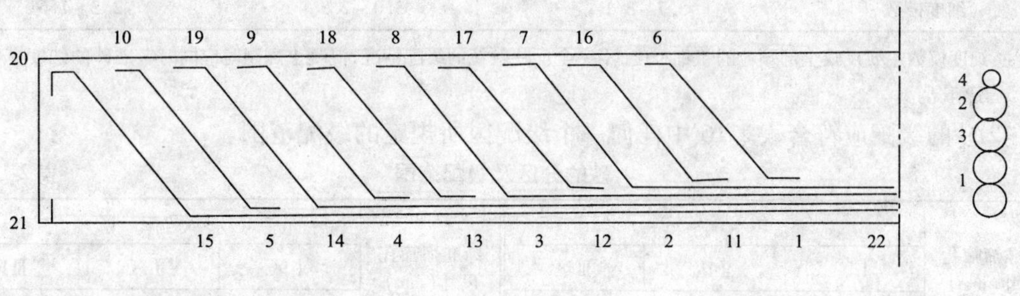

图2-24　钢筋骨架焊接顺序

4）钢筋的安装

安装钢筋之前，应详细检查模板各部分尺寸、裂缝和变形。安装钢筋时，应使其位置准确。为了保证底模板与钢筋间具有一定厚度的保护层，可在钢筋下面垫以预先制好的砂浆垫块，并用预埋在垫块中的铁丝绑扎在钢筋上，以免浇筑混凝土时发生移动。

在钢筋骨架安装完成后，要对照施工图纸进行检查，并填写《钢筋施工原始记录表》，以备日后检查及工程存档使用。

单元学习4.2 混凝土配合比设计

一、各组成材料的基本要求

1. 水泥

(1)选用水泥时,应注意其特性对混凝土结构强度、耐久性和使用条件是否有不利影响。

(2)选用水泥时,应以能使所配制的混凝土强度达到要求、收缩小、和易性好和节约水泥为原则。常用水泥的强度等级及软练胶砂抗压强度见《公路桥涵施工技术规范》(JTJ 041—2000)附录 F-1。

(3)水泥应符合现行国家标准,并附有制造厂的水泥品质试验报告等合格证明文件。水泥进场后,应按其品种、强度、证明文件以及出厂时间等情况分批进行检查验收。对所用水泥应进行复查试验。为快速鉴定水泥的现有强度,也可用促凝压蒸法进行复验。

(4)袋装水泥在运输和储存时应防止受潮,堆垛高度不宜超过 10 袋。不同强度等级、品种和出厂日期的水泥应分别堆放。

(5)散装水泥的储存,应尽可能采用水泥罐或散装水泥仓库。

(6)水泥如受潮或存放时间超过 3 个月,应重新取样检验,并按其复验结果使用。

2. 细集料

(1)桥涵混凝土的细集料,应采用级配良好、质地坚硬、颗粒洁净、粒径小于 5mm 的河砂。河砂不易得到时,也可用山砂或用硬质岩石加工的机制砂。细集料不宜采用海砂,不得不采用海砂时,其氯离子的含量对于钢筋混凝土应符合规定。细集料的试验可按现行《公路工程集料试验规程》(JTG E42—2005)执行。

(2)砂的筛分应符合下列规定:

①砂的分类见表 2-15。

砂的分类　　表 2-15

砂　组	粗　砂	中　砂	细　砂
细度模数	3.7 ~ 3.1	3.0 ~ 2.3	2.2 ~ 1.6

注:细度模数主要反映全部颗粒的粗细程度,不完全反映颗粒的级配情况,混凝土配制时应同时考虑砂的细度模数和级配情况。

②砂的级配应符合表 2-16 中任何一个级配区所规定的级配范围。

砂的分区及级配范围　　表 2-16

标准筛筛孔尺寸(mm)	级配区			标准筛筛孔尺寸(mm)	级配区		
	Ⅰ区	Ⅱ区	Ⅲ区		Ⅰ区	Ⅱ区	Ⅲ区
	累计筛余(%)				累计筛余(%)		
9.5	0	0	0	0.60	85 ~ 71	70 ~ 41	40 ~ 16
4.75	10 ~ 0	10 ~ 0	10 ~ 0	0.30	95 ~ 80	92 ~ 70	85 ~ 55
2.36	35 ~ 5	25 ~ 0	15 ~ 0	0.15	100 ~ 90	100 ~ 90	100 ~ 90
1.18	65 ~ 35	50 ~ 10	25 ~ 0				

注:实际颗料级配与表列累计百分率相比,除 4.75mm 和 0.60mm 筛孔外,允许稍有超出分界线,但其总量不得大于 5%。

(3)当对河砂、海砂或机制砂的坚固性有怀疑时，应用硫酸钠进行坚固性试验，试验时循环5次，砂的总质量损失应符合表2-17的规定。

(4)砂中杂质的含量应通过试验测定，其最大含量不宜超过表2-18的规定。

砂的坚固性指标 表2-17

混凝土所处的环境条件	循环后的质量损失(%)
在寒冷地区室外使用，并经常处于潮湿或干燥交替状态下的混凝土	≤8
在其他条件下使用的混凝土	≤12

注：①寒冷地区系指最寒冷月份的月平均温度为0～−10℃且日平均温度≤5℃的天数不超过145d的地区。

②对同一产源的砂，在类似的气候条件下使用已有可靠经验时，可不做坚固性检验。

③对于有抗疲劳、耐磨、抗冲击要求的混凝土用砂，或有腐蚀介质作用或经常处于水位变化区的地下结构混凝土用砂，其循环后的质量损失率应小于8%。

砂中杂质的最大含量 表2-18

项　　目	≥C30的混凝土	<C30的混凝土
含泥量(%)	≤3	≤5
其中泥块含量(%)	≤1.0	≤2.0
云母含量(%)	<2	
轻物质含量(%)	<1	
硫化物及硫酸盐折算为SO_3(%)	<1	
有机质含量(用比色法试验)	颜色不应深于标准色，如深于标准色，应以水泥砂浆进行抗压强度对比试验，加以复核	

注：①对有抗冻、抗渗或其他特殊要求的混凝土用砂，总含泥量应不大于3%，其中泥块含量应不大于1.0%，云母含量不应超过1%。

②对有机质含量进行复核时，用原状砂配制的水泥砂浆抗压强度不低于用洗除有机质的砂所配制的砂浆的95%时为合格。

③砂中如含有颗粒状的硫酸盐或硫化物，则要进行混凝土耐久性试验，满足要求时方能使用。

④杂质含量均按质量计。

3. 粗集料

(1)桥涵混凝土的粗集料，应采用坚硬的卵石或碎石，应按产地、类别、加工方法和规格等不同情况，分批进行检验，机械集中生产时，每批不宜超过400m^3；人工分散生产时，每批不宜超过200m^3。粗集料的试验可按现行《公路工程集料试验规程》(JTG E42—2005)执行。

(2)粗集料的颗粒级配，可采用连续级配或连续级配与单粒级配合使用。在特殊情况下，通过试验证明混凝土无离析现象时，也可采用单粒级。粗集料的级配范围应符合表2-19的要求。

(3)粗集料最大粒径应按混凝土结构情况及施工方法选取，但最大粒径不得超过结构最小边尺寸的1/4和钢筋最小净距的3/4；在两层或多层密布钢筋结构中，不得超过钢筋最小净距的1/2，同时最大粒径不得超过100mm。用混凝土泵运送混凝土时的粗集料最大粒径，除应符合上述规定外，对碎石不宜超过输送管径的1/3；对于卵石不宜超过输送管径的1/2.5，同时应符合混凝土泵制造厂的规定。

(4)粗集料的技术要求及有害物质含量的规定见表2-20及表2-21。

碎石或卵石的颗粒级配规格　表 2-19

级配情况	公称粒级（mm）	累计筛余（按质量百分率计）（%） 圆孔筛筛孔尺寸（mm）											
		2.5	5	10	16	20	25	31.5	40	50	63	80	100
连续级配	5～10	95～100	80～100	0～15	0	—	—	—	—	—	—	—	—
	5～16	95～100	90～100	30～60	0～10	0	—	—	—	—	—	—	—
	5～20	95～100	90～100	40～70	—	0～10	0	—	—	—	—	—	—
	5～25	95～100	90～100	—	30～70	—	0～5	0	—	—	—	—	—
	5～31.5	95～100	90～100	70～90	—	15～40	—	0～5	0	—	—	—	—
	5～40	—	95～100	75～90	—	30～60	—	—	0～5	0	—	—	—
单粒级	10～20	—	95～100	85～100	—	0～15	0	—	—	—	—	—	—
	16～31.5	—	95～100	—	85～100	—	—	0～10	0	—	—	—	—
	20～40	—	—	95～100	80～100	—	—	0～10	0	—	—	—	
	31.5～63	—	—	—	95～100	—	—	75～100	45～75	—	0～10	0	—
	40～80	—	—	—	—	95～100	—	—	70～100	—	30～60	0～10	0

粗集料的技术要求　表 2-20

项　目	混凝土强度等级			
	C55～C40	≤C35	≥C30	<C30
石料压碎指标值（%） 针片状颗粒含量（%）	≤12 —	≤16 —	— ≤15	— ≤25
含泥量（按质量计）（%）	—	—	≤1.0	≤2.0
泥块含量（按质量计）（%）	—	—	≤0.5	≤0.7
小于2.5m 的颗粒含量（按质量计）（%）	≤5	≤5	≤5	≤5

注：①混凝土强度等级为 C60 及以上时应进行岩石抗压强度检验，其他情况下，如有必要时也可进行岩石的抗压强度检验。岩石的抗压强度与混凝土强度等级之比对于大于或等于 C30 的混凝土，不应小于 2，其他不应小于 1.5，且火成岩强度不宜低于 80MPa，变质岩不宜低于 60MPa，水成岩不宜低于 30MPa。岩石的抗压强度试验可按现行《公路工程岩石试验规程》（JTG E41—2005）执行。

②混凝土强度在 C10 及以下时，针片状颗粒最大含量可为 40%。

碎石或卵石中的有害物质含量　表 2-21

项　目	品 质 指 标
硫化物及硫酸盐折算为 SO_3（按质量计）（%），不大于	1
卵石中有机质含量（用比色法试验）	颜色不应深于标准色，如深于标准色，则应配制混凝土进行强度试验，抗压强度应不低于 95%

注：如含有颗粒硫酸盐或硫化物，则要进行混凝土耐久性试验，确认能满足要求时方能用。

（5）混凝土结构物处于表 2-22 所列条件下时，应对碎石或卵石进行坚固性试验，试验结果应符合表内的规定。

（6）施工前应对所用的碎石或卵石进行碱活性检验，在条件许可时尽量避免采用有碱活性反应的集料，或采取必要的措施。具体试验方法可参照现行《公路工程集料试验规程》（JTG E42—2005）进行。

碎石或卵石的坚固性试验　　表 2-22

混凝土所处环境条件	在溶液中循环次数	试验后质量损失不宜大于(%)
寒冷地区,经常处于干湿交替状态	5	5
严寒地区,经常处于干湿交替状态	5	3
混凝土处于干燥条件,但粗集料风化或软弱颗粒过多时	5	12
混凝土处于干燥条件,但有抗疲劳、耐磨、抗冲击要求高或强度大于 C40	5	5

注:有抗冻、抗渗要求的混凝土用硫酸钠法进行坚固性试验不合格时,可再进行直接冻融试验。

(7)集料在生产、采集、运输与储存过程中,严禁混入影响混凝土性能的有害物质。集料应按品种规格分别堆放,不得混杂。在装卸及存储时,应采取措施,使集料颗粒级配均匀,并保持洁净。

4. 拌和用水

拌制混凝土用的水,应符合下列要求:

(1)水中不应含有影响水泥正常凝结与硬化的有害杂质或油脂、糖类及游离酸类等。

(2)污水、pH 值小于 5 的酸性水及含硫酸盐量按 SO_4^{-2} 计超过水的质量 0.27mg/cm^3 的水不得使用。

(3)不得用海水拌制混凝土。

(4)供饮用的水,一般能满足上述条件,使用时可不经试验。

5. 外加剂

(1)应根据外加剂的特点,结合使用目的,通过技术、经济比较来确定外加剂的使用品种。如果使用一种以上的外加剂,必须经过配比设计,并按要求加入到混凝土拌和物中。在外加剂的品种确定后,掺量应根据使用要求、施工条件、混凝土原材料的变化进行调整。

(2)所采用的外加剂,必须是经过有关部门检验并附有检验合格证明的产品,其质量应符合现行《混凝土外加剂》(GB 8076)的规定,使用前应复验其效果,使用时应符合产品说明及本规范关于混凝土配合比、拌制、浇筑等各项规定以及外加剂标准中的有关规定。有关混凝土外加剂现场复试检测项目及标准见《公路桥涵施工技术规范》(JTJ 041—2000)附录 F-2。不同品种的外加剂应分别存储,做好标记,在运输与存储时不得混入杂物和遭受污染。

6. 混合材料

(1)混合材料包括粉煤灰、火山灰质材料、粒化高炉矿渣等,应由生产单位专门加工,进行产品检验并出具产品合格证书,其技术条件应分别符合现行《用于水泥和混凝土中的粉煤灰》(GB 1596)、《用于水泥中的火山灰质混合料》(GB/T 2847)、《用于水泥中的粒化高炉矿渣》(GB/T 203)等标准的规定。使用单位对产品质量有怀疑时,应对其质量进行复查,混合材料技术条件见《公路桥涵施工技术规范》(JTJ 041—2000)附录 F-3。

(2)混合材料在运输与存储中,应有明显标志,严禁与水泥等其他粉状材料混淆。

二、混凝土配合比设计

混凝土配合比是依据设计图纸中混凝土强度等级进行的,在《道路建筑材料》中有详细介绍,在此不作叙述。

工作任务5 施工组织设计

学习目标

1. 掌握桥梁上部结构施工组织设计的编制要求、编制程序、编制内容；
2. 学生能够编制桥梁上部结构施工方案组织设计。

任务描述

利用某在建公路桥梁施工文件、多媒体教学资源和教师的讲解，让学生能够编制桥梁上部结构施工方案组织设计。

学习引导

本学习任务沿着以下脉络进行学习。

第一步：结合课件，教师讲解相关知识；

第二步：展示某在建公路桥梁施工文件；

第三步：让学生能够编制桥梁上部结构施工方案组织设计。

单元学习5.1 施工组织设计

一、内容

1. 桥梁施工组织设计的分类

在一些教科书和有关论述施工组织管理的著作里，对施工组织设计有着各种各样的分类方法，有的按设计阶段的不同进行分类，也有的按工程项目实施阶段的不同进行划分，还有的是按编制对象范围不同分类，或按工程项目的规模和特点来进行分类。分类方法划分得很详细，对于研究施工组织的理论以及详细说明施工组织设计的类型是有好处的，但却不一定实用，因为从实用的观点来看，过细的划分反而会使人无所适从。根据当前桥梁工程的基本建设程序，在设计、招投标和施工等几个阶段都需要有施工组织设计，只不过编制的形式和深度不尽相同。

设计阶段所编制的施工组织设计，严格来说是不完整的，充其量只能是一个非常粗略的初步施工方案。其编制的目的之一是为了结构的设计计算，需要确定桥梁工程施工的方法和程序。这是因为现代桥梁的设计计算，基本上都与拟采用的施工方法密切相关。即使是同一类型的桥梁，采用不同的施工方法就有不同的设计计算方法，因此需要先确定施工方案和施工程序；另一个目的是编制设计概算，需要根据施工方案及相应的定额来确定人工工日、机械台班和材料的数量等。

在桥梁工程的招投标阶段，招标单位有时为了确定标底，需要编制一个初步的施工方案；而对于投标单位，则需要编制一个比较完整的施工组织设计。虽然这一阶段的施工组织设计是初步和粗略的，但非常重要。其不仅是确定标价的主要依据，其主要内容还在评标时占有不可缺少的地位。组织机构健全、人员素质高、机械设备充足、施工方案合理可行、计划进度安排得当，都是中标的关键。

桥梁施工阶段的施工组织设计,是用来指导拟建工程施工全过程的技术、经济和组织活动的综合性文件,对于施工而言,是必不可少的重要内容。施工组织设计不仅要确定施工的方法、程序及施工顺序,建立健全的组织机构,拟订施工准备工作计划,还要对人工、材料和机械设备等资源进行合理的配置,对施工计划进度、施工平面布置、临时设施的建造、资金运用等进行筹划、部署和安排,制定技术、质量、安全和环保的组织保证措施等。由于施工完全是根据组织设计的安排而进行的,因此,施工阶段的施工组织设计需编制得非常详细和具体。综上所述,施工阶段的施工组织设计要求最为完整,也最详细具体,不可缺漏;投标阶段的施工组织设计由于是初步的,比较粗略;而在设计阶段,仅需要确定施工方案,并不需要非常完整。因此,本节从实用的角度出发,重点介绍施工阶段桥梁施工组织设计的编制。设计和投标阶段施工组织设计的编制可参照施工阶段的编制方法,择其所需来进行编制。明确了这一原则,桥梁施工组织设计的分类就可以简单化。

对于一个大型桥梁工程项目,包含若干个单位工程,如主桥、引桥、引道及附属工程等;而一个单位工程又可划分为若干个分部工程,如主桥中的上部和下部工程;分部工程还可划分出若干个分项工程,如主桥下部工程中的钻孔桩、承台、墩身等。由此,桥梁的施工组织设计可分为总体施工组织设计、单位工程施工组织设计和分部分项工程施工组织设计三种。总体施工组织设计(也可称为施工组织总设计)是针对一个整体的桥梁工程项目而编制的,用以指导这个桥梁工程项目施工全过程的技术、经济和组织活动。编制总体施工组织设计一般在工程中标之后开工之前,在重新评价投标施工组织设计、获得进一步的原始调查资料的基础上,由总承包单位的项目总工程师主持进行编制。

单位工程施工组织设计是针对一个单位工程而编制的,用以指导或实施该单位工程施工全过程的技术、经济和组织活动。编制单位工程施工组织设计一般在拟建工程开工之前,由该单位工程的技术负责人组织人员进行编制。

分部分项工程施工组织设计是针对某一个分部或分项工程而编制的,用于具体实施施工全过程的各项施工活动。分部分项工程施工组织设计一般与单位工程施工组织设计的编制同时进行,并由单位工程的技术人员进行编制。

三种施工组织设计之间存在以下关系:

总体施工组织设计是对整个工程项目的全局性战略部署,其内容和范围比较概括;单位工程施工组织设计是在总体施工组织设计的控制下,以总体施工组织设计为依据编制的,针对具体的单位工程,将总体施工组织设计的有关内容具体化;分部分项工程施工组织设计是以总体施工组织设计和单位工程施工组织设计为依据编制的,针对具体的分部分项工程,将单位工程施工组织设计的有关内容进一步具体化,是某一专项工程的施工组织设计。

如果要对以上三种施工组织设计作另外一种区分,则根据工程项目规模大小的不同,有时可将总体施工组织设计称为指导性施工组织设计,而将单位工程施工组织设计和分部分项工程施工组织设计称为实施性施工组织设计;或将总体施工组织设计和单位工程施工组织设计称为指导性施工组织设计,而将分部分项工程施工组织设计称为实施性施工组织设计。

2. 桥梁施工组织设计的内容

1)总体施工组织设计的内容

(1)编制说明;

(2)编制依据;

(3)工程概况;

(4)施工准备工作总计划；
(5)主要工程项目的施工方案；
(6)施工总进度计划；
(7)资源配置计划；
(8)资金供应计划；
(9)施工总平面图设计；
(10)施工管理机构及劳动力组织；
(11)技术、质量、安全组织及保证措施；
(12)文明施工和环境保护措施；
(13)各项技术经济指标；
(14)结束语。
2)单位工程施工组织设计的内容
(1)编制说明；
(2)编制依据；
(3)工程概况；
(4)施工方案选择；
(5)施工准备工作计划；
(6)施工进度计划；
(7)各项资源需要量计划；
(8)施工平面图设计；
(9)质量、安全的技术组织保证措施；
(10)文明施工和环境保护措施；
(11)主要技术经济指标；
(12)结束语。
3)分部分项工程施工组织设计的内容
(1)编制说明；
(2)编制依据；
(3)工程概况；
(4)施工方法的选择；
(5)施工准备工作计划；
(6)施工进度计划；
(7)劳动力、材料和机具等需要量计划；
(8)质量、安全、环保等技术组织保证措施；
(9)作业区施工平面布置图设计；
(10)结束语。

二、施工组织设计依据

1.计划文件与合同文件(包括设计文件、设计技术交底会议纪要)

计划文件和合同文件，是指国家批准的基本建设计划文件，施工期限要求，建设单位对工程设计、施工的要求，施工单位上级主管部门下达的施工任务及与工程沿线单位签订的协议、合同、纪要等。

2. 现场调查资料或报告

1）调查的目的和方法

桥梁施工涉及面广，专业多，材料及机具种类繁多，投资大，需要协调的问题复杂。如果原始资料不全或出现错误，对施工组织设计的编制和施工作业的正常进行都会造成不利影响，常常导致延误工期、质量低劣、设计变更、工程事故等严重后果。因此，施工前应有计划、有步骤地认真做好原始资料的调查、收集和分析工作。

为编制桥梁预算及招标文件，设计单位在野外勘察阶段由调查组进行原始资料的调查、收集。为编制施工阶段的施工组织设计文件，施工单位要对施工所需原始资料进行调查，并对设计阶段调查结果进行复核和补充。设计阶段和施工阶段的调查方法和内容基本相同，都要深入现场，通过实地勘察、座谈访问、查阅历史资料，并采取必要的测试手段获得所需数据和资料。

2）自然条件调查

自然条件调查包括桥位及附近的地形、地貌、地质、水文、气象和其他自然条件等。重点调查公路沿线、大桥桥位、附属加工厂、工程困难地段的地形、地貌。调查资料用于选择施工用地，布置施工平面图、规划临时设施、掌握障碍物及其数量等。

通过试验、观察和地质勘探等手段确定桥位及附近地质情况，用以复核地基基础设计及其施工方案、选定自采加工材料料场、制订障碍物的拆除计划等。

判定水质及其侵蚀性质和施工注意事项、研究降低地下水位的措施、选择基础施工方案、复核地下排水设计。调查汛期和枯水期地面水的最高水位，用于制订水下工程施工方案、施工季节、复核地面排水设计。

调查冬季最低气温、冬季期月数及夏季最高气温，用于确定冬季施工项目及夏季防暑降温措施，估计混凝土、水泥砂浆的强度增长情况，选择桥梁上部结构构件预制与安装工程的施工季节。调查雨季期月数和降雨量，用于确定雨季施工措施、工地排水及防洪方案，确定全年施工作业的有效工作天数及桥涵下部构造的施工季节。

调查当地最大风力、风向及大风季节，用于布置临时设施，确定高空作业及吊装的方案与安全措施。

对地震、泥石流、滑坡等，必要时也应进行调查，并注意它们对桥梁施工的影响，以便采取专门的施工保障措施。

3）施工资源调查

（1）建桥所需材料。包括：外购材料的发货地点、规格、品种、可供应数量、运输方式及运输费用等；地方材料的分布情况、质量、单价、运输方式及运输费用等；自采加工材料的料场选择、料场位置、可开采数量、运距等。

（2）运输情况调查。包括：公路沿线及邻近地区的铁路、公路、河流的位置；车站、码头存储货物的能力及到工地的距离；装卸费和运杂费标准；公路及桥梁的最大承载能力；航道的运输能力；当地汽车修理厂的情况及水平；民间运输能力。

（3）供水、供电、通信情况调查。包括：当地水源位置、供水数量、水压、水质、水费；当地电源位置、供电的容量、电压、电费、每月停电次数；对于通信，除调查当地邮电机构设置情况外，还应调查清楚当地的通信能力。如果以上水、电、通信当地都有能力解决，应签订相应的协议书，以利于有关部门提前做好准备。

4）劳动力及生活设施

了解桥位附近可利用的劳动力人数、技术水平，还应了解沿线民风、民俗，有无可利用的房屋，面积有多大；文化教育、生活、医疗、消防、治安情况及支援能力；周围有无有害气体、液体，有无地方性疾病。

5）施工干扰调查

调查行车、行人干扰，用于确定施工方法和考虑安全措施。

6）规范、规程、标准

准备好国家和行业现行的相关施工技术规范、试验规程、工程质量检验评定标准。

7）定额

现行相关的专业预算定额、施工定额。

三、施工组织设计原则

（1）严格遵守合同条款或上级下达的施工期限，保质保量按期完成施工任务。对工期较长的关键项目，要根据施工情况对大、中桥（涵）编制单项工程的施工组织设计，以确保总工期。

（2）科学而合理地安排施工程序，在保证质量的基础上，尽可能缩短工期，加快施工进度。

（3）应用科学的计划方法确定最合理的施工组织方法，根据工程特点和工期要求，因地制宜地采用快速施工，平行作业。对于复杂工程及控制工艺的大中桥涵，通过网络计划找出最佳的施工组织方案。

（4）采用先进的施工方法和技术，不断提高施工机械化、预制装配化，减轻劳动强度，提高劳动生产率。

（5）精打细算、开源节流，充分利用现有设施，尽量减少临时工程，降低工程成本，提高经济效益。

（6）落实冬、雨季施工的措施，确保全年连续施工，全面平衡工人、材料的需用量，力求实现均衡生产。

（7）妥善安排施工现场，确保施工安全，实现文明施工。

四、施工组织设计编制要求

（1）项目部技术负责人应组织有关施工技术人员、物资装备管理人员和工程质检人员学习、熟悉合同文件和设计文件，将编制任务分工落实，限时完成并有考核措施。

（2）施工组织设计应有目录，并应在目录中注明各部分的编制者。

（3）尽量采用图表和示意图，做到图文并茂。

（4）应附有缩小比例的工程主要结构物平面图和立面图。

（5）若工程地质情况复杂，可附上必要的地质资料（或图表、岩土力学性能试验报告）。

（6）多人合作编制的施工组织设计，必须由工程技术主管统一审核，以免重复叙述或遗漏等。

（7）如果选择的施工方案与投标时的施工方案有较大差异，应将选择的施工方案征得监理工程师和业主的认可。

（8）一般工程的施工组织设计应在收齐图纸后一个月内完成，重大工程项目在两个月内完成或按监理工程师要求的时间内完成。

五、施工组织设计编制程序

桥梁工程中标后，在开工之前，施工单位必须编制施工组织设计。工程实行承包并有分包的,由总承包单位负责编制总体施工组织设计,分包单位则负责编制其分包工程的施工组织设计。施工组织设计应根据合同工期及有关的规定进行编制,并且要广泛征求各协作施工单位的意见,以求更加合理和切合实际。

对结构复杂、施工难度大以及采用新技术、新工艺的项目,要进行专门研究,必要时应组织专门会议,邀请有经验的专业工程技术人员和技术工人参加,集中群体的智慧,制订出科学合理的施工方案和各种措施,为施工组织设计的编制和实施打下坚实的群众基础。

编制桥梁施工组织设计,不仅仅是技术部门的事,还要充分发挥各职能部门的优势和作用,应吸收人事、劳资、材料、财务、机械、安全、保卫等部门参与编制和审定,以充分利用施工企业内部的技术优势和管理优势,统筹安排,扬长避短。同时也使各职能部门在贯彻实施施工组织设计过程中做到心中有数。

当比较完整的施工组织设计方案提出之后,要组织参加编制的人员及单位进行讨论,逐项逐条地研究、修改和定稿,最终形成正式文件,报上级主管部门审批。

1. 编制桥梁施工组织设计的基本原则

(1)必须严格执行基本建设的程序。

(2)应科学地安排施工顺序。要重点突出控制工期的工程项目,做到保证重点,统筹安排。

(3)尽可能采用流水施工方法和网络计划技术,制订出最合理的施工组织方案,以进行有节奏、均衡、连续的施工。

(4)落实季节性施工的措施,科学合理地安排冬雨季施工项目,确保全年能连续施工。

(5)在条件允许的前提下,尽量采用施工的新技术、新工艺、新材料和新设备。

(6)提出确保工程质量的技术措施和安全措施,当采用新技术、新工艺时更应高度重视。

(7)在满足施工需要的前提下,尽量减小临时设施的规模,合理储备物资,减少物资运输量;合理布置施工平面图,减少用地,以节约各项费用,降低工程成本,提高经济效益。

(8)遵循国家环境保护的有关法规,制订必要的措施,做到文明施工,减少或降低施工中对环境的污染。

2. 编制桥梁施工组织设计的一般程序

编制桥梁施工组织设计时,除应采用正确合理的编制方法外,还要按照施工的客观规律,采用科学的编制程序,协调处理好各种影响因素的关系,同时必须注意有关信息的反馈。

(1)编制桥梁施工组织设计的一般程序如下:

①研究分析合同文件和设计文件,进行必要的调查研究。

②计算工程数量。

③选择施工方案,确定施工方法。

④编制施工进度计划。

⑤计算人工、材料和机具设备等资源的需要量,并制订供应计划。

⑥确定临时工程、供水、供电和供热计划。

⑦工地运输组织。

⑧施工平面图设计。

⑨确定施工组织管理机构。

⑩编制技术措施计划。

⑪编制质量、安全、环保和文明施工措施计划。

⑫计算主要技术经济指标。

⑬编写说明书。

(2)施工组织总设计的编制程序如图2-25所示。

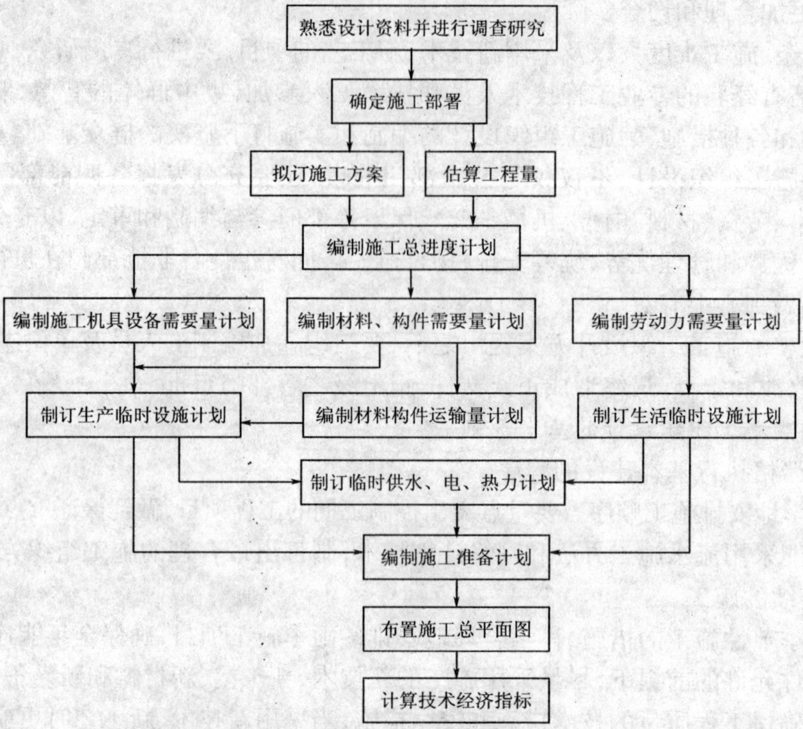

图2-25　施工组织总设计编制程序

(3)单位工程施工组织设计的编制程序如图2-26所示。

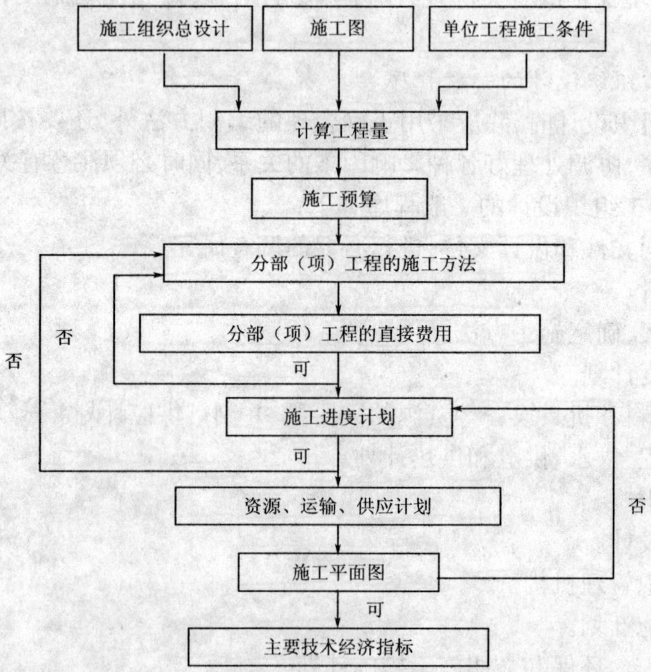

图2-26　单位工程施工组织设计的编制程序

由图2-25、图2-26可以看出，在编制施工组织设计时，除了要采用正确合理的编制方法外，还要采用科学的编制程序，同时必须注意有关信息的反馈。施工组织设计的编制过程是由粗到细，反复协调进行的，最终达到优化施工组织设计的目的。

单元学习5.2　施工方案的编制

一、施工方案编制的目的

施工方案是按照设计图纸及国家规范的要求，实施并完成工程技术上的措施及方案，是指导施工生产的重要文件，通过编制施工方案，对设计图纸要求、现场自然条件、施工机械设备、施工人员等各方面的因素全面考虑，确定投入的施工力量、施工顺序、进度计划、材料数量、重点部位工序的施工方法等，用以指导施工生产，完成工程项目。

在菲迪克条款管理体制下，施工方案还作为承包人报请监理工程师审批开工的依据，作为施工过程中管理检查的依据，同时也是工程结算的依据。

二、施工方案编制的要求

在工程总体施工方案即总体施工组织设计中，应对工程总量、施工总体进度安排、单位工程控制工期、材料总量、机械设备和人员投入总量、重点部位关键工序施工方法、总体质量标准及质量保证措施等进行全面、整体、概括、综合的反映。在单位工程、分部工程施工方案中，应针对具体项目作更加具体的安排，对工程细部作更为详细的反映。

针对桥梁上部结构预制与安装的工程施工特点，在总体施工组织设计中，应对施工控制测量、原材料及成品试验、桥梁上部结构构件预制制作、上部结构构件的安装施工等工程项目作较全面的反映。

拟定施工方案时，应着重研究以下几方面的问题。

1.确定各单位工程或分部工程的施工次序

由于桥梁工程结构复杂，所以合理确定建设项目中各单位工程或关键项目的施工顺序，是确定施工方案的首要问题，对工程的经济效益具有决定性的影响。

确定施工顺序，不仅需要从时间上和空间上定性地分析判断，而且要利用各种手段和方法(如数学方法)来定量地分析确定。确定工程项目的施工顺序，可参考下列原则：

(1)首先要考虑影响全局的关键工程的合理施工顺序。如主梁的预制，若不在预定时期内完成，将导致其他工程不能施工(如无法运输材料、机械等)而拖延工期，此时应集中力量首先完成关键工程。

(2)必须充分考虑自然条件的影响。安排工程项目施工顺序时，必须考虑水文、地质、气象等的影响。如桥梁的基础工程一定要安排在汛期之前完成或安排在汛期之后进行等。

(3)施工顺序要与施工方法、施工机具协调一致。如现浇钢筋混凝土上部构造的施工顺序与采用架桥机进行装配化施工顺序就显然不同。

(4)要考虑施工组织条件对施工顺序的影响。如某种关键机械能否按时供应，某拆迁工程能否按时拆迁，高寒山区的生活条件或生活供应能否按时解决等。

(5)必须符合工艺要求。公路工程项目的各施工过程或工序之间，存在着一定的工艺顺序要求。如钻孔灌注桩在钻孔后应尽快灌注水下混凝土，以防坍孔，所以两道工序必须紧密衔接。

(6)必须考虑施工质量要求。在安排施工顺序时,要以能确保工程质量作为前提条件之一,否则要重新安排或采取必要的技术措施。

(7)必须考虑安全生产的要求。在安排施工顺序时,必须力求各施工过程的衔接不至于产生不安全因素,以防安全事故的发生。

(8)尽力体现施工过程组织的基本原则,即施工过程的连续性、协调性、均衡性以及经济性。

2.确定各施工过程的施工方式、方法及施工机具

正确地选择施工方法是确定施工方案的关键。各个施工过程,均可采用各种施工方法进行施工,而每一种方法都有其各自的特点。在若干可行的施工方法中,选择一个最先进、最可行、最经济的施工方法。选择施工方法的主要依据如下:

(1)工程特点。主要是指工程项目的规模、构造、工艺要求、技术要求等方面的特点。

(2)工期要求。要明确本工程的总工期或分部工程的工期是属于紧迫、正常、充裕三种情况中的哪一种。

(3)施工组织条件。主要指气候等自然条件,施工单位的技术水平和管理水平,所需设备、材料、资金等供应的可能性。

对任何工程项目,均有多种施工方法可供选择。例如,沥青表面处治路面的施工,可采用层铺法和拌和法两种;开挖基坑可分为人工开挖和机械开挖两种;主梁安装可采用木扒杆、单导梁、跨墩门架、架桥机等多种施工方法。但究竟采有何种方法,将对施工方案的内容产生巨大影响。

选择施工方法主要是针对主导工程而言。所谓主导工程,是指对工期起关键作用的工程项目或工序。制定施工方案、选择施工方法时,一定要抓住关键、突出重点。

在确定施工方法的同时,应明确提出技术措施、质量标准、安全要求。

3.进行总体设想与安排

总体设想和安排主要包括空间组织、时间组织、技术组织、生产力组织、施工条件组织、物资组织以及资金组织等方面。

三、施工方案编制的步骤及一般方法

编制施工方案,首先要熟悉设计图纸,把桥梁平面、纵断面、结构形式等各方面联系起来,对照、穿插,形成对工程的整体印象,然后对结构工程进行详细的研究;对桥梁工程的细部设计作详细了解,对照工程数量表进行计算;在仔细研读设计图纸的基础上,计算出工程的工程量及材料用量,作为编制施工方案及组织生产的依据。

在熟悉图纸的同时,要收集与工程有关的国家规范、技术规程、试验标准等资料,国际监理工程还要收集有关国家的技术标准,与此同时,对本单位的机械设备、试验设备仪器、施工人员等作详细的调查,取得详实可靠的第一手资料。

在此基础上,对施工现场及周围自然环境情况进行调查,收集水源、电源、道路、驻地气候、地质、料场等情况,对外界因素作全面了解。

结合设计图纸、规范、外在因素、本单位的具体情况,对重点工程、重点工序提出详细的施工方案。如桥梁桩基工程、桥梁梁体预制工程、砌石工程、土方填筑工程、混凝土搅拌、沥青混凝土摊铺等工序及部位,针对各自的特点、要求,制定完整的方案,对质量标准及保证措施提出

明确的要求。

在总体施工组织设计中,应根据工程量及施工顺序安排,分别提出单位工程的控制工期,安排施工进度,找出控制工期的关键工程。根据总体施工组织设计的安排,具体制定出各单位工程施工组织设计。单位工程施工组织设计应力求详细、全面、切实可行,用以指导各单位工程的施工。

四、选择施工方法和施工机械

选择施工方法和施工机械是施工方案中的关键问题,它直接影响施工进度、施工质量和安全以及工程成本。编制施工组织设计时,必须根据工程的桥型结构、抗震要求、工程量的大小、工期长短、资源供应情况、施工现场的条件和周围环境,制定出可行方案,并且进行技术经济比较,确定出最优方案。

1. 选择施工方法

选择施工方法时,应着重考虑影响整个单位工程施工的分部分项工程。如工程量大且在单位工程中占重要地位的分部(分项)工程,施工技术复杂或采用新技术、新工艺及对工程质量起关键作用的分部(分项)工程和不熟悉的特殊结构工程,或由专业施工单位施工的特殊专业工程,均应制定相应的施工方法。而对于按照常规做法和工人熟悉的分项工程,则不必详细拟定,只要提出应注意的特殊问题即可。

1)钢筋混凝土工程

(1)确定模板类型及支承方法,对于复杂的还需进行模板设计及绘制模板放样图。

(2)选择钢筋的加工、绑扎和焊接方法。

(3)选择混凝土的搅拌、输送及浇筑顺序和方法,确定混凝土搅拌、振捣和泵送方法以及设备的类型和规格等,确定施工缝的留设位置。

(4)确定预应力混凝土的施工方法、控制应力和张拉设备。

2)桥梁安装工程

(1)确定桥梁安装方法和起重机械。

(2)确定梁板构件的运输方式及堆放要求。

2. 选择施工机械

选择施工方法必然涉及施工机械的选择问题。机械化施工是改变建筑工业生产落后面貌,实现建筑工业化的基础,因此施工机械的选择是施工方法选择的中心环节。选择施工机械时,应着重考虑以下几方面:

(1)选择施工机械时,应首先根据工程特点选择适宜的主导工程的施工机械。如在选择桥梁安装用的起重机类型时,当工程量较大而集中时,可以采用生产率较高的架桥机(或安装门架);但当工程量小或工程量虽大却相当分散时,则采用吊车较经济;在选择起重机型号时,应使起重机在起重臂外伸长度一定的条件下能适应起重量及安装高度的要求。

(2)各种辅助机械或运输工具应与主导机械的生产能力协调配套,以充分发挥主导机械的效率,如土方工程中采用汽车运土时,汽车的载质量应为挖土机斗容量的整数倍,汽车的数量应保证挖土机连续工作。

(3)在同一工地上,应力求建筑机械的种类和型号尽可能少一些,以利于机械管理。为此,工程量大且分散时,宜采用多用途机械施工,如挖土机既可用于挖土,又能用于装卸和起重。

(4)机械选择应考虑充分发挥施工单位现有机械的能力。当本单位的机械能力不能满足工程需要时,则应购置或租赁所需新型机械或多用途机械。

3.施工方案的技术经济评价

对施工方案进行技术经济评价是选择最优施工方案的重要环节之一。因为任何一个分部(分项)工程,都有几个可行的施工方案,而施工方案的技术经济评价的目的就是对每一分部(分项)工程的施工方案进行优选,选出一个工期短、质量好、材料省、劳动力安排合理、工程成本低的最优方案。

施工方案的技术经济评价涉及的因素多而复杂,一般只需对一些主要分部工程的施工方案进行技术经济比较,当然有时也需对一些重大工程项目的总体施工方案进行全面技术经济评价。

一般来说,施工方案的技术经济评价有定性分析评价和定量分析评价两种。

1)定性分析评价

施工方案的定性技术经济分析评价是结合施工实际经验,对若干施工方案的优点进行分析比较。如:技术上是否可行,施工复杂程度和安全可靠性如何,劳动力和机械设备能否满足需要,是否能充分发挥现有机械的作用,保证质量的措施是否完善可靠,对冬季施工带来多大困难等。

2)定量分析评价

施工方案的定量技术经济分析评价是通过计算各方案的几个主要技术经济指标,进行综合比较分析,从中选择技术经济指标较佳的方案。

定量分析的指标通常有:

(1)工期指标。当要求工程尽快完成以便尽早投入生产或使用时,选择施工方案就要在确保工程质量、安全和成本较低的条件下,优先考虑缩短工期。

(2)劳动量指标。它能反映施工机械化程度和劳动生产率水平。通常,在方案中劳动消耗量越小,机械化程度和劳动生产率越高。劳动消耗指标以工日数计算。

(3)主要材料消耗指标。反映若干施工方案的主要材料节约情况。

(4)成本指标。反映施工方案的成本高低,一般需计算方案所用的直接费和间接费。

五、编制施工方案时应注意的问题

(1)要紧密结合当地的实际情况。例如雨季进行土方施工时要考虑土方晾晒时间,对特殊地质情况如钙质风化岩、膨胀土等要有相应的处理方法;石料供应应与当地的开采生产量相适应等。

(2)要充分考虑布置施工道路。高速公路是带状线形工程,大量材料需要运输,运输车辆通行和构筑物施工与附近农民的农业生产会产生许多矛盾,在安排施工时,要充分考虑,采取措施,保证施工车辆的畅通。

(3)对设计图纸中存在的问题要及时提出修改意见,以便取得对施工及工程有利的方案。设计图纸中往往有一些与现场实际情况、与施工单位机械设备情况不一致的问题,设计人员考虑一些问题有不周全的地方,施工单位技术人员在工程施工前应仔细分析,提出合理建议,会同设计人员找出最佳方案。

(4)在计划安排上要充分估计可能遇到的各种情况,留有余地。高速公路施工受自然、社会条件、原材料供应等影响很大,在计划安排上要有所考虑。

(5)要吃透规范,对试验内容、标准、施工方法、检验手段、质量标准等要逐项分析,提出详细的实施要求。

(6)要注意吸收、推广、应用先进的机械、设备、工艺、方法,把科研与施工生产结合起来,解决施工生产中遇到的问题,在桥梁基桩承载力检测、桥梁预制梁预应力张拉、桥梁涵洞台背回填、结构物伸缩缝制作安装、沥青混凝土搅拌摊铺等方面都有比较先进的工艺方法,应注意学习应用。

工作任务6　钢筋混凝土梁桥上部构造施工

学习目标

1. 掌握桥梁上部结构预制与现浇施工流程;
2. 学生能够掌握桥梁上部结构预制与现浇的施工方法。

任务描述

利用某在建公路桥梁施工文件、多媒体教学资源和教师的讲解,让学生能够掌握桥梁上部结构预制与现浇的施工方法。

学习引导

本学习任务沿着以下脉络进行学习。

第一步:结合课件,教师讲解相关知识;

第二步:展示某在建公路桥梁施工文件;

第三步:让学生能够掌握桥梁上部结构预制与现浇施工方法。

单元学习6.1　桥梁上部构造现浇施工

一、钢筋加工与安装

(1)钢筋、钢绞线严格按规范规定频率、批次进行原材料试验、焊接试验、机械接头试验,不合格品严禁使用于本工程。钢筋制作前,熟悉图纸和规范要求,按设计长度下料,考虑到主梁钢筋规格多、数量大,为避免使用混淆,按不同等级、牌号、直径、长度分别挂牌堆放。

(2)钢筋在加工场内制作,现场安装成型。钢筋的制作及安装均应严格按照规范要求进行。钢筋施工时注意控制好电焊机焊接作业,避免引起预应力管道穿孔而导致漏浆。焊接作业要尽可能在预应力管道安设之前完成,且焊接时地线连接牢固,并派有专人检查。波纹管在安装前先进行有压渗漏检测试验,通过试压无渗漏者才能用于工程,波纹管采用“井”字形绑扎固定,力求安设后牢固。钢筋焊接前,两钢筋搭接端部应预先折向一侧,使两结合钢筋的轴线在同一直线上。采用双面焊时,焊缝长度保证大于$5d$(d为钢筋直径);采用单面焊时,焊缝长度保证大于$10d$(d为钢筋直径)。采用机械机头时,标准丝为11丝,外露丝控制在±1丝范围内。

(3)现浇箱梁钢筋如果采用二次绑扎成型，则第一次绑扎箱梁底、腹板钢筋，在第一次混凝土浇筑完成后，第二次绑扎箱室顶板、翼板钢筋。现浇箱梁钢筋如果采用一次绑扎成型，则先绑扎底板钢筋及腹板钢筋，待内模模板安装完成后，再绑扎顶板钢筋。

(4)端横隔梁及中横隔梁的钢筋在地面进行绑扎成钢筋骨架后，由吊车吊装就位。钢筋间距分布均匀，钢筋直顺，绑扎牢固。在施工现场钢筋骨架绑扎时，钢筋的交叉点应用铁丝绑扎结实(必要时，也可用点焊焊牢)，铁丝的甩头一律向内，严禁外露。钢筋骨架的间距均匀，符合设计要求，主筋线形要顺直。钢筋骨架成型以后，主筋外面每隔 50cm 梅花形设置塑料卡，以保证钢筋保护层厚度满足设计要求。

(5)钢筋保护层的控制，应采用聚酯塑料垫块或提前预制与主梁等强度等级相同的混凝土垫块。混凝土垫块中要预埋钢丝以将混凝土垫块绑于钢筋上，使其不致脱落和移位。混凝土保护层的厚度要符合设计及规范要求。

二、预应力筋及预应力管道设置

1. 钢绞线检测

钢绞线进场后，必须对其强度、弹性模量、外形尺寸等有关材料指标进行严格检测，只有通过试验合格的钢绞线才能用于工程。钢绞线应放置在室内以防止锈蚀，施工期间的外露钢绞线采取遮盖或包裹措施，保证钢绞线不得锈蚀和污染。

2. 钢束制作

钢绞线下料长度 = 孔道长度 + 工作长度。钢绞线下料不得使用电弧焊或气割进行切割，只允许使用切割机或砂轮片，并应使钢绞线的切割面为与轴线垂直的平面，以便张拉时检查断丝。

3. 钢绞线编束

长束采用铁丝进行绑扎编束，对钢绞线进行编号以防止其缠绕，每隔 1 ~ 1.5m 绑扎一道铁丝，铁丝扣向里。短束不进行绑扎，只进行梳理使其自然平顺即可。

4. 预应力管道

根据设计要求采用金属波纹管。波纹管的连接采用套管连接，连接长度 10 ~ 20cm，在连接处设“井”字形固定架进行固定，而且连接处应平齐，不破裂，不变形，接口处用胶布缠裹后再加缠一层透明胶带。在钢束曲线的最高处设排气孔 1 ~ 2 道。锚垫板与波纹管连接采用内穿式，即直接将波纹管穿入锚垫板内部，接口处用胶布缠绕，以防止水泥浆进入预应力管道内。

5. 钢束定位

钢束定位架严格按照规范和设计要求定位，直线段一般每延米设置一个定位架，曲线段适当加密。要确保钢束平、纵曲线位置坐标符合要求，确保锚垫板位置正确及钢束的平顺性。

6. 波纹管、锚垫板安装

梁体钢筋骨架与定位钢筋绑扎好后，按波纹管管道坐标位置用钢筋支架固定，确保其定位准确。管节连接平顺，孔道锚固端的锚垫板须垂直于孔道中心线。注意压浆管不得伸入喇叭管内。锚垫板要牢固地安装在模板上，定位孔的螺栓要拧紧，垫板与孔道严格对中，并与孔道端部垂直，不得错位。锚垫板的压浆孔用同直径的管丝封堵。在锚垫板与模板之间加一层橡胶或泡沫塑料板，喇叭口与波纹管相接处，要用塑料胶布缠裹紧密，防止漏浆堵孔。施工中要注意保护波纹管,施工人员不得踩踏或用工具敲击波纹管。

7. 钢绞线穿束

钢绞线下料切割时应整理顺直,不得有扭曲、弯曲,并在每端离切口 30 ~ 50mm 处用铁丝绑扎。切割时用砂轮锯。第一次混凝土浇筑前进行钢绞线穿束,在钢绞线端头用透明胶带包裹,钢绞线束穿束由人工与电动葫芦配合进行,穿束人员抓住钢绞线束往前送,前端用电动葫芦拉,直到钢绞线束前端伸出长度达到要求为止。

三、模板安装

1. 模板设计原则

根据《公路桥涵施工技术规范》(JTJ 041—2000)的规定,模板的设计原则如下:

(1)宜优先使用胶合板和钢模板。

(2)在计算荷载作用下,对模板结构按受力程序分别验算其强度、刚度及稳定性。

(3)模板板面之间应平整,接缝严密、不漏浆,保证结构物外露面美观,线条流畅,可设倒角。

(4)结构简单,制作、拆装方便。

2. 模板的类型

1)木模

在桥梁建筑中最常用的模板是木模,它由模板、肋木、立柱或由模板、直枋、横枋组成(图 2-27)。木模的优点是制作容易。

2)钢模

钢模是用钢板代替木模板,用角钢代替肋木和立柱。钢模的优点是周转次数多,浇筑的构件表面光滑。

3)钢木结合模

用角钢做支架,木模板用平头开槽螺栓连接于角钢上,表面钉以黑铁皮。

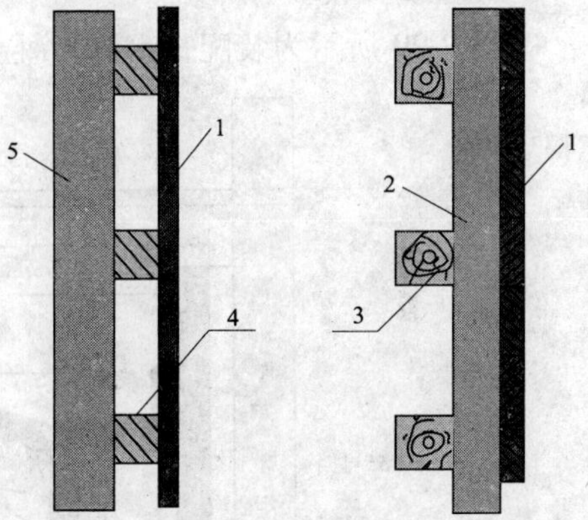

图 2-27　木模构造

1-模板;2-直枋;3-横枋;4-肋木;5-立柱

3. 一般要求

(1)模板宜优先使用胶合板和钢模板。

(2)在计算荷载作用下,对模板结构应按受力程序分别验算其强度、刚度及稳定性。

(3)模板板面之间应平整,接缝严密、不漏浆,保证结构物外露面美观,线条流畅,可设倒角。

(4)模板结构应简单,制作、装拆方便。

(5)在浇筑混凝土之前,模板应涂刷脱模剂,外露面混凝土模板的脱模剂应采用同一品种,不得使用废机油等油料,且不得污染钢筋及混凝土的施工缝处。

(6)重复使用的模板应经常检查、维修。

四、常用模板的构造

1. 实心板模板

图 2-28 所示为装配式钢筋混凝土实心板的模板构造。设置模板的地基应夯实整平,在地基较软的情况下应采用小木桩基础。

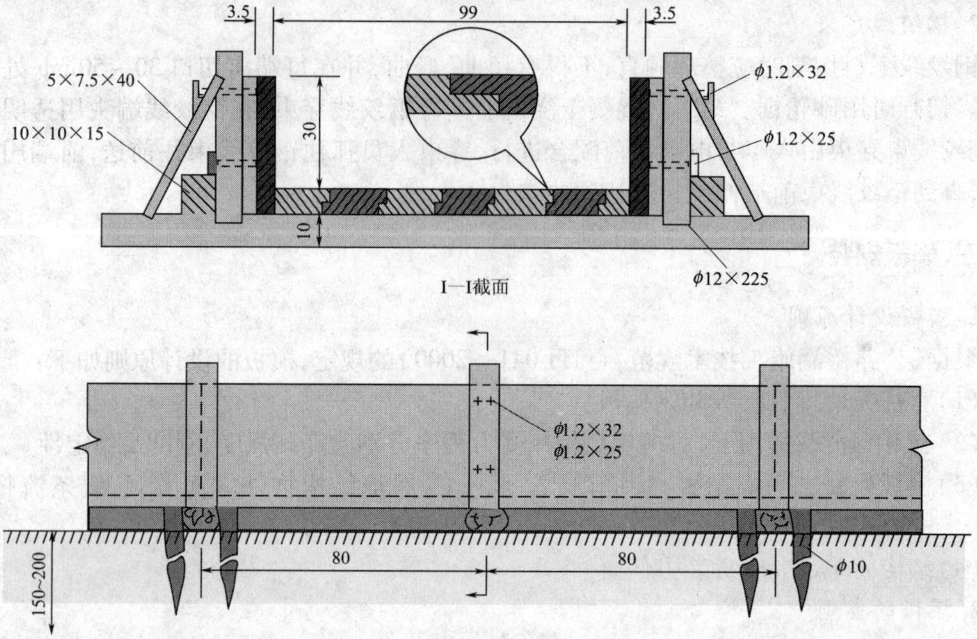

图 2-28　实心板模板构造(横截面)(尺寸单位:铁件为 mm,其他为 cm)

2. 空心板模板

图 2-29 所示为装配式钢筋混凝土空心板的模板构造。

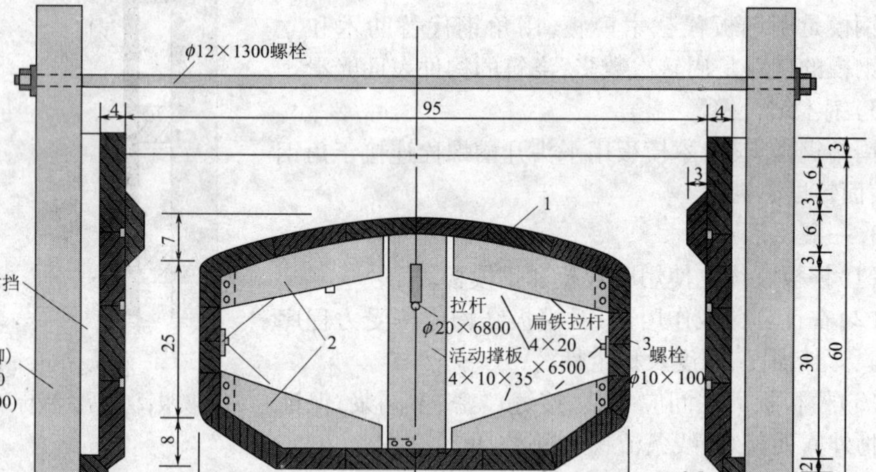

图 2-29　空心板模板构造(横截面)(尺寸单位:铁作为 mm,其他为 cm)

1-芯模板;2-骨架;3-铁铰链

3. T 形梁模板

图 2-30 所示为装配式钢筋混凝土 T 形梁的模板构造。

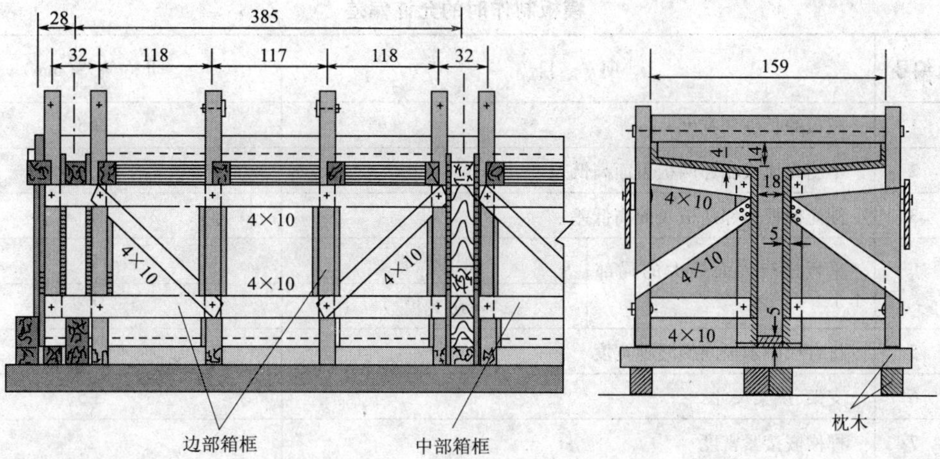

图 2-30　装配式钢筋混凝土 T 形梁模板构造(尺寸单位:cm)

五、模板制作及安装要求

1. 钢模板制作

(1)钢模板宜采用标准化的组合模板。组合钢模板的拼装应符合现行国家标准《组合钢模板技术规范》(GB 214)。各种螺栓连接件应符合国家现行有关标准的规定。

(2)钢模板及其配件应按批准的加工图加工,成品经检验合格后方可使用。

2. 木模板制作

(1)木模板可在工厂或施工现场制作,木模与混凝土接触的表面应平整、光滑,多次重复使用的木模应在内侧加钉薄铁皮。

常用的接缝形式有平缝、搭接缝和企口缝(图 2-31)等。

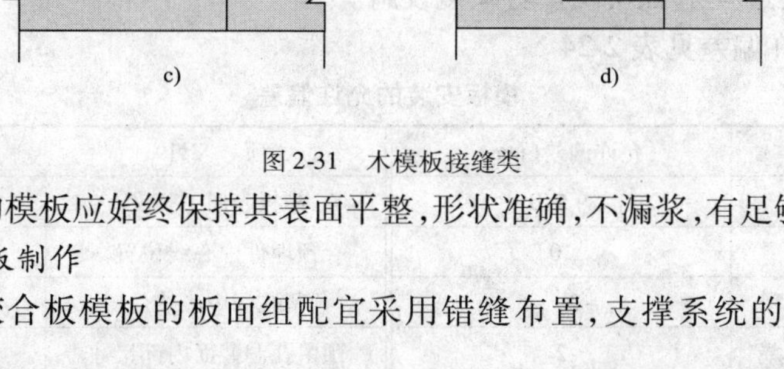

图 2-31　木模板接缝类

(2)重复使用的模板应始终保持其表面平整,形状准确,不漏浆,有足够的强度和刚度。

3. 其他材料模板制作

(1)钢框覆面胶合板模板的板面组配宜采用错缝布置,支撑系统的强度和刚度应满足要求。

(2)高分子合成材料面板、硬塑料或玻璃钢模板,制作接缝必须严密,边肋及加强肋安装牢固,与模板成一整体。

各种模板制作时的允许偏差见表 2-23。

模板制作时的允许偏差 表 2-23

模板类别	编号	项目		允许偏差(mm)
木模板制作	1	模板的长度和宽度		±5
	2	不刨光模板相邻两板表面高低差		3
	3	刨光模板相邻两板表面高低差		1
	4	平板模板表面最大的局部不平	刨光模板	3
			不刨光模板	5
	5	拼合板中木板间的缝隙宽度		2
	6	支架、拱架尺寸		±5
	7	榫槽嵌接紧密度		2
钢模板制作	1	外形尺寸	长和高	0,-1
			肋高	±5
	2	面板端偏斜		≤0.5
	3	连接配件(螺栓、卡子等)的孔眼位置	孔中心与板面的间距	±0.3
			板端中心与板端的间距	0,-0.5
			沿板长、宽方向的孔	±0.6
	4	板面局部不平		1.0
	5	板面和板侧挠度		±1.0

注:①木模板中第 5 项已考虑木板干燥后在拼合板中发生缝隙的可能。2mm 以下的缝隙,可在浇筑前浇湿模板,使其密合。

②板面局部不平用 2m 靠尺、塞尺检测。

4.模板安装的技术要求

(1)安装模板前,应在模板内侧刷涂脱模剂,以利脱模。

(2)模板与钢筋安装工作应配合进行,妨碍绑扎钢筋的模板应待钢筋安装完毕后安设。

(3)安装侧模时,应防止模板移位和凸出。

(4)模板安装完毕后,应对其平面位置、顶部高程、节点联系及纵横向稳定性进行检查,并填写模板安装检查记录表,待监理工程师签认后方可浇筑混凝土。

(5)模板在安装过程中必须设置防倾覆设施。

模板安装的允许偏差见表 2-24。

模板安装的允许偏差 表 2-24

项目	允许偏差(mm)	项目	允许偏差(mm)
模板内部尺寸	+5,0	模板表面平整度	5
轴线偏位	10	预埋件中心线位置	3
装配式构件支承面的高程	+2,-5	预留孔洞中心线位置	10
模板相邻两板表面高低差	2	预留孔洞截面内部尺寸	+10,0

5.使用芯模注意事项

中小跨径的空心板制作时所使用的芯模应符合下列要求:

(1)充气胶囊在使用前应经过检查,不得漏气,安装时应有专人检查钢丝头,钢丝头应弯向内侧，胶囊涂刷隔离剂。

(2)从开始浇筑混凝土到胶囊放气为止，其充气压力应保持稳定。

(3)浇筑混凝土时，为防止胶囊上浮和偏位，应采取有效措施加以固定，并应对称平衡地进行浇筑。

(4)胶囊的放气时间应经试验确定，以混凝土强度达到能保持构件不变形为宜。

(5)木芯模使用时应防止漏浆和采取措施便于脱模。应根据施工条件通过试验确定拆除芯模的时间。

(6)钢管芯模应由表面匀直、光滑的无缝钢管制作，混凝土终凝后，即可将芯模轻轻转动，然后边转边拔出。

(7)对于钢制芯模，结构要利于安装和拆卸。对于结合缝，一定要塞紧，以防浇筑混凝土时漏浆。

6. 模板安装注意事项

(1)首先在支架上铺设 10cm × 15cm 的方木作为纵梁，然后在纵梁上横向铺设 10cm × 10cm 的方木作为横梁，中心到中心间距 20cm，方木横向长度随桥梁宽而定，比翼板一边宽出 0.5 ~ 1m，以便支撑外模支架及检查人员行走。方木上面铺 1.5cm 厚木胶板作为面板。模板拼缝处要支撑牢固，防止托空错台。侧模板竖肋采用 10cm × 10cm 方木。侧模与挑檐处用 5cm 厚的大板做三角支撑，间距 50cm，竖肋外侧设置两道 10cm × 10cm 横向方木，用顶丝钢管支撑。在腹板处设置上下两道 ϕ20mm 拉杆，间距 100cm。

(2)预拱度的设置。底模除顺直外，还应先行考虑设置预拱度，预拱度的设置考虑以下因素：

①支架受施工荷载后引起的弹性变形。

②结构重力及 1/2 的汽车荷载引起的弹性挠度。

③由于杆件接头的挤压和卸落设备的压缩产生的变形。

④支架基础受载后的沉降。

预拱度跨中最大，墩顶为零，按抛物线设置。施工中力求线形美观顺畅。

(3)如果现浇箱梁分两次浇筑施工，第一次浇筑前内模侧模采用 10cm × 10cm 方木作立杆，中心到中心间距 20cm，设置两道 10cm × 10cm 横向方木，用顶丝钢管支撑，面板采用 1.5cm 厚木胶板。第一次浇筑完成，混凝土强度达到 2.5MPa 后拆除内模侧模板，安装顶模模板。顶模模板用钢管作为支架，支架顶托上放置 10cm × 10cm 方木，中心到中心间距为 50cm，面板采用 1.5cm 厚木胶板。每个箱室顶板均预留一个 1m × 1m 的施工天窗，待主梁施工完成后取出内模，按等强度原则恢复天窗范围内的主梁钢筋并浇筑微膨胀混凝土封顶。

(4)如果采用一次性浇筑施工，内模侧模采用 10cm × 10cm 方木作立杆，中心到中心间距为 20cm，设置两道 10cm × 10cm 横向方木，用顶丝钢管支撑，面板采用 1.5cm 厚木胶板。顶模模板用钢管作为支架，支架顶托上放置 10cm × 10cm 方木，中心到中心间距为 50cm，面板采用 1.5cm 厚木胶板。每个箱室顶板均预留一个 1m × 1m 的施工天窗，待主梁施工完成后取出内模，按等强度原则恢复天窗范围内的主梁钢筋并浇筑微膨胀混凝土封顶。

(5)侧模和底模用“帮夹底”拼装，接缝处用海绵条密封防止露浆。现浇箱梁锚具封端处模板采用木模，保证锚垫板位置、角度准确，封端采用海绵条堵塞，保证水泥浆不漏。模板安装完毕后，应对其平面位置、顶部高程、节点联系以及“纵横向”稳定性进行检查，经自检合格后，请监理工程师验收，合格后方可进行下道工序施工。

六、混凝土的施工

1. 混凝土拌和与运输

1）混凝土拌和

如果使用JS500强制式搅拌机拌和混凝土，每台搅拌机的生产能力为0.5m^3，拌和时间不少于90s，每台每小时正常情况下拌和能力为12～15m^3。根据生产能力计划配置JS500强制式搅拌机的台数。

2）混凝土运输

采用混凝土泵车泵送混凝土。

3）混凝土入模

可以采用汽车混凝土输送混凝土入模，坐地泵作为备用泵。先用混凝土搅拌车将混凝土放入汽车泵内，再通过汽车泵将混凝土送入模板内。混凝土配合比设计应注意配合比由中心试验室进行配制。并报经驻地监理工程师和总监理工程师批准后方可使用。

2. 混凝土浇筑前的准备工作

（1）混凝土浇筑前，首先进行泵送试验，测得施工参数后，才能进行箱梁混凝土施工。

（2）检查维修施工机械，保持良好的运行状态。

（3）浇筑混凝土之前，用空压机吹净模板内杂物。应对模板、钢筋和预埋件进行检查，清除模板内的杂物、积水和钢筋上的污垢。

（4）现场施工人员分工合理、细致，各负其责。并做好人员组织协调和设备材料及时调度的工作。混凝土由工地拌和站进行拌和，砂石料用自动上料机计量供料，水由自动流量计控制。混凝土的原材料及拌和由试验室负责。

（5）按规范要求控制混凝土的上料程序和拌和时间拌制混凝土。

（6）混凝土运送到施工现场，由现场试验人员、技术人员进行坍落度、均匀性以及混凝土入模温度的检查，经检验合格后进行混凝土浇筑，混凝土坍落度要求严格控制。

3. 箱梁混凝土浇筑

（1）混凝土入模后不应出现离析现象，混凝土分层入模分层振捣，每层厚30cm，腹板下料要均衡、对称，以减少支架因偏心受压引起的变形，下层混凝土未振捣密实前，严禁下料。下层混凝土浇筑应自横断面中心向两侧对称进行，顶板混凝土自翼板两端对称向中心进行。浇筑按底板、腹板、顶板、翼缘板的顺序应对称横断的中心，由中心开始向腹板侧对称浇筑。

（2）箱梁浇筑可以分两次进行，也可以一次浇筑完成。如果是分两次浇筑施工，依次浇筑底板、腹板，然后浇筑顶板。混凝土由拌和站集中拌和，混凝土搅拌运输车运至现场，采用混凝土输送泵将混凝土送入模内浇筑。混凝土由较低一端向另一端进行浇筑，以防混凝土浆流至前面未浇混凝土底板上影响混凝土质量。混凝土采用斜向分层法进行浇筑，混凝土倾斜角度一般控制在25°左右。第二次混凝土浇筑前，新旧混凝土结合处应凿除表面的水泥砂浆和松弱层并清理干净。并在浇筑前在旧混凝土表面洒水湿润。

（3）混凝土的现场振捣严格按照规范进行，以机械为主，人工振捣为辅。底板、腹板以插入式振捣器为主，顶板可先用插入式振捣器振捣，再用平板式振捣器振捣，进行找平。插入式振捣器成梅花形布点，移动间距不超过振捣器作用半径的1.5倍（30cm）。与模板保持10cm左右的距离，振捣器插入下层混凝土5～15cm，使上下两层密切结合，质量好，表面美观。在每一处位置振动完毕后边振动边徐徐提出振捣棒，避免振捣棒直接碰撞模板、钢筋、波纹管及其他预埋件。振捣充分，直至混凝土表面泛浆、平坦、无气泡冒出，不再下沉为止。锚端位置要重点振捣密实，派专人检查模板与支架。混凝土浇筑完成后，表面及时进行整平、压实、二次收浆及养护处理。混凝土浇筑过程中要做好观测工作，如发现异常现象及时分析原因，以便进行正确处理。

(4)混凝土浇筑保证在12h内完成，混凝土浇筑过程中要严密观察内模的上浮情况，为防止内模上浮，可采用对拉方法将内模与外模固定在一起，解决上浮问题。

(5)模板拆除。当混凝土强度达到2.5MPa以上时方可拆除外侧模。当混凝土强度达到设计强度的75%时即可拆除内模的竖向支撑，要按照均匀对称的原则拆除竖向支撑。模板及其他材料从天窗内运出来。待所有预应力全部张拉、孔道压浆完成后，方可拆除现浇箱梁底模及支架。拆模时注意防止破坏混凝土棱角和表面。在拆除过程中禁止用敲打和强扭的方法进行。

(6)浇筑过程中的沉降及模板观测。在混凝土浇筑过程中安排2名技术人员和4名技术工人轮流值班，每隔2~3h测量一次沉降，并做好记录。看模人员随时注意检查模板稳定、漏浆情况，发现问题及时解决。

(7)箱梁顶面高程及平整度控制

①高程控制。在顶板钢筋上焊接钢筋头，钢筋头的高程即为梁板顶高程，大桥横向方向焊接5排，间距不超过3m；纵向方向每间隔5m焊接一个钢筋头，并焊接上ϕ14mm的钢筋，以此来控制高程。

②平整度的控制。用长度不小于3m的直尺沿桥的纵向钢筋刮平。

(8)拉毛。混凝土浇筑完成后在收浆前要抹压一遍，收浆后再抹压一遍，以防止收缩裂纹的产生。箱梁顶面混凝土刮平之后、初凝之前用棕刷沿桥的横向方向进行拉毛。在混凝土浇筑过程中，在梁端设专人适时地往复拉动钢绞线，防止漏入水泥浆堵孔。

(9)混凝土养护。初凝之后及时用湿过水的再生棉覆盖，混凝土终凝后洒水养生。拆除模板后采用双层饱水养生法，内层使用饱水性较强的土工织物、再生毡等，洒水后，全面接触在混凝土的表面，外层覆盖塑料布保湿。根据温度情况，适当洒水，洒水次数以能保证混凝土表面湿润为度，养生期不小于7d。

(10)混凝土试件的制作。每一班组留取两组混凝土试块，其中一组与箱梁同体养生，以确定张拉时混凝土的强度，另外的试块则进行标准养生。

七、预应力施加及压浆

1. 准备工作

(1)检查梁体有无蜂窝麻面、孔洞、露筋、露钢束，锚垫处有无空洞等情况，若有上述情况则采用监理工程师认可的材料和工艺进行处理，然后再张拉。

(2)清除钢束外露部分的污物，清除锚具上面的油污及卡片的毛刺。

(3)对锚头进行裂缝检查，逐片检查夹片的硬度，连接器使用前应对其进行必要的试验，以保证该连接器能满足相关技术要求。

(4)计算引伸量。根据钢绞线的实际检测弹性模量计算出其伸长量，并与设计值相比较，如果出入较大则分析原因。

(5)标校千斤顶。由县级以上计量部门标定千斤顶与油泵的关系。

(6)检查孔道内是否有水泥浆进入，如果有水泥浆进入波纹管，可用YCW20型400t千斤顶在张拉端往复抽拉钢绞线。

(7)用空压机向孔道内送无油空气清除污物。

2. 预应力筋的张拉

1)预应力筋安装

(1)预应力筋可在浇筑混凝土之前或之后穿入管道。对钢绞线,可将一根钢束中的全部钢绞线编束后整体装入管道中,也可逐根将钢绞线穿入管道。穿束前应检查锚垫板和孔道。锚垫板应位置准确,孔道内应畅通,无水和其他杂物。

(2)预应力筋安装后的保护

①对在混凝土浇筑及养生之前安装在管道中,但在下列规定时限内没有压浆的预应力筋,应采取防止锈蚀或其他防腐蚀的措施,直至压浆。

不同暴露条件下,未采取防腐蚀措施的力筋在安装后至压浆时的容许间隔时间为:空气湿度大于70%或盐分过大时,7d;空气湿度为40%~70%时,15d;空气湿度小于40%时,20d。

②在力筋安装在管道中后,管道端部开口应密封以防止湿气进入。采用蒸汽养生时,在养生完成之前不应安装力筋。

③在任何情况下,当在安装有预应力筋的构件附近进行电焊时,对全部预应力筋和金属件均应进行保护,防止溅上焊渣或造成其他损坏。

(3)对在混凝土浇筑之前穿束的管道,力筋安装完成后,应进行全面检查,以查出可能被损坏的管道。在混凝土浇筑之前,必须将管道上一切非有意留的孔、开口或损坏之处修复,并应检查力筋能否在管道内自由滑动。

(4)后张预应力筋制作安装的允许偏差见表2-25。

后张预应力筋制作安装允许偏差

表2-25

项目		允许偏差(mm)
管道坐标	梁长方向	30
	梁高方向	10
管道间距	同排	10
	上下层	10

2)工作锚环和夹片安装

钢绞线通过锚环上对应孔后,锚环紧贴锚垫板,在每孔中钢绞线和孔壁间装入两片夹片,用ϕ20mm钢管套在钢绞线上将卡片打入锚孔,要求两夹片外露面平齐,间隙均匀,再装上环形胶(钢丝)圈。

3)限位板安装

将限位板的孔通过钢绞线后,限位板紧贴锚环且无缝。

4)千斤顶安装

钢束通过千斤顶的孔道,千斤顶紧贴限位板,务使千斤顶、限位板、锚环、锚垫板都在钢束的轴心线上(即四对中)。注意:钢绞线要编束、理顺,不能交错,否则会发生断丝现象。

5)工具锚环安装

工具夹片的光面先抹少许石蜡或垫塑料薄膜后再装入,便于夹片的退出。

6)千斤顶对中

开动油泵少许打油,千斤顶保持适量油压后稍松千斤顶吊索,调整千斤顶,使其对中。

7）预应力筋张拉顺序及要求

预应力筋张拉严格按照设计要求的张拉顺序和张拉控制吨位进行。混凝土达到90%设计强度以上时方可施加预应力；并且主梁钢束应与横梁钢束交错张拉。张拉时应遵循对称张拉的原则，先中后边，先长束后短束，先底板后顶板。

后张预应力筋当两端同时张拉时，两端千斤顶升降压、画线、测伸长、插垫等工作应基本一致。

（1）对力筋施加预应力之前，应对构件进行检验，外观和尺寸应符合质量标准要求。张拉时，构件的混凝土强度应符合设计要求，设计未规定时，不应低于设计强度等级值的75%。

（2）预应力筋的张拉顺序应符合设计要求，当设计未规定时，可采取分批、分阶段对称张拉。

（3）应使用能张拉多根钢绞线或钢丝的千斤顶同时对每一钢束中的全部力筋施加应力，但对扁平管道中不多于4根的钢绞线除外。

（4）预应力筋张拉端的设置应符合设计要求，当设计无具体要求时，应符合下列规定：

①对曲线预应力筋或长度大于等于25m的直线预应力筋，宜在两端张拉；对长度小于25m的直线预应力筋，可在一端张拉。

②曲线配筋的精轧螺纹钢筋应在两端张拉，直线配筋的可在一端张拉。

③当同一截面中有多束一端张拉的预应力筋时，张拉端宜分别设置在构件的两端。预应力筋采用两端张拉时，可先在一端张拉锚固后，再在另一端补足预应力值进行锚固。

（5）预应力筋的张拉控制应力。预应力钢筋的张拉控制应力（σ_{con}），是指张拉钢筋进行锚固前，张拉千斤顶所指示的总拉力除以预应力钢筋截面积所求得的钢筋应力值。对于钢制锥形锚具等有锚圈口摩阻力的锚具，σ_{con}应为扣除锚圈口摩擦损失后的锚下拉应力值，故《公路钢筋混凝土及预应力混凝土桥涵设计规范》（JTG D62—2004）特别指出，σ_{con}为张拉钢筋时锚下的控制应力。

从经济方面来说，张拉控制应力越高越好，这样，在构件抗裂性相同的情况下，可以减少用钢量；在预应力筋数量相同的情况下，可使混凝土中的预压应力增大。但是，σ_{con}值过高也将存在以下问题：

①可能引起钢丝束断丝。因为同一束中各根钢丝的应力不可能完全相同，其中少数钢丝的应力必然超过σ_{con}，如果σ_{con}值本身定得过高，个别钢丝就可能破断。另外，如果需要进行超张拉（即全束平均拉应力要比σ_{con}高5%～10%），这种个别钢丝先被拉断的现象就可能更多一些。此外由于气温的降低，也可能使张拉后的预应力钢筋在与混凝土黏结之前突然断裂。

②σ_{con}值越高，钢筋的应力松弛也越大。

③σ_{con}值过高，预应力混凝土构件就没有足够的安全系数来防止混凝土的脆裂。

因此，预应力钢筋的张拉控制应力，σ_{con}不能定得过高，应留有适当的余地，一般宜在钢筋的比例极限之下。钢筋张拉控制应力的确定，还需要根据钢筋的不同品质而定，因此，按照《公路钢筋混凝土及预应力混凝土桥涵设计规范》（JTG D62—2004）第6.1.3条的规定，预应力混凝土构件预应力钢筋的张拉控制应力值σ_{con}，应符合下列规定。

钢丝、钢绞线：$\sigma_{con} \leqslant 0.75 f_{pk}$；

精轧螺纹钢筋：$\sigma_{con} \leqslant 0.90 f_{pk}$。

式中：f_{pk}——预应力钢筋抗拉强度标准值。

上述张拉控制应力，对后张法构件系指体内锚下钢筋应力。先张法和后张法构件在进行超张拉或计入锚圈口摩擦损失等任何情况下，钢筋中的最大控制应力（千斤顶油泵上反映的数值）对钢丝和钢绞线不应超过 $0.80f_{pk}$，对精轧螺纹钢筋不应超过 f_{pk}。

后张预应力筋的张拉应符合设计要求，设计无规定时，其张拉程序可参照表 2-26 进行。

后张预应力筋的张拉程序 表 2-26

顶应力筋		张拉程序
钢筋、钢筋束		0→初应力→$1.05\sigma_{con}$（持荷 2min）→σ_{con}（锚固）
钢绞线束	对于夹片式等具有自锚性能的锚具	普通松弛力筋：0→初应力→$1.03\sigma_{con}$（锚固） 低松弛力筋：0→初应力→σ_{con}（持荷 2min 锚固）
	其他锚具	0→初应力→σ_{con}（持荷 2min）→σ_{con}（锚固）
钢丝束	对于夹片式等具有自锚性能的锚具	普通松弛力筋：0→初应力→$1.03\sigma_{con}$（锚固） 低松弛力筋：0→初应力→σ_{con}（持荷 2min 锚固）
	其他锚具	0→初应力→$1.05\sigma_{con}$（持荷 2min）→0→σ_{con}（锚固）
精扎螺纹钢筋	直线配筋时	0→初应力→σ_{con}（持荷 2min 锚固）
	曲线配筋时	0→σ_{con}（持荷 2min）→0（上述程序反复几次）→初应力→σ_{con}（持荷 2min 锚固）

注：①表中，σ_{con} 为张拉时的控制应力，包括预应力损失值。

②两端同时张拉时，两端千斤顶升降压、画线、测伸长、插垫等工作应基本一致。

③梁的竖向预应力筋可一次张拉到控制应力，然后于持荷 5min 后测伸长和锚固。

④超张拉数值超过规定的最大超张拉应力限值时，应按规定的限值进行张拉。

（6）后张预应力筋断丝及滑移不得超过表 2-27 的控制数。

后张法预应力筋断丝、滑移限制 表 2-27

类别	检查项目	控制值
钢丝束、钢绞线束	每束钢丝断丝或滑丝	1 根
	每束钢绞线断丝或滑丝	1 丝
	每个断面断丝之和不超过该断面钢丝总数的	1%
单根钢筋	断筋和滑移	不容许

注：①钢绞线断丝系指单根钢绞线内钢丝的断丝。

②超过表列控制数时，原则上应更换；当不能更换时，在许可的条件下，可采取补救措施，如提高其他束预应力值，但须满足设计上各阶段极限状态的要求。

（7）预应力筋在张拉控制应力达到稳定后方可锚固。预应力筋锚固后的外露长度不宜小于 30mm，锚具应用封端混凝土保护，当需长期外露时，应采取防止锈蚀的措施。一般情况下，锚固完毕并经检验合格后即可切割端头多余的预应力筋，严禁用电弧焊切割，强调用砂轮机切割。

8）对钢绞线的要求

将钢绞线理顺，严禁交叉、挤压。

9）张拉注事项

预应力束张拉时采用张拉控制应力与伸长量双控，即以张拉力控制为主，以伸长量进行校核。当实测引伸量与计算引伸量相差值超过 ±6% 时，应停止张拉并分析原因，对存在的问题进行彻底解决后方可进行张拉。

3. 预应力钢筋伸长值的计算与量测

《公路钢筋混凝土及预应力混凝土桥涵设计规范》（JTG D62—2004）第 12.8.3 条规定：预

应力筋采用应力控制方法张拉时，应以伸长值进行校核，实际伸长值与理论伸长值的差值应符合设计要求，设计无规定时，实际伸长值与理论伸长值的差值应控制在±6%以内，否则应暂停张拉，待查明原因并采取措施予以调整后，方可继续张拉。

1）预应力筋理论伸长值的计算公式

（1）先张法：

$$\Delta L = \frac{PL}{A_P E_P} \tag{2-27}$$

式中：P——预应力筋的张拉力（N）；

L——预应力筋的长度（mm）；

A_P——预应力筋的截面面积（mm^2）；

E_P——预应力筋的弹性模量（N/mm^2）。

（2）后张法：

$$\Delta L = \frac{P_P L}{A_P E_P} \tag{2-28}$$

式中：P_P——预应力筋的平均张拉力。直线筋取张拉端的张拉力；两端张拉的曲线筋按下式计算。

$$P_P = \frac{P(1 - e^{-(kx-\mu\theta)})}{kx + \mu\theta} \tag{2-29}$$

式中：P——预应力筋张拉端的张拉力（N）；

x——从张拉端至计算截面的孔道长度（m）；

θ——从张拉端至计算截面曲线孔道部分切线的夹角之和（rad）；

μ——孔道每米局部偏差对摩擦的影响系数，参见表2-28；

k——预应力筋与孔道壁的摩擦系数，参见表2-28。

系数 k 及 μ 值表 表2-28

孔道成型方式	k 值	μ 值		
		钢丝束、钢绞线、光面钢筋	带肋钢筋	精轧螺纹钢筋
预埋铁皮管道	0.003 0	0.35	0.40	—
抽芯成型孔道	0.001 5	0.55	0.60	—
预埋金属螺旋管道	0.001 5	0.20～0.25	—	0.50

2）预应力筋实际伸长量的测量

预应力筋张拉时，应先调整到初应力 σ_0，该初应力宜为张拉控制应力 σ_{con} 的10%～15%，伸长值应从初应力时开始量测。力筋的实际伸长量为量测的伸长值与初应力时的推算伸长值之和。对后张法构件，在张拉过程中产生的弹性压缩值一般可省略。

预应力筋张拉的实际伸长值 ΔL（mm），可按式（2-30）计算：

$$\Delta L = \Delta L_1 + \Delta L_2 \tag{2-30}$$

式中：ΔL_1——从初应力至最大张拉应力间的实测伸长值（mm）；

ΔL_2——初应力以下的推算伸长值（mm），可采用相邻级的伸长值。

关于初应力以下的推算伸长值，由于在最初张拉时各根预应力钢筋的松紧弯曲程度不一致，在初应力以下拉伸过程中，既有弹性伸长，也有非弹性伸长，所以不宜采用量测的方法，而宜采用推算的方法。推算时，应以实际伸长值与实测应力之间的关系线为依据，也可采用相邻级的伸长值。

预应力钢筋的实际伸长值与理论计算伸长值之间有一定的误差，究其原因，主要有：预应力钢筋的实际弹性模量与计算时的取值不一致；千斤顶的拉力不准确；孔道的摩擦损失计算与实际不符；量测误差等。特别是弹性模量的取值是否正确，对伸长值的计算影响较大。必要时，预应力钢筋的弹性模量、锚圈口及孔道摩阻损失应通过试验测定，计算时予以调整。

(1)张拉前先用挤压机将固定端的钢束挤压锚固，在另一端张拉进行单端张拉，张拉时由专人指挥，操作要规范，严格按照张拉程序对称分级张拉，达到初应力后停拉，记录张拉缸行程作为测算实际伸长值的起点值。

(2)张拉缸继续进油，分级张拉，达到张拉力后持荷2min，核对伸长值与理论伸长值，当在±6%范围内即符合规范要求，否则应停止张拉，分析原因，采取措施后再张拉。

(3)达到张拉力而且持荷2min后，经核实实际伸长量与理论伸长量在规范规定的范围即6%时，即可进行锚固。千斤顶张拉缸回油即锚固。

(4)当钢束的伸长值大于千斤顶行程时，须分数次张拉，当接近千斤顶行程时即进行锚固，重复前述张拉步骤，直至达到张拉力后锚固。

(5)张拉缸全部回零卸除工具锚，千斤顶全部回零卸除工具锚，检查回缩值，并画线作标志，填写施工原始记录。

4. 预应力筋张拉时的安全注意事项

(1)张拉现场应有明显警告标志，严禁非张拉工作人员接近。张拉端设有安全防护措施，张拉千斤顶对面严禁站人，以防意外发生。

(2)张拉操作人员，由熟悉本专业的人员参加，培训合格者方可上岗，并有技术熟练的人员负责指挥。锚固后，严禁摸、踏、撞击钢绞线或卡片，以免滑丝。

(3)工具锚、工作锚的卡片要分别标示、存放和使用。

(4)拆卸油管时，先松开解压阀，以免油压喷出伤人。

(5)在张拉过程中须密切观察张拉情况，是否有钢绞线断丝、滑丝情况，并注意千斤顶、张拉油表的工作情况，一旦发现异常应马上停止张拉，分析原因，待排除故障后方能继续张拉。张拉完毕后用手提式砂轮切割机切割钢绞线。

5. 压浆操作

(1)吹净孔道并疏通孔道。

(2)检测水泥浆的强度、泌水率和膨胀率、稠度。

(3)安装阀门、检查排气孔、压浆孔。

(4)压浆时，应从最低点的压浆孔道压入，由最高点的排气孔排气和泌水。压浆时应缓慢、均匀地进行，不得中断，并将所有最高点的排气孔依次打开和关闭，使孔道内排气畅通。

(5)每束孔道从较低的一端压浆，水泥浆自进浆口压入，直到通气孔压出稠浆后，关闭出浆口再继续压浆。压浆的压力为0.5～0.7MPa，保持3～5min，使水泥浆完全填充管道空隙。水泥浆的水灰比为0.4～0.45；水泥浆的浆体流动度为14～18s。

(6)压浆时，每一工作班应留取不少于3组试样，标准养生28d，检查其抗压强度作为水泥浆质量评定的依据。

(7)每次压浆完毕后应立即对机具、阀门进行冲洗。

(8)压浆后先将锚具周围冲洗干净并对周围混凝土凿毛，然后设置钢筋网浇筑封锚混凝土，封锚混凝土为C50。

(9)后张法检测项目见表2-29。

后张法检测项目 表2-29

项次	检查项目		规定值或允许偏差	检查方法
1	管道坐标(mm)	梁长方向	±30	尺量:抽查30%，每根10点
		梁高方向	±10	
2	管道间距(mm)	同排	10	尺量:抽查30%，每根5点
		上下层	10	
3	张拉应力值		符合设计要求	查记录
4	张拉伸长率		符合设计规定，无设计规定时±6%	尺量:全部
5	断丝、滑丝数	钢束	每束1根，且每断面不超过钢丝总数的1%	目测:每根
		钢筋	不允许	

(10)现浇箱梁检查项目见表2-30。

现浇箱梁检查项目 表2-30

项次	检查项目		规定值或允许偏差	检查方法和频率
1	混凝土强度(MPa)		合格标准内	JTG F80/1—2004附录
2	轴线偏位(mm)		10	经纬仪每跨5处
3	顶面高程(mm)		±10	水准仪每跨5处
4	断面尺寸(mm)	高度	+5，-10	每跨用尺量5个断面
		顶宽	±30	
		顶底腹板厚	±10	
5	长度(mm)		+0，-10	用尺量
6	平整度(mm)		8	2m直尺检查

八、落架

本工程的碗扣式支架采用支架上的顶托丝杠进行落架，落架的程序:自跨中开始向墩台方向依次循环落架。在纵向应对称跨中中心均衡卸落，在横向应同时卸落。卸落量开始宜小，以后逐渐增大。至少分三次卸完，不使主梁发生局部受力状态。

落架时要统一指挥，统一行动，每次落架过程都要仔细认真地进行，以达到均衡、同步的目的。

单元学习6.2 节段浇筑施工

一、悬臂浇筑施工程序

悬臂浇筑施工程序如图2-32所示。

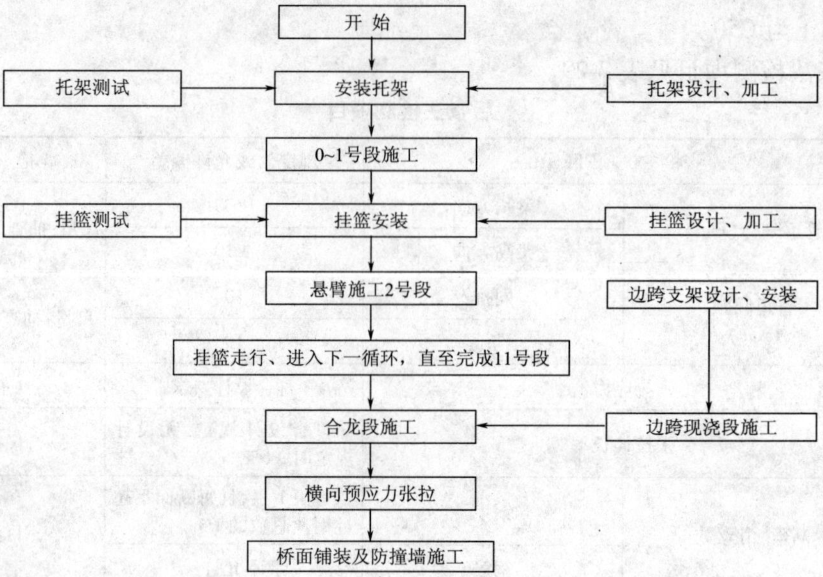

图 2-32　悬臂浇筑施工工艺框图

施工程序一般如下：

(1)在墩顶托架上浇筑 0 号块并实施墩梁临时固结系统。

(2)在 0 号块上安装悬臂挂篮,向两侧依次对称地分段浇筑主梁至合龙段。悬臂分段浇筑示意图如图 2-33 所示。

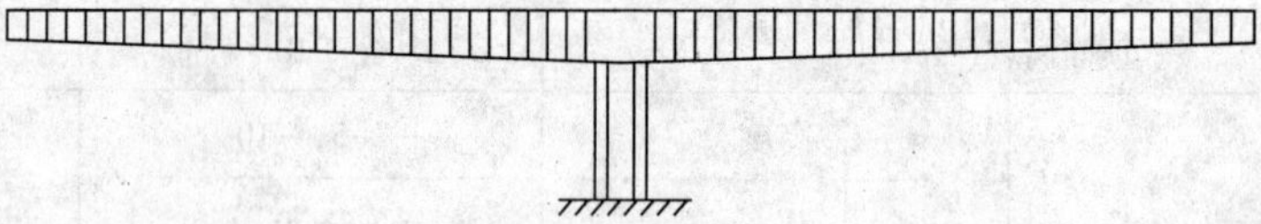

图 2-33　悬臂分段浇筑示意图

(3)在临时支架或梁端与边墩间临时托架上支模板浇筑现浇梁段。当现浇梁段较短时,可利用挂篮浇筑;当与现浇相接的连接桥是采用顶推施工时,可将现浇梁段锚固在顶推梁前端施工,并顶推到位。此法不需要支撑,省料省工。

(4)主梁合龙段可在改装的简支挂篮托架上浇筑。多跨合龙段浇筑顺序按设计或施工要求进行。

二、悬臂梁段 0 号块施工

0 号块结构复杂,预埋件、钢筋、各向预应力钢束及其孔道、锚具密集交错,梁面有纵横塌度,端面与待浇段密切相连,务必精心施工。视其结构形式及高度,一般分为 2 ~ 3 层浇筑,先肩板,再腹板,后顶板。

1. 施工托架

采用悬臂浇筑法施工时,墩顶 0 号块梁段采用在托架上立模现浇,并在施工过程中设置临时梁墩锚固,使 0 号块梁段能承受两侧悬臂施工时产生的不平衡力矩。施工托架可根据承台形式、墩身高度和地形情况,分别支承在承台、墩身或地面上。它们可采用万能杆件、贝雷桁架(或装配式公路钢桁架)、六四军用桁架及型钢等组成,也可采用钢筋混凝土构件做临时支撑。常用施工托架有扇形托架(图 2-34)、高墩托架(图 2-35)、临时墩及型钢结构支承平台(图

2-36）等。托架的顶面尺寸，视拼装挂篮的需要和拟浇梁段的长度而定，横桥间的宽度一般应

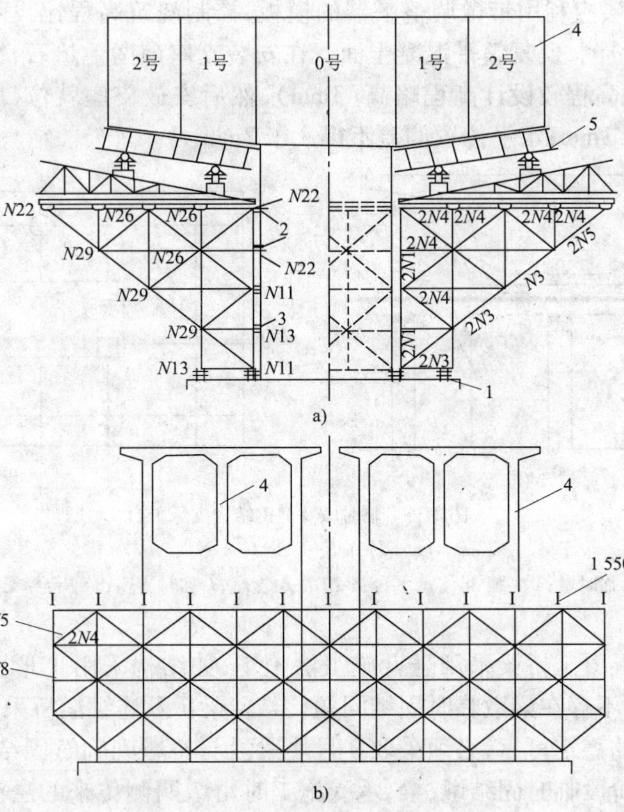

图 2-34　扇形托架（尺寸单位：mm）

a）顺桥向；b）横桥向

1-ϕ18 预埋螺栓；2-预埋钢筋；3-硬木；4-箱梁；5-底模垫梁

比箱梁底板宽出 1.5～2.0m，以便设立箱梁边肋的外侧模板。托架顶面（或增设垫梁）应与箱梁底面纵向线形的变化一致。托架可在现场整体拼装，也可分布在邻近场地或船上拼装再运吊就位整体组装。托架总长度视拼装挂篮的需要而决定。横桥托架宽度要考虑箱梁外侧主模的要求。托架顶面应与箱梁底面纵向线形一致。

由于考虑到在托架上浇筑梁段 0 号块混凝土，托架变形对梁体质量影响很大，在作托架设计时，除考虑托架强度要求外，还应考虑托架的刚度和整体性。由于托架弹性、杆件连接处有缝隙、地基有沉降等因素影响，可能使托架下沉，引起混凝土梁段出现裂缝，因此，采用万能杆件、贝雷梁、板梁、型钢等做托架时，在混凝土浇筑以前，可采取预压、抛高或调整等措施，以减少托架变形，并检验托架是否安全。上海吴淞大桥采用扇形钢筋混凝土立柱作托架支撑于承台上，并设置竖向预应力索作梁墩临时锚固用，减少了拖架变形。

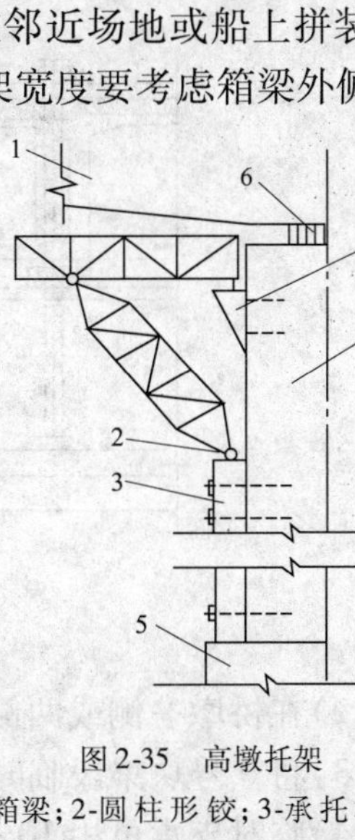

图 2-35　高墩托架

1-箱梁；2-圆柱形铰；3-承托槽钢；4-墩身；5-承台；6-支座；7-预埋牛腿

2. 支座

1）支座垫石

垫石是永久支座的基石。由于支座安装平整度和对中精度

要求高，因此垫石四角及平面高差应小于1mm，为此垫石分两层浇筑。首层浇筑高程比设计高程低15cm。第二层应利用带微调整平器的模板，控制浇筑高程比设计高程稍高，再利用整平器及精密水准仪量测，反复整平混凝土面。在安装支座前凿毛垫石，铺2～3cm厚与墩身等强的砂浆，砂浆浇筑高程较设计高程略高（3mm），然后安放支座就位，用锤振击，使符合设计高程，偏差不得大于1mm；水平位置偏差不得大于2mm。

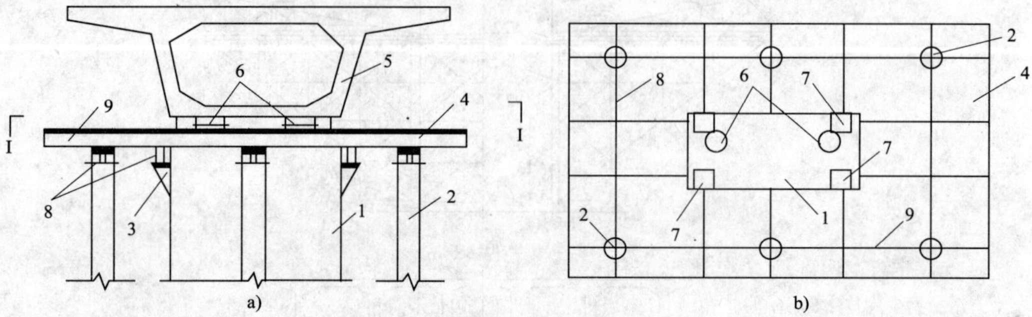

图2-36　临时墩及型钢结构支承平台

a）顺桥向立面；b）I—I平面

1-墩柱；2-临时墩；3-牛腿；4-支承平台；5-箱梁；6-支座；7-临时支座；8-平台纵梁；9-平台横梁

2）临时支座

大跨径预应力混凝土桥梁采用悬臂施工法施工，如结构采用T形刚构，因墩身与梁本身采用刚性连接，所以不存在梁墩临时固结问题。悬臂梁桥及连续梁桥采用悬臂施工法时，为保证施工过程中结构的稳定可靠，必须采取0号块梁段与桥墩间临时固结或支承措施。临时支座的作用是在施工阶段临时固结墩、梁，承受施工时由墩两侧传来的悬浇梁段荷载，在梁体合龙后便于拆除和体系转换。

临时固结措施或支承措施有下列几种形式：

（1）临时支座一般采用C40混凝土，并用塑料包裹的锚固钢筋穿过混凝土预埋梁底和墩顶中，其布置见图2-37。

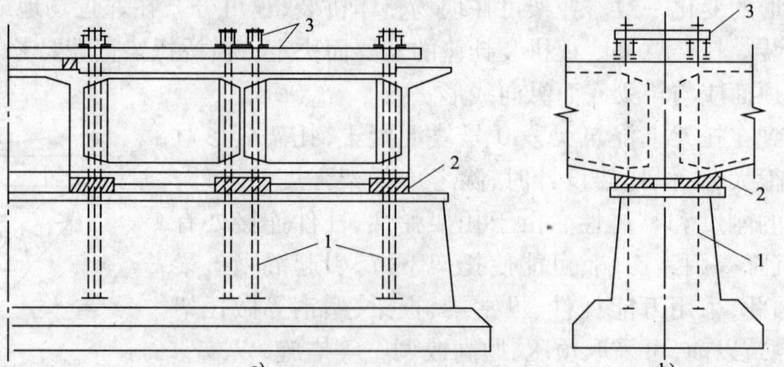

图2-37　0号块与桥墩的临时固结

1-预埋临时锚固用预应力筋；2-支座；3-工字钢

（2）在桥墩一侧或两侧加临时支承或支墩，见图2-38。

（3）将0号块梁段临时支承在扇形或门式托架的两侧。

（4）临时支承可用10～20cm厚夹有电阻丝的硫磺砂浆层、砂筒或混凝土块等卸落设备，以便体系转换时，较方便地解除临时支承。

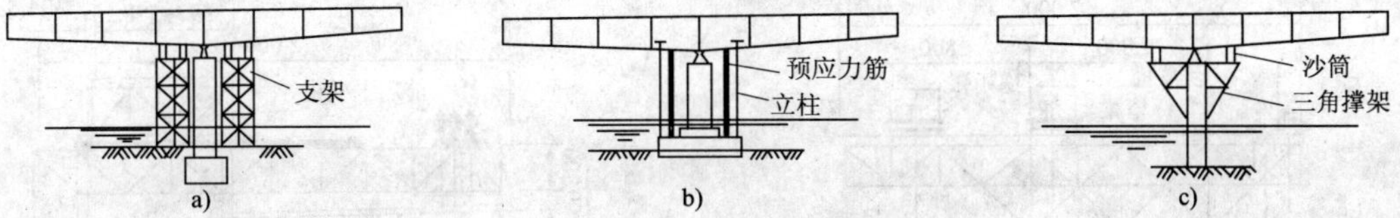

图 2-38 临时支承措施

3.0 号块模板和支架

模板和支架是 0 号块施工的关键，其设计、施工的主要技术要求如下：

(1)应有足够的刚度和强度。

(2)准确计算在浇筑过程中结构的弹性变形和非弹性变形。

(3)施工偏差和定位要求应符合有关规范的规定。

(4)便于操作，确保施工质量。当墩身较低时，可采用在扇形托架或临时墩及型钢结构支承平台(图 2-34 和图 2-36)顶面上立模板、搭支架，浇筑 0 号块混凝土；当墩身较高时，可采用在高墩托架(图 2-35)顶面上立模板、搭支架，浇筑 0 号块混凝土。也可由墩顶放置的型钢和墩身预埋的牛腿做贝雷梁的支承形成 0 号块的施工托架，在托架上立模板、搭支架，浇筑混凝土。

4. 预应力管道的设置

为确保预应力筋布置、穿管、张拉、灌浆的施工质量，必须确保预应力管道的质量，一般采用预埋铁皮管或铁皮波纹管和橡胶抽拔管。三向预应力筋管孔铁皮管和波纹管需由专用设备加工卷制，孔径按设计要求而定，橡胶抽拔管管壁用多层橡胶夹布在专业厂家制作，宜在混凝土浇筑 150 ~ 200℃ · h(混凝土全部埋设胶管时间与平均的温度乘积)内抽拔。拔时用尼龙绳锁住外露胶管，启动卷扬机拖拔，视设置管的长度和阻力一次可抽拔 5 ~ 8 根。为避免抽拔时塌孔，宜将波纹管与胶管相间布置，采用架立钢筋固定管道的坐标位置。浇筑后的铁皮管和抽拔管后的管道，必须用小于内径 10mm 的梭形钢锤清孔，以便清除异物、补救塌孔，保证力筋穿孔畅通。

三、挂篮施工

挂篮是悬臂浇筑施工的主要机具。挂篮是一个能沿着轨道行走的活动脚手架，挂篮悬挂在已经张拉锚固的箱梁梁段上，悬臂浇筑时箱梁梁段的模板安装、钢筋绑扎、管道安装、混凝土浇筑、预应力张拉、压浆等工作均在挂篮上进行。当一个梁段的施工程序完成后，挂篮解除后锚，移向下一梁段施工。所以挂篮既是空间的施工设备，又是预应力筋未张拉前梁段的承重结构。

1. 挂篮形式

1)挂篮分类

作为施工梁段的承重结构，同时又是施工梁段的作业现场，随着施工技术的不断改进，挂篮已由过去的压重平衡式发展成现在通用的自锚平衡式。自锚式施工挂篮结构的形式主要有桁架式、斜拉式两类。

桁架式挂篮按其构成部件的不同，可分为万能杆件挂篮、贝雷梁或装配式公路钢桁梁组合式和挂篮、型钢组合桁架组合式等。按桁架构成形状的不同，又可分为平行桁架式、平弦无平衡重式、弓弦式、菱形式等多种，见图 2-39a) ~ 图 2-39d)。

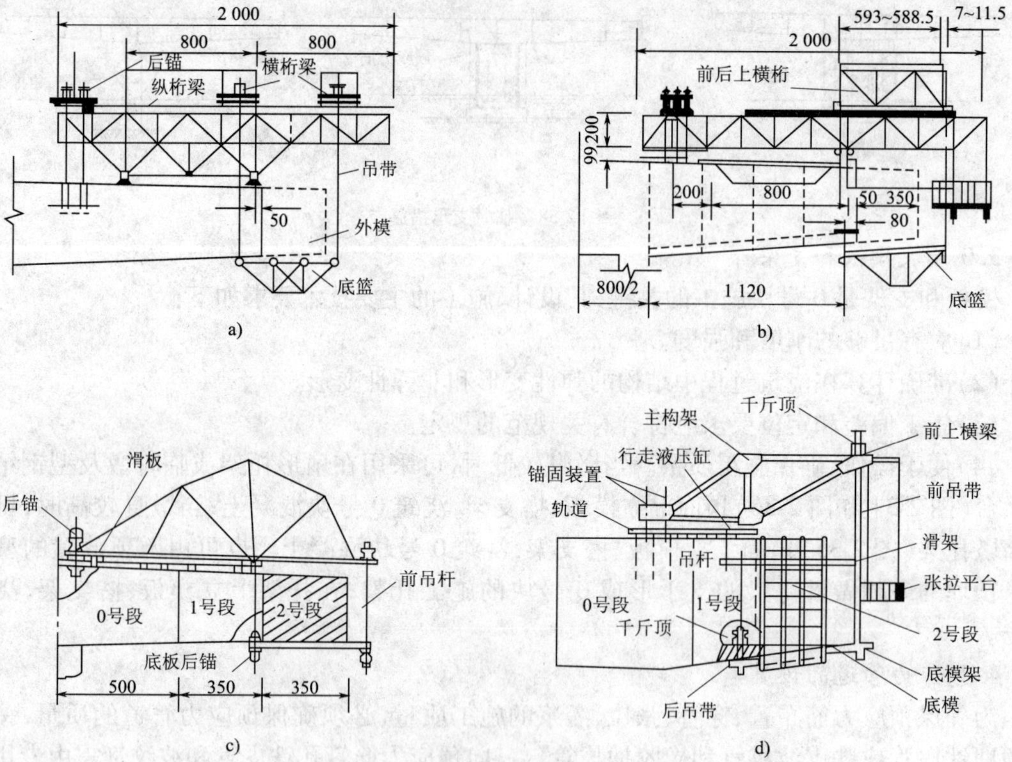

图 2-39　常用桁架式挂篮类型图(尺寸单位:cm)

a)平行桁架式挂篮;b)平弦无平衡重式挂篮;c)弓弦式挂篮;d)菱形挂篮

2)挂篮的主要构造

挂篮的主要构造见图 2-40。

(1)主纵桁梁

主纵桁梁是挂篮悬臂承重结构,可由万能杆件或贝雷桁架(或装配式公路钢桁架)组拼或采用钢板或大号型钢加工而成。

(2)行走系统

行走系统包括支腿和滑道及拖移收紧设备。采用电动卷扬机牵引,通过圆棒滚动或在铺设的上、下滑道上移动。滑道要求平整光滑,摩阻力小,拆装方便,能反复使用。目前大多采用上滑道覆一层不锈钢薄板,下滑道用槽钢,内设聚四氟乙烯板,行走方便、安全、稳定性好。

(3)底篮

底篮直接承受悬浇梁段的施工重力,可供立模板、绑扎钢筋、浇筑混凝土、养生等工序用,由下横桁梁和底模纵梁及吊杆(吊带)组成。横梁可用万能杆件或贝雷桁架或型钢、钢管构成(图 2-41),底模纵梁用多根 24 ~ 30 号槽钢或工字钢;吊杆一般可用贴 2mm 的精轧螺纹钢筋或 16Mn 钢带。

(4)后锚系统

后锚是主纵桁梁自锚平衡装置,由锚杆压梁、压轮、连接件、升降千斤顶等组成,目的是防止挂篮在行走状态及浇筑混凝土梁段时倾覆失稳。系统结构按计算确定,混凝土浇筑前,应按设计锚力的 0.6、1.0、1.5 倍分别用千斤顶检验锚杆。

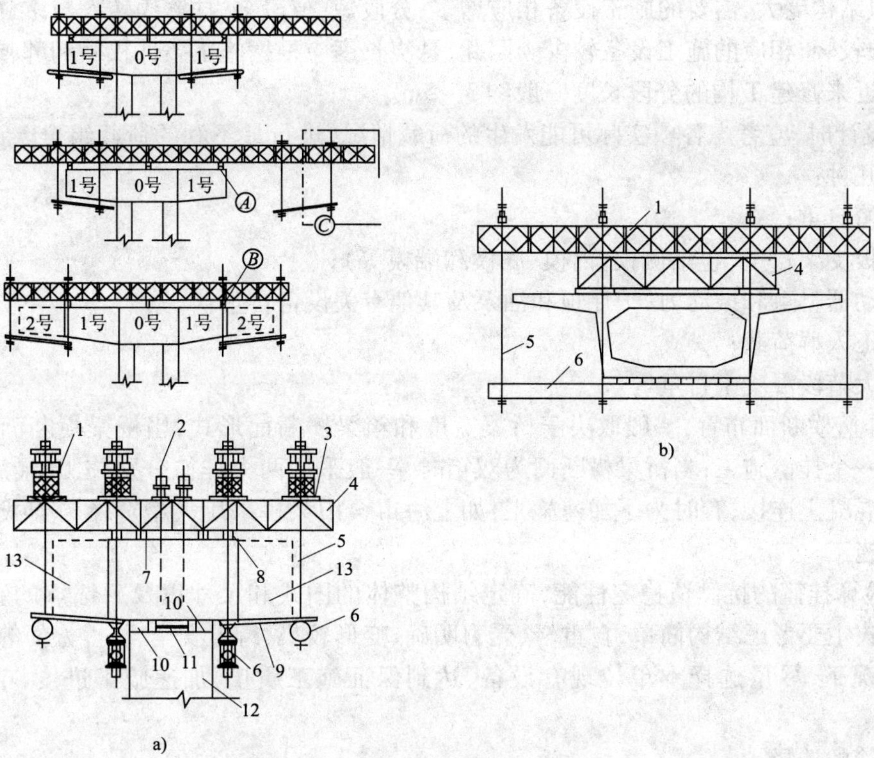

图 2-40　挂篮纵横桁梁系布置图

a）挂篮施工纵断面；b）挂篮施工正面

1-主横桁梁；2-后锚点；3-行走滑板；4-主纵桁梁；5-吊杆；6-底篮横梁（钢管）；7-后支点；8-前支点；9-底模；10-临时固定支座；11-永久支座；12-桥墩；13-待浇梁段

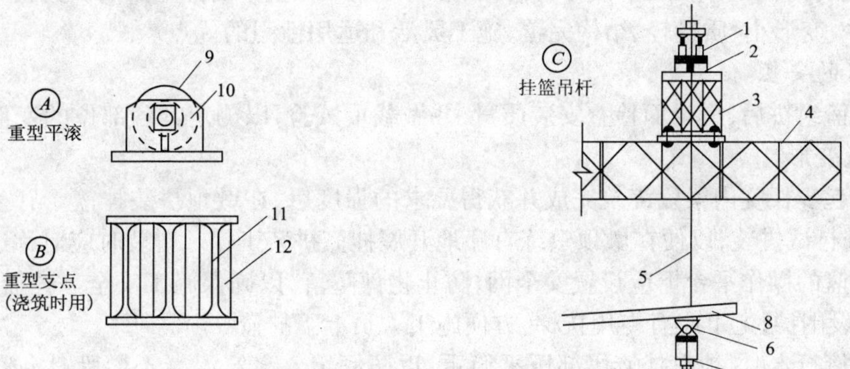

图 2-41　挂篮接长和移动示意图

1-千斤顶；2-型钢横梁；3-组合贝雷（型钢）横桁梁；4-组合贝雷纵桁梁；5-挂篮吊杆；6-底篮模架活动铰；7-吊杆底端横梁；8-底篮纵梁；9-钢滚筒；10-滚筒支架；11-工字钢；12-加劲板

2. 挂篮设计与选择

1）挂篮的设计

挂篮的合理设计是保证施工质量、加快施工进度的重要因素。在设计中要求挂篮的质量小、结构简单、受力明确、运行方便、坚固稳定、变形小、装拆方便，并尽量利用当地现有构件。

（1）设计时首先需确定悬浇的分段长度。分段长，节段数量少，挂篮周转次数少，施工速度加快，但结构庞大，需要的施工设备相应增多；分段短，节段多，挂篮周转次数多，施工速度较慢，但结构较轻，相应的施工设备较少。因此，悬浇长度应根据施工条件权衡利弊，综合考虑确定。我国近来修建T构的分段长度一般约3～5m。

(2)设计时，应考虑各项实际可能发生的荷载情况，进行最不利的荷载组合。设计荷载大体有以下几种：

①挂篮自重；

②模板支架自重(包括侧模、内模、底模和端模等)；

③振动器自重和振动力，千斤顶和油泵及其他有关设备自重；

④施工人群荷载；

⑤最大节段混凝土自重等。

(3)挂篮横断面布置，一般取决于桥梁宽度和箱梁横断面形式，当桥梁横断面为单箱时，全断面用一个挂篮施工；当桥梁横断面为双箱时，一般采用两个挂篮分别施工，最后在桥面板处用现浇混凝土连接；有时为了加速施工，如上海市金山大桥采用大型宽体桁架式挂篮，双箱一次浇筑施工。

(4)验算挂篮的抗倾覆稳定性能，确定结构整体的图式和尺寸以及后锚点的锚力等。选择挂篮形式主要考虑结构简单、自重轻、受力明确、变形较小、行走安全、装拆方便等方面因素。在一般情况下，尽量选择本单位现有设备，达到保证施工质量、加速施工进度、节省投资的目的。

2)挂篮的选择

(1)满足梁段设计的要求，即满足梁体结构、形体、质量及设计对挂篮质量的要求。

(2)满足施工安全、高质量、低成本、短工期和操作简便的要求。

(3)采用万能杆件、贝雷桁架、六四军用桁架组拼的挂篮桁架，一般比型钢加工制作的挂篮成型快、设备利用率高、成本低；而自行加工或专业单位生产的挂篮虽一次性投入成本大，但常有节点少、变形小、质量轻、结构完善、施工灵活和适用性强的优点。

3. 挂篮的安装

(1)挂篮组拼后，应全面检查安装质量，并做载重试验，以测定其各部位的变形量，并设法消除其永久变形。

(2)在起步长度内梁段浇筑完成并获得要求的强度后，在墩顶拼装挂篮。有条件时，应在地面上先进行试拼装，以便在墩顶熟练有序地开展挂篮拼装工作。拼装时应对称进行。

(3)挂篮的操作平台下应设置安全网，防止物件坠落，以确保施工安全。挂篮应呈全封闭形式，四周设围护，上下应有专用扶梯，方便施工人员上下挂篮。

(4)挂篮行走时，须在挂篮尾部压平衡重，以防倾覆。浇筑混凝土梁段时，必须在挂篮尾部将挂篮与梁进行锚固。

4. 挂篮试压

为了检验挂篮的性能和安全性，并消除结构的非弹性变形，应对挂篮试压。试压通常采用试验台加压法、水箱加压法等。

1)试验台加压法

新加工的挂篮可用试验台加压法检测桁架受力性能和状况。试验台可利用桥台或承台和在岸边梁中预埋的拉力筋锚住主桁梁后端，前端按最大荷载计算值施力，并记录千斤顶逐级加压变化情况，测出挂篮弹性变形和非弹性变形参数，用作控制悬浇高程依据，如图2-42所示。

2)水箱加压法

对就位待浇混凝土的挂篮，可用水箱试压法检查挂篮的性能和状况。加压的水箱一般设于前吊点处，后吊杆穿过紧靠墩顶梁段边的底篮和纵桁梁，锚固于横桁梁上，或穿过已浇箱梁中的预留孔，锚于梁体，在后吊杆的上端装设带压力表的千斤顶，反压挂篮上横桁梁，计算前后施加力后，分级分别进行灌水和顶压，记录全过程挂篮变化情况即可求得控制数据，如图2-43所示。

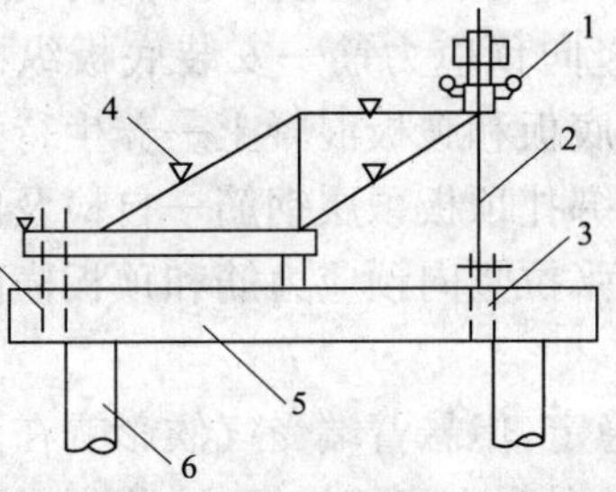

图2-42　菱形挂篮试验台试压示意图

1-压力表千斤顶；2-拉杆；3-预埋钢；4-观测点；5-承台；6-桩

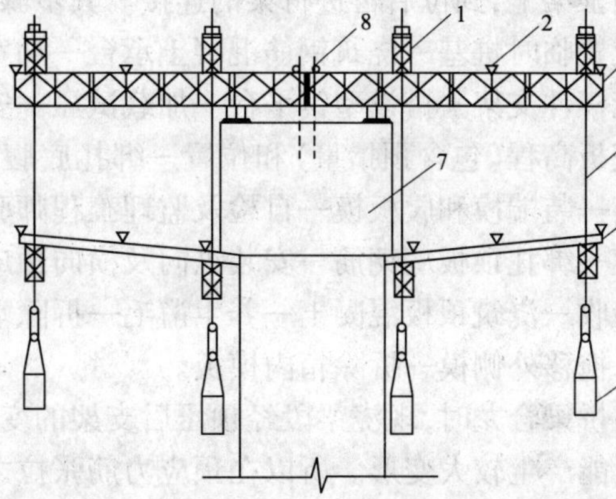

图2-43　挂篮水箱法试压示意图

1-横桁梁；2-观测点；3-纵桁梁；4-吊杆；5-底篮；6-水箱；7-墩顶梁段；8-后锚固

5. 浇筑混凝土时消除挂篮变形的措施

每个悬浇段的混凝土一般可二次或三次浇筑完成（混凝土数量少的也可采用一次浇筑完成），为了使后浇混凝土不引起先浇混凝土的开裂，需要消除后浇混凝土引起挂篮的变形。一般可采取如下几种措施。

1)箱梁混凝土一次浇筑法

箱梁混凝土的浇筑采用一次浇筑，并在底板混凝土凝固前全部浇筑完毕。也就是要求挂篮的变形全部发生在混凝土塑性状态之间，避免裂纹的产生。但需在浇筑混凝土前预留准确的下沉量。

2)水箱法

水箱法的布置参见图2-43。浇筑混凝土前先在水箱中注入相当于混凝土质量的水，在混凝土浇筑过程中，逐步放水使挂篮的负荷和挠度基本不变。

3)抬高挂篮的后支点法

浇筑混凝土前将模板前端设计高程抬高10～30mm，预留第一次浇筑混凝土的下沉量，同时用螺旋式千斤顶顶起挂篮后支点，使之高于滑道或钢轨顶面（一般顶高约20～30mm）。在浇筑第一次混凝土时千斤顶不动，浇筑混凝土质量使挂篮的下沉量与模板的抬高量相抵消。在浇筑第二次混凝土时，将千斤顶分次下降，并随即收紧后锚系的螺栓，使挂篮后支点逐步贴近滑道面或轨道面。随着后支点的下降，以前支点为轴的挂篮前端必然上升一数值，此数值应正好与第二次混凝土质量使挂篮所产生的挠度相抵消，保证箱梁模板不发生下沉变形。此法需用设备很少，较水箱法简单，但需顶起量合适。顶起量应由实测确定。

斜拉式挂篮因其总变形小，一般可在浇筑混凝土前预留下沉量，不必在浇筑过程中进行调整。也可试用某桥的施工实践，将挂篮底模承重横梁采用直径1～1.2m加劲钢管，管内与水泵及卸水管连通,使加卸载控制灵活。在梁段混凝土浇筑过程中,逐渐卸水,保持挂篮的负荷和挠度基本不变。

四、支架现浇梁段施工

施工边跨支架上的现浇梁段部分时,可在墩旁搭设临时墩支承平台,一般采用万能杆件、贝雷架等拼装,在其上分段浇筑。当与采用顶推法施工的连接桥相接时,可把现浇梁段临时固结在顶推梁上,到位后再进行梁的连接。其步骤如下:

设置临时桩基—浇筑钢筋混凝土承台—加宽边墩混凝土承台和设置预埋件—拼装扇形全幅万能杆件支架—搭设型钢平台—加载试压—安装现浇底模和侧模,底模下设木楔调整块—测量底板高程(包含预抬量)和位置—绑扎底腹板钢筋及竖向预应力筋—安装底板纵向预应力管道—装端模和腹板模—自检及监理工程师验收—浇筑底板和腹板混凝土—养生待强—装内顶模—绑扎顶板底钢筋—安装纵向及横向预应力管道—绑扎顶板顶层钢筋—自检及监理工程师验收—浇筑顶板混凝土—养生凿毛—拆除端头模板—张拉竖向预应力筋和顶板横向预应力筋—拖移外侧模—拆除箱内模板。

在桥梁合龙时,现浇梁段经预压后支架的变形已相对稳定,但悬臂端受气候影响在三个方向均可能产生较大变形。所以在预应力筋张拉之前,尤其是混凝土浇筑初期,这些变形可能导致合龙段混凝土开裂,施工工艺应保证合龙段适应这些变形,避免裂缝出现。跟踪观测要点包括:

(1)选择日间悬臂高程最高时(一般在一日之清晨)用支撑撑住悬臂端使其不能上翘(楔紧支撑时间是在高程最高时),也不能下挠(有支撑撑住),这样既避免了竖向相对位移又无需庞大的压重,支撑后再连续观测2d,确认稳定后再进行其余工序。

(2)端部现浇段的支架下装滚轴,使其能纵向移动,再在合龙段设两片由型钢组成的桁架,构成刚性支承以抵抗悬臂端伸长变形产生的压应力。

(3)支承桁架于合龙前一日清晨焊接完毕。

(4)按开始进入日低温稳定区时混凝土初凝的原则确定混凝土开盘时间。

(5)混凝土浇筑的次日,温度回落前,张拉部分顶板和底板预应力筋,使合龙段混凝土受到与其强度发展相适应的预压应力,以抵抗次日降温收缩应力。抵抗降温拉应力的力筋不在混凝土浇筑前而在浇筑次日温度回落前张拉。

(6)混凝土强度达到设计强度80%时,再张拉与边跨合龙段体系转换相应的预应力筋。

五、合龙段施工及体系转换

节段施工桥梁的竣工合龙标志桥梁的主体结构施工即将结束,同时也是大桥施工的关键环节。无论是对于悬臂施工的连续梁桥、连续刚构桥、斜拉桥,还是节段吊装的拱桥,合龙质量往往是大桥建设成败的标志。

1.连续刚构桥合龙的重要性

连续刚构桥的合龙工艺复杂,工序繁多,施工难度大,技术和质量要求高。

(1)首先,合龙施工工艺繁杂。合龙时的工序大致包括:劲性钢骨架的预埋、水箱配重的设置、合龙温度的选择、待合龙的两悬臂端的顶开、劲性钢骨架的焊接、临时束的张拉、混凝土的浇筑与振捣、浇筑混凝土时配重的释放以及其后预应力束的张拉等。可见合龙段的施工明显比其他悬臂节段的施工复杂烦琐。

(2)其次，一般情况下桥梁在合龙施工时的受力状态最为不利。对于分节段吊装的拱桥，合龙时拱肋的自由拱段最长，稳定性最差；对于悬臂施工的梁桥，合龙时其悬臂最长，悬臂根部应力最大。大桥在合龙后将发生体系转变而形成整体，合龙前其受力性能和稳定性能在整个桥梁施工阶段处于最不利状态。因此，一般情况下，桥梁合龙阶段是一个相对比较危险的阶段。

(3)第三，合龙工艺质量要求较高。如果待合拢段两悬臂端的高差控制得不好，不仅会使桥梁线形不平顺，影响其美观，而且也会给劲性骨架的焊接造成困难，而强行合龙对结构的内力影响很大。此外，对劲性钢骨架的构造、埋设位置的精确性，配重的吨位和位置、千斤顶的顶开吨位或顶开量、劲性骨架的焊接、临时束的张拉吨位、混凝土的振捣质量、配重的释放等都有严格规定，这是确保桥梁合龙质量的重要条件。

连续刚构桥的合龙分中跨合龙和边跨合龙。中跨为两个悬臂梁的合龙，立面图见图2-44，此图未示意用于顶开的千斤顶位置（因为其被劲性骨架遮住）；边跨为一个悬臂梁和一个支架现浇段的合龙，如图2-45所示。

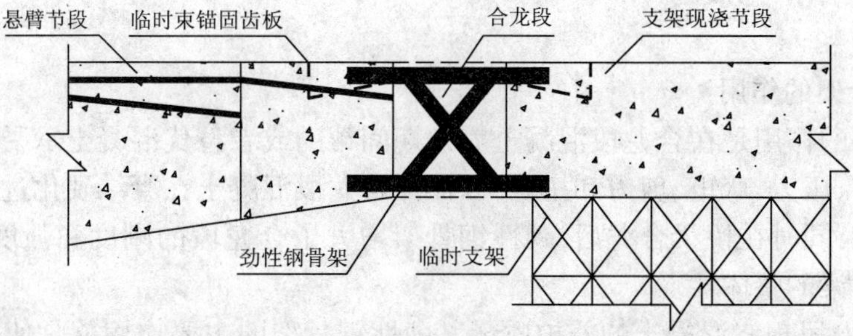

图2-44　中跨合龙立面图

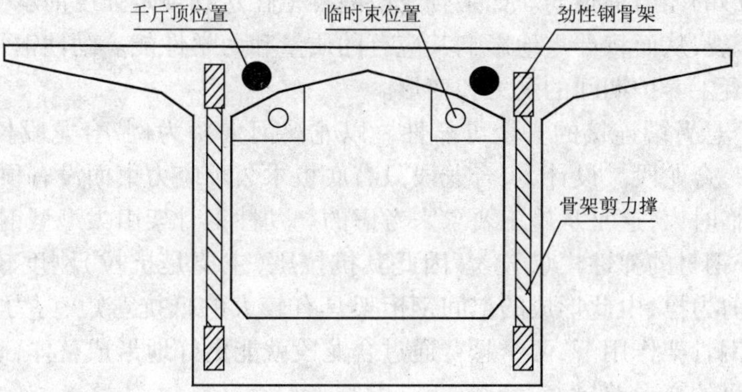

图2-45　边跨合龙立面图

一般情况下，设计上的中跨合龙段和边跨合龙段构造完全相同，施工工艺也基本相似，所不同的是中跨合龙时要用千斤顶对两悬臂端进行一定量的顶开。

2. 合龙段施工工序

合龙段施工工序一般可分为下列几项：

(1)劲性钢骨架的预埋。即将劲性钢骨架按设计要求预先埋置于最后一个悬臂节段的前端。这一步除了要对梁体最后一个悬臂节段的施工挠度准确预估外，还要将预埋骨架定位准确，以避免给合龙时骨架的焊接造成困难。

(2)配重的设置。合龙配重重量应该按照设计提供的最大极限配重并结合实际情况进行分析确定。配重的设置应注意均衡对称,避免对梁体产生扭转和冲击。

(3)两悬臂端的顶开。即用千斤顶对两悬臂端进行适量的顶开,顶开工艺只在中跨合龙时进行,边跨合龙不需要顶开。

(4)劲性钢骨架的焊接。即将劲性钢骨架在合龙温度下锁定焊接。连续刚构桥的实际合龙温度就是指劲性钢骨架的焊接锁定温度。

(5)临时束的张拉。在合龙段顶板处设有一对临时预应力束,需要在合龙时进行张拉并在合龙后拆除。

(6)合龙段混凝土的浇筑。在合龙段混凝土浇筑的同时要同步释放等重量的配重(水),并且要注意合龙段混凝土的振捣质量。

(7)合龙段混凝土的养护及后期预应力束的张拉。其实后期预应力束(即底板束)的张拉并不属于合龙工艺,但对其张拉次序有严格要求。

可见合龙工艺是非常复杂的。下面将对其中的劲性骨架、配重、顶开及临时束问题进行详细讨论。

3. 劲性钢骨架

1)劲性钢骨架的作用

劲性钢骨架的作用是在合龙段混凝土养护期间帮助或者替代混凝土承受桥梁结构在此处可能产生的拉力、压力、弯矩、剪力和扭矩,以保证合龙段混凝土在凝结硬化过程中尽可能排除外界因素的干扰;同时在桥梁合龙后,劲性钢骨架增大了合龙段的刚度和强度,有利于确保合龙质量和增加桥梁的整体性。

(1)确保合龙段现浇混凝土的养护质量。劲性钢骨架的主要作用就是使合龙段现浇混凝土在养护期间尽量不受力或少受力,以确保其养护质量。合龙段混凝土在养护期间强度很低,其抵抗外力和变形的能力都很弱。如果合龙段混凝土在达到规定强度前承受过大的外力或变形,就会松散或开裂,从而将严重地影响其应有的质量和力学性能。劲性钢骨架就是代替混凝土承受合龙段混凝土养护期间的受力和变形。

(2)增强两个悬臂端连接的安全可靠性。以龙溪河大桥为例,合龙段长2m,分两个边跨合龙段和一个中跨合龙段。设计上,合龙段只有底板永久预应力束而没有顶板永久预应力束。在顶板仅有一对临时束,这是从施工要求来考虑的。劲性钢骨架由大型型钢构成,牢固连接着两个悬臂段,由于钢材的弹性模量较大,因此其抗拉压(主要是抗拉)刚度较大。并且劲性钢骨架设有强大的剪力撑,由此形成的空间钢桁架具有较大的抵抗弯矩、剪力、扭矩的强度和刚度。这样在劲性钢骨架作用下,两个悬臂通过合龙段就能更好地形成整体,确保连接过程中两悬臂端不产生明显的变形差异。

2)劲性钢骨架的构造形式及含钢量

从抗拉压角度来讲,劲性钢骨架的任何截面形式都是等效的。但合龙段劲性钢骨架还有抗弯和抗剪的要求,因此"工"字形截面和"["形截面较好。实际施工中,为了增加骨架的抗扭能力,多采用将两块"["钢对拼成闭合"口"形截面,并内灌混凝土,如图2-45所示。

3)劲性钢骨架的设置

劲性钢骨架的设置一般可分为两种:体内式和体外式。体内式是指劲性钢骨架埋置于梁体混凝土内,如图2-45所示;体外式是指劲性钢骨架设置于梁体混凝土外,如图2-46,它通过反力座与梁体相连接。

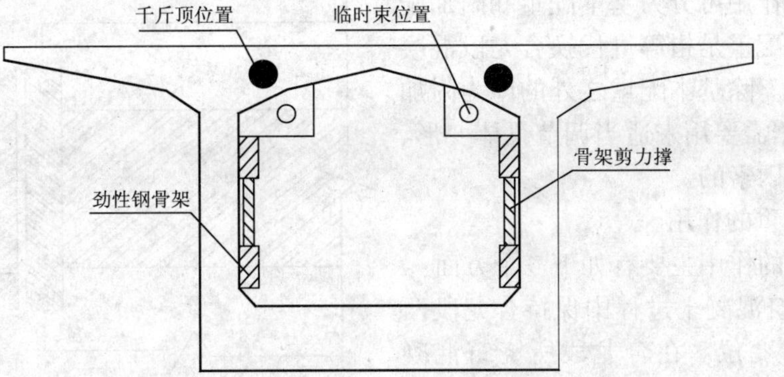

图 2-46　体外式劲性钢骨架布置图

体内式骨架的优点是劲性骨架埋在混凝土中，不易受到腐蚀，不影响桥梁的外观。缺点在于施工阶段，由于体内式劲性钢骨架多埋置在箱梁的四个倒角附近，因此倒角部位的钢筋放置很不方便；而且由于骨架及剪力撑的影响，箱梁现浇混凝土不易振捣密实；骨架在腹板倒角处，焊接操作空间狭小，工作困难且不易保证质量。

与体内式相反，体外式的优点在于施工方便，无论是劲性钢骨架的预埋、普通钢筋的放置、骨架的焊接、混凝土的振捣，都明显优于体内式。它的缺点在于成桥阶段劲性钢骨架容易被腐蚀破坏并影响桥梁视觉效果。

4）劲性钢骨架的焊接

劲性钢骨架的焊接一般也有两种形式：搭焊式和对焊式。

（1）搭焊式（图 2-47）通过搭板和缀板将骨架连接起来，受力明确，施焊方便，易于保证质量，安全度较高，以前较多采用此法。但它有一个最致命的弱点，即要求待焊的两个母材必须就位准确。如果就位不准，存在错位或倾斜，那搭板就很难就位焊接。而对于悬臂结构的合龙，劲性骨架要预埋在悬臂端，经过最后一个悬臂号块的浇筑混凝土、张拉预应力筋、拆除挂篮等施工步骤及温度影响，其最后位置是很难控制得非常准确的。

（2）对焊式（图 2-48）。就是将劲性钢骨架端头的钢板对焊于预埋在梁端的钢板上。其优点是可通过在两悬臂端间加焊的型钢骨架的尺寸修改，较方便地适应两悬臂端的对位误差。对焊式是由焊缝来承担剪力的，似乎不太理想。但缺点可以采取一定的办法来解决。如果焊缝不足以抵抗剪力，可以采取加设辅助三角撑的办法来解决（图 2-49）。对于母材尺寸精度，可首先在两悬臂段预埋型钢和钢板，其中型钢与钢板焊接牢固，钢板预置在悬臂端头处（图 2-49）；然后在合龙前精确测量出两块钢板的距离，并据此制造对焊的母材（劲性钢骨架）。这种处理方法可以保证母材尺寸的精度。

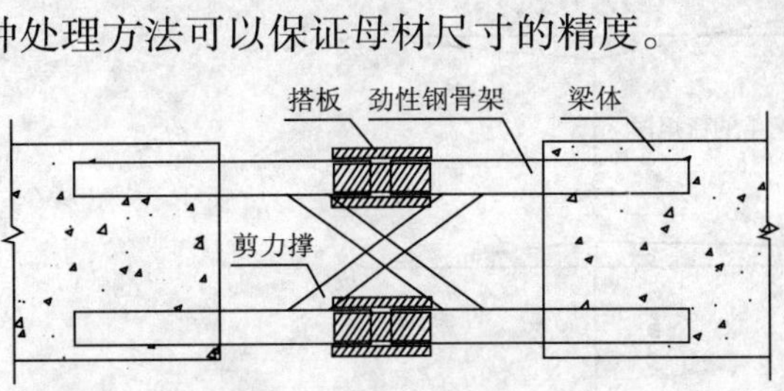

图 2-47　搭焊式劲性钢骨架

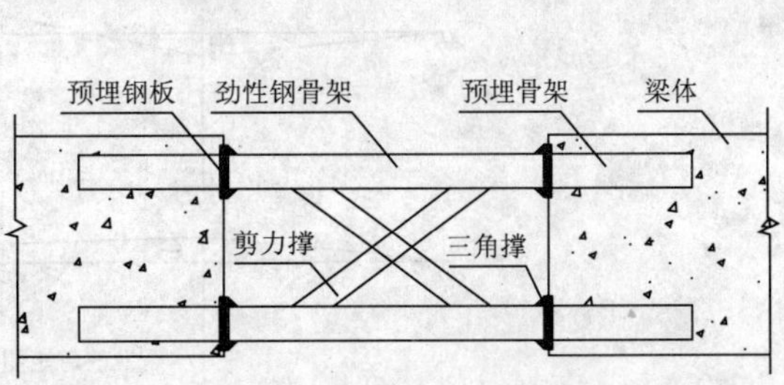

图 2-48　对焊式劲性钢骨架

4. 配重问题

配重问题几乎在所有悬臂合龙施工中都会遇到，它也是很关键的步骤之一。

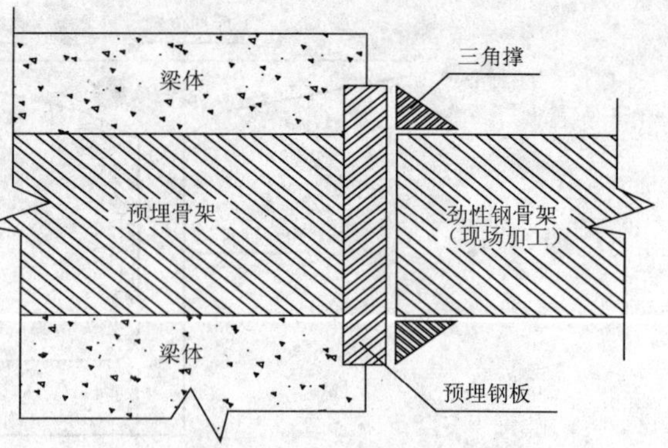

图 2-49　加三角撑的劲性钢骨架

配重按其作用可分为基本配重和附加配重两种。基本配重是指等量代换合龙段混凝土重量的配重。除基本配重之外的即为附加配重,它是根据需要用来适当调节梁体变形、高程及应力等因素的。

1)设置配重的作用

设置配重的作用主要有如下三个方面:

(1)在浇筑混凝土过程中保持合龙段两端不发生相对变位。在合龙段所浇筑混凝土的重量作用下,在其浇筑过程中会使悬臂端产生一定的下挠和偏转,这将使合龙段下缘尺寸变长,体积增大,有可能使原先浇筑的底部局部开裂或松散,影响合龙段混凝土的浇筑质量。如果预先施加与合龙段混凝土等重量的配重,并在浇筑混凝土时等量同步释放该配重,那么合龙段两端就不会因为浇筑混凝土而产生相对变位,从而保证了合龙段混凝土的浇筑质量。

(2)调整合龙段两端的高程。由于多种因素影响,合龙段两端的高程可能与设计预期高程不完全吻合,这也给预埋劲性钢骨架的焊接带来困难。利用悬臂端部附加配重可以调整悬臂端的高程至期望程度。当然,出于对悬臂梁体强度的考虑,附加配重不能过大。

(3)调整成桥后期混凝土的徐变。基本配重在合龙段浇筑混凝土的同时随新浇混凝土数量的增加而同步逐渐卸除,附加配重要等到合龙混凝土达到规定强度后才能拆除。由于合龙前后结构体系发生了转变,因此附加配重的加载和卸载对桥梁结构影响是不能相互抵消的。人们正是据此道理来运用附加配重调整桥梁内力和后期徐变变形。图 2-50 分别表示合龙前施加附加配重的弯矩图、合龙后拆除附加配重的弯矩图以及由它们叠加后的弯矩图。可以看出,叠加后的内力全为负弯矩,即无论对中跨还是边跨,其作用都是使梁体上拱,这对减小成桥后由混凝土徐变引起主梁跨中下挠是很有利的。从改善桥梁后期徐变的角度看,附加配重越大对后期徐变越好,但过大的附加配重会对悬臂结构的内力构成威胁。

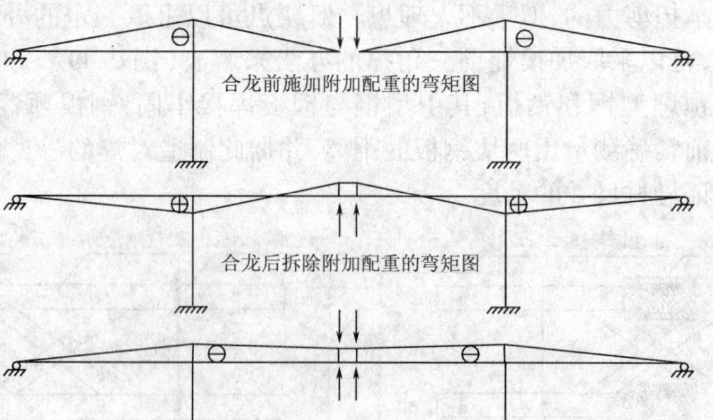

图 2-50　弯矩图(一)

2）配重设置的方法

配重设置的方法有下列几种：

（1）配重形式的选择

配重一般采用钢护桶盛水的形式。钢护桶比较轻盈，它容易满足低附加配重的要求，且不易漏水，即使漏水也易于修补。用水作为基本配重，其重量的装卸都很方便且容易控制，这一点尤其在浇筑混凝土释放配重时更显优越。对于附加配重也有采用沙袋等重物的，由于这部分配重要在合龙后拆除，因此也是可行的。

（2）配重位置的选择

从配重对悬臂挠度作用的效果不难看出，配重加在悬臂端部最好。因此除了预留必要的施工操作空间外，配重在纵桥向应尽量靠近悬臂前端。

在横桥向，为了保持箱梁横向平衡而不发生侧向倾斜和扭转，配重应沿横桥向均衡布置。

另外，边跨配重与中跨配重一般应同时同步施加。这是因为：

①仅在边跨单独先施加配重会使单T结构的桥墩承受较大的不平衡力矩及翘挠变形，于已成T构受力不利。而且由于边跨合龙后结构发生了体系转换，即使在中跨侧再施加等量配重，这种不平衡力矩也不能完全消除。如图2-51所示，A表示边、中跨同时施加配重的弯矩图；D表示边、中跨各自单独施加配重的总弯矩图；可见A与D存在很大差异。

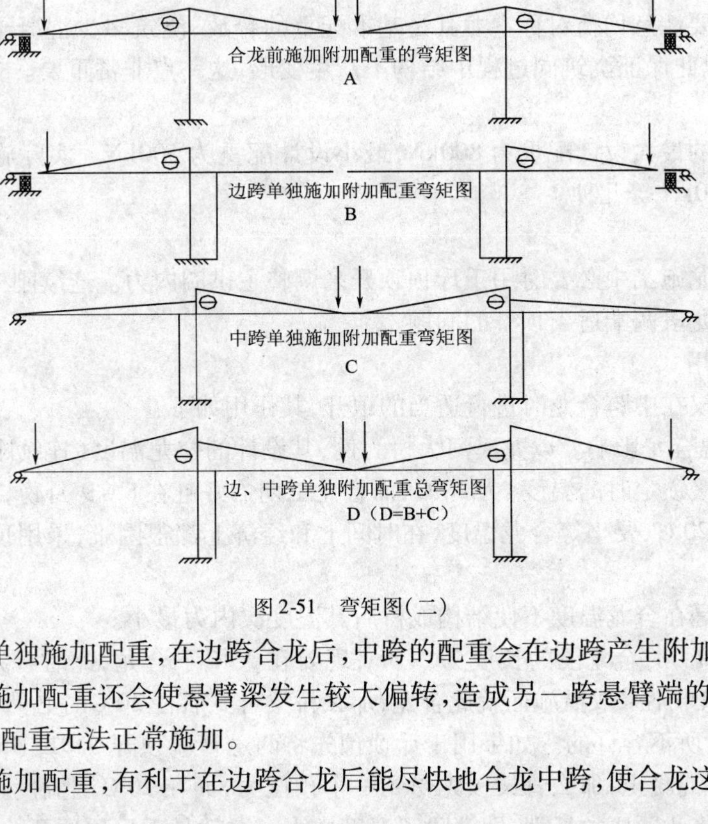

图2-51　弯矩图（二）

②如果边跨单独施加配重，在边跨合龙后，中跨的配重会在边跨产生附加内力。

③边跨单独施加配重还会使悬臂梁发生较大偏转，造成另一跨悬臂端的高程发生较大变化，使预先设计的配重无法正常施加。

④各跨同时施加配重，有利于在边跨合龙后能尽快地合龙中跨，使合龙这个较不利的工况能尽早完成。

因此无论是从安全角度还是从质量角度考虑，边跨和中跨同时施加配重都是非常必要的。

（3）配重大小的选择

①确定最大配重 $W_{总}^{max}$。根据设计图和结构的实际情况，计算出悬臂梁的实际承载能力，

由此确定最大配重 $W_{总}^{max}$。这里的 $W_{总}^{max}$ 包括基本配重 $W_{基本}$ 和附加配重 $W_{附加}$。最大配重的确定是从考虑悬臂梁安全角度出发的。

②确定最小配重 $W_{总}^{min}$。根据合龙段重量及施工机具确定最小配重 $W_{总}^{min}$。

$$W_{总}^{min} = W_{基本} + W_{附加}^{1} \tag{2-31}$$

其中，$W_{附加}^{1}$ 包括合龙段的模板重量、吊架重量、水箱重量、施工机具和人员的重量。最小配重是保证正常施工所必需的。结构的实际配重应在最大和最小配重之间选择。

③确定附加配重 $W_{附加}^{2}$。

$$W_{附加}^{2} = W_{附加}^{高差} + W_{附加}^{内力} + W_{附加}^{徐变} \tag{2-32}$$

根据合龙段两端的高差确定 $W_{附加}^{高差}$，$W_{附加}^{高差}$ 为合龙段两端的配重差（仅加在一边），以保证合龙能顺利进行；根据已实施结构的受力状态确定需要调整的内力幅度，以此反算出 $W_{附加}^{内力}$；根据桥梁目前的高程及其徐变特点，确定 $W_{附加}^{徐变}$。

$W_{附加}^{内力}$ 和 $W_{附加}^{徐变}$ 应综合协调考虑，在具体情况中，也可能以调整内力或调整后期变形为主来考虑。

因此，桥梁的最终实际配重可定为：

$$W_{实际} = W_{基本} + W_{附加}^{1} + W_{附加}^{2} \leqslant W_{总}^{max} \tag{2-33}$$

（4）配重的释放方法

配重的释放要注意均衡对称。尤其是基本配重的释放，浇筑多少混凝土就应同步释放多重的基本配重，以此保证浇筑同过程中结构不产生变形，这一点非常重要。

3）工程实例

龙溪河大桥的最大设计配重为 800kN，最小设计配重为 500kN。实际施工中的配重取为 500kN、550kN、700kN 等几种。

5. 顶开问题

在拱桥的合龙施工中必要时用千斤顶顶开来调整主拱圈内力。连续刚构桥的合龙也涉及运用千斤顶将合龙段两端适当顶开的问题。

1）顶开的作用

连续刚构桥仅在中跨合龙时进行适当的顶开，其作用如下：

（1）消除高温合龙影响。以龙溪河大桥为例，其设计的合龙温度（连续刚构桥的合龙温度即劲性钢骨架焊接锁定时的温度）为 20℃，而合龙工期恰好赶在 8～9 月份，即使是阴雨天，气温一般也要大于 20℃，要坐等合龙温度，在时间上和经济上都很困难，采用顶开的方式可以解决这个问题。

顶开的原则是在合龙温度下使结构成桥后其温度次内力最小。

如，已知在 20℃时合龙段的长度为 2.0m，现要在 25℃下合龙，此时合龙段的长度会“缩短”0.013 4m。如果不采取措施而就此合龙，那么桥梁合龙后在 20℃时必然要存在 −5℃的温度内力，这是设计所不容许的。如果用千斤顶预先将两悬臂端顶开 0.013 4m，然后焊接骨架、拆除千斤顶、浇筑混凝土，那么骨架预先受到一个预压力，而在 20℃因温度降低 5℃在主梁中产生的拉力恰好将此预压力抵消，即消除了温度内力。这就是千斤顶顶开的基本原理。

运用千斤顶来消除温度影响只对中跨适用。边跨合龙时因支架现浇段缺少纵向约束而无法顶开。另外边跨合龙时全桥还尚未形成最终体系，其合龙温度的影响可在中跨合龙时一起予以考虑。

(2)改善桥墩受力 。目前,通常设计的连续刚构桥桥墩一般为双薄壁墩,它们的承载能力相同。由于对称施工,合龙后其受力也大致相同。但当二期恒载和活载作用时,由于中跨较大(边跨与中跨之比一般为0.6左右),故其受荷较多,由于桥墩的柔性,墩顶将向中跨侧发生一定的位移(这在一些工程中已得到证实)。如果合龙前用千斤顶预先将墩顶向边跨侧适量顶开,就可以消除二期恒载及活载对桥墩的影响。顶开及二期恒载对桥墩的作用如图2-52所示。

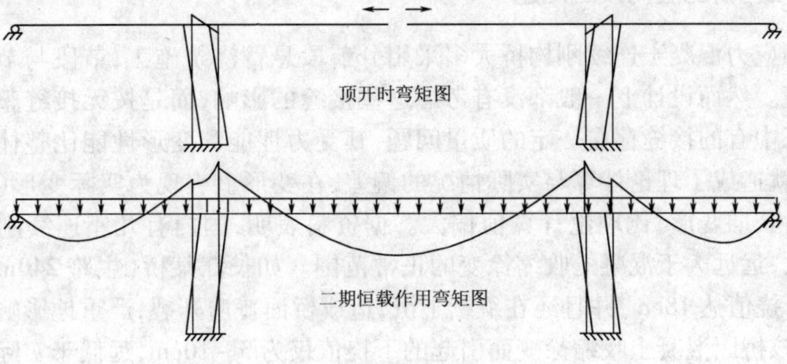

图2-52　顶开及二期恒载对桥墩的作用

2)千斤顶的设置方法

传统上一般都将千斤顶设置在箱梁的顶板上。笔者认为,从对改善桥墩受力、减小混凝土后期徐变、消除温度影响等角度考虑,将千斤顶放置在顶板与放置在底板没有多大差别,但对悬臂梁体的内力影响是较大的,这一点类似于拱桥中运用改变千斤顶安放位置来调节主拱圈内力。因此,千斤顶的安放位置还应该根据悬臂梁的实际受力情况来确定。

为避免产生横桥向的弯矩,千斤顶在设置时应该注意横桥向均衡对称,顶开时也应同步进行。

顶开有两种控制方法:以顶开力控制和以顶开量控制。

理论上讲,两种控制方法应该是一致的,即顶开力与顶开量一一对应。但由于实际结构与理想结构的差异以及边跨支座摩阻等因素的影响,使顶开力控制与顶开量控制不能完全对应,存在一定的偏差。

从补偿合龙温度影响的角度考虑,以顶开量控制为宜。但从对改善桥墩受力和对后期混凝土收缩角度考虑,以顶开力控制为宜。在工程实际中,人们一般都首先从安全角度出发,以顶开力控制。

3)工程实例

龙溪河大桥仅在中跨合龙时在顶板上设置了两个千斤顶,以顶开力控制。实际顶开力为1 000kN,相应的顶开量为15mm。如果按理论计算,对应15mm的顶开力应为720kN。可见,两种顶开控制并不完全相同。

6. 临时束问题

在合龙段,临时束的设置是必不可少的。劲性钢骨架焊接后张拉临时束,使劲性钢骨架预先承受压力而临时束预先承受拉力。这样在合龙段混凝土养护期间,临时束和劲性钢骨架一起抵抗外界因素引起的外力和变形。当外界因素在合龙段引起压力时,先由劲性钢骨架承受;当外界因素在合龙段引起拉力时,先由临时束承受。合龙段的混凝土始终不受力的作用和变形。另外,骨架在被施加预应力后受载的变形也将减小。

焊接骨架、张拉临时束、千斤顶顶开等施工步骤有一定的顺序。

(1)边跨合龙。边跨合龙时首先焊接劲性钢骨架，然后适当张拉临时束将骨架锁紧。边跨合龙不需要千斤顶顶开。

(2)中跨合龙。中跨合龙时首先用千斤顶将两悬臂端顶开，然后焊接劲性钢骨架，最后张拉临时束。千斤顶的顶开吨位既要考虑温度影响又要考虑改善桥墩内力的影响。

六、连续刚构桥的竖向接缝问题

大跨度预应力混凝土连续刚构桥大多采用分节段悬臂浇筑施工，节段与节段之间必然要存在施工接缝。然而设计上一般都没有考虑这些接缝的影响，而是按无接缝整体结构进行计算。实际施工中有的接缝存在一定的质量问题，其受力性能和变形性能比整体一次浇筑的混凝土偏低，这就造成了理论计算与实际情况的偏差，在变形上表现为实际变形(包括施工阶段变形和竣工后长期变形)比理论计算值偏大。据资料表明，国内有几座连续刚构桥的成桥后期挠度特别大，远远大于混凝土收缩徐变的正常范围。如长江某桥(主跨240m)，成桥后3年内梁体最大下挠值达18cm，并且还在继续下沉，造成桥面普遍开裂，严重地影响桥梁的正常使用。经计算，该桥因混凝土收缩徐变而引起的下挠值仅为5~10cm，远低于实际下挠值。

悬臂施工中，节段与节段间竖向接缝质量对其强度安全性影响可能不是很大(因为桥梁承受的剪力相对不大)，但对其竖向变形影响较大，这是因为接缝处混凝土自身的性能就偏低并且众多接缝削弱了结构的整体性。可以说，成桥后期变形中，并不全是由混凝土的收缩徐变引起，其中有一部分是由于竖向接缝质量不好而引起。这种解释在理论上和实际现象上都能行得通。

影响混凝土竖向接缝质量的原因主要有两个：接缝混凝土表面的凿毛质量和接缝附近混凝土的密实质量，现分述如下。

悬臂现浇节段施工方法中，在新节段浇筑之前，要对已完成节段混凝土的接缝表面进行凿毛处理，以增强新旧节段混凝土的黏结力，使之形成整体。可见凿毛质量是影响接缝质量的主要因素之一。

1. 凿毛的作用

有人认为，凿毛的作用就是把混凝土表面凿成凸凹不平，以增加新旧节段混凝土的咬合力。这种认识是不完全正确的。假设如此，人们只要将端头模板事先加工成凸凹不平的形状不就可以了吗?

1)凿除已完成节段接缝表面上的浮浆

在浇筑已成节段混凝土时，接缝表面是与端头模板相接触的。附近混凝土在其振捣过程中，会有一部分水泥浆浸润在端模与混凝土之间。待端头模板拆除之后，这部分水泥浮浆就附着在节段表面上。这种水泥浮浆虽然很薄，但非常光滑，如果不将其凿掉，就会在新旧节段之间形成一个“滑移层”。这严重削弱了新旧节段混凝土的黏结力(因为其光滑)和整体性(因为它只是一层水泥浆而不同于混凝土)。因此这个薄弱夹层应予凿除。浮浆示意图如图2-53所示。

2)增加新旧混凝土表面的接触面积

将已成节段混凝土表面凿成凸凹不平，相当于把一个光滑平面凿成许多个小曲面，势必大大增加了新旧节段混凝土的接触面积。而黏结力是与接触面积成正比的。因此，凿毛对增加新旧节段混凝土的黏结力贡献明显。

3)增加了新旧混凝土的咬合作用

将旧节段的混凝土表面凿成凸凹不平，就能够使新混凝土的集料进入旧混凝土凹的部分，使旧混凝土的集料进入新混凝土凹的部分，形成犬牙交错之势，即还原常规混凝土本来的内部结构性状。这种新旧混凝土的咬合作用对接缝抵抗竖向变形贡献也是非常大的。因此，凿毛需要有一定的深度和密度，工程上一般要求凿毛深度为1cm（图2-54）。

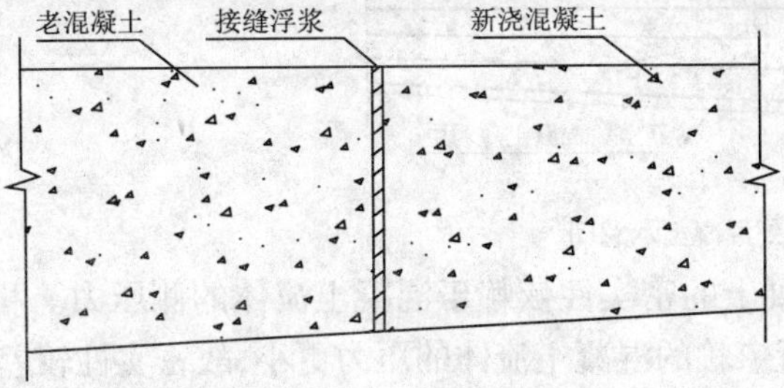

图2-53　浮浆示意图

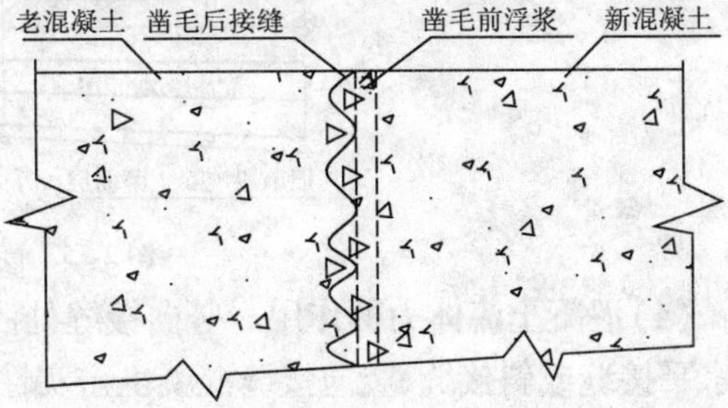

图2-54　凿毛后接缝示意图

4）增加了新旧混凝土的黏结性能

凿毛要求被凿混凝土表面露出新集料，这样新浇筑的混凝土在凿出的新面上具有更好的黏结性能。

2. 凿毛注意事项

凿毛必须要在混凝土达到一定强度后才能进行。混凝土达到一定强度后，将使凿毛比较费力。有些施工人员为了省力，未等混凝土达到应有的强度就拆掉端模进行凿毛，这种做法是错误的。因为此时混凝土尚未达到应有强度，拆掉端模会使其附近的混凝土在自重作用下发生变形和松散，影响这部分混凝土的密实程度。更为严重的是，此时凿毛会因为振动而破坏混凝土的正常凝固，从而使接缝附近混凝土降低强度。这样凿毛的接缝表面混凝土没有强度和质量保证，因此新浇混凝土与表面凿毛混凝土的黏结性能也不能得到保证，这一点尤其应该值得广大施工人员和监理人员注意。

另外，经过凿毛的接缝混凝土表面在浇筑新混凝土前应该用清水冲洗干净。这样不仅可以去掉接缝表面的灰粉和残渣，还能起到润湿先浇混凝土的作用，从而增加其黏结力。

1）影响凿毛处接缝混凝土密实性的因素

接缝附近混凝土是否密实也是影响接缝质量的重要因素。如果混凝土不够密实，那么它的弹性模量必然降低，在相同的应力状态下，混凝土的徐变变形量必然增加。影响混凝土密实性的几种常见原因有下列几点。

（1）端头模板拆除过早。有些施工人员为了凿毛方便，在混凝土未达规定强度就拆掉端头模板，从而使旧节段接缝附近的混凝土松散不密实。

（2）振捣不到位。对于旧节段接缝附近有锚下螺旋箍筋和锚下钢筋网片，对于新节段接缝附近有锚板和必须留出的预应力束（作为预应力束锚固区），这给接缝附近的混凝土振捣带来不便，稍不注意，就有可能使接缝附近的混凝土振捣不密实。

（3）漏浆。对于旧节段，端头模板有许多孔隙，如预留的预应力束孔道、普通钢筋孔道、预应力锚具等。如果端头模板的这些孔道密封不严，在混凝土浇筑及振捣时就会有部分水泥浆从这里泄漏出去。对于新节段，接缝附近的侧模和底模有可能与旧节段梁体结合不严密，这也会引起漏浆。水泥浆的泄漏当然要影响接缝附近混凝土的质量。

因此，应综合考虑凿毛不力、拆模过早、振捣不足、漏浆等影响。接缝处混凝土示意图如图2-55所示。

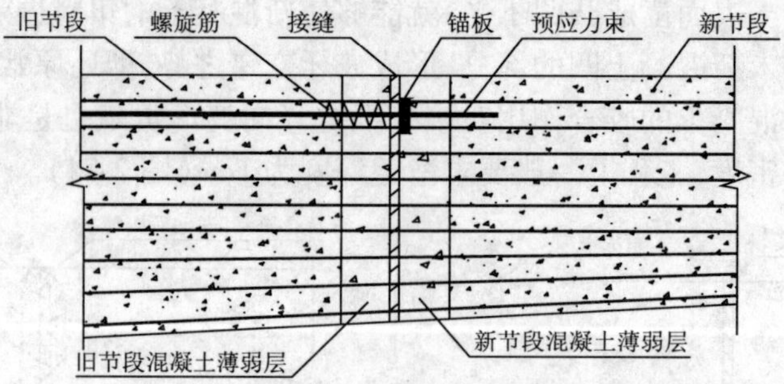

图 2-55　接缝处混凝土示意图

(4)混凝土流体力的作用。竖向接缝处混凝土的密实性依赖于混凝土流体的侧压力。相对于水平接缝或斜接缝,竖向接缝混凝土密实性所依赖的混凝土流体的压力更小,故密实性较差。

2)保证凿毛处接缝质量的措施

为确保接缝质量,人们应该对接缝处混凝土的振捣、漏浆、凿毛应给予高度重视。采取适当的构造措施也很必要。

解决竖向接缝问题的几种构造处理方案如下所述。

(1)斜接缝形式。节段与节段采用斜接缝的形式而非竖直形式。由于接缝是斜向的,而剪力是竖向的,因此,接缝处的剪力是要由相邻两个节段共同承担而非只由接缝承担。斜接缝不仅可以增大接触面积,而且由于新浇混凝土的重力作用会使接缝更加紧密,漏浆问题也会有所改善。斜接缝的倾角上端向悬臂根部倾斜,这是因为:

①从密实性看,接缝宜近水平;

②从方便施工立模看,接缝宜近竖直;

③当接缝接近与主压应力方向垂直时,受力性能更好。

斜接缝倾角的确定主要考虑两个因素,一是能起到明显的改善作用,二是不明显增加施工麻烦。综合①②③点,编者认为将倾角定为 5°~15°比较适合。当然倾角的最优确定还应该进行更详细的理论分析和工程实践的检验。

(2)牛腿形式。节段与节段间的接缝采用牛腿形式。这里的牛腿不同于 T 构与挂梁相连接的牛腿(如重庆长江大桥),挂梁的牛腿需要配置很多构造钢筋,因为它首先要满足受力要求。而连续刚构节段接缝处的牛腿只是形式上的牛腿,不需要单独配筋,因为它没有特殊的受力要求,只要将它作成台阶就可以了,这对剪切变形是有利的。由于新旧混凝土的接触面是转折面,任何形式的剪力都不可能仅由接缝面单独承担,同时也不可能在接缝处出现相对竖向错动。因此牛腿形式的接缝也可以较好地解决由于接缝质量问题而引起的过大变形(图 2-56)。

图 2-56　牛腿形式的接缝

(3)剪力键形式。通过在新旧节段接缝处加设剪力键来改善接缝的抗剪性能(抗剪强度和抗剪刚度),主要是增加抗剪刚度。剪力键的设置方法较多,在此仅介绍其中的一种。剪力键形式接缝的示意图见图2-56。

应该说,三种处理方案的操作都具有可行性,但都有各自的优缺点。

剪力键形式并没有解决接缝的黏结问题,而是靠增加材料(一般为钢材)来帮助抵抗剪切变形。从抗剪角度来说,用钢材抗剪是不太经济的,如果剪力键过少则效果不明显,过多的剪力键会使端头模板的构造复杂,并增加了端头混凝土振捣的难度。

牛腿形式需要对端头模板和侧模做一些修改,另外,牛腿混凝土的浇筑和振捣也使施工更加麻烦。同时,它只是部分地回避了竖直接缝的缺点,但仍保留两道竖向接缝,只是由于牛腿平台而使接缝适当错开而已,仍有两个竖直面受到接缝的明显削弱。

斜接缝形式不仅便于施工,而且对接缝的黏结和受力都很有好处,还不增加材料用量。斜接缝倾斜度关系到施工的难易和其抵抗剪切变形的能力,应慎重考虑。

七、悬臂浇筑梁段混凝土时的注意事项

(1)挂篮就位后,吊架安装并校正模板,此时应对浇筑预留梁段混凝土进行抛高,以使施工完成的桥梁符合设计高程。抛高值包括施工期结构挠度、因挂篮重力和临时支承释放时支座产生的压缩变形等。

(2)模板安装应核准中心位置及高程,模板与前一段混凝土面应平整密贴。如上一节段施工后出现中线或高程误差需要调整时,应在模板安装时予以调整。

(3)安装预应力预留管道时,应与前一段预留管道接头严密对准,并用胶布包贴,防止灰浆渗入管道。管道四周应布置足够定位钢筋,确保预留管道位置正确,线形平顺。

(4)浇筑混凝土时,可以从前端开始,应尽量对称平衡浇筑。浇筑时应加强振捣,并注意对预应力预留管道的保护。

(5)为提高混凝土早期强度,以加快施工速度,在设计混凝土配合比时,一般加入早强剂或减水剂。上海地区一般采用SN-2减水剂。混凝土梁段浇筑一般5~7d一个周期。为防止混凝土出现过大的收缩、徐变,应在配合比设计时按规范要求控制水泥用量。

(6)梁段拆模后,应对梁端的混凝土表面进行凿毛处理,以加强接头混凝土的连接。

(7)箱梁梁段混凝土浇筑,一般采用一次浇筑法,在箱梁顶板中部留一窗口,混凝土由窗口注入箱内,再分布到底模上。当箱梁断面较大时,考虑梁段混凝土数量较多,每个节段可分两次浇筑,先浇筑底板到肋板倒角以上,待底板混凝土达一定强度后,再支内模,浇筑肋板上段和顶板。其接缝按施工缝要求进行处理。

(8)箱梁梁段分次浇筑混凝土时,为了不使后浇混凝土的重力引起挂篮变形,导致先浇混凝土开裂,要制订消除后浇混凝土引起挂篮变形的措施。

八、悬臂浇筑的施工控制

为了使结构在最终成桥状态时达到设计要求的各项性能指标,确定各施工阶段结构的线形是桥梁悬臂施工中最重要的任务之一。悬臂浇筑施工中高程的监测与控制(通过挠度控制来实现)极为重要。而影响挠度的因素较多,主要有挂篮的变形、箱梁段自重、预加应力大小、施工荷载、结构体系转换、混凝土收缩与徐变、日照和温度变化等。挠度控制将影响合龙精度及成功与否,也是确保桥梁线形符合设计要求的决定性工作。悬臂浇筑施工中高程的监控就

是利用理论计算和现场测量数据，对环境和工艺的影响作出评估，并利用评估结果，对后期挠度作出预报。以下是关于几个高程的叙述。

1. 设计高程

理论上，设计高程即桥梁在正常使用情况下的高程，在总体上服从于公路断面的线形设计。或者说，桥梁的设计高程就是桥梁竣工多年以后，在承受1/2静活载情况下的高程。这里要求"竣工多年（一般为3~5年）以后"是为了保证混凝土后期收缩徐变大体完成，桥梁不再发生明显的后期变形；"承受1/2静活载"则是近似模拟桥梁在正常使用情况下的活载工况。高程监控的目的就是要使大桥的线形满足设计要求。因此设计高程是高程监控的依据。

2. 竣工高程

竣工高程即桥梁刚刚竣工时的成桥高程。

桥梁在竣工后还要发生后期徐变变形及活载变形，因此可得：

$$H_i^{竣工} - f_i^{后期徐变} - f_i^{1/2静活载} = H_i^{设计} \tag{2-34}$$

式中：$H_i^{竣工}$——桥梁竣工高程，下脚标 i 表示桥梁的纵向位置，以下同；

$H_i^{设计}$——桥梁设计高程；

$f_i^{后期徐变}$——桥梁竣工后由于混凝土后期徐变而引起的变形，以向下为正；

$f_i^{1/2静活载}$——桥梁承受1/2静活载所引起的变形，以向下为正。

3. 立模高程

立模高程即施工时模板的放样高程。

竣工高程与立模高程的关系：

$$H_i^{竣工} = H_i^{立模} - F_i^{竣工} \tag{2-35}$$

式中：$F_i^{竣工}$——结构某一点在立模之后，由于以后的施工操作使该点产生变形，这种变形直到成桥竣工时为止。因此把它记作 $F_i^{竣工}$（取向下为正）。

设计高程、竣工高程、立模高程之间的关系如图2-57所示。

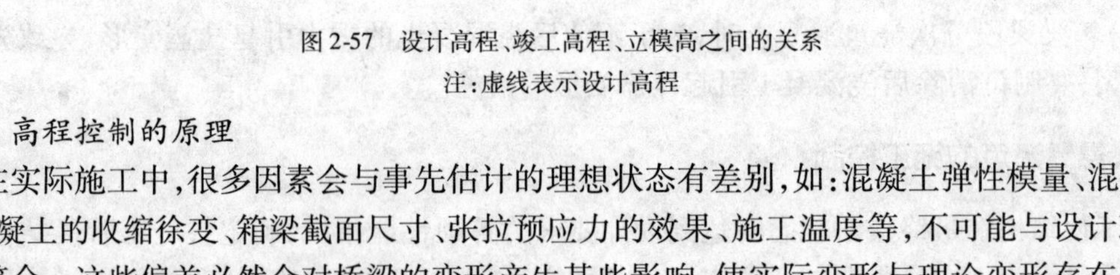

图2-57 设计高程、竣工高程、立模高之间的关系

注：虚线表示设计高程

4. 高程控制的原理

在实际施工中，很多因素会与事先估计的理想状态有差别，如：混凝土弹性模量、混凝土重度、混凝土的收缩徐变、箱梁截面尺寸、张拉预应力的效果、施工温度等，不可能与设计理论值完全符合。这些偏差必然会对桥梁的变形产生某些影响，使实际变形与理论变形存在一定的差异，从而影响成桥竣工高程，偏离设计意图。因此必须根据施工实际，随时调整理论计算模型，使之与施工实际情况相符，再按修正后的模型采用交通运输部公路科学研究所开发的《公路桥梁结构计算通用程序》（以下简称GQJS）和西南交通大学开发的《桥梁结构分析系统》（以

下简称 BSAS)两套软件可以确定新的立模高程,从而达到高程控制的目的。即,桥梁高程监控是以实际施工情况为依据,通过比较实际观测变形和理论计算变形对结构进行监测,通过修正理论模型来消除理论与实际的偏差,以便掌握结构的实际变形规律,通过调整立模高程来对桥梁高程进行控制。

高程控制的关键在于每一节段施工时立模高程的确定。连续刚构的高程控制与斜拉桥及悬索桥相比,最大的特点在于其后期的不可调性(或者说,其后期可调程度很小)。斜拉桥可以在施工过程中及竣工成桥后通过适当调整斜拉索索力来调整主梁的内力和桥面的高程;悬索桥可以在加劲梁固接前通过调整吊杆的长度来调节桥面线形,成桥后也可以通过调整吊杆的长度来调节主梁内力和桥面线形。而连续刚构桥虽然理论上也可通过调整预应力束来调整已成桥的高程,但这会显著影响其受力状况,并且其调整幅度极其有限。因此,连续刚构桥的高程控制必须在施工中进行,要求每一节段的高程控制到位,变形预期准确,不产生偏差累积,这样就不致出现大的偏差。

九、悬臂施工的特点

(1)施工预应力混凝土连续梁及悬臂梁桥采用悬臂施工时需进行体系转换,即在悬臂施工时,梁墩采取临时固结,结构为 T 形刚构。合龙前,撤销梁墩临时固结,结构呈悬臂梁受力状态,待结构合龙后形成连续梁体系。设计时应对施工状态进行配束验算。

(2)桥跨间不需搭设支架,施工不影响桥下通航或行车。施工过程中,施工机具和人员等重力均全部由已建梁段承受,随着施工的进展,悬臂逐渐延伸,机具设备也逐步移至梁端,需用支架做支撑。所以悬臂施工法可应用于通航河流及跨线立交大跨径桥梁。

(3)多孔桥跨结构可同时施工,加快施工进度。

(4)悬臂施工法充分利用预应力混凝土承受负弯矩能力强的特点,将跨中正弯矩转移为支点负弯矩,使桥梁跨越能力提高,并适合变截面桥梁的施工。

(5)悬臂施工用的悬拼吊机或挂篮设备可重复使用,施工费用较省,可降低工程造价。

单元学习 6.3　桥梁上部结构预制

一、施工现场设计原则

(1)从施工现场实际条件出发,遵循施工方案和施工进度计划的要求,确定合理的规划和设计方案,有利于施工和现场管理,不占或少占农田。

(2)在保证工程顺利进行的前提下,充分挖掘施工现场潜力,尽可能利用已有的建筑物、构筑物、各种管道及道路,最大限度地减少临时工程的工程量,节约施工费用,降低工程成本。

(3)最大限度地缩短工地内部的运输距离,方便运输,节省运输费用。特别是尽可能避免场内二次搬运,以减少场内运转的材料损耗,节约劳动力。

(4)临时生产、生活设施及施工地点的布置应便于工人的生产和生活,这些设施尽可能采用装拆式,以利重复使用,降低临时设施费用。

(5)要符合劳动保护、安全技术和防火的规定。

为了保证施工的顺利进行,应注意施工现场的道路畅通,机械设备的钢丝绳、电缆、缆风等不得妨碍交通，对人体健康有害的设施（如沥青炉、石灰池及石灰消解场等）应布置在下风向。

在建设工地内应布置消防设施。在山区的工程还必须考虑防洪设施等特殊要求。

一般情况下，中小桥施工场地应布置在交通方便的一岸；大桥一般为减少场内搬运，可在一岸（交通方便）设置主要场地，在对岸设置辅助场地；特大桥梁一般都是两岸设置施工场地，各有独立的施工指挥系统；城市桥梁，一般只能沿街布置场地，在桥头工地只宜设置必需的仓库、工场，占地较大的预制、加工场地宜设于与交通线衔接的空旷地区；桥梁分段施工时，也可根据各阶段工程内容及其特点，采取各阶段不同的场地布置方案。

桥梁的施工方法对桥梁施工场地的布置起着主导作用。例如，连续梁顶推法和先简支后连续或悬臂拼装法；预制安装和就地现浇的简支梁等，在施工现场平面设计上差别很大。同时，上部结构预制、架设方案又是施工平面布置的主龙头。

二、施工现场规划与设计内容

施工现场规划与设计是在施工方案确定之后，为完成施工所需的临时工程、临时设施、必需的自制设备、支架、模板、工艺过程等所作的设计以及许多技术性设计（砂浆、混凝土配合比、配料等）。施工设计的具体内容如下：

（1）临时工程。包括临时便道、便桥、临时轨道铺设、临时电力线路和临时电信线路等。

（2）辅助工程、施工设备的设计。包括模板、支架、吊篮、拱架、扒杆、自制吊装设备、导梁或架桥机等。

（3）现场设施的设计。包括临时职工宿舍、仓库、水塔、供水管路、供电线路、预制场等。

（4）施工工艺过程的设计。

（5）技术性设计。包括砂浆和混凝土配合比设计、钢筋配料设计、钢筋的代换设计、分部分项工程验收方案设计（抽样检验方案）以及标准试验等。

施工设计的内容中，一部分要在施工前的准备阶段完成，而另一部分则在施工过程中完成。因此，有人认为施工设计是施工前准备工作的组成部分，故应列入施工前的准备工作中。

由于施工设计的内容相当一部分要在施工过程中完成，更为重要的是施工设计的内容技术性强、责任重大、对施工起关键作用，因此，列入施工组织设计内容更为合适。施工设计的好坏，直接影响到工程质量、工期、成本及施工安全，故应引起足够重视，将此项工作做好。

1.临时工程设计

1）临时工程的概念

临时工程只是起着参与永久性工程形成的作用，公路建成交付使用后，必须拆除并恢复其原状。它与辅助工程具有相同的性质，但不同点在于临时工程一般不单作专一的服务对象，现行概预算定额规定临时工程有汽车便道、临时便桥、临时码头、轨道铺设、输电和通信线路六项。

例如，汽车便道既可运输生产物资，又可运输生活物资品；又如输电线路，既可为生产机械供电，又可为生活照明供电。因此在实际中难以将其综合到哪个费用项目内，为了便于工程造价计算，将其归纳为临时工程，单独列项反映。

2）临时工程的内容及其规定

（1）汽车便道，是指各种砂石料场与工地用料点或堆料场连接的道路，现有公路与拟建项目上路的联络线路，预制场、拌和场与建设项目之间的连接便道。即新修或利用农村道路进行整修并供汽车行驶的方可列为汽车便道。

凡预制场、拌和场及生活区内部通行的汽车便道，均不能计入汽车便道的数量内，其项目属于现场经费中的临时设施内容，修建施工现场已包括场内道路，不能再重复计算。

汽车便道的道路标准，应根据运输量的大小合理确定，只要求晴天通行或运输量不大的路段，不必考虑铺筑路面。选定路线时，要注意利用地形，尽量不占或少占农田。

(2)临时便桥，指修建汽车便道时，跨沟、跨河所必修的便桥，为大型桥梁水上施工需要搭设可供汽车行驶的便桥，应根据现场的实际情况确定。

(3)临时码头，指当拟建项目可利用水运材料或大型桥梁施工配有水上混凝土工厂及泥浆循环系统时，为装卸运输材料而必须修建的码头，应结合现场实际情况取定。

(4)轨道铺设，一般大型混凝土构件预制时才列入此项，它包括龙门架行走轨道、预制点至堆放点轨道、堆放点到吊装处的运输轨道，多孔简支梁桥采用桥上导梁或架桥机安装时，桥上必须铺设的轨道等。

(5)输电线路，当利用地方工业电源时才能计入输电线路，接高压线路或变电站接线处至工地变压器之间的距离作为输电线路计算长度。变压器或自备发电机房至现场用电点的距离不得计入输电线路内。

(6)通信线路。根据工程实际情况按修建的公路长度计算。

上述临时工程在项目竣工时，不需办理工程验收和工程点交手续，只需将费用纳入竣工决算，但其必须予以拆除，恢复生态环境。

值得注意的是，为生产、生活而修建的现场临时设施，如办公室、宿舍、仓库、加工房、机械工棚等临时房屋，生活区内的汽车便道、便桥，变压器或发电房到施工现场的生活用电线路，施工和生活用的输水线路，架子车和机动翻斗车行驶的便道，施工机械搁置场地，以及临时围墙等，按现行公路工程造价编制办法规定，综合为现场经费中的临时设施费，按费率计算，所以不得将上述内容归入临时工程。

2. 辅助工程设计

1)辅助工程的含义及其规定

辅助工程不构成永久性工程的实体，只是辅助其形成，又有它的具体要求和一定的适用范围及其施工技术规定。例如，在水中建造桥梁基础工程时，必须修筑围堰辅助工程，其结构形式因水深而异，没有围堰基础工程主体就无法施工，主体工程完成后辅助工程应及时予以拆除。辅助工程无统一计算工程数量的标准，必须根据工程项目实际情况，逐项分析研究才能确定其工程量。

在公路工程造价编制中，有些临时工程设施，如混凝土的模板、砌石工作的脚手架等，就其性质而言，也属于辅助工程范畴，但它与圬工体积直接相关，为了简化工程造价的编制工作，将其综合在相应的定额中，不单独计算这些临时工程设施所需的费用。

2)辅助工程的工程量

根据公路工程计划定额和设计文件的规定及要求，编制施工组织设计时，应合理地确定辅助工程的工程量。

桥涵工程由于结构形式多，地形及水文地质情况复杂，施工方法及施工技术也有所不同，所以考虑的辅助工程内容也很多。因此，应根据实际情况逐项计算分析并确定合理的辅助工程数量。例如，水中围堰结构形式，埋设钻孔灌注桩的护筒，墩、台、塔等的模板及施工电梯，支架及拱架形式,预制台座数量,预制场的面积,吊装设备,混凝土场内运距,基础开挖弃方运距,蒸汽养护的建筑面积等工程量的确定,均应按技术先进、安全可靠、经济合理的原则进行分析计算。

三、施工工艺流程设计

钢筋混凝土 T 梁（板）的预制施工工艺流程如图 2-58 所示。

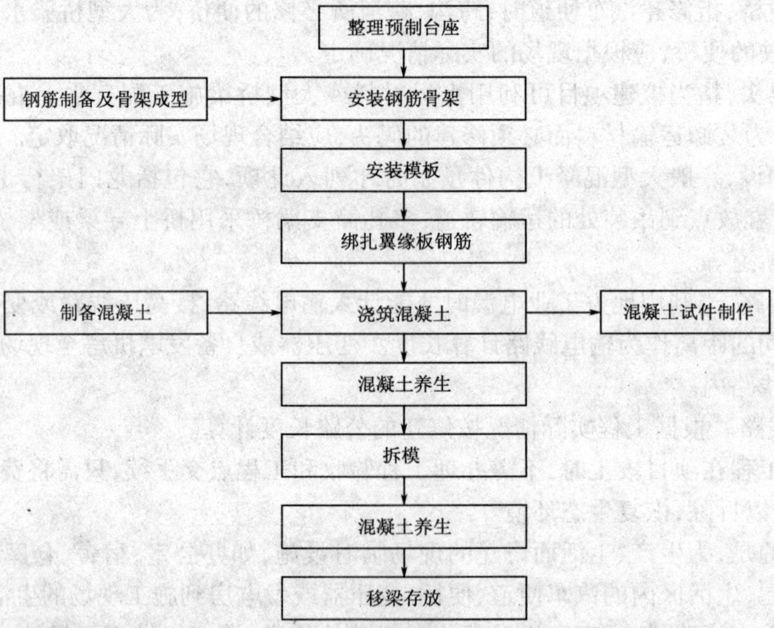

图 2-58　钢筋混凝土 T 梁的预制施工工艺流程

钢筋混凝土空心板的预制施工工艺流程如图 2-59 所示。

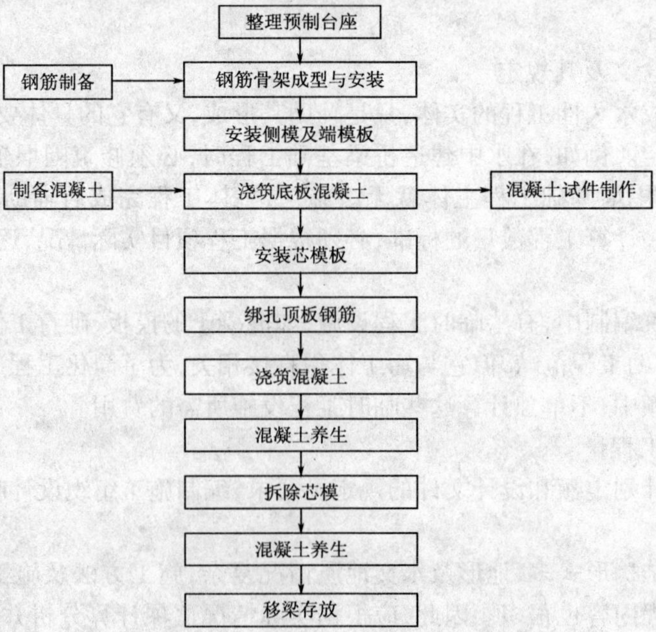

图 2-59　钢筋混凝土空心板的预制施工工艺流程

四、整理检查预制台座

在准备工作做好以后，征得施工监理的同意后，即可对钢筋混凝土梁（板）进行预制施工。

钢筋混凝土梁（板）施工的第一个任务便是对预制台座进行整理和检查。台座用表面压光的钢筋混凝土梁（板）筑成，应坚固不沉陷，确保底模沉降≤2mm，台座上铺钢板底模或用角钢镶边（中间为水磨石）代作底模。为了保证预制梁（板）的质量，在梁板预制前应对预制台座的平面尺寸、高程等进行检查核对，对于梁底有预埋件的位置进行特殊处理。如果施工图纸中主梁（板）有设预拱度的要求，预制台座顶面各点高程则要根据梁的预拱度值设计。

在梁板施工前，应清洁台面，并在台座顶部涂抹脱模剂，以使脱模方便。

脱模剂的类型及涂抹方式一般有以下几种。

1. 油剂类脱模

此类脱模是指在底模表面涂一层脱模剂（或稀释机油等），再进行钢筋绑扎、侧模安装、混凝土浇筑等其他工作。利用脱模剂附着在底模表面形成隔离膜，实现底模和梁体的顺利分离。

1）主要施工方法及要点

底模表面要抹光、抹平，不得有坑凹现象；底模充分养护，强度不足时不能施工；涂脱模剂前，底模表面清洗干净；脱模剂要涂抹均匀，不得出现漏涂现象；混凝土浇筑时，捣固棒要离开底模 5cm 以上，避免直接捣在底模上。

2）优缺点

施工方法简单、容易操作；成本低廉，投资小；底模不平整、不光洁时脱模困难；脱模剂容易黏到钢筋上，增加了施工难度；雨季施工困难，涂抹脱模剂后要尽快施工，一旦被雨水冲刷，需重新涂抹；漏涂处或雨水冲刷处会黏模；底模强度不足时，容易被捣固棒捣破。

2. 混合涂料隔离层脱模

混合涂料是指用两种或两种以上的材料拌和形成的一种材料。初拌时它具有足够的黏稠度，能够均匀摊铺成层状，干燥后黏附于底模上，不翘曲、不开裂、不变形，在底模和梁体之间形成隔离层。例如，黄油与滑石粉的拌和剂、乳胶与滑石粉的拌和剂等。

1）主要施工方法及要点

通过试验确定原材料及其拌和配合比；底模表面清理冲洗干净，无灰尘杂物，防翘曲；根据试验确定的配合比拌和涂料；用抹刀将混合涂料均匀摊铺于底模上，其厚度以不超过 0.5mm 为宜。混合料干燥后再开始板梁制作。

2）优缺点

成本低，投入小；操作简便；因涂料和底模混凝土颜色不一，不易发生漏抹现象；板梁安装初期梁底部有部分涂料，颜色不一致；耐涂料制作要求较高；底模强度不足时，易被捣固棒捣破。

3. 塑料薄膜隔离

板梁施工前，在底模上铺一层塑料薄膜，也是一种较好的脱模办法。

1）主要施工方法及要点

清理底模表面的灰尘杂物；冲洗底模并在其表面洒水；铺设塑料薄膜，利用水的吸附力使之密贴于底模表面。要求铺设平整，无皱褶、无破损；塑料薄膜接头处用塑料胶带黏结牢固。塑料薄膜四周固定在底模侧壁，注意拉紧薄膜；钢筋笼安放应一次到位，砂浆垫块（控制保护层用）压在薄膜上时尽量避免移动；浇捣梁体混凝土时保持捣固棒距底模的距离。

2)优缺点

成本低,投资小;操作简便,容易施工;板梁底部的线形和颜色易于保持;混凝土表面光洁度较好;薄膜在混凝土浇筑时容易起皱褶;钢筋笼移动时,砂浆垫块易将薄膜挂破;钢筋笼个别部位焊接时,焊渣会将薄膜烧坏,出现个别小面积黏结现象。

4. 铺设地板革

鉴于塑料薄膜铺设容易起皱褶的缺点,将薄膜改为人造地板革,以此作为底模和梁体混凝土的隔离层。

1)主要施工方法及要点

清理干净底模表面的灰尘杂物;将人造地板革光面向上铺于底模上,地板革宽度应两边各宽出底模10mm以上;地板革接头对齐,用塑料胶带粘贴,地板革不得重叠;地板革四周用小钉固定于底模侧面,注意地板革应平整拉紧,不得存留松动;钢筋笼安装一次到位,砂浆垫块压在底模上应尽量避免移动;板梁侧模安装时谨慎施工,防止拉动地板革引起偏斜错位、起皱。

2)优缺点

操作简便,易施工;板梁线形和颜色保持良好;底板光洁度好;投资大,成本高;底模表面有杂物时会形成明显的坑凹现象。

5. 蜡层隔离脱模

底模浇制完成充分凝固后,在其表面涂一层薄薄的石蜡,再进行板梁的制作。

1)主要施工方法及要点

底模表面清理干净并用水冲洗;石蜡置于铁盆内,在火上融化成液态;用软毛刷将蜡液均匀涂于底模表面。底模表面应充分冲洗干净,并干燥无水,便于黏结;待蜡液冷却凝固,在底模表面形成一层隔离膜后,即可开始钢筋绑扎、模板安装及浇筑板梁混凝土的施工;安装钢筋笼时,应尽量避免钢筋和蜡层接触。

2)优缺点

成本低,投资小;脱模效果较好;板梁线形保持较好;气温较高时效果差,因蜡层受热软化易被钢筋垫块或其他施工工具黏走;气温高时易黏附在钢筋上,难于清理;被其他硬物碰破后,会有小面积黏模;阴雨天无法施工。

五、模板安装与拆除

模板的安装见本学习情境学习任务6.1中有关内容,下面介绍模板的拆除。

1. 拆除期限

模板的拆除期限应根据结构物特点、模板部位和混凝土所达到的强度来决定。

2. 拆除的技术要求

(1)模板拆除应按设计的顺序进行,设计无规定时,应遵循先支后拆,后支先拆的顺序。拆时严禁抛扔。

(2)模板拆除后,应维修整理、分类妥善存放。

3. 模板制作及安装质量标准

(1)模板制作应根据设计要求确定模板的形式及精度要求。

(2)模板安装的允许偏差,应符合表2-24的规定。

六、混凝土材料、外掺剂及配合比的确定

1. 混凝土材料及外掺剂

拌制混凝土所使用的各项材料及拌和物的质量应经过检验，试验方法应符合现行《公路工程水泥及水泥混凝土试验规程》(JTG E30—2005)的有关规定。未列入该规程的试验项目，可参照其他有关试验规程及学习情景2的有关内容。

2. 混凝土配合比

混凝土配合比应以质量比计，并应通过设计和试配选定。试配时应使用施工实际采用的材料。

普通混凝土的配合比可参照现行《普通混凝土配合比设计规程》(JGJ 55—2000)通过试配确定。混凝土的试配强度应根据设计强度等级，考虑施工条件的差异和变化以及材料质量可能的波动，计算确定。

配制混凝土时，应根据结构情况和施工条件确定混凝土拌和物的坍落度，浇筑时的坍落度可按表2-31选用。

混凝土浇筑入模时的坍落度 表2-31

结构类别	坍落度(mm)(振动器振动)
普通配筋率的钢筋混凝土结构	30~50
配筋较密、断面较小的钢筋混凝土结构	50~70
配筋极密、断面高而窄的钢筋混凝土结构	70~90

注：①泵送混凝土的坍落度，应符合《公路桥涵施工技术规范》(JTJ 041—2000)的有关规定。

②用人工捣实时，坍落度宜增加20~30mm。

混凝土的最大水灰比和最小水泥用量应符合表2-32的规定。

混凝土的最大水灰比和最小水泥用量 表2-32

混凝土结构所处环境	钢筋混凝土	
	最大水灰比	最小水泥用量(kg/m^3)
温暖地区或寒冷地区，无侵蚀物质影响，与土直接接触	0.55	275
严寒地区或使用除冰盐的桥涵	0.50	300
受侵蚀性物质影响	0.40	325

注：①本表中的水灰比，系指水与水泥(包括外掺混合材料)用量的比值。

②本表中的最小水泥用量，包括外掺混合材料。当采用人工捣实混凝土时，水泥用量应增加25kg/m^3。当掺用外加剂且能有效地改善混凝土的和易性时，水泥用量可减少25kg/m^3。

③严寒地区系指最冷月份平均气温≤-10℃且日平均温度在≤5℃的天数≥145d的地区。

对于混凝土的最大水泥用量(包括代替部分水泥的混合材料)，《公路桥涵施工技术规范》(JTJ 041—2000)中规定不宜超过500kg/m^3，大体积混凝土不宜超过350kg/m^3。

在混凝土中掺入外加剂时还应符合下列规定：

(1)在钢筋混凝土中不得掺用氯化钙、氯化钠等氯盐。

(2)位于温暖或严寒地区，无侵蚀性物质影响及与土直接接触的钢筋混凝土构件及位于严寒和海水区域、受侵蚀环境和使用除冰盐的桥涵，均应严格控制混凝土中氯离子的含量。

当采用洁净水和无氯集料时，氯离子含量可主要以外加剂或混合材料的氯离子含量控制。

(3)无筋混凝土的氯化钙或氯化钠掺量，以干质量计，不得超过水泥用量的3%。

(4)掺入加气剂的混凝土含气量宜为3.5%~5.5%。

(5)对由外加剂带入混凝土的碱含量应进行控制。每立方米混凝土的总含碱量，对一般桥涵不宜大于3.0kg/m³，对特殊大桥、大桥和重要桥梁不宜大于1.8kg/m³；当处于受严重侵蚀的环境下时，不得使用有碱活性反应的集料。

如果混凝土采用工厂拌和或商业混凝土，混凝土要通过混凝土运输车运输并通过混凝土输送泵输送，对于泵送混凝土的配合比宜符合下列规定：

①集料最大粒径与输送管内径之比应符合粗集料的规定。

②最小水泥用量为280~300kg/m³(输送管径100~150mm)。

③混凝土拌和物的坍落度宜为80~180mm。

④宜掺用适量的外加剂或混合材料。

通过设计和试配确定配合比后，应填写试配报告单，提交施工监理或有关方面批准。混凝土配合比使用过程中，应根据混凝土质量的动态信息及时进行调整、报批。

七、混凝土的拌和、运输及浇筑

1.混凝土的拌制

(1)拌制混凝土配料时，各种衡器应保持准确。配料数量的允许偏差(以质量计)见表2-33。

配料数量允许偏差 表2-33

材料类别	允许偏差(%)	
	现场拌制	预制场或集中搅拌站拌制
水泥、混合材料	±2	±1
粗、细集料	±3	±2
水、外加剂	±2	±1

(2)混凝土应使用机械搅拌，零星工程的塑性混凝土也可用人工拌和。用机械搅拌时，自全部材料装入搅拌筒至开始出料的最短搅拌时间应按设备出厂说明书的规定并经试验确定，且不得低于表2-34的规定。

混凝土最短搅拌时间 表2-34

搅拌机类别	搅拌机容量(L)	混凝土坍落度(mm)		
		<30	30~70	>70
		混凝土最短搅拌时间(min)		
自落式	≤400	2.0	1.5	1.0
	≤800	2.5	2.0	1.5
	≤1 200	—	2.5	1.5
强制式	≤400	1.5	1.0	1.0
	≤1 500	2.5	1.5	1.5

注：①搅拌细砂混凝土或掺有外加剂的混凝土时，搅拌时间应适当延长1~2min。

②外加剂应先调成适当浓度的溶液再掺入。

③搅拌机装料数量(装入粗集料、细集料、水泥等松体积的总数)不应大于搅拌机标定容量的110%。

④搅拌时间不宜过长，每一工作班至少应抽查两次。

⑤表列时间为从搅拌加水算起。

⑥当采用其他形式的搅拌设备时，搅拌的最短时间应按设备说明书的规定或经试验确定。

(3)对于在施工现场集中搅拌的混凝土,应检查混凝土拌和物的均匀性。混凝土拌和物应拌和均匀,颜色一致,不得有离析和泌水现象。混凝土拌和物均匀性的检测方法应按现行国家标准《混凝土搅拌机技术条件》(GB 9142)的规定进行。

检查混凝土拌和物均匀性时,应在搅拌机卸料过程中,从卸料流的1/4~3/4之间部位,采取试样,进行试验,其检测结果应符合下列规定:

①混凝土中砂浆密度两次测值的相对误差不应大于0.8%。

②单位体积混凝土中粗集料含量两次测值的相对误差不应大于5%。

(4)混凝土搅拌完毕后,应按下列要求检测混凝土拌和物的各项性能:

①混凝土拌和物的坍落度应在搅拌地点和浇筑地点分别取样检测,每一工作班或每一单元结构物不应少于两次,检测坍落度时,还应观察混凝土拌和物的黏聚性和保水性。

②根据需要还应检测混凝土拌和物的其他质量指标。

掺用高效减水剂或速凝剂且混凝土运距较远时,可运至浇筑地点再掺入重拌。

2.混凝土的运输

混凝土的运输能力应适应混凝土凝结速度和浇筑速度的需要,使浇筑工作不间断并使混凝土运到浇筑地点时仍保持均匀性和规定的坍落度。当混凝土拌和运距较近时,可采用无搅拌器的运输工具运输;当运距较远时,宜采用搅拌运输车运输。运输时间不宜超过表2-35的规定。

混凝土拌和物运输时间限制　　表2-35

气温(℃)	无搅拌设施运输(min)	有搅拌设施运输(min)
20~30	30	60
10~19	45	75
5~9	60	90

注:①当运距较远时,可用搅拌运输车运干拌料到浇筑地点后再加水搅拌。

②掺用外加剂或采用快硬水泥拌制混凝土时,应通过试验查明所配制混凝土的凝结时间后,确定运输时间限制。

③表列时间系指从加水搅拌至入模的时间。

用无搅拌运输工具运送混凝土时,应采用不漏浆、不吸水、有顶盖且能直接将混凝土倾入浇筑位置的盛器。

采用泵送混凝土应符合下列规定:

(1)混凝土的供应必须保证输送混凝土的泵能连续工作。

(2)输送管线宜直,转弯宜缓,接头应严密,如管道向下倾斜,应防止混入空气,产生阻塞。

(3)泵送前应先用适量的、与混凝土内成分相同的水泥浆润滑输送管内壁。混凝土出现离析现象时,应立即用压力水或其他方法冲洗管内残留的混凝土,泵送间歇时间不宜超过15min。

(4)在泵送过程中,受料斗内应具有足够的混凝土,以防止吸入空气产生阻塞。

用搅拌运输车运输已拌成的混凝土时,途中应以2~4r/min的慢速进行搅动,混凝土的装载量约为搅拌筒几何容量的2/3。

混凝土运至浇筑地点后发生离析、严重泌水或坍落度不符合要求时,应进行第二次搅拌。二次搅拌时不得任意加水,确有必要时,可同时加水和水泥以保持其原水灰比不变。如二次搅拌仍不符合要求,则不得使用。

3. 混凝土的浇筑

(1)浇筑混凝土前,应对模板、钢筋和预埋件进行检查,并做好记录,符合设计要求后方可浇筑 。模板内的杂物、积水和钢筋上的污垢应清理干净。模板如有缝隙,应填塞严密,模板内面应涂脱模剂。浇筑混凝土前,应检查混凝土的均匀性和坍落度。

(2)混凝土浇筑方法可采用水平分层浇筑。由梁的两段向跨中全长内分层浇筑,在跨中合龙。且应在下层混凝土初凝或能重塑前浇筑完成上层混凝土。混凝土分层浇筑厚度不宜超过300mm。在向模板内倾卸混凝土时,要防止混凝土离析。

(3)浇筑混凝土时,除少量塑性混凝土可用人工捣实外,宜采用振捣器振实。用振捣器振捣时,应符合下列规定:

①使用插入式振捣器时,移动间距不应超过振捣器作用半径的1.5倍;与侧模应保持50~100mm的距离;插入下层混凝土50~100mm;每一处振捣完毕后应边振捣边徐徐提出振捣棒;应避免振捣棒碰撞模板、钢筋及其他预埋件。

②表面振捣器的移位间距应以使振捣器平板能覆盖已振实部分100mm左右为宜。

③附着式振捣器布置的距离应根据构件形状及振捣器的性能等情况并通过试验确定。

④对每一振捣部位必须振捣到该部位混凝土密实为止。密实的标志是混凝土停止下沉,不再冒出气泡,表面呈现平坦、泛浆。

(4)混凝土的浇筑应连续进行,如因故必须间断时,其间断时间应小于前层混凝土的初凝时间或能重塑的时间。混凝土运输、浇筑及间歇的全部时间不得超过表2-36的规定。当需要超过时应预留施工缝。

混凝土的运输、浇筑及间歇的全部允许时间(min) 表2-36

混凝土强度等级	气温不高于25℃	气温高于25℃
≤C30	210	180
>C30	180	150

注:当混凝土中掺有促凝剂或缓凝剂时,其允许时间应根据试验结果确定。

(5)施工缝的位置应在混凝土浇筑之前确定,宜留置在结构受剪力和弯矩较小且便于施工的部位,并应按下列要求进行处理:

①应凿除处理层混凝土表面的水泥砂浆和松弱层,但凿除时,处理层混凝土须达到下列强度:

用水冲洗凿毛时,须达到0.5MPa;

用人工凿除时,须达到2.5MPa;

用风动机凿毛时,须达到10MPa。

②经凿毛处理的混凝土面应用水冲洗干净,在浇筑次层混凝土前,对垂直施工缝宜刷一层水泥净浆,对水平缝宜铺一层厚10~20mm的1:2的水泥砂浆。

③重要部位及有防振要求的混凝土结构或钢筋稀疏的钢筋混凝土结构,应在施工缝处补插锚固钢筋或石榫;有抗渗要求的施工缝宜做成凹形、凸形或设置止水带。

④施工缝为斜面时应浇筑成或凿成台阶状。

⑤施工缝处理后,须待处理层混凝土强度达到2.5MPa后才能继续浇筑混凝土。混凝土达到上述抗压强度的时间宜通过试验确定。

⑥在浇筑过程中或浇筑完成时,如混凝土表面泌水较多,须在不扰动已浇筑混凝土的条件

下，采取措施将水排除。继续浇筑混凝土时，应查明原因，采取措施，减少泌水。

⑦结构混凝土浇筑完成后，对混凝土裸露面应及时进行修整、抹平，待定浆后再抹第二遍并压光或拉毛。当裸露面面积较大或气候不良时，应加盖防护，但在开始养生前，覆盖物不得接触混凝土面。

⑧浇筑混凝土期间，应设专人检查支架、模板、钢筋和预埋件等稳固情况，当发现有松动、变形、移位时，应及时处理。

⑨浇筑混凝土时，应填写混凝土施工记录。

4. 混凝土的养护及修饰

混凝土浇筑完成后进行养生，能促使混凝土硬化，并在获得规定强度的同时，防止混凝土干缩引起裂缝，防止混凝土受雨淋、日晒、受冻及受荷载的振动、冲击现象的发生。由于混凝土在硬化过程中发热，在夏季和干燥的气候下应进行湿润养生，而冬季则主要保护其不受冻，采用加温的养生方法。

1）混凝土的养护

对于在施工现场集中养护的混凝土，应根据施工对象、环境、水泥品种、外加剂以及对混凝土性能的要求，提出具体的养护方案，并应严格执行规定的养护制度。

一般混凝土浇筑完成后，应在收浆后尽快予以覆盖和洒水养护。对于硬性混凝土、炎热天气浇筑的混凝土以及桥面等大面积裸露的混凝土，有条件的可在浇筑完成后立即加设篷罩，待收浆后再予以覆盖和洒水养生。当气温低于5℃时应覆盖保温，不得向混凝土面上洒水。

混凝土洒水养护时间一般为7d，可根据空气的湿度、温度和水泥品种及掺用的外加剂等情况酌情延长或缩短。每天洒水次数以能保持混凝土表面经常处于湿润状态为度。用加压成形、真空吸水等法施工的混凝土，其养护时间可酌情缩短。采用塑料薄膜或喷化学浆液等方法养护时，可不洒水养护。

2）构件混凝土表面处理

装配式桥梁的横向连接一般采用铰接或现浇混凝土连接，对于连接面混凝土应进行凿毛处理。

八、热期、雨期混凝土的施工

1. 热期混凝土的施工

热期混凝土施工，应制订在高温条件下保证工程质量的技术措施，并应符合如下要求。

1）混凝土配制和搅拌

(1)材料要求。拌和水使用冷却装置，对水管及水箱加遮荫和隔热设施。水泥、砂、石料应遮荫防晒，以降低集料温度，可在砂石料堆上喷水降温。

(2)配合比设计应考虑坍落度损失。

(3)可掺加减水剂以减少水泥用量和提高混凝土的早期强度。

(4)掺用活性材料粉煤灰取代部分水泥，减少水泥用量。

(5)拌和站料斗、储水器、皮带运输机、拌和楼都要尽可能遮荫。尽量缩短拌和时间。经常测混凝土的坍落度，以调整混凝土的配合比，满足施工所必需的坍落度。

2）混凝土的运输及浇筑

(1)尽量缩短运输时间，宜采用混凝土运输搅拌车，运输中应慢速搅拌。

(2)不得在运输过程中加水搅拌。

(3)热期施工混凝土、钢筋混凝土、预应力混凝土应有全面的组织计划,准备工作充分,施工设备有足够的备件,保证连续进行;从拌和机到入仓的传递时间及浇筑时间要尽量缩短,并尽快开始养护。

(4)混凝土的浇筑温度应控制在32℃以下,宜选在一天温度较低的时间内进行。

(5)浇筑场地应遮阴,以降低模板、钢筋的温度和改善工作条件;也可在模板、钢筋和地基上喷水降温,但在浇筑时不能有附着水。

(6)应加快混凝土的修整速度,修整时可用喷雾器洒少量水,防止表面裂纹,但不准直接往混凝土表面洒水。

3)混凝土的养护

混凝土浇筑完,表面应立即覆盖清洁的塑料膜,初凝后撤去塑料膜,用浸湿的粗麻布覆盖,经常洒水,保持潮湿状态最少7d。湿养期间应采取遮光和挡风措施,以控制温度和干热风的影响。构造物的竖直面拆模后,宜立即用湿粗麻布把构件缠起来,麻布处整个用塑料膜包紧,粗麻布应至少保持7d潮湿状态,随后可用树脂类养生化合物喷涂。

(1)不宜单独使用专用养护膜覆盖法养护高强度混凝土,除非当地无足够的清洁水用于养护混凝土。

(2)洒水养护宜用自动喷水系统和喷雾器,湿养护应不间断,不得形成干湿循环。

4)热期施工检查

热期施工检查包括下列项目:

(1)砂、石料的含水率,每台班不少于1次。

(2)混凝土浇筑与养护时,环境温度每日检查4次,并做好检查记录;当温度超过热期规定的要求时,混凝土拌和时应采取有效降温、防晒措施,以保证混凝土的浇筑质量,否则应停止施工。

(3)混凝土热期施工,除应留标准条件下养护的试件外,还应制取相同数量的试件与结构并对其在相同的环境条件下养护,检查28d的试件强度以指导施工。

(4)在混凝土浇筑前,应通过试验确定在最高气温条件下,混凝土分层浇筑的覆盖时间,施工时应严格控制,不得超过规定时间。

(5)在混凝土浇筑过程中,应严格控制缓凝剂的掺量,并检查混凝土的凝固时间,以防因缓凝剂掺量不准造成危害。

2. 雨期混凝土的施工

混凝土雨期施工是指在降雨量集中季节且对混凝土的质量造成影响时进行的施工。雨期施工要按时收集天气预报资料,混凝土施工要尽可能避开大风大雨天气,雨期施工应制订防洪水、防台风措施,施工场地、生活区应制订排水措施。施工材料如钢材、水泥的码放应防雨漏及潮湿。建立安全用电措施,防漏电、防触电。

1)雨期施工准备

(1)准备雨期施工的防洪材料、机具和必要的遮雨设施。

(2)工程材料特别是水泥、钢筋应防水、防潮;对施工机械应防洪水淹没。

2)施工方法及技术措施

(1)雨期施工的工作面不宜过大,应逐段、逐片分期施工;对受洪水危害的工程应停止施工,若必须施工时,应有防洪抢险措施。

(2)由于雨期集料及砂等含水率变化大，施工时应随时测定材料含水率，及时调整混凝土施工配合比。

(3)施工前对排水系统应进行检查、疏通或加固，必要时增加排水措施。

(4)雨后模板及钢筋上的淤泥、杂物，在浇筑混凝土前应清除干净。

(5)雷区应设置防雷措施，高耸结构应有防雷设计。沿海地区应考虑防台风措施，露天使用的电器设备要有可靠的防漏电措施。

九、混凝土质量控制

1. 质量控制

实施混凝土质量控制应符合下列规定：

(1)通过对原材料的质量检验与控制、混凝土配合比的确定与控制、混凝土生产和施工过程各工序的质量检验与控制，以及合格性检验控制，使混凝土的质量符合规定要求。

(2)在施工过程中应进行质量检测，应用各种质量管理图表，掌握动态信息，控制整个生产和施工期间的混凝土质量，制订保证质量的措施，完善质量控制过程。

(3)必须配备相应的技术人员和必要的检验及试验设备，建立和健全必要的技术管理与质量控制制度。

2. 质量检验

(1)对各种材料、各工程项目和各个工序，应经常进行检验，保证符合设计文件和《公路工程质量检验评定标准》(JTG F80/1—2004)的要求。检验项目和频率应符合下列规定。

①浇筑混凝土前的检验：

a. 施工设备和场地；

b. 混凝土组成材料及配合比(包括外加剂)；

c. 混凝土凝结速度等性能；

d. 钢筋、预埋件等隐蔽工程及模板；

e. 养护方法及设施，安全设施。

②拌制和浇筑混凝土时的检验：

a. 对混凝土组成材料的外观及配料、拌制，每一工作班应至少检验两次，必要时随时抽样试验；

b. 对混凝土的和易性(坍落度等)，每工作班应至少检验两次；

c. 对砂石材料的含水率，每日开工前应检验1次，气候有较大变化时随时检测，当含水率变化较大、将使配料偏差超过规定时，应及时调整；

d. 钢筋、模板等的稳固性和安装位置；

e. 混凝土的运输、浇筑方法和质量；

f. 外加剂使用效果；

g. 制取混凝土试件。

③浇筑混凝土后的检验：

a. 养护情况；

b. 混凝土强度，拆模时间；

c. 混凝土外露面或装饰质量；

d. 结构外形尺寸、位置、变形和沉降。

(2)隐蔽工程检查、分部工程检查、工程变更设计、施工技术修改、施工方案变更、质量事故的发生和处理等事项,应按有关规定及时通知有关人员。

(3)对混凝土的强度,应制取试件检验其在标准养护条件下28d龄期的抗压极限强度。试件制取组数应符合相关规定。

(4)应根据施工需要,制取与结构物同条件养护的试件作为考核结构混凝土在拆模、出池、吊装、承受荷载等阶段强度的依据。

3. 质量标准

(1)混凝土抗压强度应以标准条件下养护28d龄期试件的抗压强度进行评定,其合格条件如下:

①应以强度等级相同、龄期相同以及生产工艺条件和配合比相同的混凝土组成同一验收批,同一验收批的混凝土强度应以同批内所有各组标准尺寸试件的强度测定值(当为非标准尺寸试件时应进行强度换算)为代表值。

②每片梁长16m以下应制取1组,16~30m制取2组,31~50m制取3组,50m以上者不少于5组。

(2)预留试块有效测试值数量不足混凝土强度评定的要求时,可采用无损检测或钻心取样法评定。若预留试块评定不合格,应作为质量事故处理并作出结论,提交有关单位共同研究处理。

(3)梁板混凝土应符合下列规定:

①表面应密实、平整。

②如有蜂窝、麻面,其面积不超过结构同侧面积的0.5%。

③如有裂缝,其宽度不得大于设计规范的有关规定。

④对蜂窝、麻面、掉角等缺陷,应凿除松弱层,用钢丝刷清理干净,用压力水冲洗、湿润,再用较高强度的水泥砂浆或混凝土填塞捣实,覆盖养护;用环氧树脂等胶凝材料修补时,应先经试验验证。

⑤如有严重缺陷,影响结构性能时,应分析情况,研究处理。

十、移梁存放

1. 梁板移运

混凝土强度达到75%后就可以将梁从预制台座上起吊运输到梁的堆放场。梁的起吊一般采用龙门吊,吊点的位置应严格按照设计图纸的标示选定。如图纸无规定,为了保证梁在起吊过程中的受力,梁、板构件的吊点应根据计算决定。构件的吊环应顺直。吊绳与起吊构件的交角小于60°时,应设置吊架或扁担,尽可能使吊环垂直受力。

梁、板移运和堆放的支承位置应与吊点位置一致,并应支承牢固,避免损伤构件。

吊移板式构件时,不得吊错上、下面,以免折断。构件运输时,应有特制的固定架以稳定构件。小构件宜顺宽度方向侧立放置,并注意防止倾倒,如平放,两端吊点处必须设置支搁方木。

梁的运输应顺高度方向竖立放置,并有防止倾倒的固定措施。装卸梁时,必须等支撑稳妥后,才许卸除吊钩。

2. 梁板的堆放

堆放预制梁板的堆放场地应整平夯实。梁板堆垛时,应放置在垫木上,吊环向上,标志向外。混凝土养护期未满的,应继续洒水养护。

水平分层堆放梁板时，其堆垛高度应按构件强度、地面承载力、垫木强度以及堆垛的稳定性而定。主梁（板）一般以2层为宜，不应超过3层，层与层之间应以垫木隔开，各层垫木的位置应在吊点处，上下层垫木必须在一条竖直线上。

雨季和春季融冻期间，必须注意防止因地面软化下沉而造成构件断裂及损坏。

单元学习6.4　桥梁上部结构安装

预制梁（板）的安装是预制装配式混凝土梁桥施工中的关键性工序，应结合施工现场条件、工程规模、桥梁跨径、工期要求、架设安装的机械设备条件等具体情况，以安全可靠、经济简单、加快施工速度等为原则，合理选择架梁的方法。

对于简支梁（板）的安装设计，一般包括起吊、纵移、横移、落梁（板）就位等工序，从架设的工艺来分，有陆地架梁、浮吊架梁和利用安装导梁、塔架、缆索的高空架梁法等方法。《公路施工手册——桥涵》（上、下册）详细介绍了预制梁安装的十几种方法，可供参考，这里简要介绍几种常用的架梁方法的工艺特点。

必须注意的是，预制梁（板）的安装既是高空作业，又需用复杂的机具设备，施工中必须确保施工人员的安全，杜绝工程事故。因此，无论采用何种施工方法，施工前均应详细、具体地研究安装方案，对各承力部分的设备和杆件进行受力分析和计算，采取周密的安全措施，严格执行操作规程，加强施工管理和安全教育，确保安全、迅速地进行架梁工作。同时，安装前应将支座安装就位。

在岸上或浅水区预制梁的安装可采用龙门吊机、汽车吊机及履带吊机安装；水中梁跨常采用浮吊安装及架桥机安装等方法。

一、用跨墩龙门吊机安装

跨墩龙门吊机安装（图2-60）适用于岸上和浅水滩以及不通航浅水区域安装预制梁。两台跨墩龙门吊机分别设于待安装孔的前、后墩位置，预制梁由平车顺桥向运至安装孔的一侧，移动跨墩龙门吊机上的吊梁平车，对准梁的吊点放下吊架，将梁吊起。当梁底超过桥墩顶面后，停止提升，用卷扬机牵引吊梁平车慢慢横移，使梁对准桥墩上的支座，然后落梁就位。接着准备架设下一根梁。

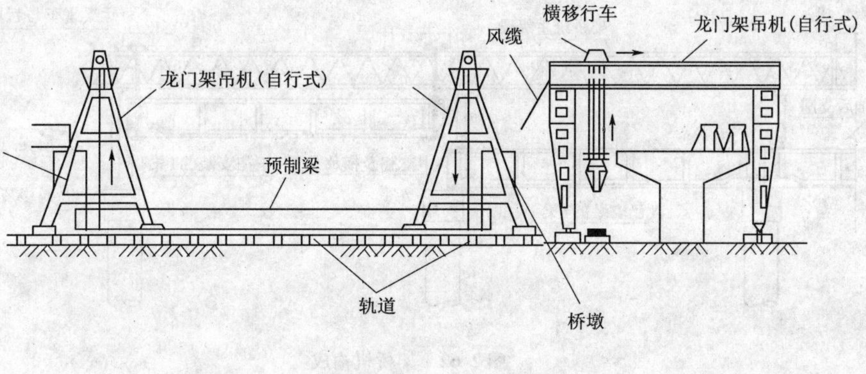

图2-60　跨墩龙门吊机安装

在水深不超过5m、水流平缓、不通航的中小河流上的小桥孔，也可采用跨墩龙门吊机架梁。这时必须在水上桥墩的两侧架设龙门吊机轨道便桥，便桥基础可用木桩或钢筋混凝土桩。在水浅流缓而无冲刷的河上，也可用木笼或草袋筑岛来做便桥的基础。

便桥的梁可用贝雷梁组拼。

二、自行式吊车安装

陆地桥梁、城市高架桥预制梁安装常采用自行吊车安装(图2-61)。一般先将梁运到桥位处，采用一台或两台自行式汽车吊机或履带吊机直接将梁片吊起就位，此法视吊装质量的不同，还可采用单吊(一台吊车)或双吊(两台吊车)两种。其特点是机动性好，不需要动力设备，不需要准备作业，架梁速度快。

一般吊装能力为150~1 000kN，国外已出现4 100kN的轮式吊机。

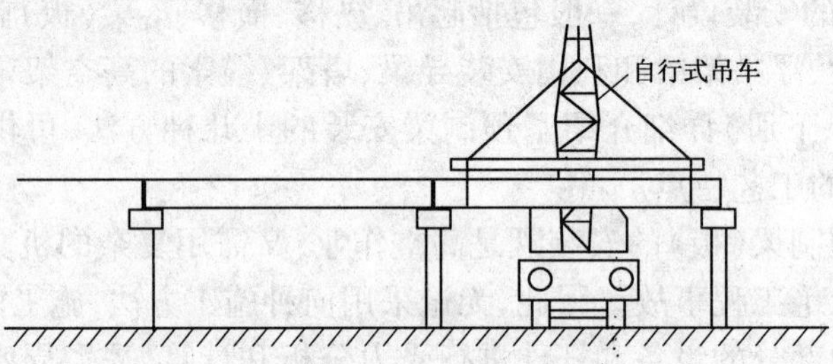

图2-61　自行式吊车安装

三、浮吊安装

预制梁由码头或预制厂直接由运梁驳船运到桥位，浮吊船宜逆流而上，先远后近安装。浮吊船吊装前应下锚定位，航道要临时封锁。

采用浮吊安装预制梁，施工速度快，高空作业较少，是航运河道上架梁常用的办法。

四、架桥机安装

1. 架桥机组成

架桥机架设桥梁一般在长大河道上采用，公路上采用贝雷梁构件拼装架桥机，架桥机架梁程序：先架两侧边梁，再架中梁，最后中间合龙。架桥机构成如图2-62所示。

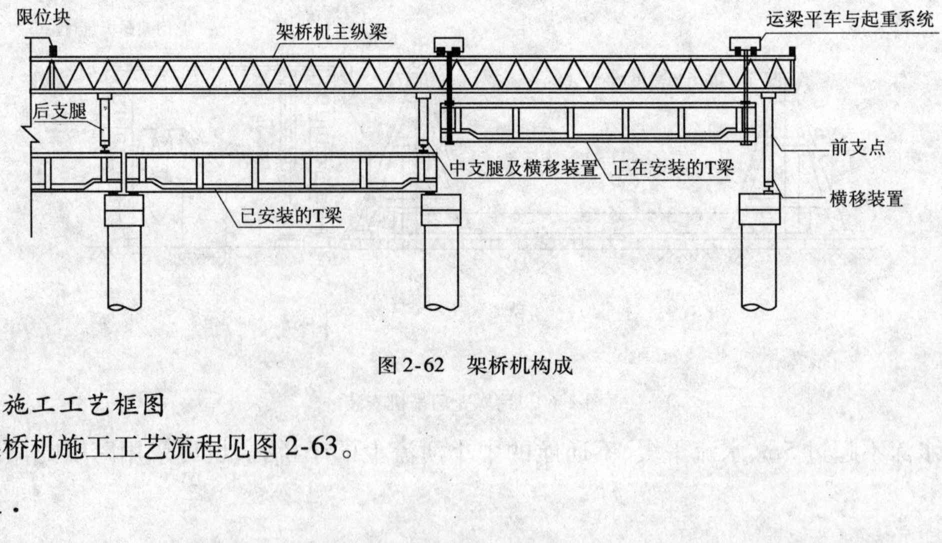

图2-62　架桥机构成

2. 施工工艺框图

架桥机施工工艺流程见图2-63。

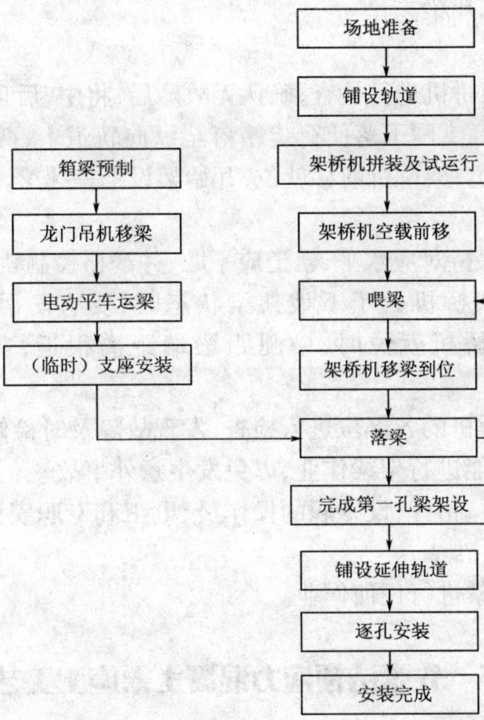

图 2-63　架桥机施工工艺流程

3. 主要工序施工说明

1)场地准备

架桥机在桥头路基上完成拼装。路基要求平整、密实,满足架桥机安装荷载的要求。架桥机的纵向行走轨道应安装在架设第一孔梁的中轴线上。同时架桥机的两主桁梁间距应满足喂梁及安装的需要。

2)架桥机拼装及试运行

架桥机拼装程序为:测量定位→平衡对称拼装两侧主桁梁→安装前后联系框架、临时支撑→安装前、中、后支腿及中、后顶高支腿→铺设纵向轨道→安装起吊小车、液压系统、操作台、接通电源→检查调试初步运行。架桥机安装完成以后应检查各部尺寸是否正确,各系统的运行是否正常,然后试运行。

3)架桥机前移

架桥机试运行完成后开始架梁。首先,架桥机空载前移,两起吊小车退至后支腿附近,收起前支腿就位,在盖梁上铺设横移轨道,然后将行走箱落在轨道上。

4)喂梁

用自行式电动平车运梁,龙门吊将箱梁吊至电动平车上,再由电动平车将梁运至架桥机后跨内,两起吊小车将梁吊起。

5)支座安装

测量放线,将支座中心十字线用墨线弹出,按十字线位置安装临时(固定)支座。

6)落梁

喂梁后,两起吊小车开始运梁,将梁运至架桥机前跨位置,横移架桥机,将梁运至待架梁支座的上方,使梁体中心线与支座中心线对正,然后下落就位。梁体就位后用垂球吊线法检查梁体安装垂直度,合格后再架设第二片梁。

7)架桥机前移

第一孔梁的架设完成后,对架桥机进行检查,确认无故障后,将中、后顶高支腿顶起,中、后行走箱由横向转为纵向,中、后顶高支腿下落使行走箱落至纵向轨道上,两起吊小车退至后支腿附近,收起前支腿,铺设延伸轨道,架桥机前移就位,开始架设下一孔梁。

8)施工注意事项

(1)架桥机纵向走行轨道要保持对应水平,轨道应平顺,并严格控制轨道间距。

(2)由于桥梁设有纵坡,使架桥机处于下坡架梁状态时,要有防滑措施,如制订使用三角楔铁辅助制动等措施。架桥机就位时,中腿距梁端距离很近,应严格控制其纵移速度。

(3)每孔梁架完后都要对架桥机的各部位进行检查,发现故障及时检修,不能带病作业。

(4)五级以上的大风天气,不能进行架梁作业,以免发生意外事故。

(5)架梁工作要分工明确,统一指挥,设专职的操作员、电工和专职安全员,严格执行施工组织方案及措施。

(6)架梁施工过程中,桥下严禁进行任何作业。

单元学习6.5　先张法预应力混凝土梁施工工艺

一、工序1——施工工艺流程图设计

先张法施工工艺主要用在预应力混凝土空心板的预制过程中,由于空心板截面形状的不同,在板预制过程中所采用的芯模各有差异,底板混凝土浇筑与芯模安装的施工过程也将不同。对于类似小箱梁的空心板往往采用先浇底板混凝土、后安装芯模、然后再安装顶板钢筋、最后浇筑其他部位混凝土的施工流程;而对于采用圆形等空心截面的空心板梁,则是采用先安装芯模后浇筑混凝土的施工流程;对于预应力混凝土小箱梁的施工工艺基本流程如图2-64所示。

二、工序2——清理及调整台座和底模

1.先张法预应力混凝土构件的张拉台座

台座是先张法施加预应力的主要设备之一,它承受预应力筋在构件制作时的全部张拉力。张拉台座必须在受力后不倾覆、不移动、不变形。张拉台座类型:按构造形式分,有框架式、槽式和墩式;按受力形式分,有轴心压柱式、偏心压柱式和无压柱式;按使用分,有可拆装配式和固定式;按材料分,有钢筋混凝土式、钢筋混凝土和型钢组合式及钢管混凝土式等。

1)墩式和槽式张拉台座

墩式和槽式张拉台座的形式与构造见图2-65。台座的长度和宽度根据施工现场的实际情况和生产板梁的数量决定,长度一般为50~120m。台座主要由底板、承力架(支承架)、横梁、定位板和固端装置几部分组成,如图2-65所示。

墩式台座一般分为重力式和桩式两类,如图2-65a)所示。横梁直接和墩或桩基连成整体共同承受张拉力。台座底板的制作和要求与框架式台座相同。优点是构造简单,造价合理;缺点是稳定性较差,变形较大。重力式台座须具有足够强度和刚度,抗倾覆系数不应小于1.5,

抗滑系数不应小于1.3。当预制板梁的数量较少,张拉吨位较小时选用墩式台座。

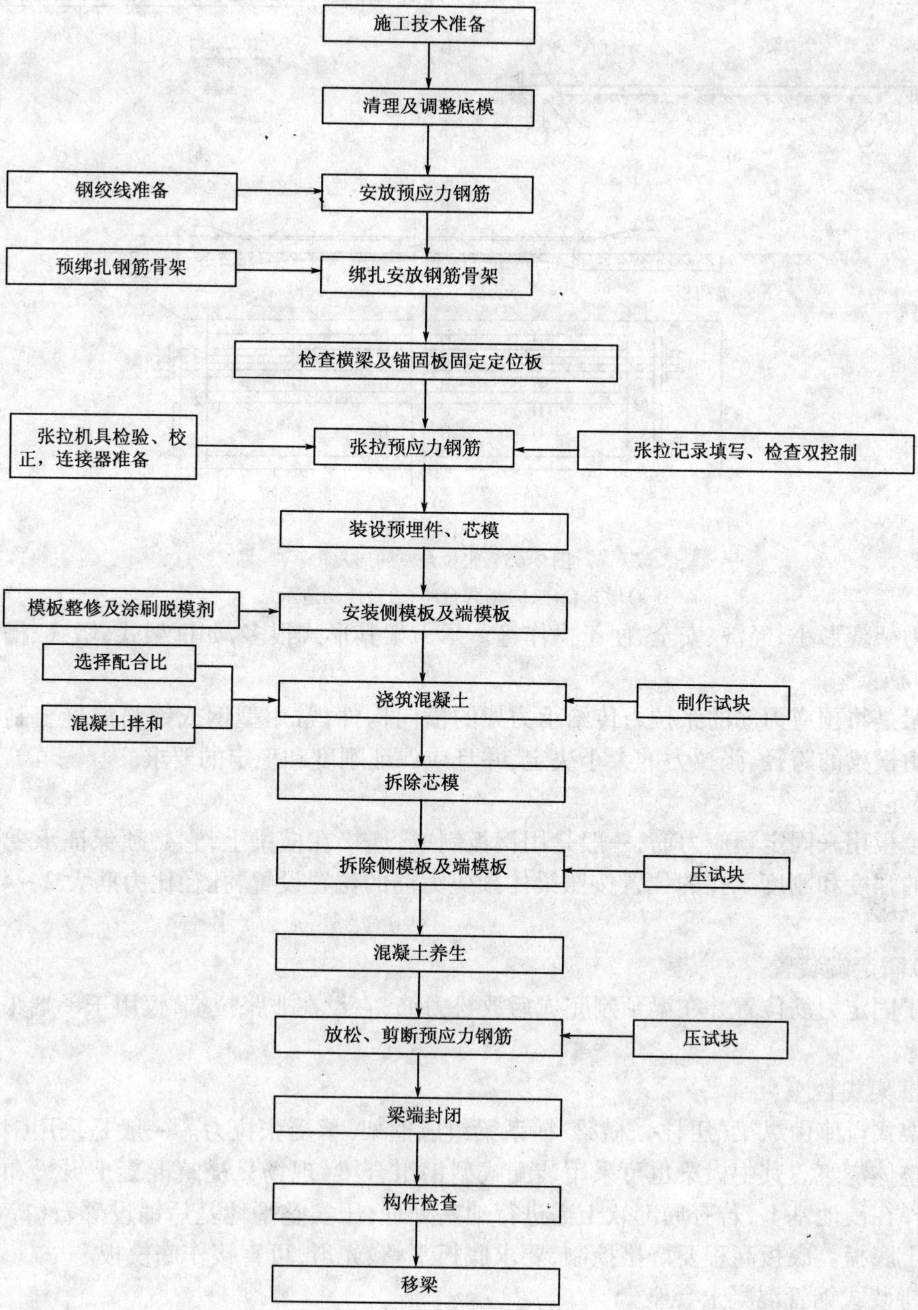

图2-64　先张法施工工艺基本流程

(1)底板

底板有整体式混凝土台面或装配式台面两种,作为预制构件的底模。其宽度由制作预应力构件的宽度决定。

(2)承力架(支承架)

承力架为台座的主要受力结构,是台座的支承架。它要求承受全部张拉力,在制造时,要

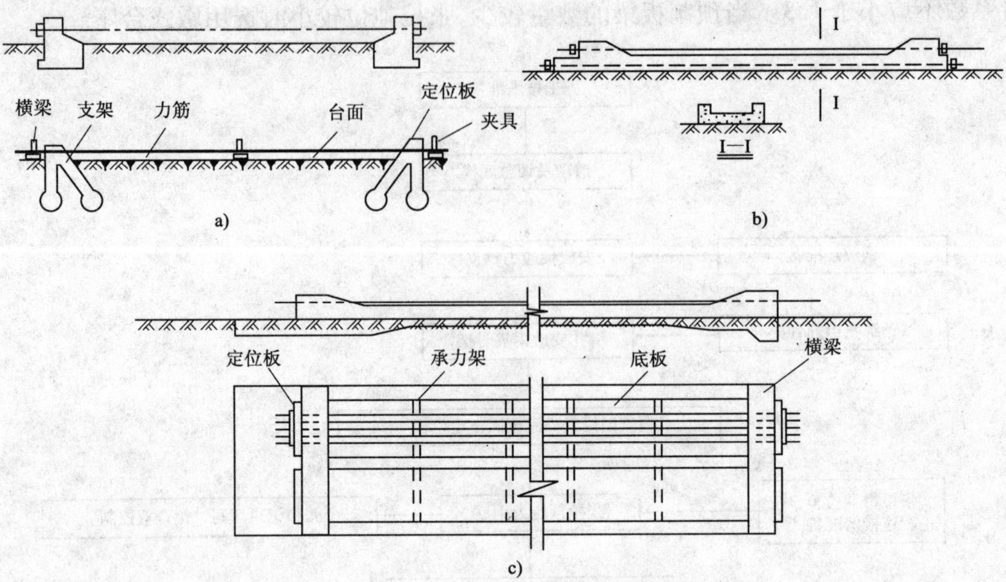

图 2-65　张拉台座的形式

a)墩式台座；b)槽式台座；c)台座构造示意

保证承力架变形小、经济、安全、便于操作等。承力架其形式很多，如框架式、墩式、槽式等。

(3)横梁

横梁是将预应力筋的张拉力传给承力架的横向构件，常用型钢或钢筋混凝土制作。其断面尺寸由横梁的跨径、张拉力的大小决定，并且应保证刚度和稳定的要求。

(4)定位板

定位板用来固定预应力筋，一般是用钢板制成，连接在横梁上，它必须保证承受张拉后具有足够的强度和刚度。孔的位置按照梁体预应力筋的位置设置，孔径比力筋大 2 ~ 4mm，以便于穿筋。

(5)固定端装置

用于固定力筋位置并在梁预制完成后放松力筋，它设在非张拉端，仅用于一端张拉的先张台座。

2)框架式台座

框架式台座由纵梁(压柱)、横梁、横系梁组成框架，承受张拉力。一般是采用钢筋混凝土在现场整体浇筑。其中横梁也可采用装配式型钢组合梁，现场只浇筑混凝土纵梁和系梁。底板应选择在硬地基上，若有局部软土需进行地基处理，压实整平地基后铺设砾石(碎石)层，浇筑混凝土底板。底板高程要严格控制，要求底板平整、光滑，可直接作底模板。

3)拼装式钢管混凝土台座

拼装式钢管混凝土台座具有施工迅速、方便、可重复使用、节省造价的特点，铁路桥梁常采用此种形式。

它以钢管混凝土作为压柱，压柱每节长 4.5m，节间用法兰盘连接，每节质量为 2.4t。压柱的两端采用型钢主柱和型钢框架装片石压重的平衡体，与压柱连接组成台座承力架。主柱和平衡体都可以拆卸。主柱质量 8t，是最重的构件。台座构造如图 2-66 所示。

2. 清理及调整张拉台座

清除底模上覆的所有杂物，并擦拭干净，均匀涂刷脱模剂。对于底模钢板缺损的部位及时进行修补找平，以免影响浇筑出的梁体底板的平整度。

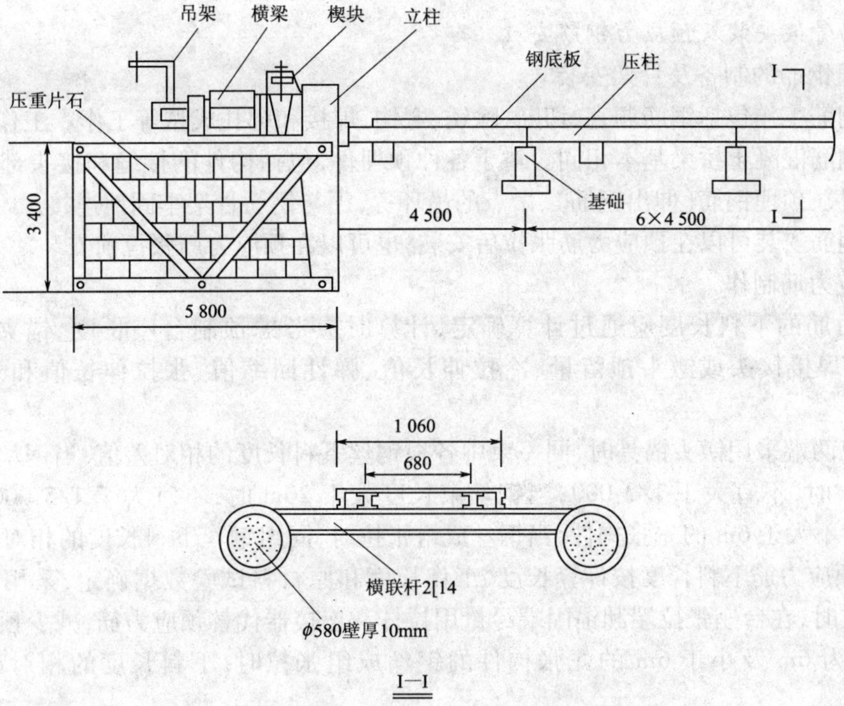

图2-66　钢管混凝土台座（尺寸单位：mm）

三、工序3——安装与拆除模板

根据工程规模和预制工作量大小，模板可采用钢制、木制或钢木结合式。制作板梁的模板，包括底模、侧模和端模。底模支承在底座上，底座有木底座和混凝土底座两种。制作空心板构件，尚需用芯模。模板制作与普通钢筋混凝土空心板相同，此处不再赘述。

（1）选择模板时应注意以下几点：

①模板必须有足够的强度、刚度和稳定性；

②模板的接缝必须密合；

③模板应尽量做成装配式组件或块件（特别是芯模），以利于拆卸。

（2）先张法预应力板梁施工时，模板的制作除满足一般要求外，还有如下要求：

①将先张台座的混凝土底板作为预制构件的底模，要求地基不产生非均匀沉陷。底板制作必须平整光滑、排水畅通，预应力筋放松，梁体中段拱起，两端压力增大，梁位端部的底模应满足强度要求和重复使用的要求。

②端模预应力筋孔的位置要准确，安装后与定位板上对应的力筋孔要求均在一条中心线上。由于施工中实际上存在偏差，力筋张拉时筋位有移动，制作时端模力筋孔径可按力筋直径扩大2~4mm，力筋孔水平向还可做成椭圆形。

③先张法制作预应力板梁，预应力钢筋放松后板梁压缩量为1‰左右，为保证梁体外形尺寸，侧模制作要增长1‰。

模板拆除过程及要求与普通钢筋混凝土板梁相同。

四、工序4——安装钢筋骨架及预应力筋张拉锚固

1. 钢筋骨架安装及预应力钢筋安放

1）普通钢筋的制备及骨架安装

普通钢筋工作包括钢筋调直、切断、除锈、弯钩、焊接和绑扎成型等工作。工作的要求和内容与普通钢筋混凝土桥梁基本相同。对于各种预埋件，包括构件的接缝和接头部位的预埋角钢、预埋钢板、预埋钢筋（伸出钢筋）、吊点的吊环等，须与钢筋骨架牢固地连接。

普通钢筋安装可以在预应力筋张拉后安装，也可以在预应力筋张拉前安装。

2）预应力筋制作

预应力筋的下料长度应通过计算确定，计算时应考虑预制台座长度、锚夹具厚度、千斤顶长度、焊接接头或镦头预留量、冷拉伸长值、弹性回缩值、张拉伸长值和外露长度等因素。

钢丝束两端采用镦头锚具时，同一束中各根钢丝下料长度的相对差值，当钢丝束长度小于或等于20m时，不宜大于1/3 000；当钢丝束长度大于20m时，不宜大于1/5 000，且不大于5mm。长度不大于6m的先张构件，当钢丝成组张拉时，同组钢丝下料长度的相对差值不得大于2mm。预应力筋下料长度按计算长度、工作长度和原材料试验数据确定，采用钢绞线和粗钢筋。张拉时，在台座张拉端和锚固端尽量用拉杆和连接器代替预应力筋，减少预应力筋工作长度；长度为6m及小于6m的先张构件的钢丝成组张拉时，下料长度的相对误差不得大于2mm。

先张拉预应力的粗钢筋，在冷拉或张拉时，通过连接器和锚具进行，也可采用墩头钢筋和开孔的垫板代替锚具或夹具，节省钢材。

先张法墩头锚的钢丝墩头强度不应低于钢丝标准抗拉强度的90%。

3）安放预应力钢筋

预应力筋的安放在台面上的脱模剂干燥之后进行，脱模剂要求具有良好的隔离效果，不能影响混凝土与钢绞线的黏结力。如钢绞线遭受污染，应使用适当溶剂加以清刷干净。预应力筋的安放和下料可同时进行，以提高工效。

在预应力筋就位前，首先考虑台座两端至横梁伸出锚固端部分的工具线，采用工具线可多次倒用，节省钢绞线。在工具线的锚固端安装锚固板和夹片，预应力筋与工具线接头处安装连接器，连接器内夹片、锚固板内的夹片外部应涂点蜡油，以便放张时夹片自动脱出，在施工过程中注意经常检查连接器和锚板内的夹片是否有损伤，如发现有损伤立即更换，以防钢绞线出现滑移飞出伤人。

设计失效部分用塑料管套好并编号，分别放入台座内或台座一侧，拉伸预应力筋的同时穿上失效管。

调整各相邻预应力筋的位置，根据编号使其准确就位，将其连接在两端横梁的连接器上，同时穿入各分丝板的预留孔内（分丝板设在活动横梁一侧，分丝板根据预应力筋的型号设计打孔）。

在安装过程中，注意对预应力筋进行检验，如发现有局部损伤和锈蚀严重的，立即予以更换，并按要求重新下料。

当预应力筋为粗钢筋时，则该粗钢筋可在绑扎钢筋架的同时放入梁体。

预应力筋制作安装的允许偏差见表2-37。

先张预应力筋制作安装允许偏差　　表 2-37

项　　目		允许偏差(mm)
镦头钢丝同束长度相对差	束长 >20m	L/5 000 及 5
	束长 6 ~ 20m	L/3 000
	束长 <6m	2
冷拉钢筋接头在同一平面的轴线偏位		2 及 1/10 直径
力筋张拉后的位置与设计位置之间偏位		4% 构件最短边长及 5

2. 预应力筋张拉与锚固

1)张拉机具及设备

施加预应力所用的机具设备及仪表应由专人使用和管理,并应定期维护和校验。千斤顶与压力表应配套校验,以确定张拉力与压力表之间的关系曲线,校验应在经主管部门授权的法定计量技术机构定期进行。

张拉机具设备应与锚具配套使用,并应在进场时进行检查和校验。对长期不使用的张拉机具设备,应在使用前进行全面校验。使用期间的校验期限应视机具设备的情况确定,当千斤顶使用超过 6 个月或 200 次或在使用过程中出现不正常现象或检修以后应重新校验。弹簧测力计的校验期限不宜超过两个月。

2)施加预应力的准备工作

对力筋施加预应力之前,必须完成或检验以下工作:

(1)施工现场应具备经批准的张拉程序和现场施工说明书。

(2)现场已有具备预应力施工知识和正确操作的施工人员。

(3)锚具安装正确。

(4)施工现场已具备确保全体操作人员和设备安全的必要的预防措施。

先张法梁的预应力筋是在底模整理后,在台座上进行张拉已加工好的预应力筋。对于长线台座,预应力筋或者预应力筋与拉杆、力筋的连接,必须先用连接器串联后才能张拉。先张法通常采用一端张拉,另一端在张拉前要设置好固定装置或安放好预应力筋的放松装置。但也有采用两端张拉的方法。

张拉前,应先安装定位板,检查定位板的力筋孔位置和孔径大小是否符合设计要求,然后将定位板固定在横梁上。在检查预应力筋数量、位置、张拉设备和锚具后,方可进行张拉。先张法的张拉布置见图 2-67。

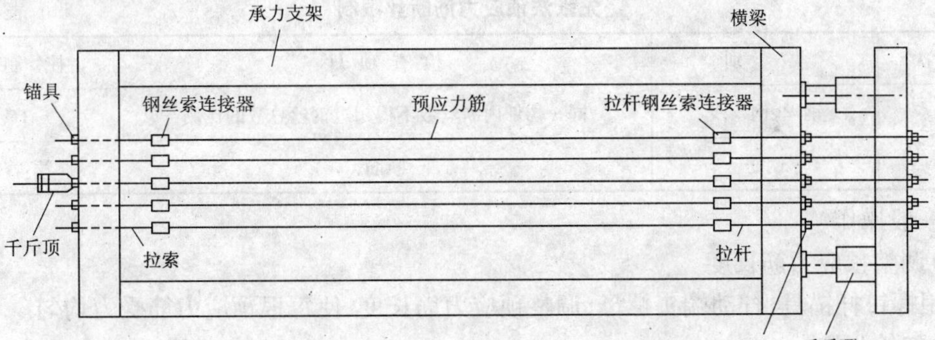

图 2-67　先张法张拉台座布置图

3)张拉工艺

先张法施加预应力工艺是在预制构件时,先在台座上张拉力筋,然后支模浇筑混凝土使构件成型的施工方法。

先张法张拉预应力筋,分单根张拉和多根张拉,单向张拉和双向张拉。单根张拉设备比较简单,吨位要求小,但张拉速度慢,张拉的顺序应不致使台座承受过大的偏心力。多根张拉一般需有两个大吨位千斤顶,张拉速度快。数根预应力筋张拉时,必须使它们的初始长度一致。

张拉后每根力筋的应力均匀。因此可在预应力筋的一端选用螺钉杆锚具和横梁、千斤顶组成张拉端,另一端选用镦粗夹具为固定端,这样可以利用螺钉端杆的螺母调整各根力筋的初始长度。如果力筋直径较小,在保证每根力筋下料长度精确的情况下,可两端采用镦粗夹具。将多根张拉固定端的镦粗夹具改为夹片锚具(如 OBM 锚),用小型穿芯式张拉千斤顶先单根施加部分拉力,同时使每根预应力筋均匀受力,然后在另一端多根张拉到位,就是双向张拉。双向张拉速度快,预应力筋拉力均匀。此外,多根张拉必须使两个千斤顶与预应力筋对称布置,两个千斤顶油路串通,同步顶进。

实施张拉时,应使千斤顶的张拉力作用线与预应力筋的轴线重合一致。

(1)张拉程序

先张法预应力筋张拉的程序依钢筋的类型而异。可参照表 2-38 的规定进行。

先张法预应力筋张拉程序 表 2-38

预应力筋种类	张拉程序
钢筋	0→初应力→1.05σ_{con}(持荷 2min)→0.9σ_{con}→σ_{con}(锚固)
钢丝、钢绞线	0→初应力→1.05σ_{con}(持荷 2min)→0→σ_{con}(锚固)
	对于夹片式等具有自锚性能的锚具: 普通松弛力筋 0→初应力→1.03σ_{con}(锚固) 低松弛力筋 0→初应力→σ_{con}(持荷 2min 锚固)

表 2-38 中,σ_{con}为张拉时控制应力(包括预应力损失在内)。张拉控制应力应符合设计要求,需要超张拉时,可比设计要求增加 5%,但不得超过最大张拉应力的规定。张拉力筋时,为保证施工安全,应在超张拉放松至 0.90σ_{con}时安装模板、普通钢筋及预埋件等。

(2)断丝、断筋

张拉时预应力筋的断丝、断筋数量,不得超过表 2-39 的规定。

先张法预应力筋断丝限制 表 2-39

项次	类别	检查项目	控制数
1	钢丝、钢绞线	同一构件内断丝数不得超过钢丝总数的比例	1%
2	钢筋	断筋	不容许

4)一般操作

(1)调整预应力筋长度

采用螺钉杆锚具,拧动端头螺母,调整预应力筋长度,使每根预应力筋受力均匀。

(2)初始张拉

一般施加 10% 的张拉应力,将预应力筋拉直,锚固端和连接器处拉紧,在预应力筋上选定适当的位置刻画标记,作为测量延伸量的基点。

(3)正式张拉

①一端固定,一端单根张拉。张拉顺序由中间向两侧对称进行,如横梁、承力架受力安全也可从一侧进行。单根预应力筋张拉吨位不可一次拉至超张拉应力。

②一端固定,一端多根张拉。千斤顶必须同步顶进,保持横梁平行移动,预应力筋均匀受力。分级加载拉至超张拉应力。

③一端单根张拉,一端多根张拉。先张拉单根预应力筋,由延伸量和油表压力读数双控制施加30% ~40%的张拉力,同时使预应力筋受力均匀,先顶锚锚固一端,再张拉多根预应力筋至超张拉应力。

(4)持荷

按预应力筋的类型选定持荷时间2 ~5min,使预应力筋完成部分徐变,完成量约为全部量的20% ~25%,以减少钢丝锚固后的应力损失。

(5)锚固

补足或放松预应力筋的拉力至控制应力。测量、记录预应力筋的延伸量,并核对实测值与理论计算值,其误差应在±6%范围内,如不符合规定,则应找出原因及时处理。张拉满足要求后,锚固预应力筋,千斤顶回油至零。

预应力筋张拉锚固后应填写《预应力张拉(先张法)原始记录表》。

五、工序5——混凝土浇筑与养生

1.预应力混凝土配料

预应力混凝土配料除符合普通混凝土有关规定外,尚应符合如下要求:

(1)配制高强度等级的混凝土应选择级配优良的配合比,在构件截面尺寸和配筋允许的情况下,尽量采用大粒径集料、强度高的集料;含砂率不超过0.4;水泥用量不宜超过500kg/m^3,最大不超过550kg/m^3;水灰比不超过0.45;一般可采用低塑性混凝土,坍落度不大于3cm,以减少因徐变和收缩所引起的预应力损失。

(2)在拌和料中可掺入适量的减水剂(塑化剂),以达到易于浇筑、早强、节约水泥的目的,其掺入量可由试验确定,也可参考经验值。拌和料不得掺入氯化钙、氯化钠等氯盐及引气剂,也不宜掺用引气型减水剂。从混凝土的各种组成材料引进混凝土中的氯离子总含量(折合氯盐含量)不宜超过水泥用量的0.1%,当大于0.1%、小于0.2%时,宜采取防锈措施;对于干燥环境中的小型构件,氯离子含量可提高1倍。值得注意的是,由于混凝土掺加减水剂后效果显著,目前用于建造预应力混凝土桥梁的高强度混凝土几乎没有不掺加减水剂的,但对它的使用不能掉以轻心,使用不当将会严重影响混凝土的质量。

(3)水、水泥、减水剂用量应准确到±1%;集料用量准确到±2%。

(4)预应力混凝土所用的一切材料,必须全面检查,各项指标均应合格。

预应力混凝土选配材料总的发展趋势是提高强度、减轻自重,主要途径是采用多孔的轻质集料。国外用于主体承重结构的C30 ~C60预应力轻质混凝土的重度为16 ~20kN/m^3,以轻质混凝土(可较普通混凝土轻20% ~30%)建桥可大量减小永久作用内力,减少圬工,降低造价。

改善预应力混凝土物理力学性能的另一个重要途径是发展研制改性混凝土。目前研制的主要有下列两种:

①纤维混凝土。在混凝土中掺入钢纤维、抗碱玻璃纤维或合成纤维。它可以大幅度地提高混凝土的抗拉强度、断裂韧性，对混凝土的抗压强度、弹性模量的提高也有作用。

②聚合物混凝土。它研制的配料是有机聚合物与无机材料复合的新型材料，如浸渍混凝土，它不仅可将强度提高200% ~400%，还可以增进混凝土的耐久性和耐腐蚀性。

目前在桥梁工程中也有配制试用新材料混凝土的，采用改性混凝土可达到超高强度，优越性大，经济效益显著。

2. 混凝土浇筑

混凝土浇筑前除按操作规程检查外，对先张构件还应检查台座受力、夹具、预应力筋数量、位置及张拉吨位是否符合要求等。

混凝土浇筑除按正常操作规程办理外，还应注意以下事项：

(1)尽量采用侧模振捣工艺。

(2)先张构件使用振捣棒振捣时应避免触及力筋，防止发生受振滑移和断筋伤人事故，并不得触及充气胶管。

(3)浇筑混凝土时防止充气胶管上浮和偏位，随时检查定位箍筋和压块固定情况。

先张构件的养生方法与普通混凝土梁基本一致，但采用蒸汽养护时，开始时恒温温度应按设计规定执行，不得任意提高，以免造成不可补救的预应力损失。待混凝土强度达到10MPa时，可适当提高温度，但不得超过60℃。

六、工序6——预应力筋放松

当混凝土达到设计规定的放松强度之后，可在台座上放松受拉预应力筋（称为“放张”），对预制梁施加预应力。当设计无规定时，一般应在大于混凝土设计强度标准值的75%时进行。

预应力筋放松的速度不宜太快，以砂箱放松为宜，如采用千斤顶重新张拉法放松，所施加的应力值不得超过原张拉时的控制应力；对钢丝可采用逐根切割、切断、锯断或剪断的方法放松，切断位置宜在两台座之间的中部。当采用单根放松时，应分阶段，对称相互交错地进行，每根预应力筋严禁一次放完，以免最后放松的预应力筋自行崩断。现将几种常见的放松方法介绍如下。

1. 砂箱放松法

放松的装置在预应力筋张拉前放置在非张拉端。张拉前将砂箱（图2-68）活塞全部拉出，箱内装满干砂，让其顶着横梁。张拉时箱内砂被压实，承受横梁反力。放松预应力筋时，打开出砂口，让砂慢慢流出，活塞缩回，逐渐放松预应力筋。

2. 千斤顶放松法

如图2-69所示，在台座固定端的承力架与横梁之间张拉前就安放两个千斤顶，待混凝土达到规定放松强度后，即可让两千斤顶同步回程，使拉紧的力筋慢慢回缩，将力筋放松。

3. 张拉放松法

(1)在张拉端利用连接器、拉杆、双螺母放松预应力筋，如图2-70所示。施加应力不应超过原张拉时的控制应力，之后将固定在横梁定位板前的双螺母慢慢旋动，同一组放松的预应力筋螺母旋动的距离应相等，然后再将千斤顶回油。张拉，放松螺母，回油，反复进行，慢慢放松预应力筋。

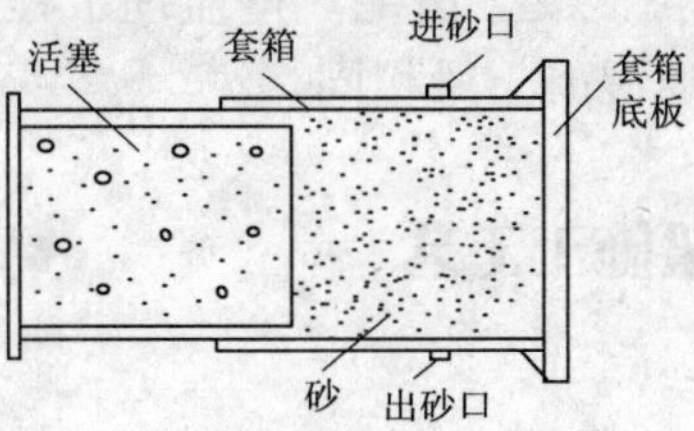

图 2-68　砂箱

图 2-69　千斤顶放张示意图

(2)在台座固定端设置螺杆和张拉架,张拉架顶紧横梁让预应力筋锚固在张拉架上(图 2-71),放松时,再略微拉紧力筋,让其伸长些,然后拧松螺母,再将千斤顶回油,力筋就慢慢回缩,张拉力即被释放。

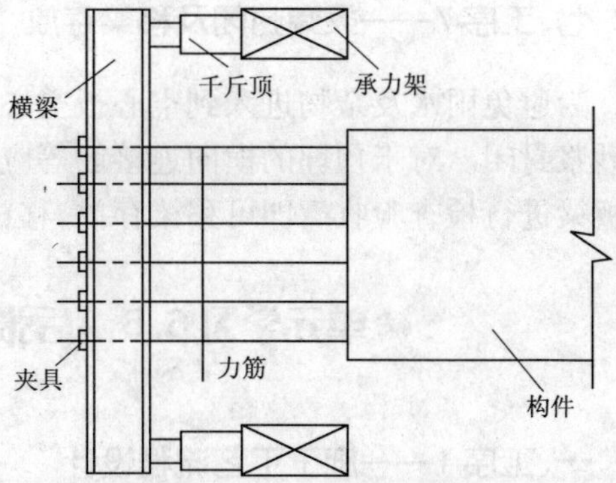

图 2-70　张拉端张拉放松示意图

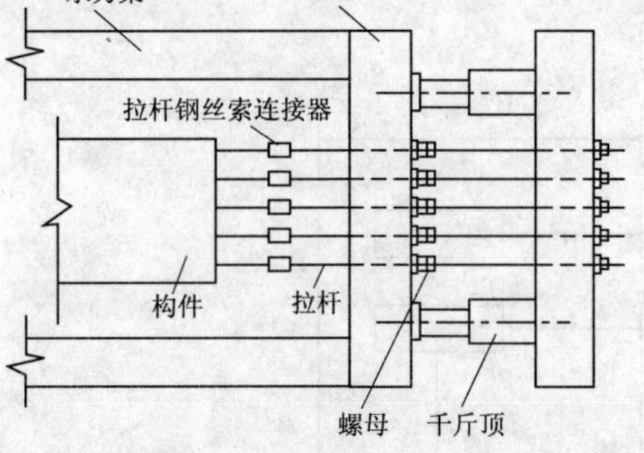

图 2-71　固定端张拉放松示意图

4. *滑楔放松法*

张拉前将三块钢制 U 形滑楔放在台座横梁与螺母之间,如图 2-72 所示,在中间滑楔上设置螺杆、螺钉顶住预应力筋。张拉完后,旋松螺钉,因反力作用,而使中间滑楔向上滑动,将预应力筋慢慢放松。

5. *氧割法*

简单地直接用氧炔焰沿构件端部将锚固在台座上的预应力筋切断,这种放松预应力筋的方法对预应力冲击很大,易产生裂缝和造成大批预应力损失。氧割操作人员只允许沿横向站立,严禁站在预应力筋上进行操作。

6. 手工法

即采用各种手工机具将预应力筋沿构件端部锯断或剪断,此法费工费时。

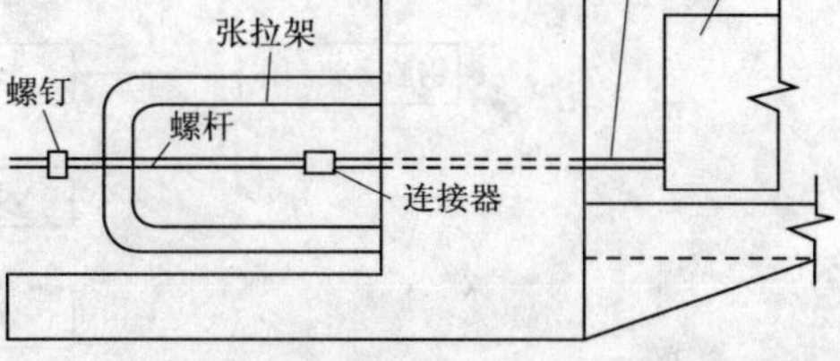

图 2-72　滑楔

预应力筋全部放松后,可用"乙炔—氧气"烧割或用电弧切割外露钢筋,切割时要防止烧伤端部混凝土,切割后的外露端头,应用砂浆封闭或涂刷防蚀材料,防止生锈。

长线台座上预应力筋的切割顺序,宜由放张端开始,逐次切向另一端。

七、工序7——梁端封闭及移梁存放

为避免雨水及杂物进入到空心板空心内,在板梁移运前应将空心板端部用砖等封砌,外表用砂浆封闭。对于预埋的横向连接筋等应凿出,并将企口铰部位混凝土凿毛。待监理工程师对板梁进行检查验收后即可移梁存放,移梁的方法及要求与普通混凝土梁相同。

单元学习6.6 后张法预应力混凝土梁施工工艺

一、工序1——施工工艺流程设计

后张法梁施加预应力时,构件的混凝土强度一般不低于设计强度等级的70%。力筋张拉前必须完成梁内预留孔道、制束、制锚、穿束和张拉机具设备的准备工作。但后张法生产预应力混凝土梁,不需要大型的张拉台座,便于在桥梁工地现场施工,而且又适宜于配置曲线形预应力筋的重、大型构件制作,因此在公路桥梁上应用广泛。其后张法施工工艺基本流程如图2-73所示。

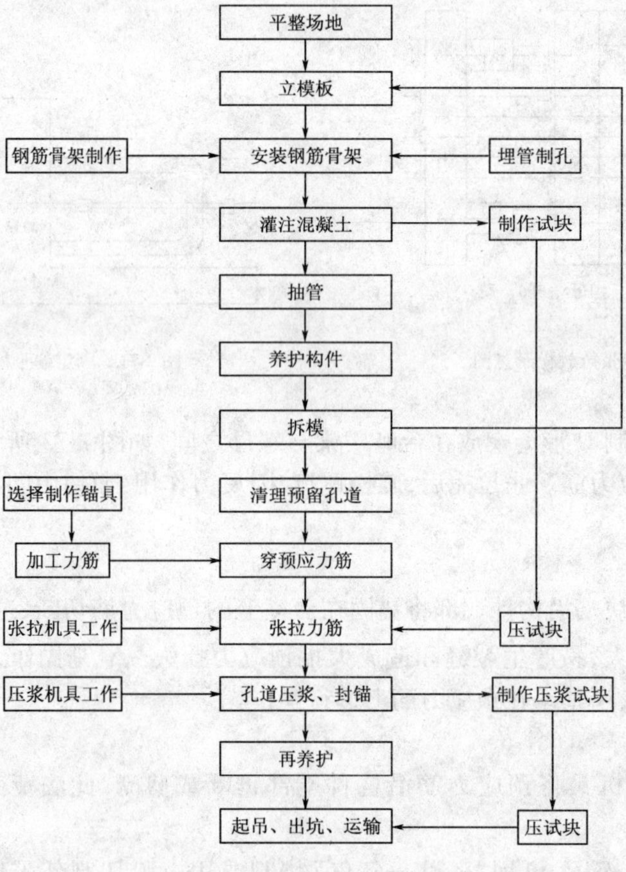

图2-73 后张法施工工艺流程图

后张法预应力混凝土梁常用高强碳素钢丝束,钢绞线和冷拉Ⅲ、Ⅳ级粗钢筋作为预应力筋。对于跨径较小的T形梁,也可用冷拔低碳钢丝作为预应力筋。

二、工序2——预应力筋制备

1. 预应力粗钢筋的加工

直径为12~32mm的预应力筋的加工要经过下料、对焊、冷拉、时效及端头镦粗或轧丝加工等工序。

钢筋下料时,应按钢筋的计算长度、工作长度和原材料的试验数据确定下料长度,做到合理配料,尽量减少接头数目。

钢筋的下料长度可按下式计算:

$$L=\frac{l}{1+\delta_1-\delta_2}+n\cdot b+L_0 \tag{2-36}$$

式中:L——下料长度;

l——计算长度;

δ_1——冷拉伸长率,一般为2%~4%;

δ_2——弹性回缩率,一般为0.45%;

n——接头数目;

b——焊接损耗预留量,每个接头的预留量与钢筋直径有关,可取25~35mm;

L_0——工作长度,采用轧丝锚时取0.15m,两端张拉取0.2m。

由于受到冶金生产和运输上的限制,目前生产的粗钢筋长度最长为12m,因此常需对钢筋焊接接长后使用。为了保证接头处的各项力学性能指标不低于原材料,焊接质量应严格控制。目前多采用二次闪光对头焊接,其对接焊接的轴线偏差不得大于2mm或钢筋直径的1/10。

在常温下,将热轧钢筋进行拉伸,使其拉伸控制应力超过屈服强度,但小于抗拉极限强度,可以提高钢材的屈服强度。冷拉时最好采用同时控制钢筋应力和延伸率,即所谓"双控",并以应力控制为主,延伸率控制为辅。在没有测力设备的情况下,可仅单一地控制其延伸率,称为"单控"。单控操作简单,双控操作除需冷拉设备外,还需测力设备。但双控对冷拉质量控制更有保证。需要焊接的钢筋,必须先进行冷却,冷却至正常温度后即可进行冷拉。钢筋冷拉应按操作规程要求进行。

钢筋进行冷拉后,屈服强度提高但脆性增加,为此钢筋冷拉后应进行时效处理。时效的作用是将冷拉后的钢筋置于一定的温度下经过一段时间,使由冷拉引起的钢材晶格的歪曲得到一定程度的恢复,消除钢筋的内应力,使钢筋的屈服强度、抗拉强度比冷拉完成时有所提高,钢筋的弹性模量得到恢复,这就是冷拉时效。钢筋时效的时间与温度有关,有条件时可采用人工时效,即将冷拉后的钢筋在1 000℃的恒温下保持2h左右,否则可采用自然时效,当自然气温在20~30℃时,至少应放置24h。无论如何,都应保证预应力的实际强度不低于设计取用的相应强度。

钢筋端头的镦粗及轧丝可在冷拉之前进行,也可在冷拉以后加工。先张法预制板梁的粗钢筋,在冷拉或张拉时,通过连接器和锚具进行,采用镦头钢筋和开孔的垫板可代替锚具或夹具。

粗钢筋采用成束张拉时,应将下料好的钢筋梳理顺直,按适当间隔用铅丝绑扎牢固,防止扭花、弯曲,并在钢筋束两端适当距离内放置空心衬芯(弹簧芯或钢管)并绑扎牢固,使钢筋束端截面和锚具孔对应,以利装锚。

直径为6~10mm的高强钢筋,以盘圆供应,施工中可免去冷拉工序和对焊接长等加工工作，有利于施工。

2.高强钢丝和钢绞线的成束

国产高强钢丝单根直径有 $\phi^{\lambda}3 \sim \phi^{\lambda}7$mm，强度有 1 470～1 670MPa，甚至可提供 $\phi^{\lambda}7$mm、1 770MPa 的高强度、低松弛钢丝。钢绞线有 9.0mm、12.0mm、15.00mm 三种直径，其强度为 1 470～1 770MPa，如 $\phi^{j}15$mm 的钢绞线，它是由 6 根 $\phi^{\lambda}5$mm 钢丝为边缘，围绕一根直径为 5.15～5.20mm 的钢丝绞捻而成。

高强钢丝和钢绞线经过下料，编束后用于预应力混凝土板、梁的纵向预应力筋。

高强钢丝的来料一般为盘圆，打开后基本呈直线状，无须整直即可下料。如在自由放置的情况下，任意 1m 长范围内弯曲矢高大于 5mm 时，需要进行整直后使用。

预应力钢丝、钢绞线的下料长度，应通过计算确定，计算时应考虑构件长度（或台座长度）、锚夹具长度、千斤顶长度、焊接接头或镦头预留量、冷拉伸长量、弹性回缩量、张拉伸长量和外露长度等。采用锥形锚具，双作用千斤顶张拉钢丝时，钢丝的下料长度取用预制梁的预留孔道长度加上每张拉端 0.7～0.8m 的工作长度。采用钢丝束镦头锚具时，同束钢丝下料长度的相对差值，当钢丝束长度≤20m 时，不宜大于 1/3000；当钢丝束长度＞20m 时，不宜大于 1/5000。长度为 6m 及小于 6m 的先张法构件的钢丝成组张拉时，下料长度的相对差值不得大于 2mm。

钢丝成束时，先用梳丝板（图 2-74）将其理顺，然后每隔 1.0～1.5m 衬以长 3～4cm 的螺旋衬圈或短钢管，并在衬圈处用 2 号铁丝缠绕 20～30 道，绑扎的铁丝扣应弯入钢丝束内，以免影响穿束。成束时要保持钢丝一端齐平再向另一端进行。绑束完成后，应按设计编号堆放，并挂牌表示，以防错乱。搬运钢束时，支点间跨度不得大于 3m，两端悬出不得大于 1m。

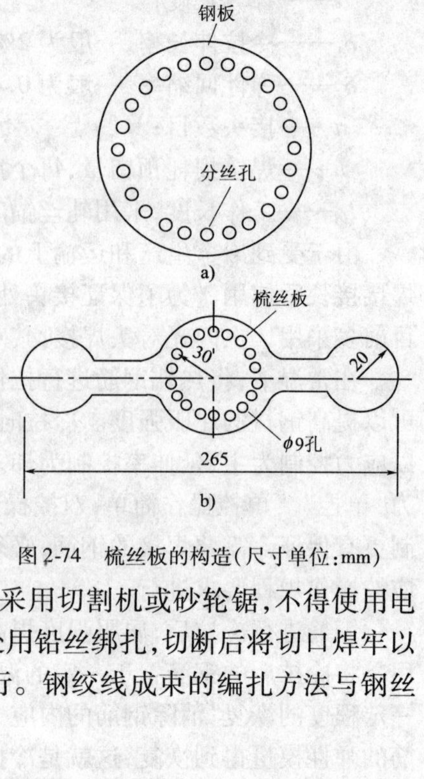

图 2-74 梳丝板的构造（尺寸单位：mm）

钢绞线、钢丝、热处理钢筋及冷拉Ⅳ级钢筋的下料，宜采用切割机或砂轮锯，不得使用电弧切割下料。钢绞线切割时，应将切口两端各 30～50mm 处用铅丝绑扎，切断后将切口焊牢以免松散。钢绞线在编束前应进行预拉，或在梁上张拉前进行。钢绞线成束的编扎方法与钢丝束相同。

三、工序 3——普通钢筋骨架的绑扎与预留孔道

1.普通钢筋骨架的绑扎

后张法预应力混凝土梁中的构造钢筋或普通受力钢筋的加工与普通钢筋相同。对于高、窄、长的钢筋骨架，可分段、分片预制成骨架或钢筋网，在施工现场再装配成整体。如果预制台座能够周转开，梁腹板钢筋骨架在预制底座上绑焊成型。绑扎钢筋时应在底座上标记好钢筋位置及骨架纵向轴线，按位置绑扎钢筋。骨架绑扎完毕，依据管道坐标按设计位置焊接预留孔道定位钢筋，定位必须准确，如有需要应加密定位筋。若预留管道位置与骨架钢筋位置发生冲突，调整骨架钢筋，保证预留管道位置与设计吻合。如需切断的钢筋，应在预留管道定位后，用相同型号的钢筋加以焊接，以保证钢筋整体性。同时要准确安置预应力钢筋锚固端的加强螺旋筋及锚下垫板。

2. 预留孔道

梁内预留孔道是通过在浇筑梁体混凝土前，按梁内预应力筋的设计位置先安放制孔器。待梁体混凝土达到一定强度时，抽拔出制孔器（当为抽拔式制孔器时），并通过检查而形成。

制孔器有埋置式和抽拔式两类。埋置式制孔器主要有铁皮管和铝合金波纹管两种，抽拔式制孔器（俗称抽拔管）常用的有橡胶抽拔管、金属伸缩抽拔管和钢管等。后者目前较少采用。

埋置式制孔器在梁体制成后留在梁内，形成孔道壁，对预应力筋的摩阻力小，但加工成本高，不能重复使用，金属材料耗用量大。铁皮管用薄铁皮制作，安放时分段连接，这种制孔器制作时费工、速度慢，接缝和接头处又易漏浆，造成以后穿束和张拉的困难。铝合金波纹管由制管机卷制而成，横向刚度大，不易变形和漏浆，纵向也便于弯成各种线形，与梁混凝土的黏结也较好，故较适用。但在孔道弯制过程中，铝合金波纹管易出现裂纹，故目前应用比较多的是PVC 塑料波纹管。

抽拔式制孔器，在梁体混凝土浇筑前，安放在力筋的设计位置上，等终凝后将其拔出，梁体内即具有孔道。用这种方法制孔的最大优点是制孔器能够周转使用，省料而经济，在过去应用较广，目前由于波纹管的普及，已较少采用。

橡胶抽拔管分夹布胶管和钢丝网胶管两种。通常选用具有 5 ~ 7 层夹布的高压输水（气）管制成，要求管壁牢固，耐磨性能好，能承受 5kN 以上的工作拉力，并且弹性恢复性能好，有良好的挠曲适应性。预应力混凝土 T 梁的预留孔道长度一般不大于 25m，而橡胶管的出厂长度却不到 25m，考虑到制孔器安装和抽拔的方便，故常采用专门的接头。接头要牢固严密，防止浇筑混凝土时脱节或进浆堵塞。为增加胶管的刚度和控制位置的准确，需在橡胶管内放一圆钢筋（称芯棒），芯棒直径应较胶管内径小 8 ~ 10mm，长度较胶管长 1 ~ 2m，以便于先抽拔芯棒。对于曲线孔道，宜由两段胶管在跨中对接，对接接头处套一段长 0.3 ~ 0.5m 的铁皮管，抽拔胶管时从梁的两端进行，铁皮管则留在梁内。橡胶抽拔管接头如图 2-75 所示。

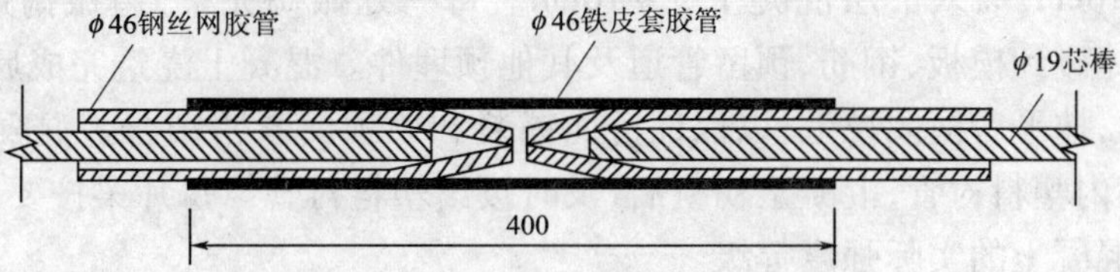

图 2-75　橡胶制孔器接头（尺寸单位：mm）

胶管内如利用充气或充水来增加刚度，管内压力不得低于 500kPa，充气（水）后胶管的外径应符合要求的孔道直径。

金属伸缩抽拔管是一种用金属丝编织成的可伸缩网管，具有压缩时直径增大而拉伸时直径减小的特性。为了防止漏浆和增强刚度，网套内可衬以普通橡胶衬管和插入圆钢或 ϕ5mm 钢丝束芯棒。

钢管制孔器是用表面平整光滑的钢管焊接制成，焊接接头应磨平。钢管制孔器抽拔力大，但不能弯曲，仅适用于短而直的孔道。在梁体混凝土浇筑完毕后要定时转动钢管以利抽拔。

无论采用何种制孔器，都应按设计规定或施工需要预留排气、排水和灌浆用的孔眼。

四、工序 4——侧模板安装及顶板钢筋安装

1. 侧模安装

侧模安装可采用龙门架配合人工进行，首先，在每个底模上做出标记，侧模安装时按照标

记落模安装,人工配合调整就位。模板接缝之间夹5mm厚胶条,以防止漏浆。调整模板底脚螺栓,垂球挂线保证模板轴线位置准确,使侧模高程及轴线满足设计要求。调整模板时注意检查翼板的顺直度。模板位置调正后,紧固下拉杆螺栓,并用木楔子将其他模板立柱支牢。混凝土浇筑前,在梁腹板模板上安装附着式振捣器,同一模板上的附着式振捣器选用同一振幅、同一型号,以免降低使用寿命。

2. 顶板钢筋安装

侧模安装后,进行顶板钢筋安装。边梁应注意预埋护栏钢筋(或人行道梁锚固钢筋),伸缩缝端预埋伸缩缝预埋筋,预埋后的钢筋保证线形顺畅,位置准确。钢筋绑扎完毕后,如有预应力筋在梁顶锚固,则焊接顶板预留孔道定位钢筋,安装顶板预留孔道。预留孔道安装后检查接头连接情况及是否存在孔洞现象。在浇筑混凝土之前,顶板预留孔道内预先穿入直径比波纹管内径小5mm的衬管,以防漏浆堵塞孔道。

五、工序5——混凝土浇筑与养生

1. 混凝土浇筑

混凝土浇筑施工前要详细检查拌和站、供电线路及起重部件的使用状态是否完好,并备用一台发电机,保证在施工中突然停电后能够正常施工;检查钢筋骨架的间距、数量和保护层的距离以及预留管道的位置是否满足设计图纸的要求;检查模板的尺寸是否满足要求、模板接缝是否严密不漏浆。混凝土的运输、浇筑方式及要求与普通钢筋混凝土梁相同。混凝土浇筑由一端向另一端浇筑,分层厚度30cm,上下层同时浇筑的距离不小于1.5m。振捣混凝土时附着式振捣器两侧同时对称工作,附着式振捣器振捣时间一般为25~40s。插入式振捣器作为附着式振捣器的补充,主要振捣孔道管道以上部分的混凝土。振捣棒移动间距为20~30cm,与侧模间距为5~10cm,插入下层混凝土5~10cm。每一处振捣完毕,边振捣边徐徐提出振捣棒,并避免振捣棒碰到模板、钢筋、预留管道及其他预埋件。混凝土浇筑完成后,顶面抹平收光次数不少于2次,抹平后横向拉毛,以保证桥面铺装和梁顶面紧密结合。混凝土浇筑时,应经常串动预留管道内塑料衬管,混凝土初凝后,及时拔出塑料衬管。每片梁按要求制取混凝土试块,以测定梁体混凝土的实际强度等级。

2. 梁体养生

混凝土浇筑完成后须及时进行养护。混凝土收浆后立即用土工布或苫布覆盖、养护,覆盖时不得损伤或污染混凝土表面,并派专人经常洒水,使覆盖物始终保持湿润。养护水采用自来水,不污染混凝土表面。混凝土拆模后,继续养护,养护时间不少于7d。

六、工序6——抽拔制孔器

制孔器的抽拔可由人工逐根进行抽拔,也可用机械(电动卷扬机或手摇绞车)分批进行抽拔。抽拔制孔器的顺序宜先拔下层胶管,后拔上层胶管;先拔早浇筑的半根梁,后拔晚浇筑的半根梁;抽拔时先拔芯棒,后拔管。

梁体混凝土浇筑完后,何时进行抽拔制孔器,这是决定能否顺利进行抽拔和保证成孔质量的关键问题。如抽拔过早,则混凝土容易塌陷而堵塞孔道;如抽拔过迟,则可能拔断胶管。因此,制孔器的抽拔要在混凝土初凝之后与终凝之前,待其抗压强度达到4 000~8 000kPa时方为合适。根据经验,制孔器的抽拔时间可参考表2-40或按下式估计:

$$H = \frac{100}{T} \tag{2-37}$$

式中：H——混凝土浇筑完毕抽拔制孔器的时间(h)；

T——预制梁所处的环境温度(℃)。

制孔器抽拔时间表 表 2-40

环境温度(℃)	抽拔时间(h)	环境温度(℃)	抽拔时间(h)
30 以上	3	10~20	5~8
20~30	3~5	10 以下	8~12

由于确定可能抽拔时间的幅度较大，在施工中也可通过试验来掌握其规律。

七、工序 7——穿束与预应力筋的张拉锚固

1. 穿束

当梁体混凝土强度达到设计强度的 75% 以上时，才可进行穿束张拉。穿束前，可用空压机吹风等方法清除孔道内的污物和积水，以确保孔道畅通。一般可采用人工直接穿束，也可借助一根 $\phi5$ 长钢丝作为引线，用卷扬机牵引较长的束筋进行穿束工作。穿束时钢丝束从一端穿入预留孔道。钢丝束在孔道两端头伸出的长度应大致相等。目前，穿钢绞线束的新方法是用专门的穿束机，将钢绞线从盘架上拉出后从孔道的一端快速地(速度为 3~5m/s)推送入孔道，当戴有护头的束前端穿出孔道另一端时，用电动切线机按规定伸出长度予以截断，再将新的端头戴上护头穿第二束，直至穿到规定的束数。有时可在浇筑混凝土前预先埋束。

2. 预应力力筋的张拉

1)张拉前的准备工作

力筋张拉前首先检验钢绞线、锚具及夹片的安装工作，夹片必须上紧，防止在张拉过程中出现抽丝现象，必须对千斤顶和油压表进行校验，计算与张拉吨位相应的油压表读数和钢丝伸长量，确定张拉顺序和清孔、穿束等工作，并完成制锚工作。

2)张拉程序

后张法预制梁，当跨径或长度等于或大于 25m 时，宜用两端同时张拉的工艺。只有短构件可用单端张拉，非张拉端用固定锚具。

后张预应力筋的张拉应符合设计要求，设计无规定时，其张拉程序可参照表 2-41 进行。

后张法预应力筋张拉程序 表 2-41

预应力筋		张拉程序
钢筋、钢筋束		0→初应力→1.05σ_{con}(持荷 2min)→6σ_{con}(锚固)
钢绞线束	对于夹片式等具有自锚性能的锚具	普通松弛力筋 0→初应力→1.03σ_{con}(锚固) 低松弛力筋 0→初应力→σ_{con}(持荷 2min 锚固)
	其他锚具	0→初应力→1.05σ_{con}(持荷 2min)→σ_{con}(锚固)
钢丝束	对于夹片式等具有自锚性能的锚具	普通松弛力筋 0→初应力→1.03σ_{con}(锚固) 低松弛力筋 0→初应力→σ_{con}(持荷 2min 锚固)
	其他锚具	0→初应力→1.05σ_{con}(持荷 2min)→0→σ_{con}(锚固)
精轧螺纹钢筋	直线配筋时	0→初应力→σ_{con}(持荷 2min 锚固)
	曲线配筋时	0→σ_{con}(持荷 2min)→0(上述程序可反复几次)→初应力→σ_{con}(持荷 2min 锚固)

表中 σ_{con} 为张拉时的控制应力，包括预应力损失值；两端同时张拉时，两端千斤顶升降压、画线、测伸长、插垫等工作应基本一致；梁的竖向预应力筋可一次张拉到控制应力，然后于持荷5min 后测伸长和锚固；超张拉数值超过最大超张拉应力限值时，应按规范中的有关规定的限值进行张拉。

3）两次张拉工艺

预应力梁在混凝土强度达到设计强度之前，如达到设计强度的60%以上，先张拉一部分力筋，对梁体施加较低的预压应力，使梁体能承受自重荷载，提前将梁移出生产梁位。因为混凝土强度早期发展快，后期强度增长慢，所以采取早期部分施加应力，可大大缩短生产台座使用周期，加快施工进度。预制梁移出生产台座后，继续进行养护，待达到混凝土设计强度后，进行其他力筋的张拉工作。预应力梁进行早期张拉力筋的根数、位置和锚头局部承压应力均需通过验算后确定。

4）张拉要点

应尽量减小力筋与孔道摩擦，以免造成过大的应力损失或使构件出现裂缝、翘曲变形。力筋的张拉顺序应按设计规定进行，若无规定时，应综合以下两方面因素核算确定：

（1）避免张拉时构件截面呈过大的偏心受力状态，应使已张拉的合力线处在受压区内，边缘不产生拉应力。

（2）应计算分批张拉的预应力损失值，分别加到先张拉的力筋控制应力值 σ_{con} 内，但 σ_{con} 不能超过有关规定，否则应在全部张拉后进行第二次张拉，补足预应力损失。

对于长度大于或等于25m 的直线和曲线预应力筋应在两端张拉，若设备不足时可先张拉一端，后张拉另一端。

长度小于25m 但仍较长的直线预应力筋，也尽量采用两端张拉。张拉时，两端千斤顶升降速度应大致相等，测量伸长的原始空隙、伸长值、插垫等工作应在两端同时进行，千斤顶就位后，应先将主油缸少许充油，使之蹬紧，让预应力筋绷直，在预应力筋拉至规定的初应力时，应停车测原始空隙或画线做标记；为减少压缩应力损失，插垫应尽量增加厚度，并将插口对齐，实测 σ_{con} 值时的空隙量减去放松后的插垫厚度应不大于1mm，插垫可在张拉应力大于 σ_{con} 时进行。

两端同时张拉成束预应力筋时，为减小应力损失，应先压紧一端锚塞，并在另一端补足至 σ_{con} 值后，再压紧锚塞。

5）滑丝和断丝处理

在张拉过程中，由于各种原因会引起预应力筋断丝或滑丝，使预应力筋受力不均，甚至使构件不能建立足够的预应力。因此需要限制预应力筋的断丝和滑丝数量，其控制数参见表2-42的规定。

后张预应力筋断丝、滑移限制 表2-42

类　别	检查项目	控制数
钢丝束和钢绞线束	每束钢丝断丝或滑丝	1根
	每束钢绞线断丝或滑丝	1丝
	每个断面断丝之和不超过该断面钢丝总数的	1%
单根钢筋	断筋或滑移	不容许

注：①钢绞线断丝系指单根钢绞线内钢丝的断丝。

②超过表列控制数时，原则上应更换；当不能更换时，在许可的条件下，可采取补救措施，如提高其他束预应力值，但须满足设计上各阶段极限状态的要求。

为此要做好如下工作：

(1)加强对设备、锚具、预应力筋的检查。

①千斤顶和油表需按时进行校正，保持良好的工作状态，保证误差不超过规定；千斤顶的卡盘、楔块尺寸应正确，没有磨损沟槽和污物，以免影响楔紧和退楔。

②锚具尺寸应正确，保证加工精度。锚环、锚塞应逐个地进行尺寸检查，有同符号误差的，应配套使用。即锚环的大小两孔和锚塞的粗细两端，都只允许同时出现正误差或同时出现负误差，以保证精度正确。

③锚塞应保证规定的硬度值，当锚塞硬度不足或不均，张拉后有可能产生内缩过大甚至滑丝。为防止锚塞端部损伤钢丝，锚塞头上的导角应做成圆弧。

④锚环不得有内部缺陷，应逐个进行电磁探伤。锚环太软或刚度不够均会引起锚塞内缩超量。

⑤预应力筋使用前应按规定检查以下项目：钢丝截面要圆，粗细、强度、硬度要均匀；钢丝编束时应认真梳理，避免交叉混乱；清除钢丝表面的油污锈蚀，使钢丝正常楔紧和正常张拉。

⑥锚具安装位置要准确。锚垫板承压面，锚环、对中套等的安装面必须与孔道中心线垂直；锚具中心线必须与孔道中心线重合。

(2)严格执行张拉工艺，防止滑丝、断丝。

①垫板承压面与孔道中线不垂直时，应当在锚圈下垫薄钢板调整垂直度。将锚圈孔对正垫板并点焊，防止张拉时移动。

②锚具在使用前须先清除杂物，刷去油污。

③楔紧钢束的楔块其打紧程度务求一致。

④千斤顶给油、回油工序一般均应缓慢平稳进行。特别是要避免大缸回油过猛，否则会产生较大的冲击振动，易发生滑丝。

⑤张拉操作要按规定进行，防止钢丝受力超限发生拉断事故。

⑥在冬季施工时，特别是在负温条件下钢丝性能发生了变化(钢丝伸长率减少，弹性模量提高，锚具变脆变硬等)，故较易产生滑丝与断丝。建议预应力张拉工作应在正温条件下进行。

(3)滑丝与断丝的处理。滑丝与断丝现象发生在顶锚以后，处理方法可采用如下措施：

①钢丝束放松。将千斤顶按张拉状态装好，并将钢丝在夹盘内楔紧。一端张拉，当钢丝受力伸长时，锚塞销被带出。这时立即用钢钎卡住锚塞螺纹(钢钎可用 ϕ5mm 的钢丝、端部磨尖制成，长 20～30cm)，然后主缸缓慢回油，钢丝内缩，锚塞因被卡住而不能与钢丝同时内缩。主缸再次进油，张拉钢丝，锚塞又被带出。再用钢钎卡住，并使主缸回油，如此反复进行至锚塞退出为止。然后拉出钢丝束更换新的钢丝束和锚具。

②单根滑丝单根补拉。将滑进的钢丝楔紧在卡盘上，张拉达到应力后顶压楔紧。

③人工滑丝放松钢丝束。安装好千斤顶并楔紧各根钢丝。在钢丝束的一端张拉到钢丝的控制应力仍拉不出锚塞时，可打掉一个千斤顶卡盘上钢丝的楔子，迫使 1～2 根钢丝产生抽丝。这时锚塞与锚圈的锚固力就减小了，再次拉锚塞就较易拉出。

6)安全操作注意事项

(1)张拉现场应有明显标志，与该工作无关的人员严禁入内。

(2)张拉或退楔时，千斤顶后面不得站人，以防预应力筋拉断或锚具、楔块弹出伤人。

(3)油泵运转有不正常情况时，应立即停车检查。在有压情况下，不得随意拧动油泵或千斤顶各部位的螺钉。

(4)作业应由专人负责指挥，操作时严禁摸踩及碰撞力筋，在测量伸长及拧螺母时，应停止开动千斤顶或卷扬机。

(5)冷拉或张拉时，螺钉端杆、套筒螺钉及螺母必须有足够长度，夹具应有足够的夹紧能力，以防锚具夹具不牢滑出。

(6)千斤顶支架必须与梁端垫板接触良好，位置正直对称，严禁多加垫块，以防支架不稳或受力不均倾倒伤人。

(7)在高压油管的接头应加防护套，以防喷油伤人。

(8)已张拉完而尚未压浆的梁，严禁剧烈振动，以防预应力筋裂断而酿成重大事故。

八、工序8——孔道压浆和封锚

后张法预应力梁力筋(束)张拉之后，需要进行孔道压浆和封锚，才算完成了梁的预制工作。

压浆的目的是使梁内预应力筋(束)免于锈蚀，并使力筋(束)与混凝土梁体相黏结而形成整体。因此水泥浆不能含有腐蚀性混合体，并应在施加预应力后，尽可能早地进行灌浆作业。

1. 材料要求

1)水泥

宜采用硅酸盐水泥或普通水泥。采用矿渣水泥时，应加强检验，防止材性不稳定。水泥的强度等级不宜低于42.5级。水泥不得含有任何团块。

为使灌浆作业容易进行，水泥浆应具有适当的稠度，且应具有适当的膨胀性和规定的抗压强度和黏着强度。

2)水

应不含有对预应力筋或水泥有害的成分，每升水不得含500mg以上的氯化物离子或任何一种其他有机物。可采用清洁的饮用水。

3)外加剂

宜采用具有低含水率、流动性好、最小渗出及膨胀性等特性的外加剂，它们应不得含有对预应力筋或水泥有害的化学物质。外加剂的用量应通过试验确定。

水泥浆的强度应符合设计规定，设计无具体规定时，应不低于30MPa。

对截面较大的孔道，水泥浆中可掺入适量的细砂。水泥浆的技术条件应符合下列规定：

(1)水灰比宜为0.40~0.45，掺入适量减水剂时，水灰比可减小到0.35。

(2)水泥浆的泌水率最大不得超过3%，拌和后3h泌水率宜控制在2%，泌水应在24h内重新全部被浆吸回。

(3)通过试验后，水泥浆中可掺入适量膨胀剂，但其自由膨胀率应小于10%。

(4)水泥浆稠度宜控制在14~18s之间，稠度的试验方法见有关规定。

2. 压浆工艺

压浆是用压浆机(拌和机加水泥泵)将水泥浆压入孔道，并使孔道从一端到另一端充满水泥浆，且不使水泥浆在凝结前漏掉。为此需在两端锚具上或锚具附近的预制梁上设置连接带阀压浆嘴的接口和排气孔。

一般在水泥浆中掺加塑化剂(或掺铝粉)，以增加水泥浆的流动性。使用铝粉能使水泥浆凝固时的膨胀稍大于体积收缩，因而使孔道能充分填满。

压浆前应将孔道冲洗洁净、湿润，并用吹风机排除积水，然后从压浆嘴慢慢地、均匀地压入水泥浆，这时另一端的排气孔有空气排出，直至有水泥浆流出为止，再关闭压浆和出浆口的阀门。

压浆时，对曲线孔道和竖向孔道应由最低点的压浆孔压入，由最高点的排气孔排气和泌水。比较集中和附近的孔道，宜尽量连续压浆完成，以免窜到邻孔的水泥浆凝固堵塞孔道。不能连续压浆时，后压浆的孔道应在压浆前用压力水冲洗畅通。

压浆后应从检查孔抽查压浆的密实情况，如有不实，应及时处理和纠正。压浆过程中及压浆后48h内，结构混凝土温度不得低于+5℃，否则应采取保温措施。当气温高于35℃时，压浆宜在夜间进行。

施锚后压浆前，须将预应力筋（束）露于锚头外的部分（张拉时的工作长度）截除。当采用分阶段张拉力筋时，应在各阶段分别制取试件，并用标准养护方法及与梁体同条件养护两种方法鉴定其强度。

3. 压浆注意事项

（1）水泥浆应在管道内畅通无阻，因此浇筑之前管道应畅通，不塌陷、不堵塞。

（2）搅拌水泥浆应注意检查配合比、计量的准确性、材料往搅拌机掺放的顺序、搅拌时间、水泥浆的流动性。

（3）水泥浆进入压浆泵之前，应通过筛子。压浆时压浆泵应缓慢进行，检查排气孔的水泥浆浓度，尤其在排气孔关闭之后，泵的压力应达到0.5MPa以上，并保持一定时间。

（4）压浆作业不能中断，应连续地进行。还要检查有没有忘记应灌注的管道。

（5）寒冷季节压浆时，做到压浆前管道周围的温度在5℃以上，水泥浆的温度为10～20℃，尽量减小水灰比。

（6）为了避免高温引起水泥浆的温度上升和水泥浆的硬化，一般夏季中午不得进行压浆施工。在夏季压浆前，应先将管道用水湿润，尽量避免使用早强硅酸盐水泥；外加材料最好具有缓凝性；水泥浆一经搅拌，就应尽早在短时间内结束作业，防止铝粉过早膨胀。

4. 封锚

封锚可在预制台座上或存梁区内进行，封锚前将梁端凿毛，绑扎封锚钢筋。伸缩缝预埋筋位置要准确，支立封锚模板，模板要支立牢固，尺寸准确。浇筑混凝土过程中应控制伸缩缝预留槽高度，混凝土施工结束后，覆盖、洒水养生。主梁存放时，使梁两端垫牢，梁两侧用圆木支承，防止大梁倾倒。

封锚混凝土的强度等级应符合设计要求，一般不宜低于梁体混凝土强度等级的80%，并不宜低于C30。封端混凝土必须严格控制梁体长度。长期外露的金属锚具，应采取防锈措施。

对于采用先简支后连续施工的连续梁桥的主梁，在预应力钢筋张拉完成并进行孔道压浆后，不用封锚，但要对锚具进行防腐防锈处理，以免在梁存放期间锚具锈蚀。

九、工序9——移梁存放

当梁体混凝土强度达到设计强度的75%以后，即可将梁从预制台座上移出运到梁的存放场。由于后张法梁长且重，横向刚度又差，移梁过程中要缓慢、平稳，切忌突然的晃动与摇摆。梁片移到存梁台座后，要用方木支撑牢固。

工作任务7　圬工和钢筋混凝土拱桥连续梁桥上部构造施工

学习目标

1. 掌握拱桥上部结构预制与现浇施工流程；
2. 学生能够掌握拱桥上部结构预制与现浇施工方法。

任务描述

利用某在建公路桥梁施工文件、多媒体教学资源和教师的讲解，让学生能够掌握拱桥上部结构预制与现浇施工方法。

学习引导

本学习任务沿着以下脉络进行学习。

第一步：结合课件，教师讲解相关知识；

第二步：展示某在建公路桥梁施工文件；

第三步：让学生能够掌握拱桥上部结构预制与现浇施工方法。

单元学习7.1　拱桥就地浇筑施工

拱桥就地浇筑施工，目前常用的施工方法有以下几种：

(1)搭设拱架，有支架就地浇筑施工。

(2)采用型钢或钢管混凝土劲性骨架，无支架就地浇筑施工。

(3)采用塔架斜拉索法和斜吊式悬浇，无支架就地浇筑施工。

一、拱架的结构类型

拱架的种类很多，按其使用材料可分为木拱架、钢拱架、竹拱架、竹木混合拱架、钢木组合拱架以及土牛胎拱架等多种形式；按结构形式可分为排架式、撑架式、扇形式、桁架式、组合式、叠桁式、斜拉式等。

二、拱架的构造及安装

1. 木拱架

木拱架一般有排架式、撑架式、扇形式、叠桁式及木桁架式等。前四种在桥孔中间设有或多或少的支架，统称满布式拱架；最后一种可采用三铰木桁架形式，在桥孔中完全不设支架。图2-76为撑架式木拱架示意图。

1)木拱架构造

满布式木拱架一般可分为上下两部分，下部为支架，上部为拱架。支架的构造基本上与木桥相同，但在纵横方向均设置水平撑和斜撑(或剪刀撑)，以使排架稳定。较高的支架，可采用框架式结构，但两半跨构造应尽量对称。上下游应设斜撑或拉索。拱架的弧形木，一般跨度为2～

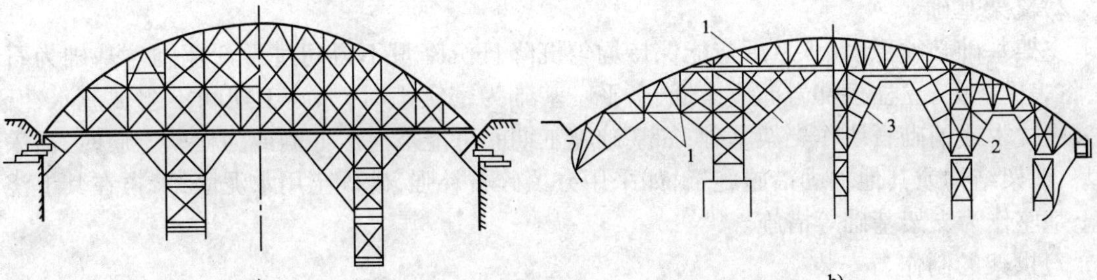

图 2-76 撑架式木拱架

a) $L = 40 \sim 60\text{m}$; b) $L = 70 \sim 90\text{m}$

1-卸架设备;2-斜撑;3-横向斜夹木

3m,弧形木上缘应按拱圈或拱肋的内侧弧线制成弧形。当拱度不大、矢高不超过立柱或斜撑木料的长度时,拱架的水平拉杆可设置在起拱线的水平位置上;当拱跨较大和拱矢较高时,可提高拉杆的位置。拱架的横向间距由拱圈重力大小而定,一般为 1.2 ~ 1.7m。间距较大时,模板下需设置横梁,其间距一般可取 60 ~ 70m 。各片拱架间需设夹木连接。拱架的卸落设备一般设置在拱架水平拉杆与支架帽木之间上下立柱相对应处。跨径较大时,可设于弧形木下支点处;当为扇形拱架或木桁拱架时,设置于支点之下;对于叠桁式拱架,由于它不设帽木和水平拉杆,双层弓形木组成的叠桁二端又嵌入桥台,因此卸落设备(一般为木楔)置于拱顶叠桁接头处和立柱接头之间。拱架各杆件的连接应当力求紧密,可用铁夹板、硬木夹板、螺栓、抓钉等铁件或硬木连接;桁式木拱架需采用榫接;叠桁式木拱架必须采用螺栓连接。图 2-77 为满布式木拱架节点构造。

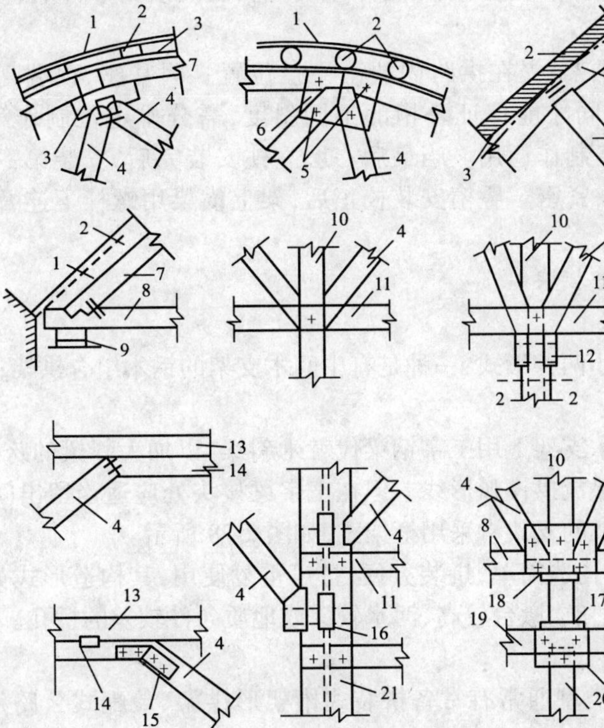

图 2-77 满布式木拱架节点构造图

1-模板;2-横梁;3-填木;4-斜撑;5-螺栓;6-铁(木)板;7-弓形木;8-拉梁;9-卸梁设备;10-立柱;11-水平夹木;12-垫木;13-纵梁;14-托梁;15-夹板;16-键;17-砂筒;18-夹板;19-帽木;20-桩或柱;21-框架立柱

2)支架基础

支架基础必须稳固,承重后应能保持均匀沉降且沉降量不得超过设计范围。基础为石质时,将表土挖去,立柱根部岩面应凿低、凿平。基础为密实土时,如施工期间不会被流水冲刷,可采用枕木或铺砌石块作支架基础;如基础施工期间可能被流水冲刷或为松软土质时,需采用桩基、框架结构或其他加固措施施工,如采用夯填碎石补强,砂砾土用水泥固结,再在其上浇混凝土基座作为支架基础等措施。

3)拱架的制作与安装

拱架的弧形木立柱等主要杆件和木桁架的各种杆件,应采用材质较强、无损伤、无腐烂及湿度不大的木材。拱架制作安装时,拱架尺寸和形状要符合设计要求,立柱位置准确且保持直立,各杆件连接接头要紧密,支架基础要牢固,高拱架应特别注意其横向稳定性。拱架全部安装完成后,应全面检查,确保结构牢固可靠。

拱架可就地拼装,也可根据起吊设备能力预拼成组件后再进行安装。满布式木拱架的制作及安装程序如下:

(1)在平台上,按拱圈(或拱肋)内弧线加施工预拱度值放出拱模弧线,并将拱模弧线分成若干段,定出弧形木接头位置和排架、斜撑、拉杆的中心线或叠桁式拱架拱盔顶板和立柱顶端的中心线和位置。

(2)在台样上量出各杆件尺寸,制作各杆件大样。

(3)在支架及卸落设备上拉平,定出拉杆水平线,安装拉杆、立柱、斜撑、夹木及弧形木等杆件。

(4)在弧形木各点上拉平(包括预拱度),准确地安装拱模弧形(减去模板、垫本和横梁的高度)控制弧形木高度。

(5)对于叠桁式木拱架,先在拱跨内放出立拱位置。因基座、顶端高程不一样,立柱的第一层和最后层各不相同才能保证叠桁的不同斜度,需分排定位制作第一层和第二层立柱,其他杆件按统一规格制作通用。当最后一层立柱安装完后,安装第一层叠桁,两层叠桁需交错重叠,并注意接头紧密。叠桁安装校正后,架上横梁用螺栓下连叠桁,将横向几个叠桁连成整体。

2. 钢拱架与钢木组合拱架

1)工字梁钢拱架

工字梁钢拱架可采用两种形式:一种是有中间木支架的钢木组合拱架;一种是无中间木支架的活用钢拱架。

钢木组合拱架是在木支架上用工字钢梁代替木斜梁,以加大斜梁的跨度,减少支架用量。工字钢梁顶面可用垫木垫成拱模弧形线。但在工字梁接头处应适当留出间隙,以防拱架承载落实顶死。钢木组合拱架的支架常采用框架式,如图2-78所示。

工字梁活用钢拱架,构造简单,拼装方便,且可重复使用,其构造形式如图2-79所示。它适用于施工期间需保持通航、墩台较高、河水较深或地质条件较差的桥孔。

2)钢桁架拱架

钢桁架拱架的结构类型通常有常备拼装式桁架形拱架、装配式公路钢桁架节段拼装式拱架、万能杆件拼装式拱架、装配式公路钢桁架或万能杆件桁架与木拱盔组合的钢木组合拱架。图2-80为常备拼装式桁架拱架示意图。图2-81为装配式公路钢桁架节段拼装式拱架示意图。

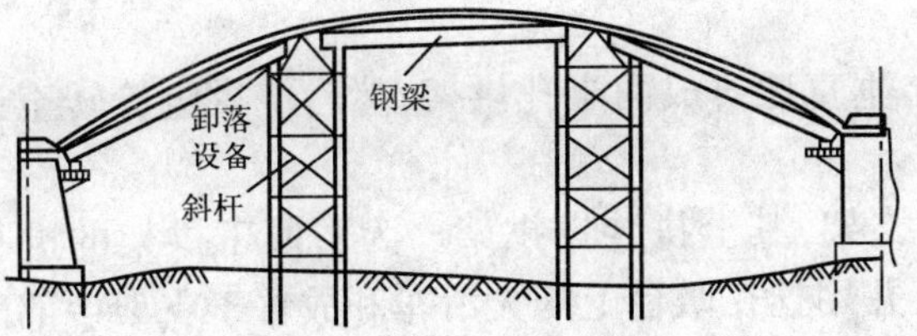

图 2-78　钢木组合拱架

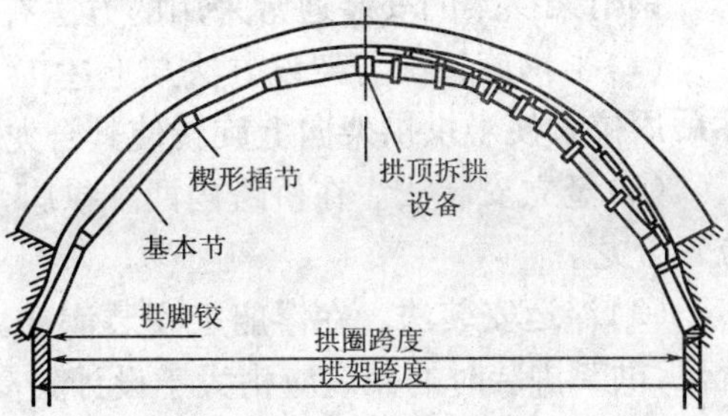

图 2-79　工字梁活用钢拱架

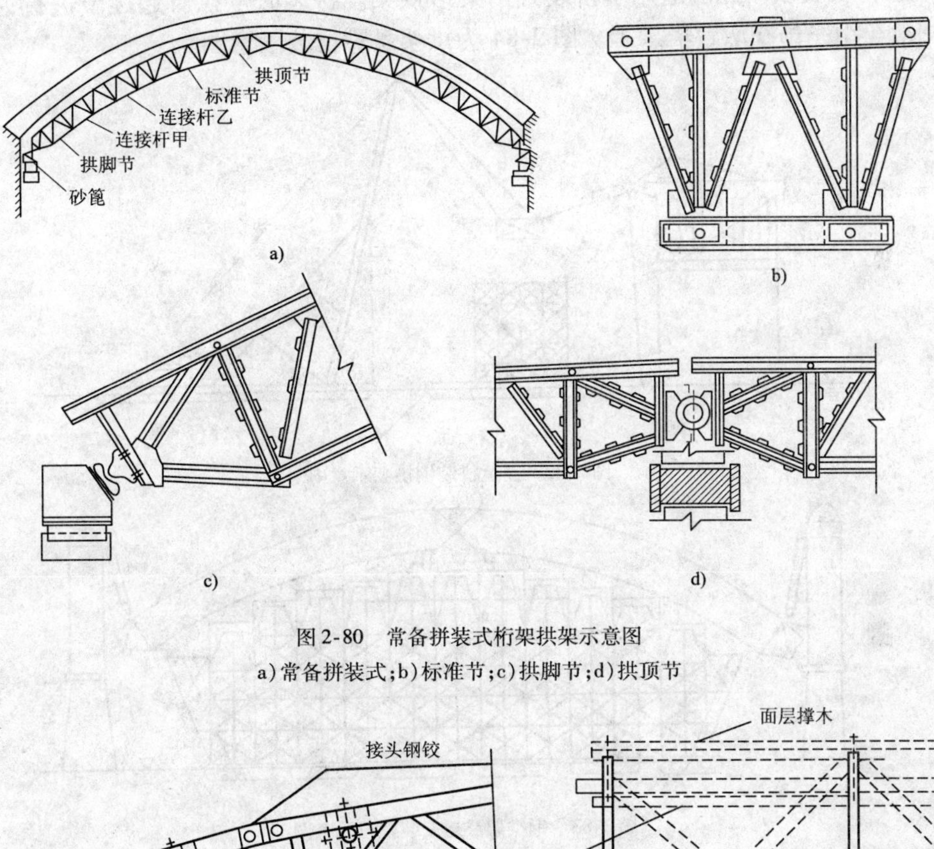

图 2-80　常备拼装式桁架拱架示意图

a)常备拼装式;b)标准节;c)拱脚节;d)拱顶节

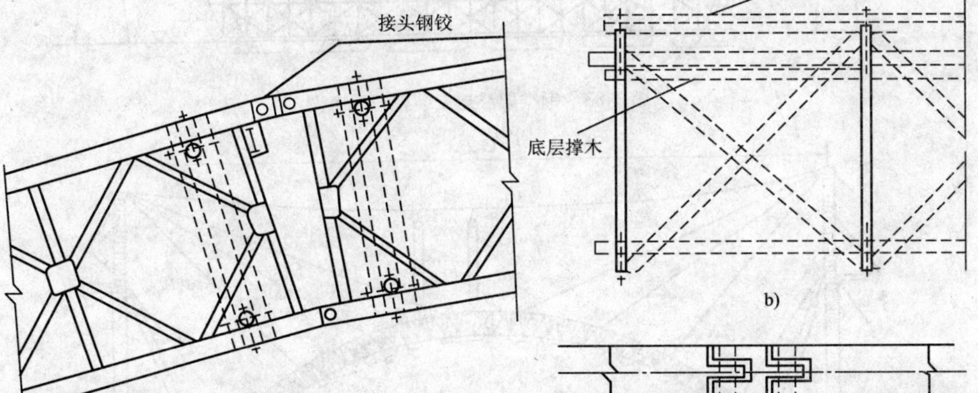

图 2-81　装配式公路钢桁架节段拼装式拱架示意图(尺寸单位:cm)

a)桁节连接;b)拱架横向连接;c)钢铰接头平面

钢桁架拱架的安装通常采用的方法有下列几种：

(1)半拱旋转法。架设方法与上述工字梁活用钢拱架相似，但起吊前拱脚先安在支座上，然后用拉索使半拱拱架向上旋转使其合龙。

(2)竖立安装法。在桥跨内两端拱脚上，垂直地拼成两半孔拱架，然后绕拱脚旋转至设计位置合龙。

(3)浮运安装法。在浮船上安装满布式支架，其上拼装钢拱架。为了便于拱架的进孔和就位，拱架拼装时的矢高应稍大于设计矢高，并用挂在墩台上的大滑车和放置于支架中部的千斤顶来调整矢高。图2-82为浮运拼装钢拱架示意图，图2-83为钢拱架浮运安装就位示意图。

(4)悬臂安装法。此法适用于拼装式桁架形拱架。拼装时从拱脚起逐节进行，拼装好的节段，用滑车组系吊在墩台塔架上。图2-84为拱架悬臂拼装示意图。

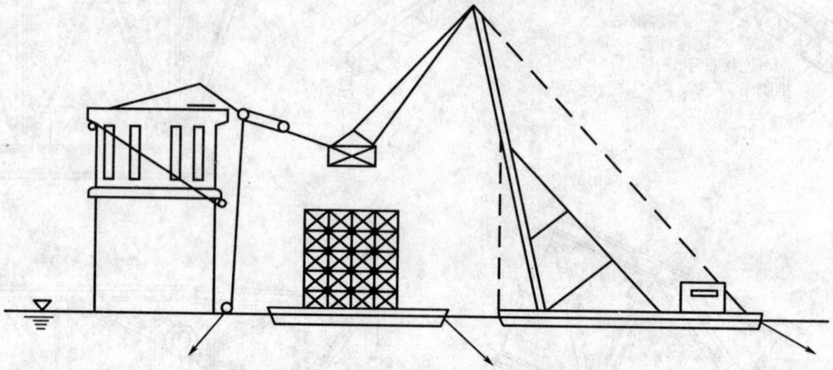

图2-82　浮运拼装钢拱架示意图

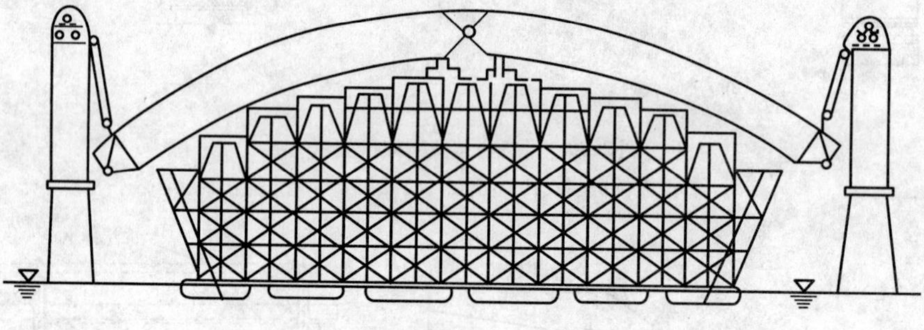

图2-83　钢拱架浮运安装就位示意图

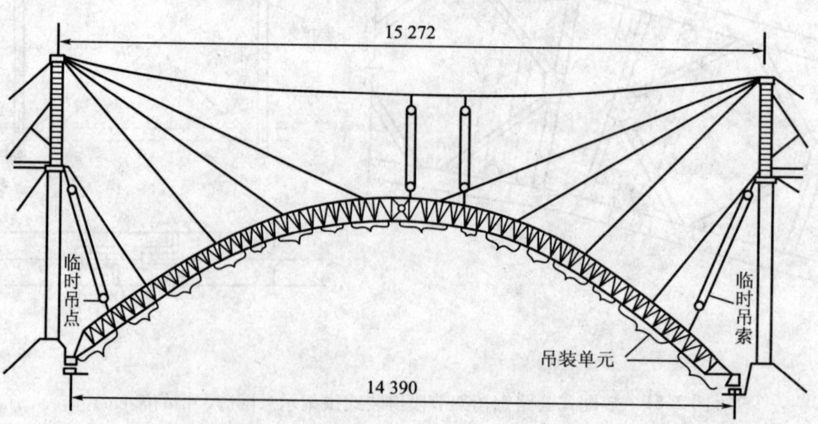

图2-84　拱架悬臂拼装示意图(尺寸单位：cm)

3)扣件式钢管拱架

扣件式钢管拱架是将房屋建筑施工用的钢管脚手架移植到拱桥施工中，一般有满堂式、预留孔满堂式及立柱式扇形等几种。扣件式钢管拱架一般不分支架和拱盔部分，它是一个空间框架结构，一般由立柱（立杆）、小横杆（顺水流向）、大横杆（顺桥轴向）、剪刀撑、斜撑、扣件和缆风索等组成，所有杆件（钢管）通过各种不同形式的扣件实现连接，不需设置卸落拱架。图2-85为满堂式钢管拱架结构图。扣件式钢管拱架的安装一般不需要技术工人，常常无正规施工设计图纸，安装工具仅需扳手。一般由两拱脚开始，全拱圈宽度推进，合龙于拱顶处。这种拱架所需杆件轻，运输传递灵活方便，无须特殊起吊设备，工作面宽，施工进度快。施工时注意立杆要垂直地面打入土中，所有扣件要求拧紧，严防松滑。

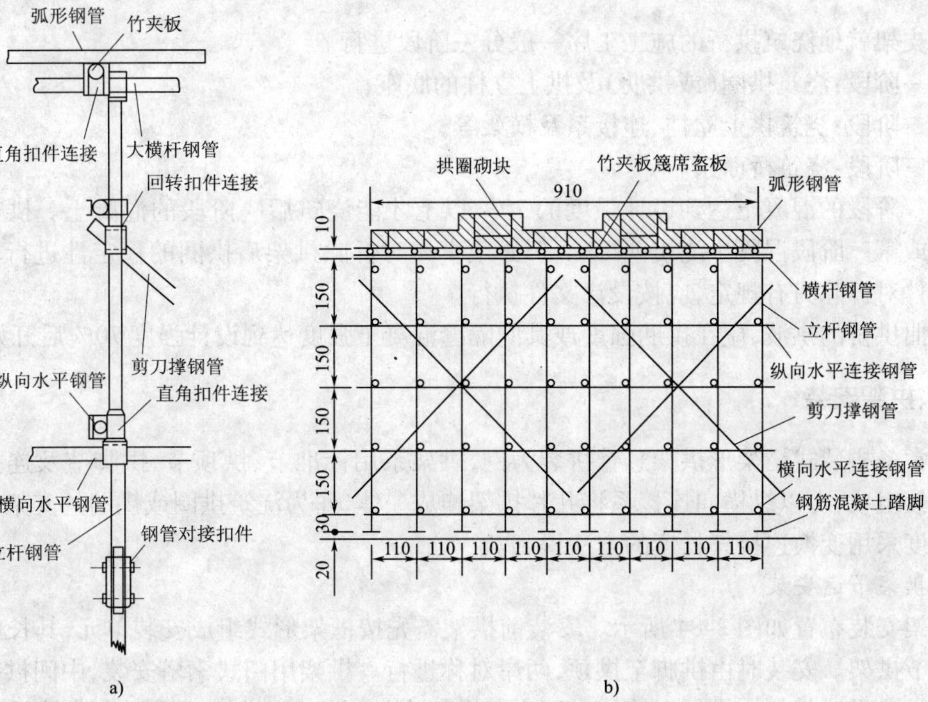

图2-85　扣件式钢管拱架结构大样图（尺寸单位：cm）

a)主拱架结构大样图；b)横断面图

3.斜拉式贝雷平梁拱架

斜拉式贝雷平梁拱架一般应用在几跨连续施工的情况，在距边墩一定距离处设置临时墩，在中间墩墩顶各设一个塔柱，塔柱顶端伸出斜拉杆做贝雷平梁，平梁上设拱盔，形成几孔连续的斜拉式贝雷平梁拱架结构。其主要构件均由常备式贝雷桁架、支撑架、加强弦杆等组成，结构构件处理较方便。由于整体拱架体系柔性多变，施工中应严格掌握和控制对称加载及塔柱、平梁的挠曲变形，控制平梁、斜拉杆、塔柱的受力不得超过容许值。斜拉式贝雷平梁拱架的构造如图2-86所示。

斜拉式贝雷平梁拱架可采用浮吊船架设，也可采用悬臂扒杆节段拼装的方法。拼装从各墩顶开始，对称施工拼进，每拼进6～9m，设临时扣索，以减小悬臂挠度；横联与拼进应同时进行；在墩顶平梁支承处设置滑板，便于跨中合龙。

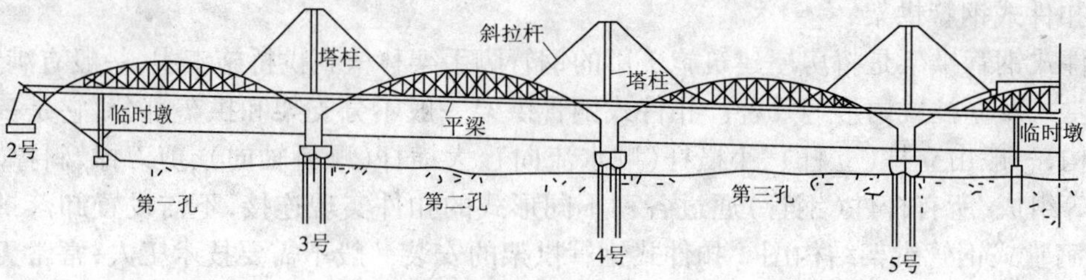

图 2-86　斜拉式贝雷平梁拱架示意图

单元学习 7.2　有支架就地浇筑拱桥的施工

有支架就地浇筑拱桥的施工工序一般分三阶段进行。

第一阶段:浇筑拱圈(或拱肋)及拱上立柱的底座;

第二阶段:浇筑拱上立柱、连接系及横梁等;

第三阶段:浇筑桥面系。

前一阶段的混凝土达到设计强度的 70% 以上才能浇筑后一阶段的混凝土。拱架则在第二阶段或第三阶段混凝土浇筑前拆除,但必须事先对拆除拱架后拱圈的稳定性进行验算。若设计文件对拆除另有规定,应按设计文件执行。

双曲拱桥的拱波,应在拱肋强度或其间隔缝混凝土强度达到设计强度 70% 后开始砌筑。

一、拱架安装

以常备拼装式桁架形拱架悬臂拼装为例,拱架系用标准节、拱顶节、拱脚节及连接杆等以钢销连接组成,再以纵横向连接系将几片拱架连成一体,作为浇筑拱圈或拱肋的支架。拱轴曲线的曲度采用变换连接杆长度的方法得到。

1. 拱架吊运安装

拱架安装布置如图 2-84 所示。安装前拱架需先按框架形式组成安装单元,其长度可包括二至一节拱架。安装时由拱脚至拱顶,两岸对称进行。拱架用门式索塔安装,中间拱架可采用直接抬吊法吊运就位。拱架运输轨道固定在塔门中间时,两侧拱架可采用交换抬吊法吊运就位。图 2-87 为抬吊法施工示意图。

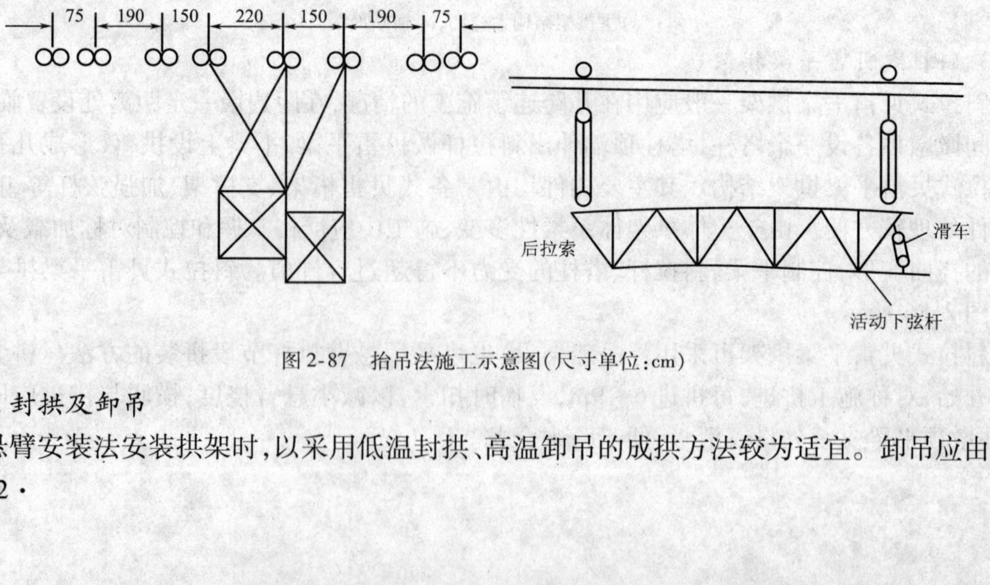

图 2-87　抬吊法施工示意图(尺寸单位:cm)

2. 封拱及卸吊

悬臂安装法安装拱架时,以采用低温封拱、高温卸吊的成拱方法较为适宜。卸吊应由拱顶向拱脚分次对称循环进行，一次放松不能过多，斜拉索花篮螺栓一次放松不得超过5cm。

3.吊装和封拱及卸吊注意事项

(1)吊装前应做好各项准备工作，并应进行试拼。

(2)封拱前必须调整好拱轴线及各节点高程，收紧所有侧向风缆。

(3)封拱合龙后在卸吊前，将全部风钩螺栓拧紧一次。

二、拱圈或拱肋的浇筑

1.连续浇筑

跨径小于16m的拱圈(或拱肋)混凝土，应按拱圈全宽度、自两端拱脚向拱顶对称地连续浇筑，并在拱脚处混凝土初凝前全部完成。如预计不能在限定时间内完成，则须在拱脚处预留一个间隔并最后浇筑间隔混凝土。薄壳拱的壳体混凝土，一般从四周向中央进行浇筑。

2.分段浇筑

向拱顶对称地连续浇筑则须在拱脚处预留大跨径拱桥的拱圈或拱肋(跨径>16m)，为避免拱架变形而产生裂缝以及减小混凝土的收缩应力，应采用分段浇筑的施工方法。分段长度一般为6~15m。分段位置确定的原则应是使拱架受力对称、均匀，并使拱架变形小。因此，在拱架挠曲线为折线的拱架支点、节点处及拱顶、拱脚等处，一般宜设置分段点并适当留间隔缝。如预计变形小且采取分段间隔浇筑时，也可减少或不设间隔缝。间隔缝的位置应避开横撑、隔板、吊杆及刚架节点等处。间隔缝的宽度以便于施工操作和钢筋连接为宜，一般为0.5~1.0cm。为缩短拱圈合龙和拱架拆除的时间，间隔缝内的混凝土强度可采用比拱圈高一等级的半干硬性混凝土。各段的接缝面应与拱轴线垂直。分段浇筑程序应符合设计要求，且对称于拱顶进行，使拱架变形保持对称均匀和尽可能地小。填充间隔缝混凝土，应由两拱脚向拱顶对称进行。拱顶及两拱脚间隔缝应在最后封拱时浇筑，间隔缝与拱段的接触面应事先按施工缝进行处理。并应注意以下几点：

(1)间隔缝混凝土应在拱圈分段混凝土强度达到70%设计强度后进行。

(2)封拱合龙温度应符合设计要求，如设计无规定时，一般宜在接近当地的年平均温度或在5~15℃之间进行。

3.箱形截面拱圈(或拱肋)的浇筑

大跨径拱桥一般采用箱形截面的拱圈或拱肋，为减轻拱架负担，一般采取分环、分段的浇筑方法。分段的方法与上述相向。分环的方法一般是分成二环或三环。分二环时，先分段浇筑底板(第一环)，然后分段浇筑肋墙、隔墙与顶板(第二环)。分三环时，先分段浇筑底板(第一环)，然后分段浇筑肋墙、隔墙(第二环)，最后分段浇筑顶板(第三环)。分环分段浇筑时，可采取分环填充间隔缝合龙和全拱完成后最后一次填充间隔缝合龙两种不同的合龙方法。采取分环填充间隔缝合龙时，已合龙的环层可起到拱架作用。在浇筑后一环混凝土时，可减轻拱架的负担，但施工工期较一次合龙的方法长。采用最后一次合龙时，拱圈或拱肋仍必须一环一环地分段浇筑，但不是绕完一环合龙一环，而是在最后一环混凝土浇完后，一次填充各环间隔缝完成拱圈或拱肋的合龙。因此，采用这种合龙方法时，上下环的间隔缝位置应互相对应和贯通，其宽度一般为2m左右，有钢筋接头的间隔缝一般为4m左右。图2-88为箱形截面拱圈采用分环分段浇筑施工程序。

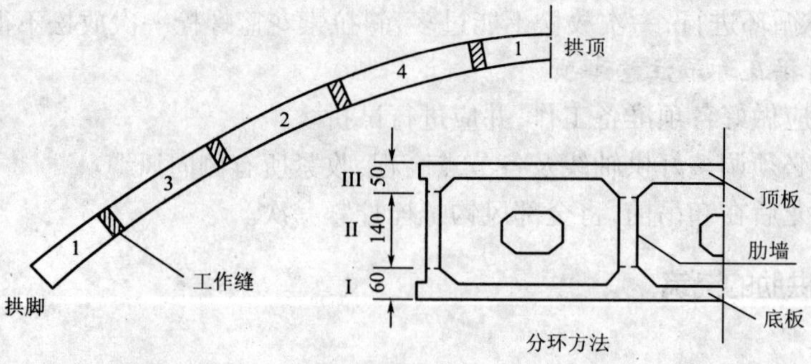

图 2-88　箱形截面拱圈分环、分段浇筑的施工程序示意图(尺寸单位:cm)

4. 卸拱架

采用就地浇筑施工的拱架,卸拱架的工作相当关键。拱架拆除必须在拱圈砌筑完成后20~30d,待砂浆强度达到设计强度的70%后方可拆除。为了使拱架所支承的拱圈重力能逐渐转给供圈自身来承受,拱架不能突然卸除,而应按一定的程序进行。

1)卸架设备

为保证拱架能按设计要求均匀下落,必须采用专门的卸架设备。常用的卸架设备有砂筒、木楔和千斤顶。

(1)砂筒

常用的卸架设备有砂筒,用沥青填塞,以免砂子受潮而不易流出。砂子泄出量可控制拱架卸落高度,这样就能由泄砂孔的开与关,分数次进行卸架,并能使拱架均匀下降而不受振动,使用效果良好。图2-89为砂筒构造图。

(2)木楔

木楔有简单木楔和组合木楔等不同构造。图2-90为木楔构造图,a)为对鞘木楔,由两块1:10~1:6斜面的硬木楔组成,落架时,只需轻轻敲击木楔小头,将木楔取出,拱架即下落;b)为组合木楔,由三块楔形木和一根拉紧螺栓组成,卸架时只需扭松螺栓,木楔下降,拱架即降落。

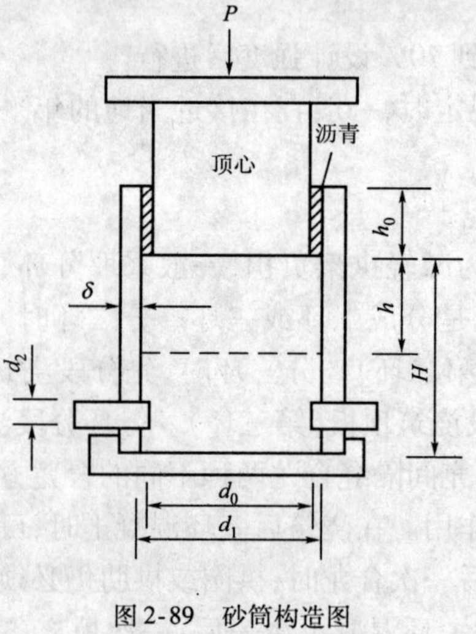

图 2-89　砂筒构造图

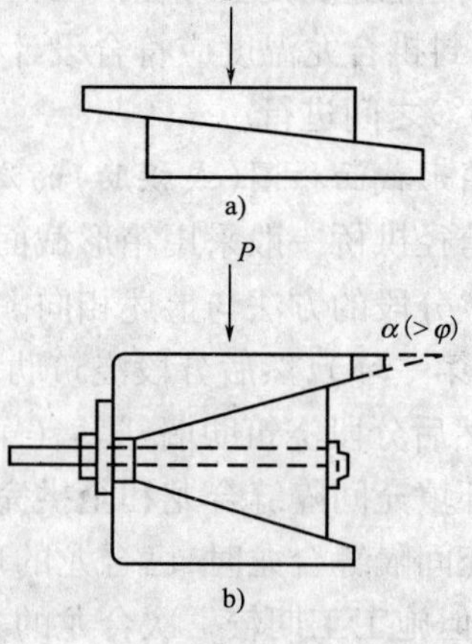

图 2-90　木楔构造图

a)对鞘木楔;b)组合木楔

(3)千斤顶

采用千斤顶拆除拱架常与拱圈调整内力同时进行,一般在拱顶预留放置千斤顶的缺口,千斤顶用来消除混凝土的收缩、徐变以及弹性压缩的内力和使拱圈脱离拱架。

2)卸架程序

(1)满布式拱架的卸落

满布式拱架可根据算出和分配的各支点的卸落量,从拱顶开始,逐次同时向拱脚对称地卸落。多孔连续拱桥,拱架的卸落应考虑相邻孔的影响。若桥墩设计为单向推力墩,就可以直接卸落拱架,否则应多孔同时卸落拱架。

(2)工字梁活用钢拱架的卸落

工字梁活用钢拱架的卸落设备一般放于拱顶,卸落布置如图2-91所示。

卸落拱架时,先将绞车摇紧,然后将拱顶卸拱设备上的螺栓松两转,即可放松绞车,放松拱顶卸拱木,如此循环松降,直至降落到设定的卸落量。

(3)钢桁架拱架的卸落

当钢桁架拱架的卸落设备架设于拱顶时,可在系吊或支撑的情况下,逐次松动卸架设备,逐次卸落拱架,直至拱架脱离拱圈后,才将拱架拆除。当卸架设备架设于拱脚时(一般为砂筒),为防止拱架与墩台顶紧阻碍拱架下降,应在拱脚三角垫与墩台之间设置木楔,如图2-92所示。卸落拱架时,先松动木楔,再逐次对称地泄砂落架。

拼装式钢桁架拱架可利用拱围体进行拱架的分节拆除,拆除后的拱架节段可用缆索吊车吊移。图2-93所示为拼装式钢桁架的拆除。

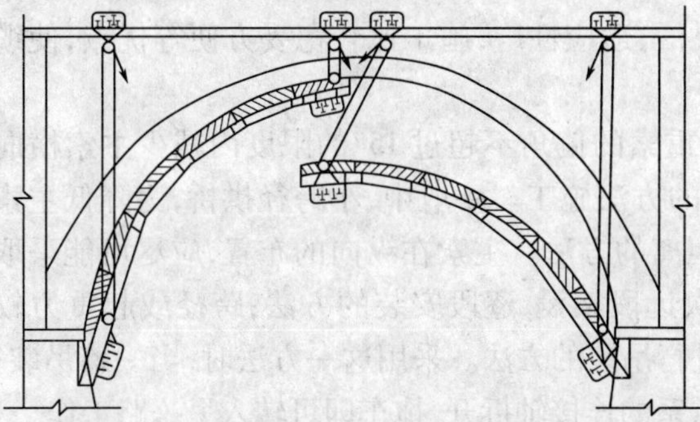

图2-91　跨径10~25m工字梁活用钢拱架的卸落

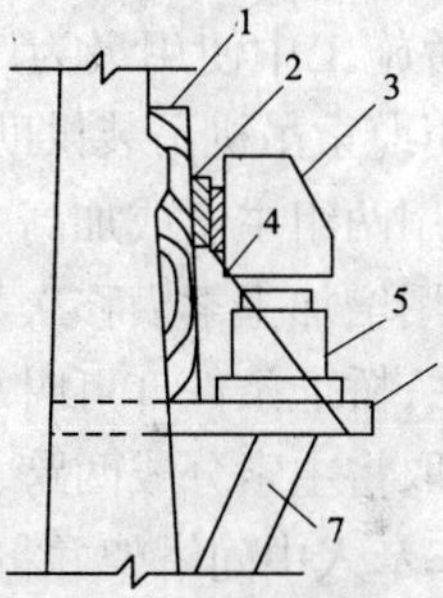

图2-92　钢桁架拱架拱脚处卸落设备

1-垫木;2-木楔;3-混凝土三角垫;4-斜拉杆;5-砂筒;6、7-支架

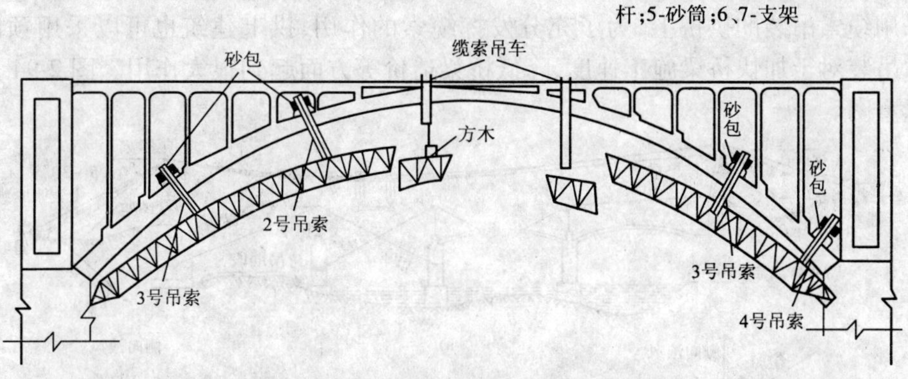

图2-93　拼装式钢桁架拱架的卸落与拆除

(4)其他拱架的卸落

叠桁式木拱架的卸落参照满布式拱架进行,扣件式钢管拱架没有卸落设备。卸架时,只需用扳手拧紧部件,取走拱架杆件即可由点到面多处操作。

斜拉式贝雷平梁拱架的卸落,应视平梁上拱架的形式而定,一般可采取满布式的卸架程序和方法，同时应考虑相邻孔拱架卸落的影响。

三、拱上建筑浇筑

拱上建筑施工，应对称均衡地进行。施工中浇筑的程序和混凝土数量应符合设计要求。在拱上建筑施工过程中，应对拱圈的内力和变形及墩台的位移进行观测和控制。

单元学习7.3 拱桥装配式施工

梁桥上部的轻型化、装配化，大大加快了梁桥的施工速度。要提高拱桥的竞争能力，拱桥也必须向轻型化和装配化的方向发展。从双曲拱桥及以后发展至桁架拱桥、刚架拱桥、箱形拱桥、桁式组合拱桥、钢管混凝土拱桥，均沿着这一方向发展。混凝土装配式拱桥主要包括双曲拱、肋拱、组合箱形拱、悬砌拱、桁架拱、刚架拱和扁壳拱等。

一、缆索吊装施工

1. 缆索吊装的应用

在峡谷或水深流急的河段上，或在通航的河流上需要满足船只的顺利通行，缆索吊装由于具有跨越能力大，水平和垂直运输机动灵活，适应性广，施工比较稳妥方便等优点，使缆索吊装成为拱桥施工中使用最为广泛的方案。

采用缆索吊机吊装拱助时，为使在起重索的偏角不超过15°的限度内减少主索横向移动次数，可采用两组主索或加高主索塔架高度的方法施工。一般中、小跨径拱桥，为降低主索塔架高度，可采用增加主索横移次数、减少横移距离的方法。主索在纵向的布置，应尽可能采取一次跨越的方法；桥址条件许可时，也可采取分次远段架设、逐段安装的方法；跨径或起重力较大的拱桥，可采取将主索分成两跨、用双跨缆索进行吊装的方法。采用这一方法时，当一跨吊装完成后，只将拖车牵入中间塔架并将拖车轮与起重系的连接轴拆开，拖车即可转入另一路工作。

拱上构件的吊装，一般应利用拱肋的吊装设备进行。吊装时，可采用主索居中的平桁吊装、两单跑车横向并联吊装或两组主索抬吊等方法，并宜用横扁担系吊构件，以避免构件损移。

在采用缆索吊装的拱桥上，为了充分发挥缆索的作用，拱上建筑也可以采用预制装配施工。缆索吊装对于加快桥梁施工速度，降低桥梁造价等方面起到很大作用。图2-94为缆索吊装布置示意图。

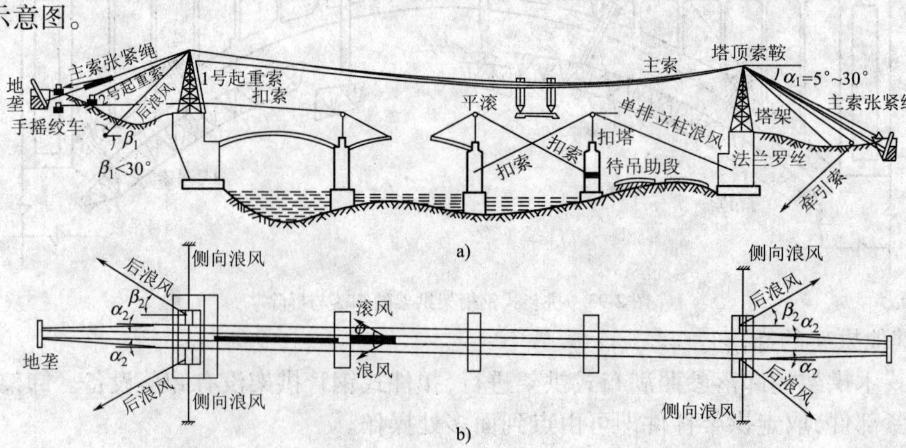

图2-94　缆索吊装布置示意图

2. 构件的预制、堆放与运输

1)预制方法

(1)拱肋构件坐标放样

装配式混凝土拱桥,拱肋坐标放样与有支架施工拱肋坐标放样相同。

(2)拱肋立式预制

采用立式浇筑方法预制拱肋,具有起吊方便、节省木材的优点。底模采用土牛拱胎密排浇筑时,能减小预制场地,是预制拱肋最常用的方法,尤其适用于大跨径拱桥。拱肋立式预制有下列几种方法:

①土牛拱胎立式预制。该法施工方便,适用性较强。浇筑土牛拱胎时,应分层夯实,表面土中宜掺入适量石灰,并加以拍实,然后用栏板套出圆滑的弧线,如图2-95所示。为便于固定侧模,拱胎表层宜按适当距离埋入横木,也可用粗钢筋或钢管固定侧模。土牛拱胎的表面,可铺一层木板、油毛毡或水泥袋纸,也可抹一层水泥砂浆。侧模可采用4~5cm厚的木板或其他适宜材料。当采用密排浇筑时,可利用已浇扒肋作侧模,但需用油毛毡、塑料布等隔开;对于横系梁钢筋接头,除边肋外,可采用在拱肋上预留孔洞的方法,也可根据钢筋位置预埋短筋,待拱肋安装时再将横系梁钢筋插入预留孔或与预埋筋焊接。

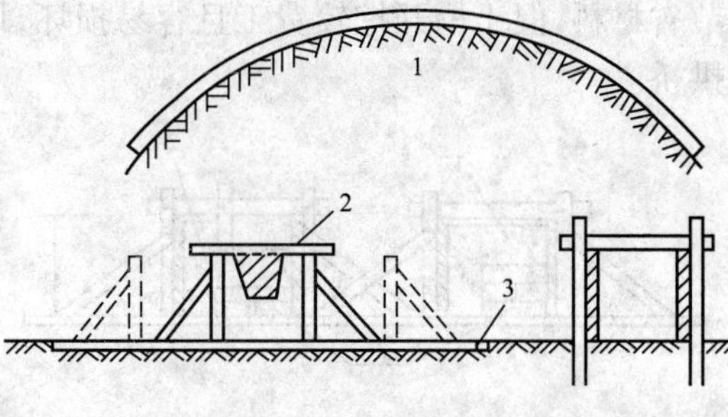

图2-95　土牛拱胎预制拱胎

1-土牛拱胎;2-凹形拱肋扶手;3-横木

②木架立式预制。当取土及填土不方便时,可采用木支架进行装模和预制,但拆除支架时须注意拱肋的强度和受力状态,防止拱肋发生裂纹。

③条石台座立式预制。条石台座由数个条石支墩、底模支架和底模等组成,如图2-96所示。

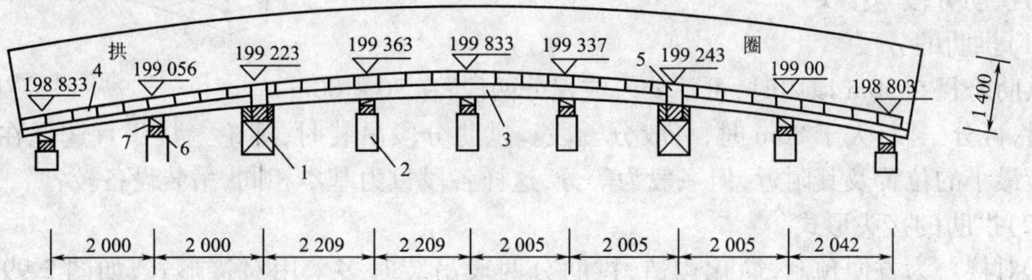

图2-96　条石支墩布置图(尺寸单位:高程以m计,其余以mm计)

1-滑道支墩;2-条石支墩;3-底模支架;4-底模;5-船形滑板;6-木楔;7-混凝土帽梁

条石支墩用M5砂浆砌筑块石而成。支墩平面尺寸应根据拱肋的长度和宽度决定;支墩高度根据拱肋端头下高程及便于横移拱肋操作确定,顶部用砂浆抹平或再浇筑20~25cm高的混凝土。每个台座设两个滑道支墩。

滑道支墩顶面埋设钢板,以便拱肋移运。

底模支架由槽钢、角钢等型钢组成。底模可采用组合钢模,为便于脱模,可将钢模点焊在底模支架上。底模支架应根据拱肋高程作适当预弯。每个支墩处设木楔用于脱模。

条石台座预制拱肋,脱模方便;由于滑道支墩处设有滚筒和船形滑板,移梁容易,因此不需要专门的起重设备,施工方法简单。

(3)拱肋卧式预制

卧式预制,拱肋的形状和尺寸较易控制,特别是空心拱肋,浇筑混凝土时操作方便,但起吊时容易损坏。卧式预制有下列几种方法:

①木模卧式预制。预制拱肋数量较多时,宜采用木模,如图 2-97a)所示。浇筑截面为 L 形或倒 T 形时(双曲拱拱肋),拱肋的缺口部分可用黏土砖或其他材料垫砌。

②土模卧式预制。如图 2-97b)所示,在平整好的土地上,根据放样尺寸,挖出与拱肋尺才大小相同的土槽,然后将土槽壁仔细抹平、拍实,铺上油毛毡或水泥袋,便可浇筑拱肋。虽然此法节省材料,但土槽开挖较费工且容易损坏,尺寸也不如木模准确,仅适用于预制少量的中小跨拱桥。

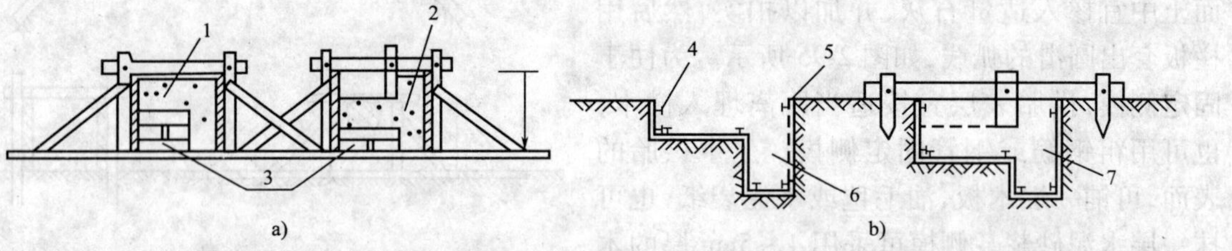

图 2-97　拱肋卧式预制

a)木模卧式预制拱肋;b)土模卧式预制拱肋

1、6-边肋;2、7-中肋;3-砖砌垫块;4-圆钉;5-油毛毡

③卧式叠浇。如图 2-98 所示,采用卧式预制的拱肋混凝土强度达到设计强度的 30% 以后,在其上安装侧模,浇筑下一片拱肋,如此连续浇筑称为卧式叠浇。卧式叠浇一般可达 5 层。浇筑时每层拱肋接触面用油毛毡、塑料布或其他隔离剂将其隔开。卧式叠浇的优点是节省预制场地和模板,但先期预制的拱肋不易取出,影响工期。

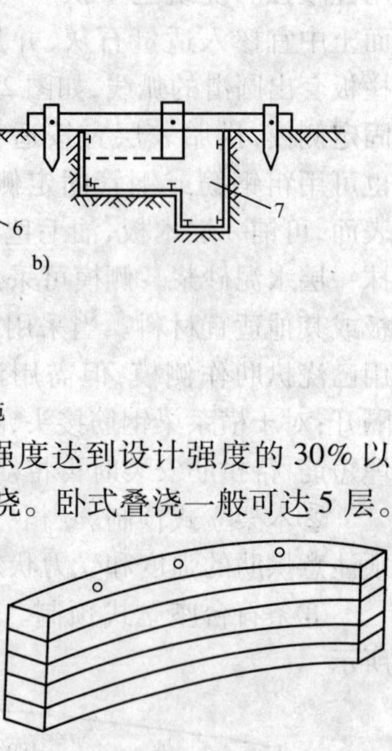

图 2-98　拱肋卧式叠浇

2)拱肋分段与接头

(1)拱肋的分段

拱肋跨径在 30m 以内时,可不分段或仅分两段;在 30 ~ 80m 范围时,可分三段;大于 80m 时,一般分五段。拱肋分段吊装时,理论上接头宜选择在拱肋自重弯矩最小的位置及其附近,但一般为等分,这样各段重力基本相同,吊装设备较省。

(2)拱肋的接头形式

①对接。为方便预制,简化构造,拱肋分两段吊装时多采用对接形式,如图 2-99a)及图 2-99b)所示。吊装时先使中段拱肋定位,再将边段拱肋向中段拱肋靠拢,以防中段拱肋搁置在边段拱肋上,增加扣索拉力及中段拱肋搁置弯矩。对接接头在连接处为全截面通缝,要求接头的连接材料强度高等。

②搭接。分三段吊装的拱肋,因接头处在自重弯矩较小的部位,一般宜采用搭接形式,如图 2-99c)所示。拱肋吊装时,采用边段拱肋与中段拱肋逐渐靠拢的合龙工艺,拱肋通过搭接混凝土接触面的抗压来传递轴向力而快速成拱。然而中段拱肋部分质量搁置在边段拱肋上,扣索拉力和中段拱肋自重弯矩较大,设计扣索时必须考虑这种影响。分五段安装的拱肋,边段与次边段拱肋的接头也可采用搭接形式。搭接接头受力较好,但构造复杂,预制也较困难,须用样板校对、修凿,确保拱肋的安装质量。

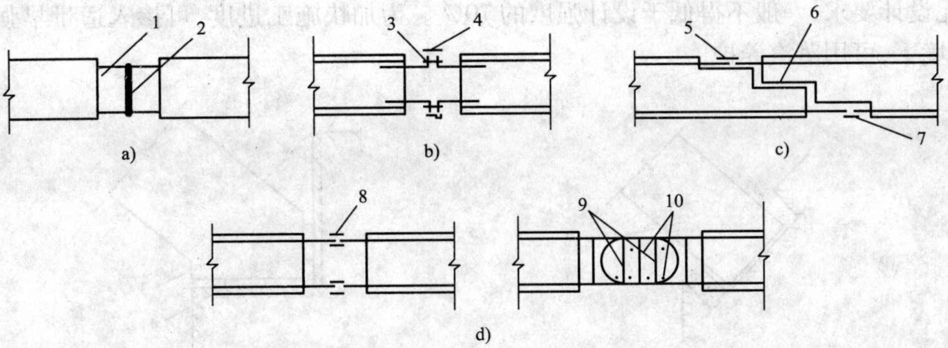

图 2-99　拱肋接头形式

a）电焊钢板或型钢对接接头；b）法兰盘螺栓对接接头；c）环氧树脂黏结及电焊主筋搭接接头；d）主筋焊接或主筋环状套接绑扎现浇接头

1-预埋钢板或型钢；2-电焊缝；3-螺栓；4、5、7-电焊；6-环氧树脂；8-主筋对接和绑焊；9-箍筋；10-横向插销

③现浇接头。用简易排架施工的拱肋，可采用主筋焊接或主筋环状套接的现浇接头，如图2-99d）所示。

（3）接头连接方法及要求

用于拱肋接头的连接材料，有型钢电焊、钢板（或型钢）螺栓、电焊拱肋钢筋、环氧树脂水泥胶等，其优缺点见表 2-43。

连接材料优缺点　　表 2-43

连接材料	优　点	缺　点
电焊型钢	接头基本固结，强度高	钢材用量多，高空焊接量大，焊固后不能调整高程
螺栓连接	拱肋合龙时不需要电焊，安装方便，可反复调整，接头能承受部分弯矩	拱肋预制时，精度要求高
电焊拱肋钢筋	拱肋受力具有连续性，钢材用量少，施工方便	拱肋钢筋未电焊前，接头不能承受拉力
环氧树脂水泥胶	加强接头混凝土接触面的黏结，填补钢结构的空隙	硬化时间不能受力，应严格控制配比，不能单独采取连接措施

接头处的混凝土强度等级应比拱肋混凝土强度等级高一级。对连接钢筋、钢板（或型钢）的截面要求，应按计算确定。钢筋的焊缝长度，应满足《公路钢筋混凝土及预应力混凝土桥涵设计规范》（JTG D62—2004）的有关规定。

3）拱座

拱肋与墩台的连接，称为拱座。拱座主要有如图 2-100 几种形式，其中插入式及方形拱座因其构造简单、钢材用量少、嵌固性好，采用较为普遍。

预埋钢板法，如图 2-100b）所示，是在拱座上预埋角钢和型钢，与边段拱肋端头的凝钢焊接，这种方法施工简单，但对型钢预埋精度要求较高。

按无铰拱设计的肋拱桥，其拱肋宜采用插入式以加强与墩台的连接。拱肋插入端应适当加长拱肋，安装时将拱肋加长部分插入拱座预留孔内，合龙定位后，即可封槽。

采用方形拱座的拱肋，在安装时可利用水平面与垂直面适当调整拱肋和墩台间尺寸的误差。调整时用铸铁块嵌紧，然后灌以高等级小石子混凝土封固。

4）拱肋起吊、运输及堆放

（1）拱肋脱模、运输、起吊时间的确定

装配式拱桥构件在脱模、移运、堆放、吊装时，混凝土的强度不应低于设计所要求的吊装强度；若无设计要求，一般不得低于设计强度的70%。为加快施工进度，可掺入适量早强剂。在低温环境下，可用蒸汽养护。

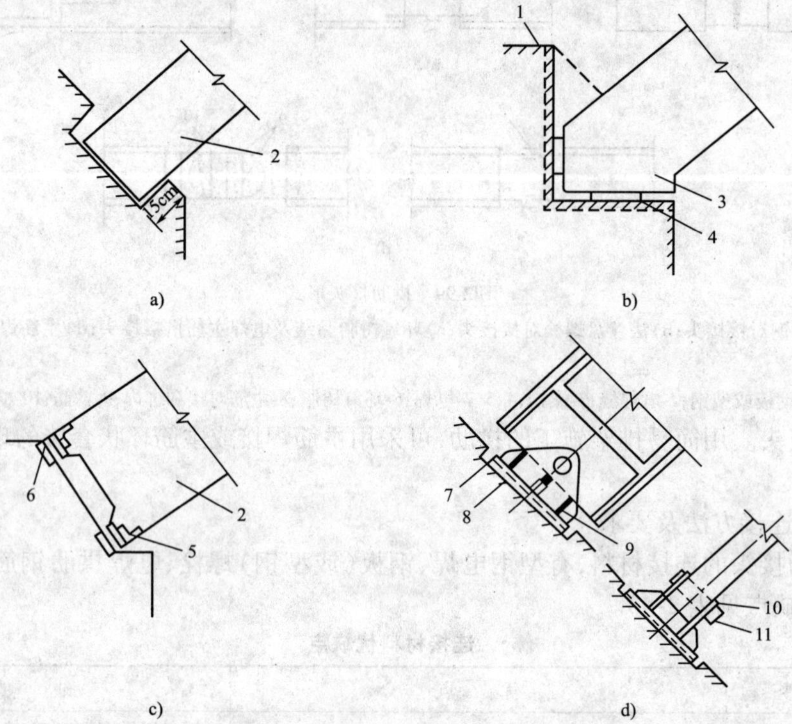

图2-100 拱座形式

a）插入式；b）预埋钢板法；c）方形肋座；d）钢铰连接

1-预留槽；2-拱肋；3-肋座；4-铸铁垫板；5-预埋角钢；6-预埋钢板；7-铰座底板；8-预埋钢板；9-加劲钢板；10-铰轴支承；11-钢铁轴

（2）场内起吊

拱肋移运起吊时的吊点位置应按设计图上的设计位置，如图上无要求应结合拱肋的形状、拱肋截面内的钢筋布置以及吊运、搁置过程中的受力情况综合考虑确定，以保证移运过程中的稳定安全。当采用两点吊时，吊点位置应设在拱肋弯曲平面重心轴之上，一般可设在离拱肋端头（0.22～0.24）L处（L为拱助长度）。当拱肋较长或曲率较大时，应采用三点吊或四点吊，以保持拱肋受力均匀和稳定。三点起吊除跨中设一吊点外，其余两吊点可设在离拱肋端头0.2L处。采用四点吊时，外吊点一般设在离拱肋两端头0.17L处，内吊点可设在离拱肋两端头0.17L处，四个吊点应左右对称布置。大跨径拱桥拱肋构件的脱模起吊一般采用龙门架，小跨径拱桥拱肋及小型构件可采用三角扒杆、马凳、吊车等机具进行。

（3）场内运输（包括纵横移）

场内运输可采用龙门架、胶轮平板挂车、汽车平板车、轨道平车或船只等机具进行。龙门架适用于场地平整、预制构件集中、构件质量大、数量多的场合。当采用一组龙门架时，可进行脱模、起吊和横向运输；当采用两组龙门架时还可用于纵向运输。当拱肋较长较重时，可利用汽车平板车运输。运输时，在前后车上架设纵梁，以保证构件安全。重型的拱肋可采用轨道平车进行纵向和横向运输，横向运输时只能从预制场外侧向中间进行。纵向运输时需铺设简易轨道，将拱肋移到主索下起吊。当必须从水上运移时，可采用铁驳船、浮箱或渡船。用船只运移时，应逆水进入桥孔。

(4)构件堆放

拱肋堆放时应尽可能卧放，特别是矢跨比小的构件（拱肋、拱块）。卧放时应垫三点，垫点位置应在拱肋中央及离两端0.15L处，三个垫点应同高度。如必须立放时，应搁放在符合拱肋曲度的弧形支架上。如无此种支架，则应垫搁三个支点，其位置在中央及距两端0.2L处，各支点高度应符合拱肋曲度，以免拱肋折断。堆放构件的场地应平整夯实，不致积水。当因场地有限而采用堆垛时，应设置垫木。堆放高度按构件强度、地面承载力、垫木强度以及堆放的稳定性而定，一般以两层为宜，不应超过三层。

构件应按吊运及安装次序顺序堆放，并留适当通道，防止越堆吊运。

3. 吊装程序

根据拱桥的吊装特点，其一船吊装程序为：边段拱肋吊装及悬挂，次边段拱助吊装及悬挂（对五段吊装），中段拱肋吊装及拱肋合龙，拱上构件的吊装或砌筑安装等。

全桥拱肋的安装可按下列原则进行：

(1)单孔桥吊装拱肋顺序常由拱肋合龙的横向稳定方案决定；多孔桥吊装应尽可能在每孔合龙几片拱肋后再推进，一般不少于两片拱助。对于肋拱桥，在吊装拱肋时应尽早安装横系梁，为加强拱肋的稳定性，需设横向临时连接系，加快施工进度。但合龙的拱肋片数所产生单向推力应不超过桥墩的承受能力。

(2)对于高墩，应以桥墩的墩顶位移值控制单向推力，位移值应小于$L/400 \sim L/600$。

(3)设有制动墩的桥跨，可以制动墩为界分孔吊装，先合龙的拱肋可提前进行拱肋接头、横系梁及拱波等的安装等工作。

(4)采用缆索吊装时，为减少主索的横向移动次数，可将每个主索位置下的拱肋全部吊装完毕后再移动主索。一船将起吊拱肋的桥孔安排在最后吊装，必要时该孔最后几段拱肋可在两肋之间用“穿孔”方法起吊。

(5)为减少扣索往返拖拉次数，可按吊装推进方向，顺序地进行吊装。缆索吊装施工工序为：在预制场预制拱肋（箱）和拱上结构，将预制拱肋和拱上结构通过平车等运输设备移运至缆索吊装位置，将分段预制的拱肋吊运至安装位置，利用扣索对分段拱肋进行临时固定，吊装合龙段拱肋，对各段拱肋进行轴线调整，主拱圈合龙，拱上结构安装。

4. 吊装准备工作

1)预制构件质量检查

预制构件起吊安装前必须进行质量检查的应预先予以修补。不符合质量标准和设计要求的不准使用，有缺陷拱肋接头和端头应用样板校验，凸出部分应予以凿除，凹陷部分应用环氧树脂砂浆抹平，接头混凝土接触面应凿毛，钢筋应除锈；螺栓孔应用样板套孔，如不合适应适当扩孔；拱肋接头及端头应标出中线。

应仔细检测拱肋上下弦长，如与设计不符者，应将长度大的弧长凿短。拱肋在安装后如发生接合面张口现象，可在拱座和接头处垫塞钢板。

2)墩台拱座尺寸检查

墩台拱座混凝土面要修平，水平顶面高程应略低于设计值，顶留孔长度应不小于计算值，拱座后端面应与水平顶面相垂直，并与桥墩中线平行。在拱座面上应标出拱肋安装位置的台口线及中线，用红外线测距仪或钢尺（装拉力计）丈量跨径，每个拱座在肋宽范围内左右均应至少丈量两次。用装有拉力计的钢尺丈量时，丈量结果要进行精度和拉力的修正。

3)跨径与拱肋的误差调整

每段拱肋预制时拱背弧长宜小于设计弧长 5 ~ 10m，使拱肋合龙时接合面保留上缘张口，使用填塞钢片，调整拱轴线。通过丈量和计算所得的拱肋长度和墩台之间净跨的施工误差，可以用拱座处垫铸铁块来调整，如图 2-101 所示。背调整垫板的厚度一般比计算值增加 1 ~ 2cm，以缩短跨径。合龙后，应再次复核接头高程以修正计算中一些未考虑的因素和丈量误差。

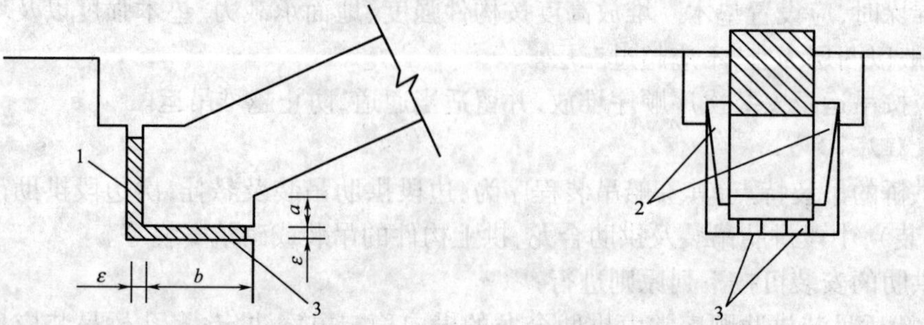

图 2-101　拱肋施工误差的调整

1-背调整垫板；2-左、右木楔；3-底调整垫板

5. 缆索设备的检查与试吊

缆索吊装设备在使用前必须进行试拉和试吊。

1）地锚试拉

一般每一类地锚取一个进行试拉。缆风索的土质地锚要求位移小，因此在有条件时宜全部试拉，使其预先完成一部分位移。可利用地锚相互试拉，受拉值一般为设计荷载的 1.3 ~ 1.5 倍。

2）扣索对拉

扣索是悬挂拱肋的主要设备，因此必须通过试拉来确保其可靠性。可将两岸的扣索用卸甲连在一起，将收紧索收紧进行对拉，这样可全面检查扣索、扣索收紧索、扣索地锚和动力装置等是否达到了要求。

3）主索系统试吊

主索系统试吊一般分跑车空载反复运转、静载试吊和吊重运行三步骤。必须待每一步骤检查、观测工作完成并无异常现象后，方可进行下一步骤。试吊重物可以利用钢筋混凝土预制构件、钢轨和钢梁等，一般按设计吊重的 60%、100%、130% 分几次进行。试吊后应综合各种观测数据和检查情况，对设备的技术状况进行分析和鉴定并采取措施，确定能否进行正式吊装。

6. 拱肋缆索起吊

拱肋从预制场运到主索下后进行起吊。

1）翻身

拱肋一般用起重索直接起吊。当不能直接起吊时，可采用下列方法进行。

卧式预制拱助在吊装前，需要“翻身”成立式，常用就地翻身和空中翻身两种方法。

（1）就地翻身，如图 2-102a）所示，先用枕木垛将平卧拱肋架至一定高度，使其在翻身后两端头不致碰到地面，然后用一根短钢索将拱肋吊点与吊钩相连，边起重拱肋边翻身直立。

（2）空中翻身，如图 2-102b）所示，在拱肋的吊点处用一根串有手链滑车的短钢索，穿过拱肋吊环，将拱肋兜住，挂在主索吊钩上，然后收紧起重索起吊拱肋，当拱助起吊至一定高度时，

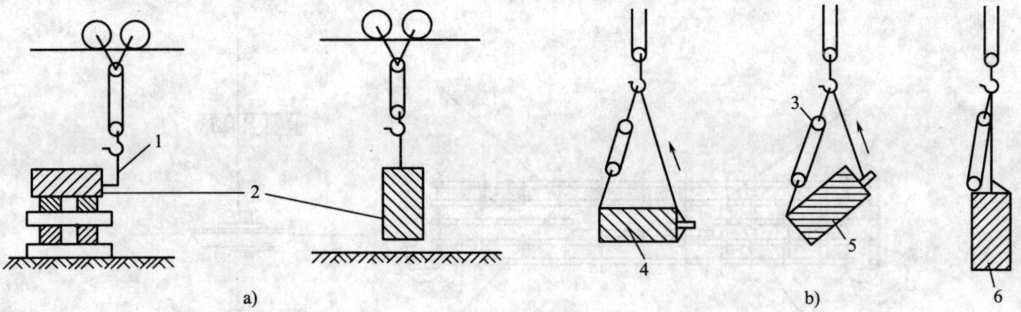

图 2-102　拱肋翻身

a)就地翻身;b)空中翻身

1-短千斤;2-拱肋;3-手链滑车;4-平放;5-放松;6-翻身后

缓慢放松手链滑车,使拱肋翻身为立式。

2)掉头

为方便拱肋预制,边段拱肋有时采用同一方向预制,这样部分拱肋在安装时,掉头方法常因设备不同而异。

(1)在河中起吊时,可利用装载拱肋的船进行掉头。

(2)在平坦场地采用胶轮平车运输时,可将跑车与平车配合起吊将拱肋掉头。

(3)用一个跑车吊钩将拱肋吊离地面约 50cm,再用人工拉动麻绳使拱肋旋转 180°掉头放下;当一个跑车承载力不够时,可在两个跑车下另加一钢扁担起吊,旋转掉头。

3)吊鱼

如图 2-103 所示,当拱肋从塔架下面通过后,在塔架前起吊而塔架前场地不足时,可先用一个跑车吊起一个吊点并向前牵出一段距离后,再用另一个跑车吊起第二个吊点。用此法起吊,并用单点向前牵引拱肋时,须拉住尾索,以防拱肋向前滑动。

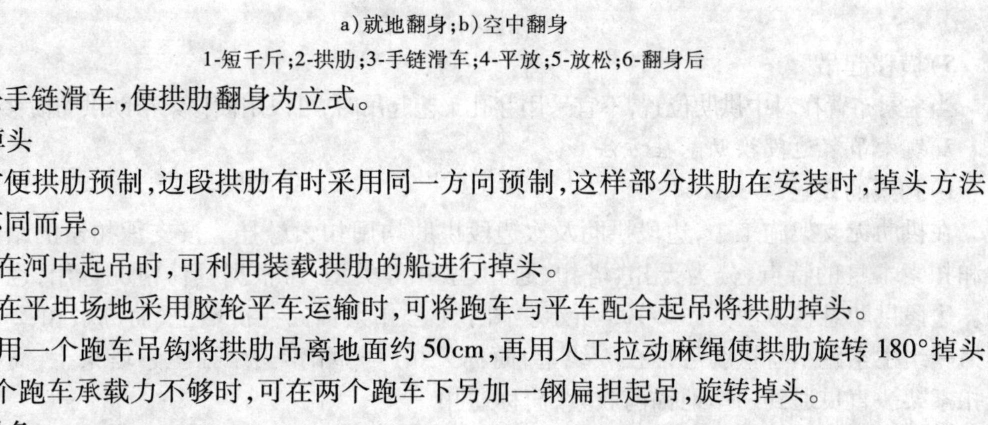

图 2-103　吊鱼

1-悬臂钢架;2-尾索

4)穿孔

拱肋在桥孔中起吊时,最后几段拱肋常需在该孔已合龙的拱肋之间穿过,俗称穿孔,如图 2-104 所示。

穿孔前应将穿孔范围内的拱肋横夹木暂时拆除,在拱肋两端另加稳定缆风索。穿孔时应防止碰撞已合龙的拱肋,故主索宜布置在两拱肋中间。

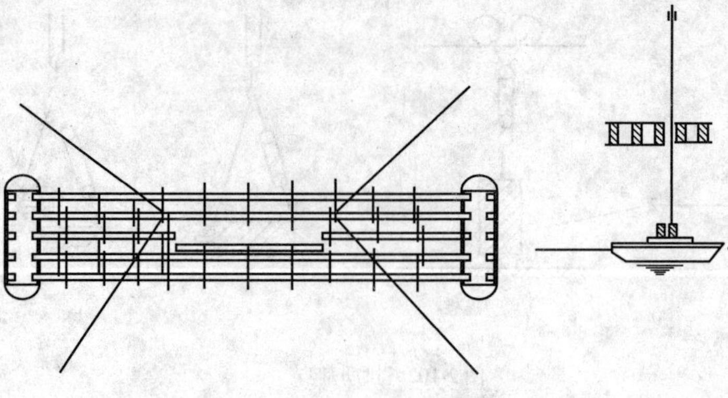

图 2-104 穿孔

5)横移起吊

当主索布置在对中拱肋位置,不宜采用穿孔工艺起吊时,可以用横移索帮助拱肋横移起吊。

7.缆索吊装边段拱肋悬挂方法

1)扣索的设置

在拱肋无支架施工中,边段拱肋及次边段拱肋均用扣索悬挂。按支承扣索的结构物的位置和扣索本身的特点,分为天扣、塔扣、通扣、墩扣等类型,可根据具体情况选用,也可混合使用。边段拱肋悬挂方法如图 2-105 所示。图中 1 号扣索锚固在桥墩上,简称墩扣;2 号扣索是用另一组主索跑车将拱肋悬挂在天线上,简称天扣;3 号扣索支承在主索塔架上,简称塔扣;4 号扣索架一直贯通到两岸地锚前收紧,简称通扣。

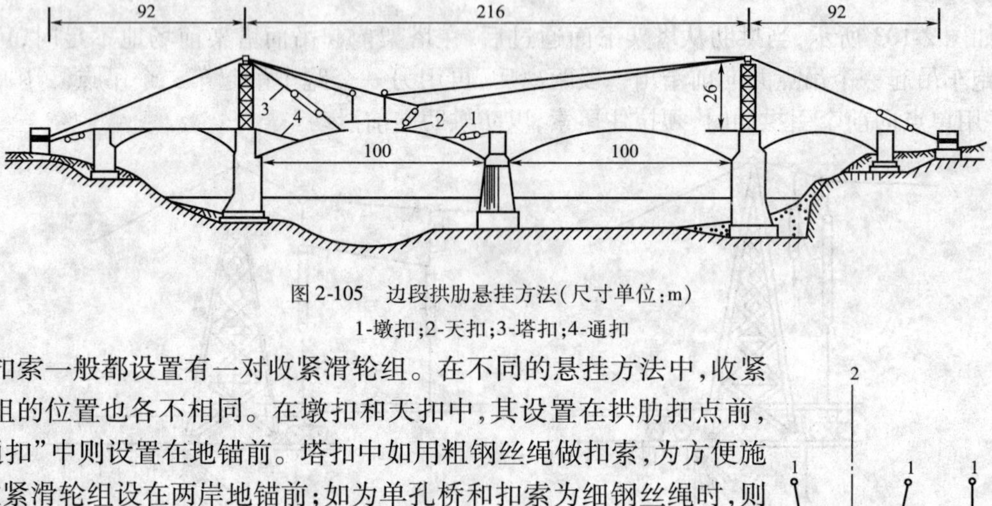

图 2-105 边段拱肋悬挂方法(尺寸单位:m)

1-墩扣;2-天扣;3-塔扣;4-通扣

扣索一般都设置有一对收紧滑轮组。在不同的悬挂方法中,收紧滑轮组的位置也各不相同。在墩扣和天扣中,其设置在拱肋扣点前,在“通扣”中则设置在地锚前。塔扣中如用粗钢丝绳做扣索,为方便施工,收紧滑轮组设在两岸地锚前;如为单孔桥和扣索为细钢丝绳时,则收紧滑轮组设在塔架和拱肋扣点之间。

在横桥方向,按扣索和主索相互位置的不同,可以有几种不同的悬挂就位方法,如图 2-106 所示。

在墩扣和通扣中,扣索和主索不在同一高度,可采用正扣正就位和正扣歪就位方法施工。在塔扣和天扣中,由于扣索和主索均布置在塔架上,因此都采用正扣歪就位的方法。

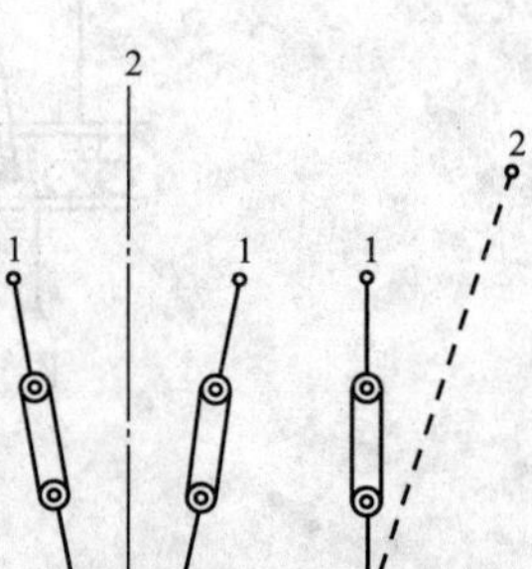

图 2-106 拱肋悬挂就位方法

a)正扣正就位;b)正扣歪就位

1-扣索;2-主索;3-横移索

2)塔扣

塔扣直接利用主索的塔架作为扣索的支承,节省了扣架,因此在单跨桥中较多采用。多孔桥中若桥跨不很大时也可以采用。此时虽然扣索在塔架和拱肋扣点间的自由长度较长，只要扣索充分受力，则仍可保证边段拱肋的纵向稳定，但应加强拱肋接头两侧的缆风索以确保边段拱肋的横向稳定，如图 2-107 所示。

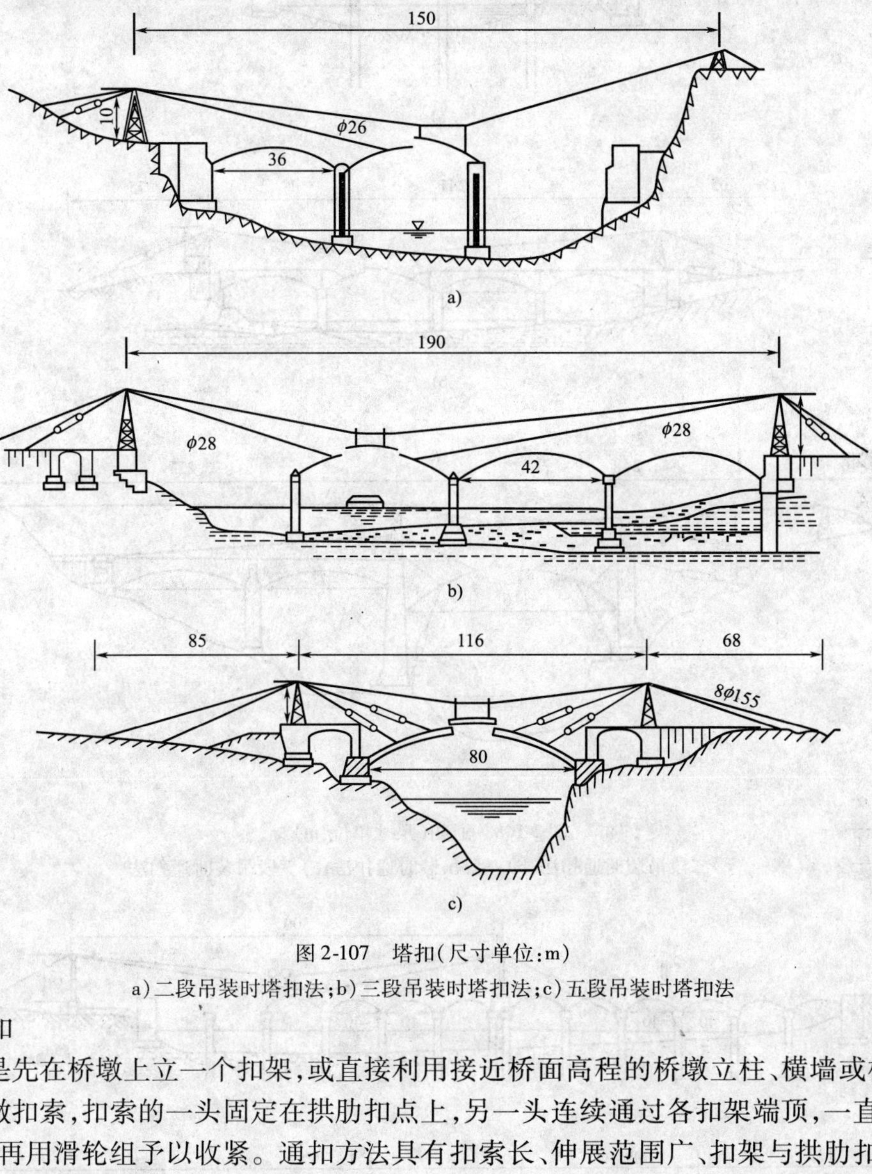

图 2-107　塔扣(尺寸单位：m)

a)二段吊装时塔扣法；b)三段吊装时塔扣法；c)五段吊装时塔扣法

3)通扣

通扣是先在桥墩上立一个扣架，或直接利用接近桥面高程的桥墩立柱、横墙或桥台，用一根钢丝绳做扣索，扣索的一头固定在拱肋扣点上，另一头连续通过各扣架端顶，一直贯通到两岸地锚前，再用滑轮组予以收紧。通扣方法具有扣索长、伸展范围广、扣架与拱肋扣点间自由长度短、扣索与主索系统分开、干扰少、收紧滑轮固定、施工操作方便等优点，因此在多孔长跨的拱桥中得到普遍应用。当两岸缺乏平坦场地设置收紧滑轮组时，可以将扣索转向到桥的两侧，如图 2-108 所示。

4)天扣

天扣实质上是一组主索设备，它是专门用来悬挂稳定边段拱肋的，因此不需另设扣架。主索跑车吊运拱肋时不必在扣架上翻越，与通扣法相比，可降低主索塔架的高度。在分两段吊装的拱肋中采用时，天扣为一套完整的主索，这样两组设备可以交替作主索和扣索用，如图 2-109 所示。

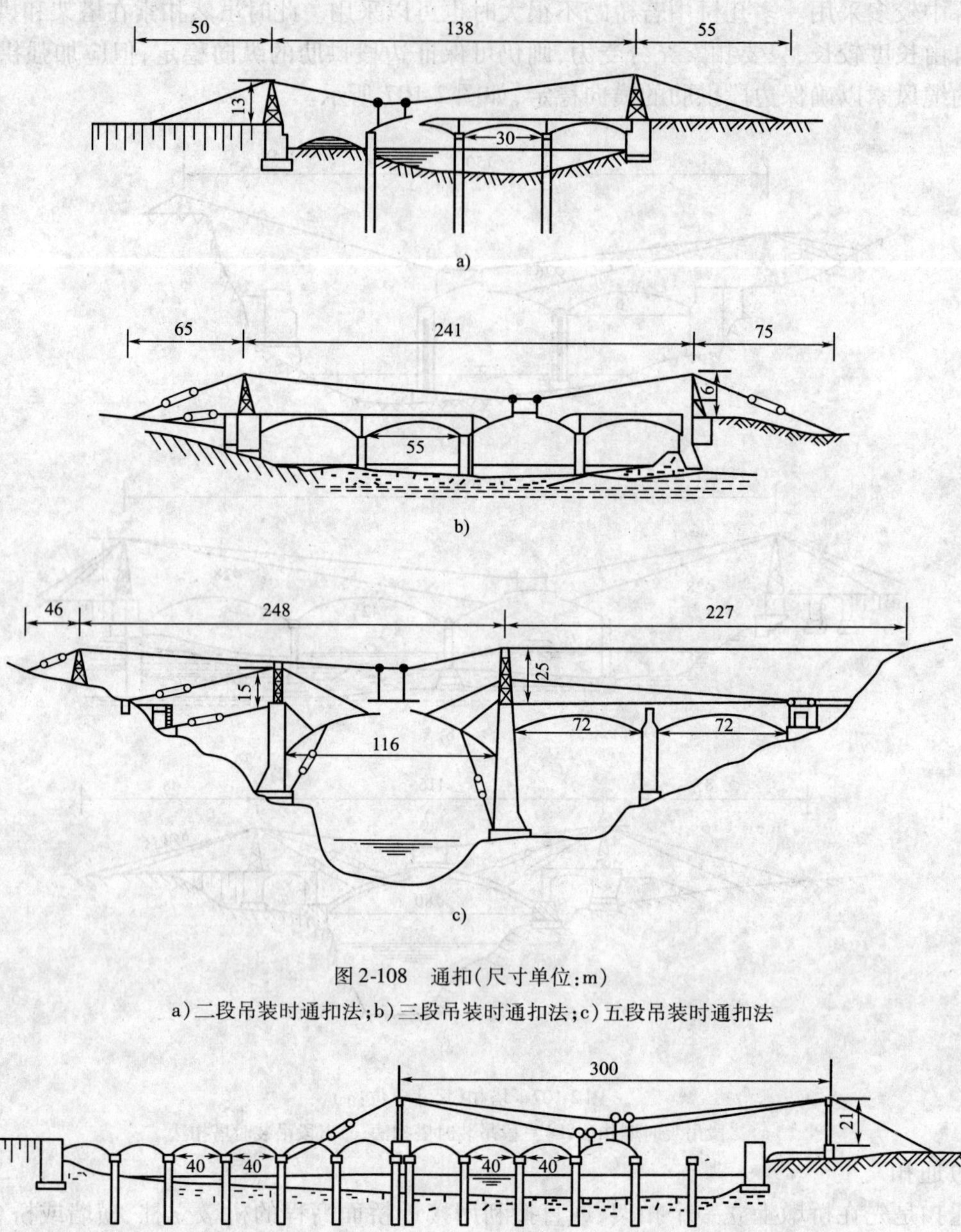

图 2-108　通扣(尺寸单位:m)

a)二段吊装时通扣法;b)三段吊装时通扣法;c)五段吊装时通扣法

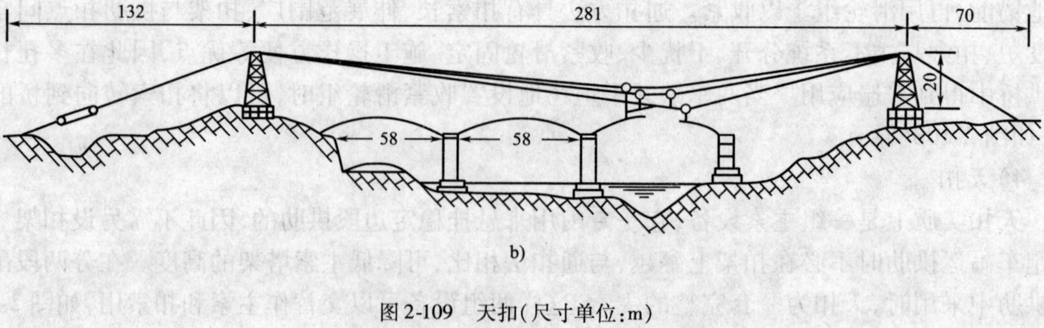

图 2-109　天扣(尺寸单位:m)

a)二段吊装时天扣法;b)三段吊装时天扣法

5)墩扣

当桥墩(台)已砌筑到接近桥面高程,而且本身又具有足够的强度时,可以直接用于锚固扣索,悬挂边段拱助,这时扣索设备最少,但墩扣的拉力较大,一般用于悬挂分五段吊装的拱助的第一个边段或分二、三段吊装的边段拱肋,如图 2-110 所示。

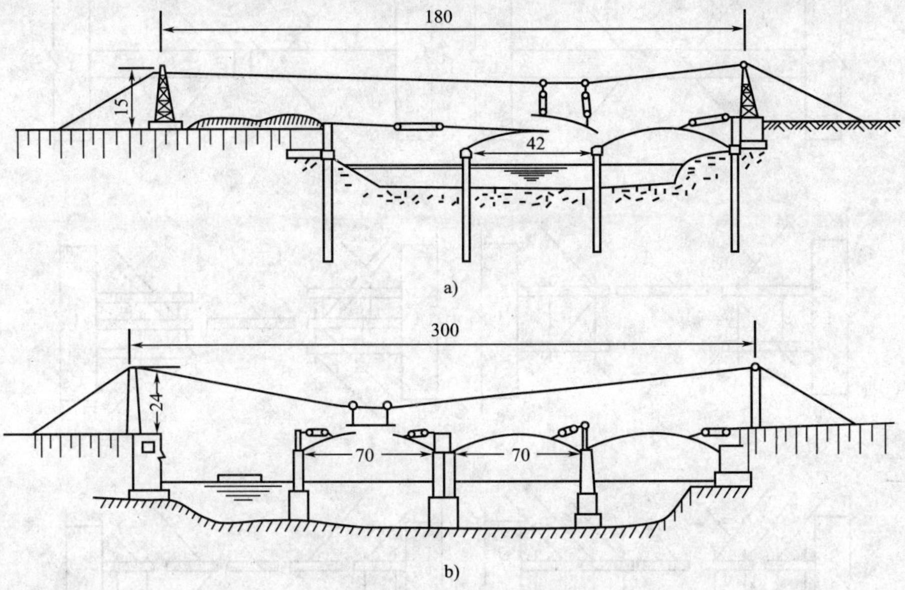

图 2-110　墩扣(尺寸单位:m)

a)二段吊装时的边段墩扣;b)三段吊装时的边段墩扣

6)混合使用

实际工程的具体情况各不相同,因此上述四种边段拱肋悬挂方法可因地制宜地混合采用,尤其是在分五段吊装拱助时,往往能得到较好效果。

8. 拱肋缆索吊装合龙方式

边段拱肋悬挂固定后,就可以吊运小段拱肋进行合龙。拱肋合龙后,通过接头、拱座的连接处理,使拱肋由铰接状态逐步成为无铰拱,因此,拱肋合龙是拱桥无支架吊装中一项关键工作。拱肋合龙的方式比较多,主要根据拱肋自身的纵向与横向稳定性、跨径大小、分段多少、地形和机具设备条件等不同情况,选用不同的合龙方式。

1)单基肋合龙

拱肋整根预制吊装或分两段预制吊装的中小跨径拱桥,当拱肋高度大于(0.009 ~ 0.012)L(L 为跨径),拱肋底面宽度为肋高的 0.6 ~ 1.0 倍,且横向稳定系数不小于 4 时,可以进行单基肋合龙,嵌紧拱脚后,松成拱,如图 2-111a)所示。这时其横向稳定性主要依靠拱肋接头附近所设的缆风索来加强,因此缆风索必须十分可靠。

单基肋合龙的最大优点是所需要的扣索设备少,相互干扰也少。因此也可用在扣索设备不足的多孔桥跨中。

2)悬挂多段拱脚段或次拱脚段拱肋后单基肋合龙

拱肋分三段或五段预制吊装的大、中跨径拱桥,当拱肋高度不小于路径的 1/100 且其单肋合龙横向稳定安全系数不小于 4 时,可采用悬扣边段或次边段拱肋,用木夹板临时连接两拱肋后,设置稳定缆风索,单根拱肋合龙,成为基肋。待第二根拱肋合龙后,立即安装两肋拱顶段及次边段的横夹木，并拉好第二根拱肋的风缆。如横系梁采用预制安装，应将横系梁逐根安上，使两肋及早形成稳定、牢固的基肋。其余拱肋的安装，可依靠与“基肋”的横向连接达到稳定，如图 2-111b)、图 2-111c)所示。

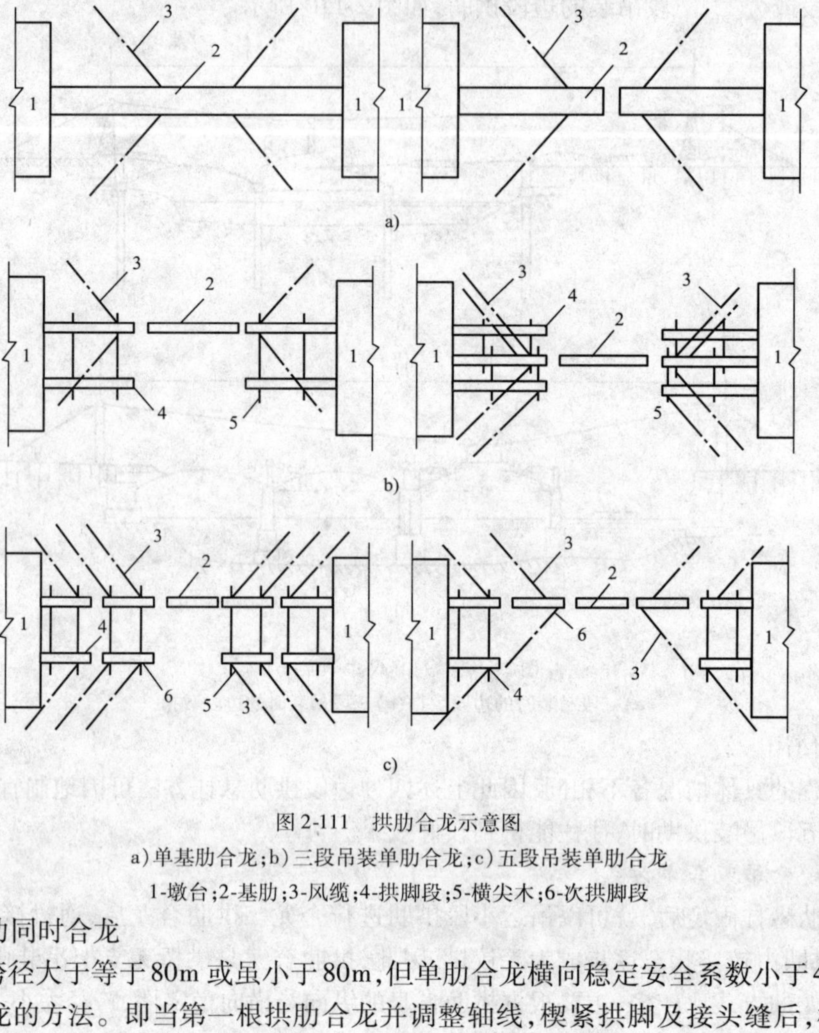

图 2-111　拱肋合龙示意图

a)单基肋合龙；b)三段吊装单肋合龙；c)五段吊装单肋合龙

1-墩台；2-基肋；3-风缆；4-拱脚段；5-横尖木；6-次拱脚段

3)双基肋同时合龙

当拱肋跨径大于等于 80m 或虽小于 80m，但单肋合龙横向稳定安全系数小于 4 时，应采用“双基肋”合龙的方法。即当第一根拱肋合龙并调整轴线，楔紧拱脚及接头缝后，松索压紧接头缝，但不卸掉扣索和起重索，然后将第二根拱肋合龙，并使两根拱肋横向连接固定。拉好风缆后，再同时松卸两根拱肋的扣索和起重索。这种方法需要两组主索设备。

4)留索单肋合龙

在采用两组主索设备吊装而扣索和卷扬机设备不足时，可以先用单肋合龙方式吊装一片拱肋合龙。待合龙的拱肋松索成拱后，将第一组主索设备中的牵引索、起重索用卡子固定，抽出卷扬机和扣索移到第二组主索中使用。等第二片拱肋合龙并将两片拱肋用木夹板横向连接、固定后，再松起重索并将扣索移到第一组主索中使用。

9. 拱肋缆索吊装

1)三段吊装程序

当拱肋分三段吊装，采用螺栓对接接头时，宜先将边段拱肋初步悬挂定位，使上端头高程比设计高程高出约 5 ~ 10cm，然后调整扣索，准确悬扣拱顶段，使两端头高程比设计值约高出 1 ~ 2cm，最后放松两拱段扣索，使其均匀下降与拱顶段合龙，安装接头螺栓。当采用阶梯形搭接接头时,宜先准确扣挂两拱脚段,调整扣索使其上端头高程比设计值高出3~5cm,再安装拱顶段使之与拱脚段合龙。

2)五段吊装程序

当拱肋分五段吊装时,宜先从拱脚段开始,依次向拱顶分段吊装就位,每段的上端头端面不得倾斜。首先使拱脚段的上端头较设计高程抬高15~20cm,次边段定位后,使拱脚段的上端头抬高值下降5cm左右,并用水准仪配合观测,保持次边段的上端头抬高值约为拱脚段的上端头抬高值的2倍的关系,否则应及时调整,以防拱肋端头处开裂。

3)拱肋松索成拱程序及注意事项

(1)松索调整拱轴线。调整拱轴线时应观测各位点高程、拱顶及1/8跨径处截面高程。调整轴线时精度要求为:每个接头点与设计高程之差不大于±15cm,两对称接头点相对高差不大于2cm,中线值差不超过0.5~1.0cm,防止出现反对称变形,导致拱肋开裂甚至纵向失稳。

松索成拱的操作方法是否正确,直接影响合龙后拱肋的拱轴线,必须认真、细致地操作。

(2)松索时应按边扣索、次边扣索、起重索三者的先后顺序对称均匀地进行。每次松索量以控制各接头高程变化不超过1cm为限。

(3)用铸铁楔、薄钢板嵌塞拱肋接头缝隙。

凹拱肋松索成拱是一个反复循环的过程,将索放松压紧接头后,应再调整中线偏差至0.5~1.0cm以内,固定缆风索将接头螺栓旋紧。

(4)电焊各接头部件,全部松索成拱。电焊时,宜采取分层、间隔、交错施焊的方法,每层不可一次焊得过厚,以防灼伤周围混凝土。电焊后必须将各接头螺栓旋紧焊死。

(5)对于大跨径分五段或三段吊装的拱肋,在合龙成拱后,可保留起重索和扣索部分受力(称留索),待拱肋接头的连接工序基本完成后再完成松索。留索受力的大小取决于拱肋接头的密合程度和拱肋的稳定性。施工实践中,起重索受力一般保留在拱肋重力的5%~10%,扣索基本放松。

10.拱上构件吊装

主拱圈以上的结构部分,均称为拱上构件。拱上构件的砌筑同样应按规定的施工程序对称均衡地进行,以免产生过大的拱圈应力。为了能充分发挥缆索吊装设备的作用,可将拱上构件中的立柱、盖梁、行车道板、腹拱圈等做成预制构件,用缆索吊装施工,以加快施工进度。但因这些构件尺寸小、质量轻、数量多,其吊装方法与吊装拱肋有所不同。常用的吊装方法有以下几种。

1)运入主索下起吊

这种方法适用于主索跨度范围内有起吊场地时的起吊,它是将构件从预制场运到主索下,由跑车直接起吊安装。

(1)墩、台上起吊

预制构件只能运到墩、台两旁,先利用辅助机械设备将构件吊到墩、台上,然后由跑车进行起吊安装。

(2)横移起吊

当地形和设备都受到限制时,必须在横移索的辅助下,将跑车起吊设备横移到桥跨外侧的构件位置上起吊。这种起吊方式对腹拱圈可以直接起吊安装;对其他构件,则须先吊到墩、台上,然后再起吊安装。

2)“横扁担”吊装法

由于拱上构件数目多，横向安装范围广，为减少构件横移就位工作，加快施工进度，多采用“横扁担”装置进行吊装。

(1)构造形式

“横扁担”装置可以就地取材，采用圆木或型钢等制作，其构造形式如图 2-112 所示。

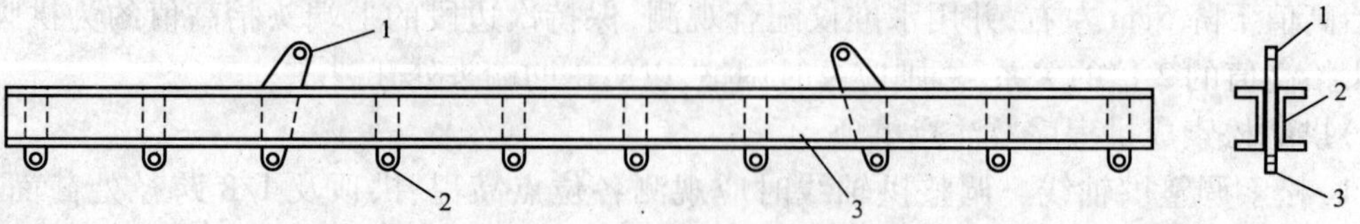

图 2-112 “横扁担”构造图

1-起吊板；2-构件吊装点；3-槽钢扁担梁

(2)主索布置

根据拱上构件的吊装特点，主索一般有以下三种布置形式：

①将主索布置在桥的中线位置上，跑车前后布置，并用千斤索连接。每个跑车的吊点上安装一副“横扁担”，如图 2-113 所示。这种布置比较简单，多用在一组主索的桅杆式塔架的吊装方案中。但吊装的稳定性较差，起吊构件须左右对称、质量相等。

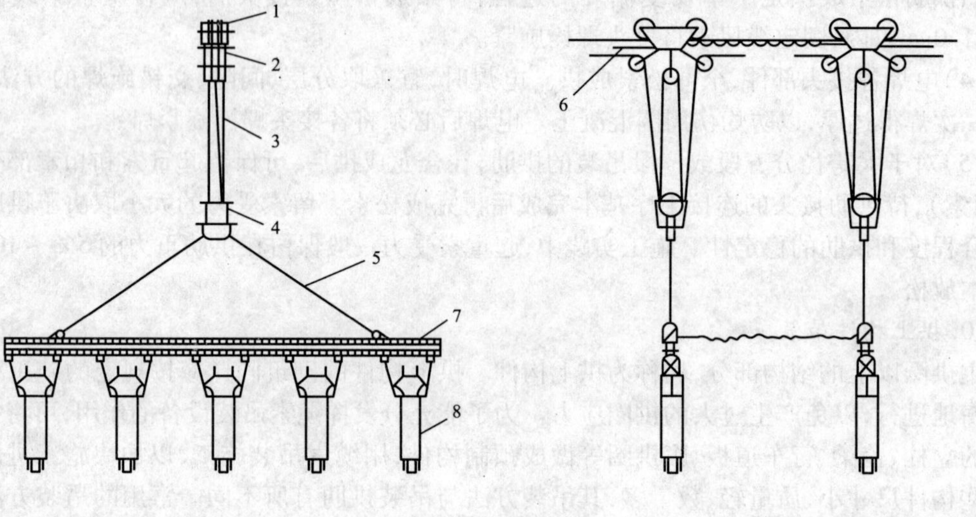

图 2-113 一组主索吊装

1-跑车；2-主索；3-起重索；4-吊点；5-千斤索；6-牵引索；7-“横扁担”；8-构件

②将一根主索分开成两组布置，每组主索上安置一个跑车，横向并联起来。“横扁担”装置直接挂在两跑车的吊点上，如图 2-114 所示。这种吊装的稳定性好，吊装构件不一定要求均衡对称，灵活性大，但主索布置工作量稍大，且只能安装一副“横扁担”。

③在双跨缆索吊装中，将两跑车拆开，每一跨缆索中安装一个，用一根长钢丝绳联系起来(钢丝绳长度相当于两跨中较大一跨的长度)。这种布置，由于两跑车只能平行运行，因此两跨不能同时吊装构件，如图 2-115 所示。

3)吊装

用“横扁担”吊装时，应根据构件的不同形状和大小，采取不同的吊装方法。对于短立柱，可直接直立吊运；对于长立柱，因受到吊装高度的限制，常须先进行卧式吊运，待运到安装位置后，再竖立起来，放下立柱的下端进行安装；对于盖梁，一般可直接采用卧式吊运和安装的方法；对腹拱圈、行车道板的吊装，为减小立柱所承受的单向推力，应在横桥方向上分组，沿桥跨方向逐次安装。

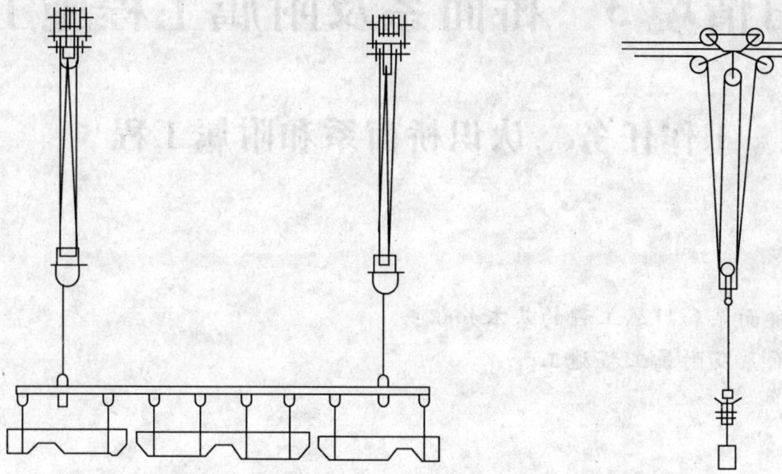

图 2-114　两组主索吊装

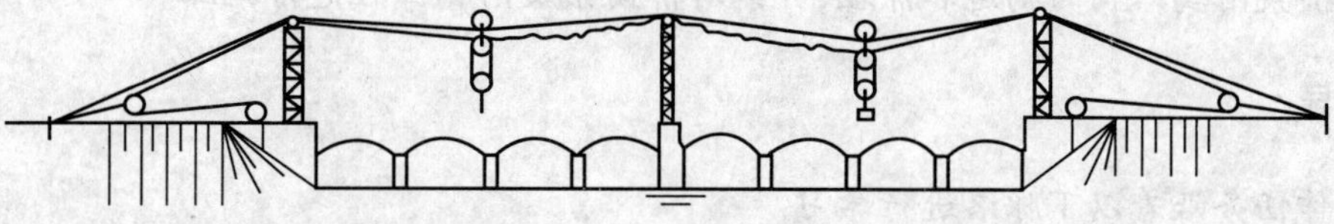

图 2-115　双跨主索单跑车吊运

思考题

1. 桥梁施工准备工作包括哪些内容？施工现场准备工作如何进行？
2. 桥梁施工设备有哪些？混凝土振捣设备有哪几种？操作要点是什么？
3. 桥梁平面测量的方法有几种？控制测量的等级有哪些？中线测量的目的是什么？
4. 混凝土原材料检查内容有哪些？叙述配合比计算方法。
5. 桥梁施工组织设计有哪些内容？
6. 模板及支架在安装时应注意什么事项？
7. 几种常用的吊装方法的特点如何？
8. 简述先张法和后张法预应力混凝土简支梁桥的施工工艺。
9. 常用的拱架结构有哪些类型？他们的构造特点有哪些？
10. 简述现浇混凝土拱桥的施工工序。

学习情境3　桥面系及附属工程施工

工作任务　认识桥面系和附属工程

学习目标

1. 掌握桥梁桥面系和附属工程的基本知识；

2. 能进行桥面系及附属工程施工。

任务描述

利用桥面系和附属工程的施工案例、多媒体教学资源和教师的讲解，同学们能够掌握桥面系和各种桥梁附属结构的构造和原理，并能对桥面系及附属工程进行施工。

学习引导

本工作任务沿着以下脉络进行学习。

第一步：结合教材，教师讲解相关知识；

第二步：掌握各种桥梁的桥面系及附属工程的施工要点、施工过程。

单元学习1　认识桥面系和附属工程

桥面系包括桥面铺装层、伸缩缝装置、桥面连续、泄水管、支座、桥面防水、桥面防护设施（防撞护栏或人行道栏杆、灯柱等）、桥头搭板等，是桥梁服务车辆、行人实现其功能的最直接部分，其施工质量不仅影响桥梁的外形美观，而且关系到桥梁的使用寿命、行车安全及舒适性，因而必须引起足够的重视。

桥面一般构造图如图3-1所示。

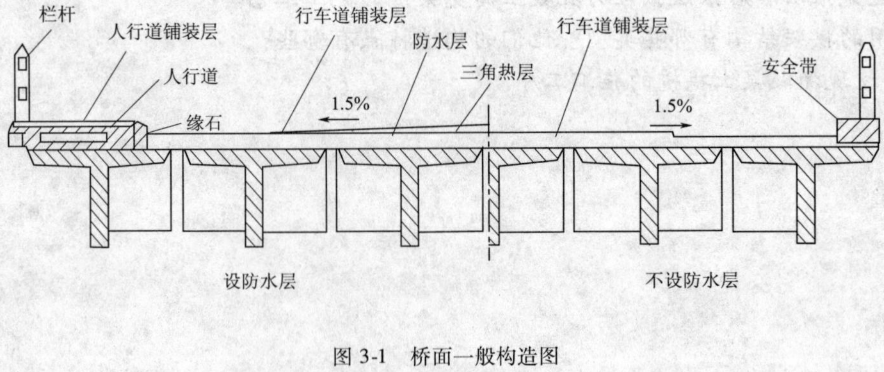

图3-1　桥面一般构造图

一、桥面铺装

桥面铺装可采用沥青表面处治、水泥混凝土和沥青混凝土等各种类型(图3-2)。沥青表面处治桥面铺装,耐久性较差,仅在中级或低级公路桥梁上使用。水泥混凝土和沥青混凝土桥面铺装能满足各项要求,应用较广。

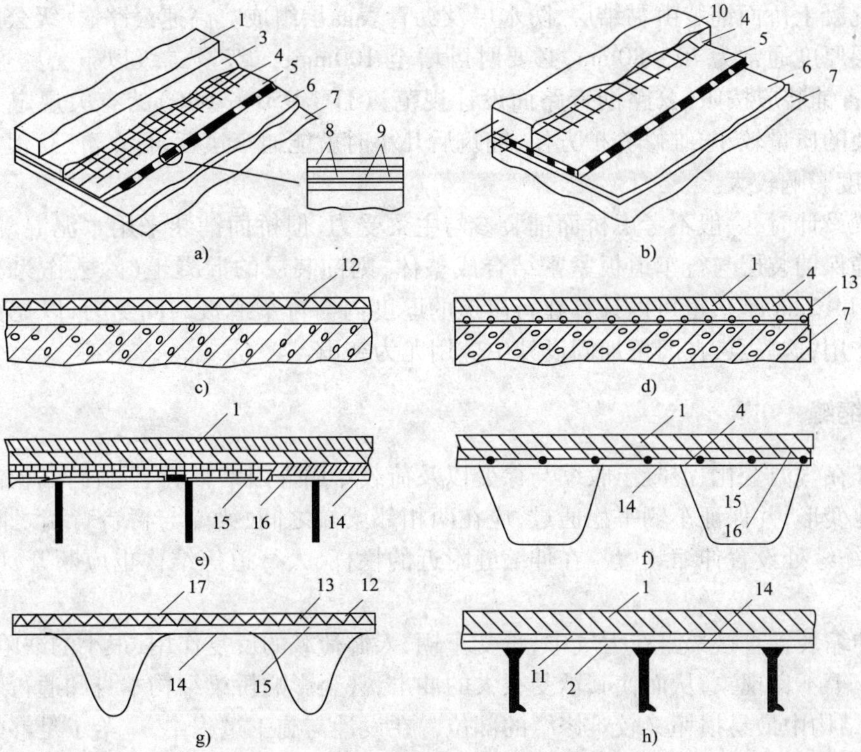

图3-2 桥面铺装类型图

1-沥青混凝土厚5~8cm;2-氯丁橡胶防水层;3-混凝土保护层厚3~5cm;4-钢筋网;5-防水层厚1~2cm;6-混凝土整平层厚2~3cm;7-钢筋混凝土桥面板;8-油毛毡或玻璃布层厚2mm;9-沥青胶泥层厚2mm;10-水泥混凝土厚6~8cm;11-氯丁橡胶涂料;12-聚合物铺装厚2cm;13-自应力水泥混凝土层;14-正交各向异性桥面板的顶板;15-防腐层;16-黏结层;17-碎石磨耗层

桥面铺装也称行车道板铺装,是桥梁结构的一个重要组成部分,其作用是保护属于主梁整体部分的行车道板不受车辆轮胎的直接磨耗,防止主梁遭受雨水的侵蚀,并能对车辆轮重的集中荷载起一定的分布作用,减少车轮对桥梁结构的冲击力,改善行车条件,延长桥梁使用寿命。因此,要求桥面铺装具有抗车辙、行车舒适、抗滑、不适水和刚度好(与桥面板一起作用时)等特点。

桥面铺装可采用沥青表面处治、水泥混凝土和沥青混凝土等各种类型。沥青表面处治桥面铺装,耐久性较差,仅在中级或低级公路桥梁上使用。水泥混凝土和沥青混凝土桥面铺装有稳定的性能,能满足各项要求,应用较广。特别是高速公路和一级公路上的特大桥、大桥的桥面铺装宜采用沥青混凝土。

桥面铺装常见类型有如下几种。

1.水泥混凝土桥面铺装

水泥混凝土桥面铺装耐磨性能好,适合重载交通,但养生期长,日后修补较麻烦。铺装层的混凝土强度等级不低于C40,铺装厚度(不含整平层和垫层)不小于80mm,铺设时要求有较好的密实度,避免二次成型。为使铺装层具有足够的强度和良好的整体性(能起联系各主梁共同受力的作用)，铺装层内还应配置直径不小于 80mm，间距不大于 100mm 的双向钢筋网，钢筋网顺桥向和横桥向每米长度截面面积均不小于 500mm^2，水泥混凝土桥面铺装应符合《公路水泥混凝土路面设计规范》(JTG D40—2002)的有关规定。水泥混凝土桥面铺装应设伸缩缝，以避免产生开裂，纵向每个车道设置一道，横向每 3 ~ 5m 设置一道。

2. 沥青混凝土桥面铺装

沥青混凝土桥面铺装由黏结层、防水层及沥青表面层组成。高速公路、一级公路的沥青混凝土铺装层厚度通常为 70 ~ 80mm，必要时可增至 100mm；二级及二级以下公路通常为 50 ~ 80mm。沥青铺装应按照《公路沥青路面设计规范》(JTG D50—2006)的有关规定办理。沥青混凝土铺装的质量较小，维修养护方便，铺筑后几小时就能通车运营，行车舒适，但容易老化和变形，受温度影响较大。

在桥梁设计时，一般不考虑桥面铺装参与主梁受力，但桥面铺装采用水泥混凝土时，如在施工中能确保铺装层与行车道板紧密结合成整体，则铺装层的混凝土(除去作为车轮磨耗的部分，可取 1 ~ 2cm 厚)，也可以计算在行车道的厚度内与行车道板共同受力，以充分发挥这部分材料的作用，这一点，在旧桥加固设计中应用尤为突出。

二、伸缩缝

为保证在气温变化、混凝土收缩与徐变以及荷载作用等因素影响下，桥跨结构能够按静力图式自由地变形，并保证车辆平稳通过，应在两相邻梁端之间、梁端与桥台背墙之间设置伸缩缝，并在伸缩缝处设置伸缩装置。在伸缩缝附近的栏杆、人行道等结构也应断开，以满足梁体的自由变形。

桥梁伸缩装置直接暴露在大气中，承受车辆、人群荷载的反复作用，很小的缺陷和不足，就会引起跳车等不良现象，从而使其承受很大的冲击，甚至影响桥梁结构本身和通行者的生命安全，是桥梁结构中最易损坏又较难修缮的部位。在设计与施工过程中，应给予足够的重视。

1. 对伸缩缝的要求

桥梁伸缩缝应满足下列要求：

(1)能够满足桥梁自由伸缩的要求，保证有足够的伸缩量。

(2)伸缩装置牢固可靠，与桥梁结构连为整体，抗冲击，经久耐用。

(3)桥面平坦，行驶性良好，车辆驶过时应平顺，无突跳和噪声。

(4)具有能够安全防水和排水的构造，有效防止雨水渗入。

(5)能有效防止垃圾渗入阻塞。对于敞露式的伸缩缝，要便于检查和清除缝下沟槽的污物。

(6)构造简单，施工、安装方便，且养护、修理与更换方便。

(7)经济价廉。

2. 伸缩量的确定

伸缩缝类型的选择，主要依据伸缩缝所需要的变形量 Δl 的大小来确定。计算变形量时，主要考虑以安装伸缩缝时的温度为基准，将温度变化引起的伸长量 Δl_t^+ 和缩短量 Δl_t^-，以及混凝土徐变和干燥收缩引起的收缩量 $\Delta l_e + \Delta l_s$ 作为基本的伸缩量。对于其他因素，如制造与安装误差等，一般作为安全富裕量 Δl_E 考虑。Δl_E 通常可按计算变形量的 30% 估算。因而总的变形量为：

$$\Delta l = \Delta l_t^+ + \Delta l_t^- + \Delta l_e + \Delta l_s + \Delta l_E$$

对于大跨度桥梁，尚应计入因荷载作用和梁体上、下温差等所引起的梁端转角产生的变形量。

3. 伸缩缝类型

桥梁伸缩装置的类型有U形锌铁皮伸缩装置、跨搭钢板式伸缩装置、橡胶伸缩装置等，目前多用橡胶伸缩装置。按照伸缩体结构的不同，桥梁橡胶伸缩装置可分为纯橡胶式、板式、组合式和模数式四种，其选型主要视桥梁变形量的大小和活载轮重而定，目前最大适应伸缩量已达2 000mm。

1）U形锌铁皮伸缩缝

U形锌铁皮式伸缩缝是一种简易的伸缩装置。一般用于中、小跨径的桥梁，所能适应的变形量为20～40mm。

这种伸缩缝以U形锌铁皮作为跨缝材料，锌铁皮分上、下两层，上层的弯曲部分开凿梅花眼，其上设置石棉纤维垫绳，然后用沥青胶填塞（图3-3）。这样，当桥面伸缩时，锌铁皮可随之变形。

U形锌铁皮伸缩缝其下层锌铁皮可将渗下的雨水沿桥横向排出桥外。采用相应的措施，该种伸缩缝还可以很好地配合桥面连续。

人行道部分的伸缩缝构造，通常用一层U形锌铁皮跨搭，其上再填充沥青膏即可。

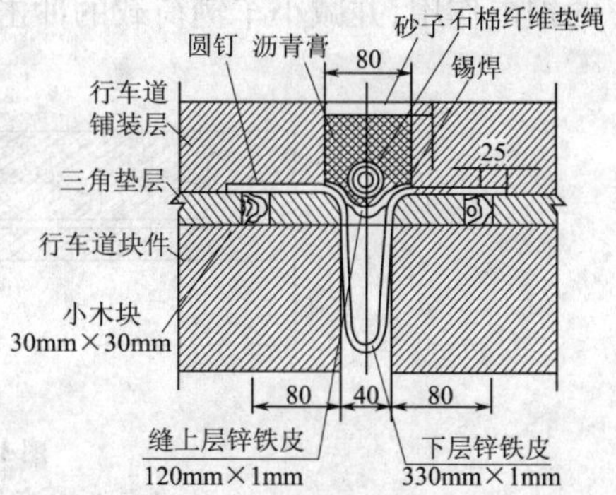

图3-3　U形锌铁皮式伸缩缝（尺寸单位：mm）

2）TST碎石弹性伸缩缝

TST碎石弹性伸缩缝是前几年开发应用的一种桥梁伸缩缝，适用于伸缩量不超过50mm的中、小跨径桥梁，其构造形式如图3-4所示。在现场将特制的弹塑性复合材料TST加热熔融后，灌入经过清洗加热的碎石中，即形成了TST碎石弹性伸缩缝。碎石用以支承车辆荷载，TST弹塑性体在－25～＋60℃条件下能够满足伸缩量的要求。

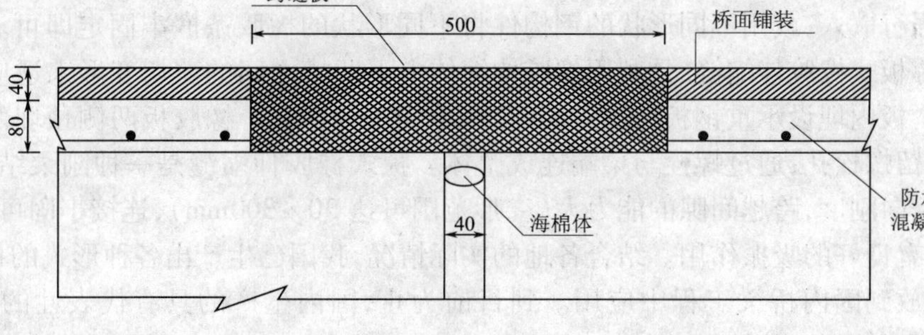

图3-4　TST碎石弹性伸缩缝（尺寸单位：mm）

TST碎石弹性伸缩缝构造简单，施工方便快捷，易于维修和更换，通常施工完成后2～3h即可开放交通。由于TST碎石弹塑性体与前后桥面或路面铺装形成连续体，因而桥面平整无缝隙，行车时不致产生冲击、振动等，舒适性较好，本身的防水性也较好。TST碎石弹性体可以在各个方向发生变形，因此这种弹性伸缩缝还可以满足弯桥、坡桥和斜桥在纵、横、竖三个方向的伸缩与变形，也可用于人行道伸缩缝。鉴于以上优点，TST碎石弹性体伸缩缝具有良好的应用前景。但由于是在路面铺装完成后再用切割器切割路面，并在其槽口内注入嵌缝材料而成的构造，故仅适用于较小的接缝部位，适用范围有所限制。

3）钢板式伸缩缝

钢板式伸缩缝是用钢材作为跨缝材料，能直接承受车轮荷载的一种构造。过去，这种伸缩装置多用于钢桥，现也用于混凝土桥梁。

钢板式伸缩缝的种类繁多，构造复杂，能够适应较大范围的梁端变形。图3-5所示为最简单的搭板式钢板伸缩缝，它是用一块厚度约为10mm的钢板搭在断缝上，钢板的一侧焊在锚固于铺装层混凝土内的钢板1上，另一侧可沿着对面的角钢2自由滑动。这种伸缩缝所能适应的变形量在40～60mm以上。但由于一侧固死，车辆驶过时，往往由于拍击作用而使结构破坏，大大影响了伸缩缝的使用寿命。为此，可借助螺杆弹簧装置来固定滑动钢板，以消除不利的拍击作用，并减小车辆荷载的冲击影响。

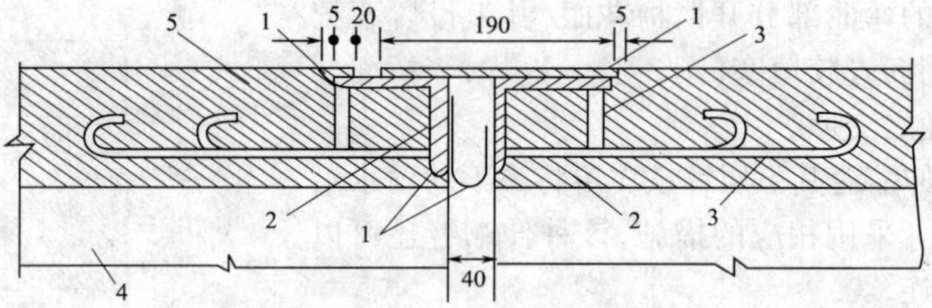

图3-5　钢板伸缩缝（尺寸单位：mm）

1-钢板；2-角钢；3-钢筋；4-行车道块件；5-行车道铺装层

4）橡胶伸缩缝

橡胶伸缩缝采用各种断面形状的橡胶带（或板）作为嵌缝材料。由于橡胶（一般为氯丁橡胶）既富有弹性，又易于胶贴，并且能满足变形要求和具备防水功能，施工及养护维修也很方便，目前在国内外桥梁工程中得到广泛的应用。

橡胶伸缩缝根据橡胶带（或板）传力和变形机理的不同可分为嵌固对接式和剪切式两类。

嵌固对接式以橡胶带的拉压变形来吸收梁体的变形。橡胶带的断面有3节形、2孔条形、3孔条形、M形、W形和倒U形等多种形式。通常将梁架好后，在梁端焊上角钢，涂上胶后，再将橡胶嵌条强行嵌入，或用不同形状的钢构件将不同形状的橡胶条嵌牢固定即可。剪切式橡胶伸缩缝也称板式橡胶伸缩缝，是利用橡胶伸缩体上下凹槽之间的剪切变形来适应梁体结构的相对位移。板内埋设承重钢板跨越梁端间隙，承受车辆荷载。橡胶板两侧预埋两块锚固钢板，并设有预留螺栓孔，通过螺栓与梁端连成整体。板式橡胶伸缩缝是一种刚柔结合的装置，具有一定的竖向刚度，跨越间隙的能力大（变形范围可达30～300mm），连接牢固可靠，行车平稳舒适，并具有良好的吸振作用。结合各地的实际情况，我国已生产出各种形式的板式橡胶伸缩装置，并投放到国内桥梁工程中应用。到目前为止，国内生产的具有代表性的产品有BF型、SKJ型、UG型、BSL型和CD型等。

5）组合伸缩缝

组合伸缩缝（或模数式伸缩缝）是采用橡胶与钢板或型钢组合而成的，能够适应更大的变形量。特大桥和大桥应采用这种伸缩缝。组合伸缩缝有多种形式，构造也较复杂。这类伸缩装置，其构造的共同点在于均系由V形截面或其他截面形状的橡胶密封条（带），嵌接于异形边钢梁和中钢梁内组成可伸缩的密封体。异形钢梁直接承受车辆荷载，其高度应根据计算确定，但不应小于70mm，并应具有强力的锚固系统。根据需要的伸缩量，可随意增加中钢梁和密封橡胶条（带）的数量，加工组装成各种伸缩量的系列产品。图3-6为橡胶组合剪切式伸缩缝。

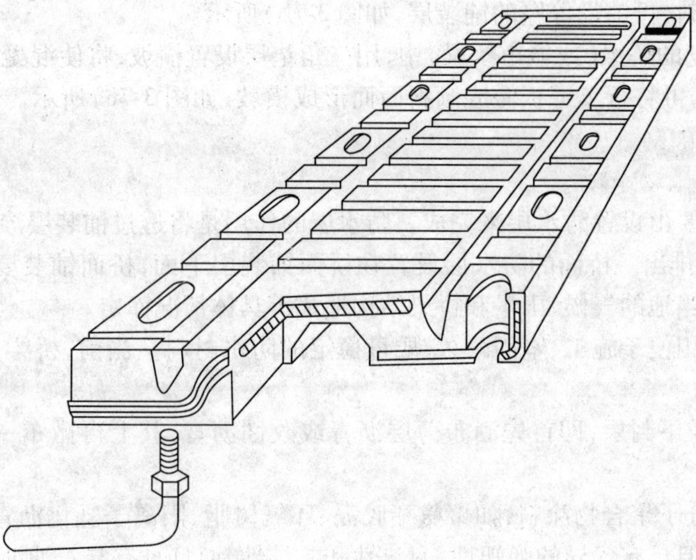

图 3-6　橡胶组合剪切式伸缩缝

三、桥面防排水

和房屋的装修一样，桥梁的防水和排水也是非常重要的。没有做好防排水，桥面下面的梁板混凝土很快被腐蚀，钢筋外露，一座桥梁很可能变成危桥、险桥。下面详细介绍桥梁的防排水。

1. 桥面横坡

桥面应设置纵横坡，以利雨水迅速排除，防止或减少雨水对铺装层的渗透，从而保护桥面板，延长桥梁使用寿命。

桥面横坡通常设置为双向的（当设置上下行两座独立的桥时，也可设成单向坡），横坡坡度可按路面横坡取用或增加0.5%。对沥青或水泥混凝土铺装，行车道路面一般采用抛物线形横坡，人行道则用直线形。桥面横坡通常有三种设置形式：

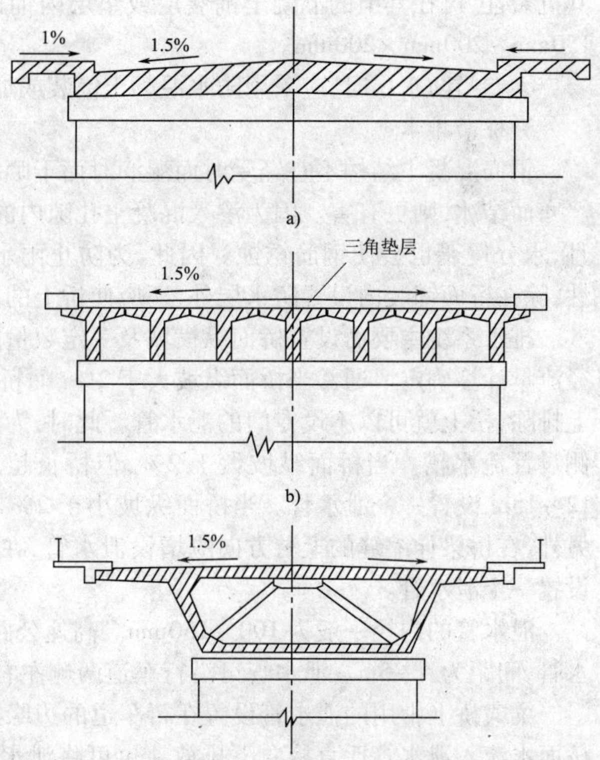

图 3-7　桥面横坡的设置

（1）对于板桥（矩形板或空心板）或就地浇筑的肋板式梁桥，为节省铺装材料并减小恒载重力，可以将墩台顶部做成倾斜，横坡直接设在墩台顶部，而使桥梁上部构造形成双向倾斜，此时，铺装层在整个桥宽上做成等厚，如图 3-7a）所示。

（2）在装配肋板式梁桥中，为使主梁构造简单、架设与拼装方便，通常横坡不再设在墩台顶部，而直接设在行车道板上。先铺设一层厚度变化的混凝土三角垫层形成双向倾斜，再铺设等厚的铺装层，如图 3-7b）所示。

（3）在比较宽的桥梁（或城市桥梁）中，用三角垫层设置横坡，将使混凝土用量和恒载重力增加太多。为此，可将行车道板做成倾斜面而形成横坡，如图 3-7c）所示。它的缺点是主梁构造复杂，制作麻烦。

2. 桥面防水

桥面防水主要由设置防水层来完成。防水层的作用是将透过铺装层渗下的雨水汇集于排水系统（泄水管）排出。桥面的防水层设置在桥面铺装层下面，桥面铺装要设置防水层，但其形式和方法应视当地的气候、雨量和桥梁结构形式等具体情况而定。

防水层应采用便于施工、坚固耐久、质量稳定的防水材料。当前，桥梁中常用的防水层有以下三种类型：

（1）沥青涂胶下封层，即首先洒布薄层沥青或改性沥青，其上再撒布一层砂子，然后经反复碾压形成。

（2）涂刷高分子聚合物涂料，如聚氨酯胶泥、环氧树脂、阳离子乳化沥青、氯丁胶乳等高分子聚合物涂料不但具有优异的弹塑性、耐热性和黏结性，而且具有与石油沥青制品良好的亲和性，能适应沥青混凝土在高温条件下施工。由于施工简单方便，安全无污染，近年来得到广泛的使用，已成为各类大中型桥梁桥面防水施工的专用涂料。

（3）铺装沥青或改性沥青防水卷材，以及浸渍沥青的无纺土工布等。沥青防水卷材用作防水层，造价高，施工麻烦费时。由于将行车道和铺装层分开，削弱了之间的连接，如施工处理不当，将使桥面铺装层似有一弹性垫层，在车轮荷载作用下，铺装层容易起壳开裂。为了增强其抗裂性，可在其上的混凝土铺装层或垫层内铺设 $\phi3 \sim \phi6$ 的钢筋网，网格尺寸为 150mm × 150mm ~ 200mm × 200mm。

无专门防水层时，应采用防水混凝土铺装或加强排水和养护。

3. 桥面排水

钢筋混凝土结构不宜经受时而湿润时而干晒的气候的交替作用，湿润后的水分如接着因严寒而结冰，则更有害。因为渗入混凝土孔隙内的水分，在结冰时会导致混凝土发生破坏。而且，水分侵袭也会使钢筋锈蚀。因此，为防止雨水滞积于桥面并渗入梁体而影响桥梁的耐久性，除在桥面铺装内设置防水层外，还应使桥上的雨水迅速排出桥外。

排水系统主要由设置桥面纵横坡及一定数量的泄水管等组成。泄水管的设置应依据设计径流量计算确定。通常当桥面纵坡大于 2%，而桥长小于 50m 时，一般雨水可流至桥头从引道上排除，桥上就可以不设专门的泄水管。此时，为避免雨水冲刷引道路基，可在桥头引道的两侧设置流水槽。当桥面纵坡大于 2%，但桥长超过 50m 时，为防止雨水滞积，桥面上宜每隔 12 ~ 15m 设置一个泄水管。当桥面纵坡小于 2% 时，一般则宜每隔 6 ~ 8m 设置一个泄水管。另外，在桥梁伸缩缝的上游方向应增设泄水管，在凹曲线的最低点及其前后 3 ~ 5m 处也应各设置一个泄水管。

泄水管的内径一般为 100 ~ 150mm。高速公路和一级公路，一般采用直径为 150mm 的泄水管，间距为 4 ~ 5m。泄水管可沿行车道两侧左右对称排列，也可交错排列。

梁式桥上常用的泄水管设置在行车道的边缘处，离缘石的距离为 0.10 ~ 0.50m（图 3-8），桥面水流入泄水管后直接向下排放。也可将泄水管布置在人行道下面（图 3-9），桥面水通过设在缘石或人行道构件侧面的进水孔流入泄水孔。泄水管下端应伸出行车道板底面以下至少 0.15 ~ 0.20m，以防止浸润桥面板。管道与防水层紧密结合，以便防水层上的渗水能通过泄水

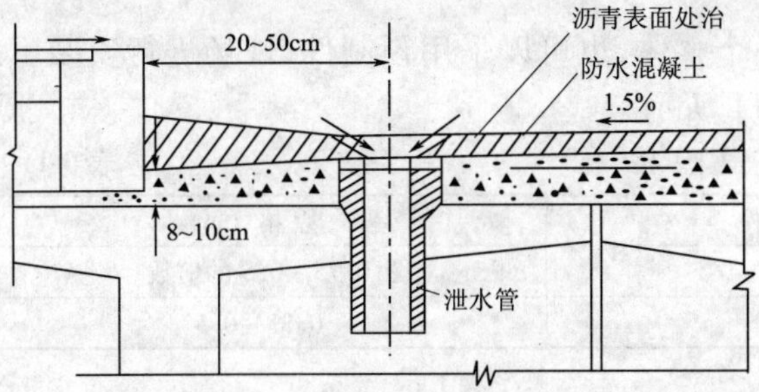

图 3-8　泄水管布置图(泄水管布置于行车道边缘的图式)

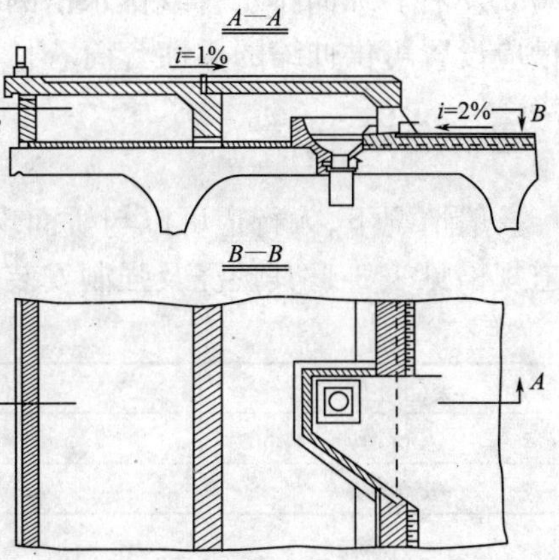

图 3-9　泄水管布置图(泄水管布置于人行道下的图式)

管道排出桥外。

对于不设人行道的小桥,可以直接在行车道两侧的安全带或缘石上预留横向孔道,用铁管或竹管将水排出桥外,管口要伸出桥 20 ~ 30mm 以便滴水,但这种做法因孔道坡度较缓易于阻塞。

对于跨越公路、铁路、通航河流的桥梁以及城市桥梁,为保证桥下行车行人安全及公共卫生的需要,应像建筑物那样设置封闭式的排水系统,将流入泄水管中的雨水汇集到纵向排水管(或排水槽)内,并通过设在墩台处的竖向排水管(落水管)流入地面排水设施或河流中(图 3-10)。当桥长较短时,纵向排水管的出水口可以设在桥梁两端的桥台处;对于长大桥,除了在桥台处设置出水口外,还需在某些桥墩处布置出水口,并利用竖向管道将水引到地面。为了不影响桥梁立面的美观,纵向排水管道一般可设在箱梁中或梁肋内侧。竖向排水管道应尽可能布置在墩台壁的预留槽中,或者布置在墩台内部预留的孔道中。

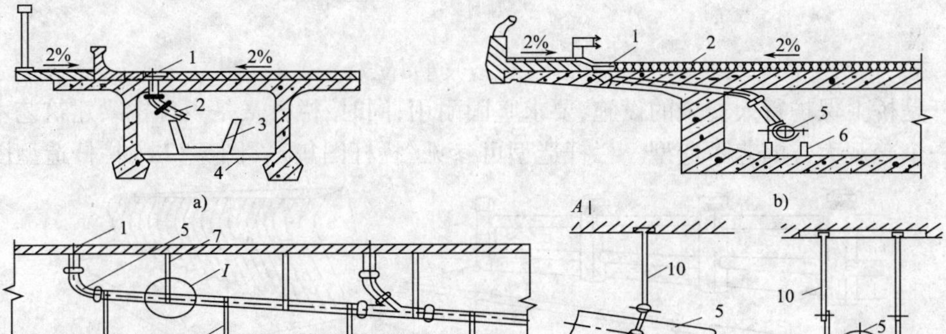

图 3-10　城市桥梁桥面排水设施

1-泄水漏斗;2-泄水管;3-钢筋混凝土斜槽;4-横梁;5-纵向排水管;6-支撑结构;7-悬吊结构;8-支柱;9-弧形箍;10-吊杆

泄水管材料一般采用铸铁、钢材、钢筋混凝土及塑料(聚氯乙烯 PVC 或聚乙烯 PE)等,由于钢筋混凝土泄水管道制作麻烦,目前已很少采用。而塑料管则以其优越的性能在当前工程中得到越来越广泛的使用。泄水管的内径一般为 0.10 ~ 0.15m,管口顶部采用金属格栅盖板。排水管一般也采用铸铁管、钢管或塑料管,其内径应等于或大于泄水管的内径。排水槽宜采用铝质或钢质材料,也可采用水泥混凝土预制件,其横截面为矩形或 U 形,宽度和深度均宜为

0.20m 左右。纵向排水管或排水槽的坡度不得小于0.5%。桥梁伸缩缝处的纵向排水管或排水槽应设置可供伸缩的柔性套筒。

四、人行道、栏杆

一般情况下,人行道可以与桥面现浇成一个整体,也可以采用预制件,现场进行安装。人行道规格见表3-1,其现浇及强制安装如图3-11所示。

人行道规格　　表3-1

类　型	使用条件	规格(m)
人行道	人多	0.75+0.5 的倍数
安全带	人少	0.25~0.5

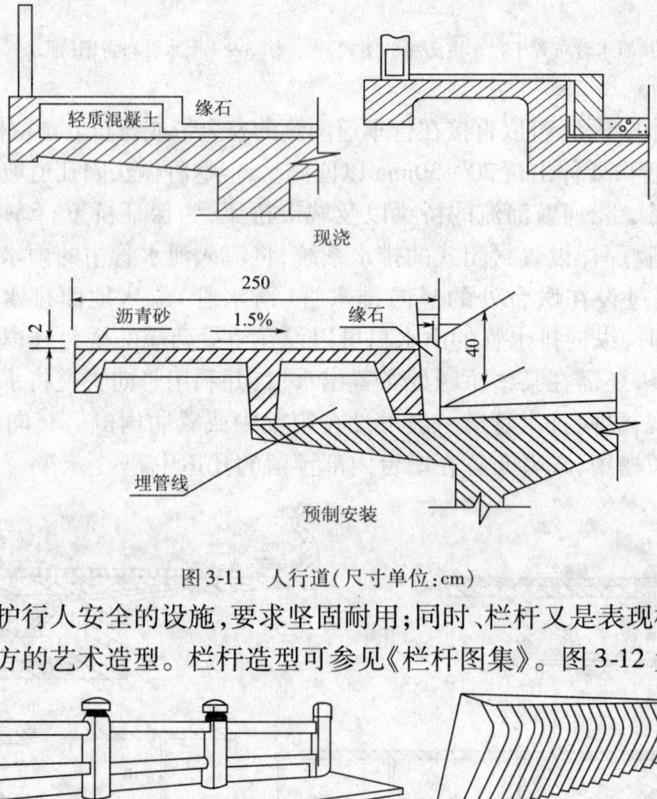

图3-11　人行道(尺寸单位:cm)

栏杆是桥上保护行人安全的设施,要求坚固耐用;同时、栏杆又是表现桥梁建筑艺术之处,需要有一个美观大方的艺术造型。栏杆造型可参见《栏杆图集》。图3-12为栏杆造型图。

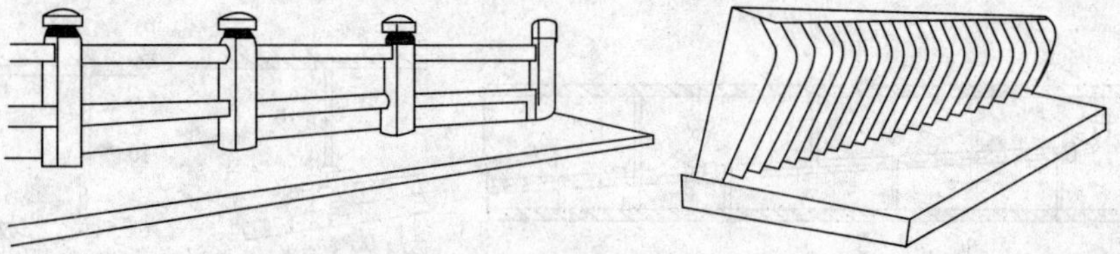

图3-12　栏杆

护栏及防撞墙常见于高速公路,具有封闭路线两侧并吸收碰撞能量的作用。

五、桥梁支座

按照梁式桥受力的要求,在桥跨结构和墩台之间常需设置支座,传递上部结构的支承反力,保证结构在活载、温度变化、混凝土收缩和徐变等因素作用下能自由变形,以使上、下部结构的实际受力情况符合结构的静力图式。

支座通常用钢、橡胶等材料来制造,主要类型有下列几种:

- 简易支座
- 弧形钢板支座
- 橡胶支座
  - 板式橡胶支座
  - 盆式橡胶支座

随着桥梁工程技术的不断发展，支座类型也在更新换代，简易油毛毡支座、钢板支座、钢筋混凝土摆柱式支座等在目前桥梁建设中已不常使用，现在桥梁建设中使用最普遍的都是橡胶支座。

按支座外形，橡胶支座又可分为板式支座、盆式支座和球形支座等。

按支座能否承受拉力或是否具有减振功能又可分为普通支座、拉压支座和减振支座。

下面介绍钢筋混凝土和预应力混凝土公路桥梁几种常见橡胶支座类型的构造及工作原理。

1. 板式橡胶支座

板式橡胶支座的构造最为简单，从外形上看它就是一块放置在上下部结构之间的矩形黑色橡胶板，如图 3-13a）和图 3-13b）所示。它的工作原理是：利用橡胶的不均匀弹性压缩实现转角 θ，利用其剪切变形实现水平位移 Δ，如图 3-13c）所示。板式橡胶支座一般无固定支座与活动支座的区别，所有纵向水平力由各个支座按抗推刚度大小进行分配。必要时也可采用高度不同的橡胶板来调节各支座传递的水平力和位移。

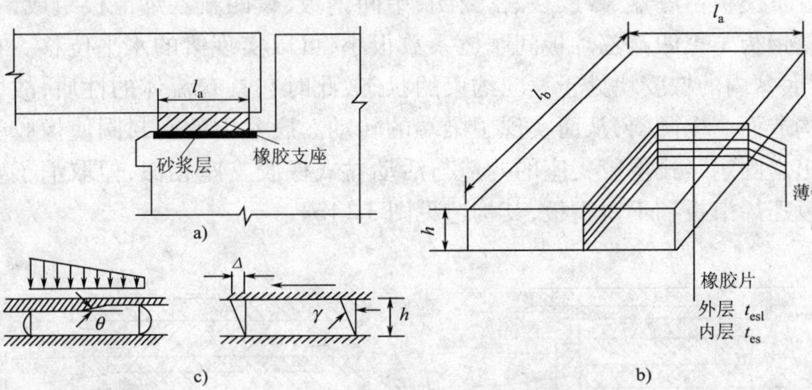

图 3-13　板式橡胶支座

常见的板式橡胶支座均内设有几层薄钢板作为加劲层，加劲层的作用是阻止橡胶片侧向膨胀，提高橡胶片抗压强度。目前，国内定形产品规格很多，可参见《公路桥梁板式橡胶支座》（JT/T 4—2004）。在定形产品中，中间橡胶层厚度 t_0 有 5mm、8mm、11mm、15mm、18mm 等几种情况，外层橡胶层厚度 2.5mm，单层加劲钢板厚度 t_0 有 2mm、3mm、4mm、5mm 等，支座高度 $h = 21 \sim 194$mm，平面尺寸 $l_a \times l_b$ 范围为 100mm × 150mm ~ 700mm × 1 000mm。

板式橡胶支座有矩形和圆形，支座的橡胶材料以氯丁橡胶为主，也可采用天然橡胶和三元乙丙橡胶。其中氯丁橡胶支座适于在 -25 ~ 60℃ 温度范围使用；天然橡胶支座适于在 -35 ~ 60℃ 温度范围使用；三元乙丙橡胶支座适于在 -40 ~ 60℃ 温度范围使用。

板式橡胶支座竖向承载力一般为 70 ~ 3 600kN，一般标准跨径 20m 以内的梁、板桥多采用此种支座。圆板橡胶支座多用于弯桥，以适应结构多向变形的需要。

为使橡胶支座受力均匀，在安装时应使梁底面和墩台顶面清洁平整，安装位置要正确。必要时可在墩台顶面铺设一层 1∶3 水泥砂浆。由于施工等原因倾斜安装时，则坡度最大不能超过 2%。在水平荷载较大的情况下，为防止支座滑动，可在支座顶面、底面上设置浅的定位孔槽，并使梁底和墩台顶预埋的伸出锚钉伸入顶位孔槽加以固定。应注意锚钉不能深入支座过多，以免影响支座的活动性。

2. 聚四氟乙烯滑板式橡胶支座

聚四氟乙烯滑板式橡胶支座（简称四氟滑板支座）是板式橡胶支座的一种特殊形式，系将一块平面尺寸与橡胶支座相同、厚度约为1.5～3mm的聚四氟乙烯板材，与橡胶支座黏合在一起，另在梁底设置一块有一定光洁度的不锈钢板。由于不锈钢板与四氟板之间的摩擦系数很小，通常 $\mu_f=0.06$，因而能提供较大的水平位移。因此这种支座不仅适用于较大跨度的简支梁，而且适用于桥面连续的桥梁和连续梁等。

3. 球冠圆板式橡胶支座

球冠圆板式橡胶支座是一种改进后的圆形板式支座，其中间层橡胶和钢板布置与圆形板式橡胶支座完全相同，而在支座顶面用纯橡胶制成球形表面，球面中心橡胶最大厚度为4～10mm。

球冠圆板橡胶支座具有传力均匀，可明显改善或避免支座底面产生偏压、脱空等不良现象，特别适应于纵横坡度较大（3%～5%）的立交桥及高架桥。

4. 盆式橡胶支座

盆式橡胶支座也分为活动盆式橡胶支座和固定盆式橡胶支座。活动盆式橡胶支座的基本结构一般可分为上座板和下座板[图3-14a）]。上座板由顶板和不锈钢板组成，上座板与桥的上部构造连接。下座板由底盆、橡胶块、密封圈、中间钢板、聚四氟乙烯滑板组成，下座板固结在桥墩上。不锈钢板与聚四氟乙烯板间摩擦系数很小，可以实现梁的水平位移。在转矩的作用下，由于置于底盆内的橡胶块处于三向约束的状态，此时它具有流体的性质，故中间钢板顺利地随着上部构造而产生倾斜，从而实现了梁端的转动。底盆内的密封圈使橡胶受压后不至于从底盆中挤出。固定盆式橡胶支座的构造与活动盆式橡胶支座相似，但取消了实现水平位移功能的聚四氟乙烯滑板和不锈钢板，其构造见图3-14b）。

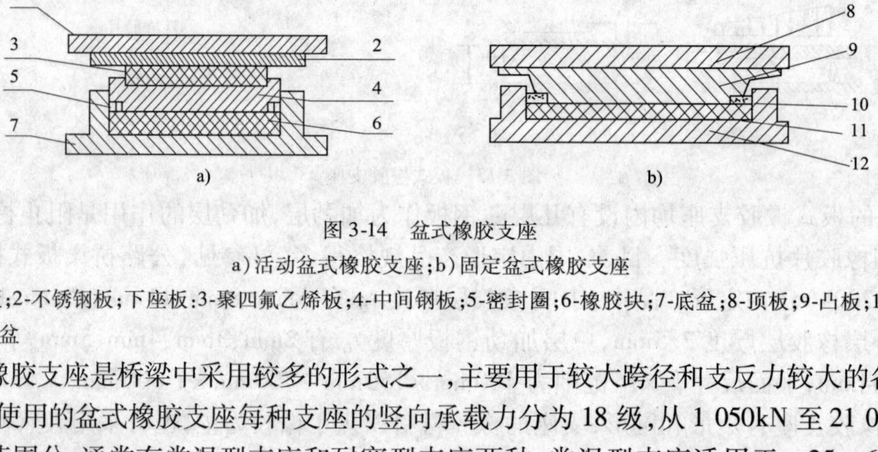

图3-14 盆式橡胶支座

a）活动盆式橡胶支座；b）固定盆式橡胶支座

上座板：1-顶板；2-不锈钢板；下座板：3-聚四氟乙烯板；4-中间钢板；5-密封圈；6-橡胶块；7-底盆；8-顶板；9-凸板；10-钢密封圈；11-橡胶；12-底盆

盆式橡胶支座是桥梁中采用较多的形式之一，主要用于较大跨径和支反力较大的各种桥梁。目前，我国使用的盆式橡胶支座每种支座的竖向承载力分为18级，从1 050kN至21 000kN。按温度适用范围分，通常有常温型支座和耐寒型支座两种，常温型支座适用于－25～60℃，耐寒型支座适用于－40～60℃。

六、桥头搭板

1. 了解桥头跳车

公路投入营运后，常会出现桥头跳车现象。桥头及桥梁伸缩缝处会出现破坏，接缝处下沉，路面损坏，形成错台。这些台阶，轻的使车辆通过时产生跳动和冲击，从而对桥梁和路面造成附加的冲击荷载，造成行车不适或使通过的车辆大幅度减速，重的有的甚至造成行车事故，从而影响公路的正常营运。这种现象在一些软土地基的地方更为严重，给养护部门带来了很大困难。

2. 桥头跳车成因

1）桥头路堤地基沉降的影响

桥涵通常位于沟壑地段，地下水位较高，且多属软土。由于软土一般都具有天然含水率高、孔隙比大、压缩性强和抗剪强度低等特点，在软土上填筑路基，便极易产生沉降（包括瞬时沉降、固结沉降和次固结沉降）。同时，桥头路基填筑高度较其他地段大，产生基底应力相对较大，更易引起地基沉降，特别是工后沉降较大。

2）台后填料的影响

台后填料本身含有水分，存在孔隙。施工中无论采用什么措施，采用何种填料也不可能完全消除填料颗粒之间的空隙，即压实度不可能达到。在填料及车轮荷载的反复作用下，路基填料逐渐被压缩，在通车后一段时间内产生压缩沉降。另一方面，台后填料及路基填土在竣工通车时并没有全部完成固结沉降，车辆荷载作用下土颗粒填料颗粒骨架会发生蠕动变形，它所产生的次固结沉降可以达到总沉降的10%左右。

3）结构突变桥台路面与台背路面在结构上存在着差异

铺设在桥台台背路堤上的路面结构为多层路面体系，铺设在桥台顶的路面结构为路面面层与刚性桥台组成的双层路面体系。在车辆荷载作用下，铺设在桥台台背路堤上的路面垫层、基层密实度迅速增加，结构层压缩；而铺设在桥台顶的路面因路面下层由桥台组成，而桥台为一砌石或钢筋混凝土的刚性体，相对于路基而言，沉降可视为零。这样，不同路面结构层两侧刚度相差较大，相对沉降就不可避免地出现，使路面结构破坏，造成跳车。

另外，根据美国对桥头跳车的研究分析，产生桥头跳车还与以下因素有关：

（1）填筑材料的压缩。

（2）施工方法不当。

（3）交通荷载过大。

（4）排水不畅。

（5）填筑材料选用不当。

（6）冲刷造成填土流失。

（7）接缝质量差。

（8）气温的循环变化（尤其是整体式桥台）。

而且桥头跳车最可能在下述任何设计因素存在时出现：

（1）高填方。

（2）桥台设在桩基上。

（3）日平均货车交通量大。

（4）软土地基。

（5）高密度降雨。

（6）气温的循环变化大。

（7）陡变的引道纵坡。

产生桥头跳车还有其他一些影响因素，比如施工中没有严格按照操作规程进行，比如设计时某些因素没有充分考虑等，总之，影响因素很多，可是到目前为止，还没有得到彻底的解决。

3. 桥头跳车的危害

（1）当车辆行至桥头陡坎时，为防止车辆的猛烈跳动，驾驶员被迫制动减速，降低了道路的使用功能。

(2)由于车辆通过桥头陡坎引起跳动,使车辆颠簸,引起乘客及驾驶员产生相对不利的心理影响。严重时则会影响车辆的正常行驶,造成行车事故。

(3)桥头跳车使高速公路通行能力降低,如车速不能达到设计要求等,使社会效益间接降低。桥头跳车问题解决不好,将大大影响高速公路的总收益率。同时降低人们对高速公路的总体评价。

(4)由于车辆通过桥头时产生的跳动和冲击,从而对桥梁和道路造成附加的冲击荷载,加速了桥台、桥头搭板、支座及伸缩缝的损坏,特别是支座和伸缩缝的破坏,同时也加剧了车辆的机件、轮胎等磨损,降低了车辆的使用寿命。

(5)行车跳动反过来又加重了对路面的冲击破坏,使破坏程度进一步发展,在相对作用之间形成恶性循环。随着时间的推移,沥青类路面损坏面积扩大,搓板、龟裂及沉陷等不均现象的程度加重。水泥混凝土路面则出现啃边、唧泥及断板等现象,严重影响行车的平顺舒适。

4. 预防措施

针对桥头跳车产生的原因,广大路桥建设者在实践中总结了许多治理方法,这些方法大体可分为两类,一类是加固桥台后填土,避免发生沉降,如填土压实控制法、土工格栅法、加筋土法、水撼砂法等;另一类是设置桥头搭板,延长桥面,使桥面与路堤间刚性过渡。此外设计时充分考虑多方面因素,施工中加强质量管理意识,尽可能减少人为因素的影响。

5. 设置桥头搭板

采用桥头搭板来防治桥头跳车是一种比较常见的处治方法。搭板设计的基本思路是将桥台与路堤衔接处因较大差异沉降引起的路面纵坡突变通过桥头搭板进行缓和过渡,将路面纵坡变化控制在容许范围内,从而达到消除桥头跳车的目的。

桥头搭板,通俗点讲,是为了减小桥梁与路基连接部分的不均匀沉降而出现的结构。搭板结构形式通常是一端支承在台背上,用锚栓固定,另一端可直接置于路面底基层上(有时也在板下设置枕梁)。桥头搭板一般构造如图 3-15 所示。

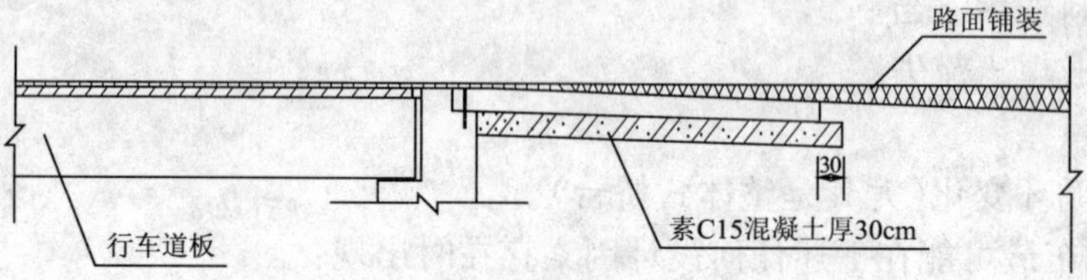

图 3-15 桥头搭板一般构造(尺寸单位:cm)

搭板长度依据设计行车速度、路堤填土高度及预计引道填土的工后沉降量大小来确定。一般取值为 3m、5m、8m 不等。为了保证车辆的平稳过渡和沿台后顺桥方向的沉降均匀分布,搭板应设置一个较大的纵坡。若路线纵坡为 i_1,搭板坡度为 i_2,则搭板纵坡可控制在 $10\% \leqslant i_2 - i_1 \leqslant 15\%$。

单元学习2 桥面铺装施工

桥面铺装层的作用是实现桥梁的整体化,使各片主梁共同受力,同时为行车提供平整舒适的行车道面。高等级公路及二、三级公路的桥面铺装层一般为两层,上层为 4 ~ 8cm 沥青混凝土，下层为8～10cm钢筋混凝土。钢筋混凝土增加桥梁的整体性，沥青混凝土提高行车的舒适性，同时能减轻车辆对桥梁的冲击和振动。四级公路或个别三级公路为减少工程造价，直接采用水泥混凝土桥面，也有三级公路在水泥混凝土桥面上铺设一层沥青碎石或沥青表面处治，所以其结构形式应根据公路等级、交通量大小和荷载等级设计确定，现就水泥钢筋混凝土和沥青混凝土铺装层分别作以下介绍。

一、钢筋混凝土桥面铺装层施工

1. 梁顶高程的测定和调整

预应力混凝土空心板或大梁在预制后存梁期间，由于预应力的作用，往往会产生反拱，如果反拱过大就会影响桥面铺装层的施工，因此设计中对存梁时间、存梁方法都作了一定要求。如果架梁前已发现反拱过大，则应采取降低墩顶高程、减少垫石厚度等方法，保证铺装层厚度。架梁后对梁顶高程进行测量，测定各跨中线、边线的跨中和墩顶处的高程，分析评价其是否满足规范要求，若偏差过大，则应采取调整桥面高程、改变引线纵坡等方法，以保证铺装层厚度，使桥梁上部结构形成整体。

2. 梁顶处理

为了使现浇混凝土铺装层与梁、板结合成整体，预制梁板时对其顶面进行拉毛处理；有些设计中要求梁顶每隔50cm设一条1～1.5cm深齿槽。浇筑前要用清水冲洗梁顶，不能留有灰尘、油渍、污渍等，并使板顶充分湿润。

3. 绑扎布设桥面钢筋网

按设计文件要求，下料制作钢筋网，用混凝土垫块将钢筋网垫起。满足钢筋设计位置及混凝土净保护层的要求，若为低等级公路桥梁，用铺装层厚度调整桥面横坡，横向分布钢筋要作相应弯折，与桥面横坡相一致。在两跨连接处，若为桥面连续，应同时布设桥面连续的构造钢筋，若为伸缩缝，要注意设置好伸缩缝的预埋钢筋。

4. 混凝土浇筑

对板顶处理情况、钢筋网布设进行检查，满足设计和规范要求后，即可浇筑混凝土，若设计为防水混凝土，其配合比及施工工艺应满足规范要求。浇筑时由桥一端向另一端推进，连续施工，防止产生施工缝，用平板式振捣器振捣，确保振捣密实。施工结束后注意养护，高温季节应采用草帘覆盖，并定时洒水养生，在桥两端设置隔离设施，防止施工或地方车辆通行，影响混凝土强度。待混凝土强度形成后，方能开放交通或铺筑上层沥青混凝土。

二、沥青混凝土面层施工

桥面沥青混凝土与同等级公路沥青混凝土路面的材料、工艺、施工方法相同，一般与路面同时施工。采用拌和厂集中拌和，现场机械摊铺，沥青材料及混合料的各项指标应符合设计和施工规范要求。沥青混合料每日应做抽提试验（包括马歇尔稳定度试验），严格控制各种矿料和沥青用量及各种材料和沥青混合料的加热温度，用胶轮压路机进行碾压成形，碾压温度要符合要求。摊铺后进行质量检测，强度和压实度要达到合格，厚度允许偏差为+10mm、-5mm，平整度对于高等级公路桥梁IRI（m/km）不超过2.5，均方差不超过1.5mm。其他公路桥梁IRI值不超过4.2m/km，均方差不超过2.5mm，最大偏差值不超过5mm，横坡不超过±0.3%。

注意铺装后桥面的泄水孔的进水口应略低于桥面面层，保证排水顺畅。

三、桥面铺装中常见问题及处理

1. 常见问题

(1)铺装层与行车道板的黏结不好。铺装层与行车道板之间的黏结力是保证铺装层强度的关键。黏结能力与行车道板的表面粗糙度和表面清洁度密切相关,若施工单位在浇筑板梁时未按设计要求将板顶拉槽或拉毛,或混凝土浮浆多,桥面污染物没有清理干净,将造成铺装层与行车道板结合差,出现两张皮现象,薄层混凝土在车辆荷载的冲击作用下很容易被破坏。

(2)钢筋网位置不正确。如果钢筋网在施工时间距没有严格按设计控制,且部分钢筋网紧贴行车道板,沉到铺装层底部而起不到应有的作用,桥面铺装就容易破坏。

(3)铺装层的厚度不足。由于上部结构在施工中支架的沉降及预应力反拱无法十分准确地预测,或由于施工工艺控制欠佳,主梁顶面高程与设计值相符是比较困难的,一般在测量主梁顶面高程后对其进行调整以保证桥面的厚度。如果调整不好,就会造成铺装层厚度不均,使有的地方厚度偏小,严重时出现露筋现象。

2. 防治措施

(1)严格控制铺装层厚度。设计上应结合桥型考虑铺装层的实际受力状况,通过受力性能分析确定其厚度,建议最小厚度为 8cm,高速公路不小于 10cm。同时施工时对板梁顶面高程控制不好而造成铺装层局部厚度偏小时要采取措施,可采用局部加强或调坡处理。

(2)确保铺装层强度。桥面铺装的混凝土强度的设计等级应不低于 C40,并选用收缩量较小的水泥,如普通硅酸盐水泥,为提高混凝土的抗折强度和抗渗性,在配合比设计时采用较小的水灰比,一般不大于 0.4,并合理选择集料级配。

(3)配置一定数量的钢筋网。在设计上考虑铺装层的受力情况不仅要在全面积上设置 (10 ~ 12) cm × 10cm 的钢筋网,同时还要在铺装层的受拉区将钢筋网加密,钢筋网的位置以距顶面保护层为 2. 5 ~ 3cm 为宜,施工时严格控制其位置。

(4)保证新旧混凝土之间的黏结。在浇筑铺装层混凝土前应彻底清理梁板顶面混凝土,清除松动砂石及浮浆,人工凿毛并用水车喷射高压水清洗梁面,也可用打毛机,对混凝土桥面进行浮浆的清理和凿毛,以增加混凝土表面的粗糙度和层间的黏结效果,使桥面铺装与混凝土板协同变形,保证良好的受力性能。

(5)加入一定的外掺剂。加入适量的加气剂、减水剂、塑化剂等,既能降低水泥用量,增强混凝土的和易性,减少收缩,又能促进混凝土的凝结、硬化,封闭混凝土表面的毛细管。或加入混凝土体积掺量为 1.2% ~2.0% 的钢纤维,由于杂乱分布的钢纤维与混凝土接触面积较大,在所有方向都能使混凝土得到增强,大大改善了混凝土的各项性能,同时可减薄铺装层厚度。

单元学习 3　伸缩缝施工

一、伸缩缝施工

一般情况,在桥面沥青混凝土面层铺筑完成后,伸缩缝装置均采用后嵌法施工。施工顺序为:画线、切缝→清槽→伸缩装置就位→焊接→浇筑混凝土→混凝土养生。

详细工序如下。

1. 画线、切割

桥面沥青混凝土铺筑完毕,按预留槽口宽度或比槽口每边宽5cm左右用切缝机切缝。

(1)切缝前做好测量放样工作,放出伸缩缝中线,按设计要求从中线向两边返尺寸,并画出伸缩缝混凝土保护带边线。保证切缝位置、尺寸准确。

(2)用混凝土切缝机按所画边线割沥青混凝土结构。切缝应保证路面边缘整齐平顺,无缺损,可用风镐凿除两切缝间的沥青路面部分,将槽口内填料清除干净,并将槽口表面混凝土凿毛,清净杂物,用高压水枪将剩余残渣冲洗干净,要求切割沥青混凝土结构时要顺直、准确。

2. 清理、填塞间隙

(1)人工配合空压机清除切割范围内的沥青混凝土,并凿除松散混凝土。操作时要保持沥青混凝土断面边角整齐。

(2)恢复预埋锚筋。由于过往车辆及铺筑路面时施工机械及车辆的碾压,会有部分预埋钢筋发生变形甚至折断,应及时校正并按焊缝要求补焊,以满足预埋钢筋尺寸的要求及安装伸缩装置的要求,之后用空压机再次清理。

(3)用泡沫板将梁端之间伸缩缝预留间隙填满,并作为浇筑混凝土的模板。为预防伸缩缝安装过程中焊花烧坏泡沫板,可在泡沫板两侧加2mm钢板或铁皮,钢板或铁皮也可点焊在伸缩缝型钢上。

3. 伸缩装置就位

伸缩装置就位后,应调整伸缩缝的中线和高程。

(1)伸缩缝装置安装固定过程中,为保证伸缩缝组装件本身的平整度及直顺度以及伸缩缝与相邻路面、桥面接触,要求伸缩缝装置进行调平,可采用下述方法:先用长度大于3m且具有足够刚度的工字钢(40~50号)沿垂直于伸缩缝的方向以适当距离放置(一般情况间距不大于1m),工字钢与缝两侧路面应压紧,用木楔将伸缩缝型钢垫平,然后用3m直尺配合自制小门架逐段精确调平,调平过程中应采用钢楔。

(2)伸缩装置安装高程根据缝两侧5m范围内的实测路面高程确定。

4. 焊接

焊接时间应按设计要求选择一天中温度合适的时段进行。焊接前必须用3m直尺检查伸缩缝的平整度、直顺度、高程等项目。然后点焊缝两侧的锚板和锚筋,两侧点焊相互错开,交叉进行。点焊完成后再进行加焊。焊接完成后,全面检查伸缩缝的平整度、直顺度、高程等项目,符合要求则解除锁定,拆除垫板、楔片等多余附件。放松后再进行一次平整度、直顺度的检查,如不符合要求则需要重新调整。

5. 浇筑保护带,伸缩缝形成

(1)绑扎混凝土保护带钢筋网。

(2)用空压机进行最后清理。

(3)处理桥面防水层与伸缩缝混凝土保护带的接头,膨胀止水橡胶带与防水层必须粘贴牢固。

(4)在浇筑混凝土前对伸缩缝两侧1~2m范围内的路面用塑料布或其他材料覆盖保护,用胶带或塑料布将伸缩缝上口进行可靠的覆盖保护。

(5)浇筑伸缩缝两侧混凝土。施工中采用两侧对称浇筑混凝土,按设计要求每方混凝土添加50kg钢纤维,收浆时应做到顶面与沥青路面平齐,混凝土顶面平整度不大于2mm。

(6)混凝土养护。为保证混凝土保护带的强度、刚度及耐磨性,初凝后混凝土采用塑料膜覆盖，上边再覆盖两层草袋。要求混凝土养护不少于14d，要尽可能养生28d后再通车。

二、伸缩缝施工控制

伸缩缝的施工现场示意图如图3-16所示，其施工控制指标见表3-2。

图3-16 伸缩缝施工现场

伸缩缝施工控制指标 表3-2

项次	检查项目	规定值或允许偏差		检查方法和频率
1	长度（mm）	符合设计要求		尺量：每道
2	缝宽（mm）	符合设计要求		尺量：每道2处
3	与桥面高差（mm）	2		尺量：每侧3~7处
4	纵坡（%）	一般	±0.5	水准仪：测量纵向锚固混凝土端部3处
		大型	±0.2	水准仪：沿纵向测伸缩缝两侧3处
5	横向平整度（mm）	3		3m直尺：每道

桥面伸缩装置应保证能自由伸缩，并使车辆平稳通过。伸缩装置应具有良好的密水性和排水性，并应便于检查和清除沟槽的污物。

特大桥和大桥宜使用模数式伸缩装置，其钢梁高度应按计算确定，但不应小于70mm，并应具有强力的锚固系统。

三、伸缩缝施工常见问题及处理

对目前常用的桥梁结构而言，伸缩装置的锚固系统很难准确地埋入梁中，大部分锚固在铺装层混凝土中。由于混凝土厚度太薄，受预埋件的位置干扰，施工难度大，过渡段混凝土的锚固作用实际上大打折扣，预埋件的锚固质量也大受影响。桥面采用沥青混凝土铺装，往往伸缩装置安装在先，桥面铺装在后，沥青面层和过渡段混凝土之间很难铺平，加上刚柔相接，容易产生台阶。车辆通行振动产生冲击使伸缩装置锚固系统和过渡段混凝土受力瞬时加大，而由此产生的振动又是高频振动，在反复的车辆瞬时荷载作用下，伸缩装置锚固混凝土不能保持弹性而破坏，锚固装置在反复动载振动下产生变形并与混凝土剥离，最终全部破坏。因此，要求施工队伍按照设计，精心施工是至关重要的。

四、引起伸缩缝损坏的原因

1.设计原因

伸缩缝与桥跨在构造形式上不相应，整体刚度不足，使用形式不合适，与主梁结合的方法不当，伸缩缝的宽窄不相宜，没有考虑纵坡的水下安装，搭接钢板厚薄不均，焊接构造不合适。

2. 施工原因

全面施工不好，与桥面接触处理不当，缝的垫石高差太大；连接铆钉和螺栓安装松动，偶角保护部分缺少治理，搭边与腹板安装不合适，在行车道板一边延长不够，材料选择不妥，质量欠佳，桥面与行车道的伸缩缝不一致。

3. 使用原因

车流量大，载货量加重，车速增加冲击和振动力引起铆钉、螺栓松动、断裂和破损，排水构造受侵蚀，垫石移动，填缝材料脱落引起冲击，缝两侧的磨损程度不一致，随桥面被破坏，黏结剂剥落和断损，填缝材料老化。

4. 其他原因

用砾石修筑的引道引起损坏，养护不周维修不力，振动和冲击过大，桥体自身老化，基础与墩台的移动和沉陷，主梁端部加强不够，反复冻融，长期磨耗与疲劳。

出于以上原因，使断缝漏水溢水，桥体与支座损坏，桥面不平整，冲击大，行车不舒适，并使伸缩缝还没有达到设计期限就被破坏，从而失去作用。

单元学习4　梁间铰接缝施工

装配式简支梁桥的梁间接缝，是保证桥梁上部形成整体结构、满足设计受力模式、实现荷载横向分布的重要构造；施工要按设计及规范要求进行，保证工程质量。

一、简支板桥铰接缝施工

简支板桥纵向铰接缝如图3-17所示，企口铰接形状由空心板预制时形成，相邻两块板底部紧密接触，形成铰缝混凝土底模，铰缝钢筋 *N*10 和 *N*11 在梁板预制时紧贴着模板向上竖起，浇筑混凝土前将其扳平，焊接或绑扎牢固。用水将缝内冲洗干净并使其充分湿润。

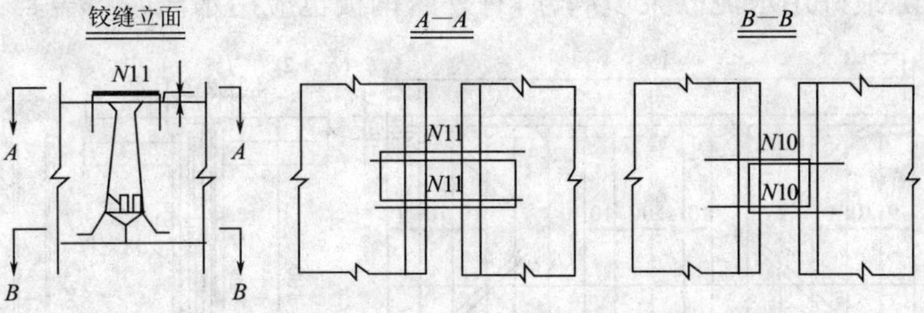

图3-17　简支板桥纵向铰接缝构造图

拌制混凝土时应严格控制集料粒径和拌和物的和易性，浇筑中用人工插捣器捣实。此项混凝土施工一般与桥面混凝土铺装层同时进行。

混凝土施工一般与桥面混凝土铺装层同时进行。

二、简支梁桥梁间接缝施工

常用简支梁桥有T形梁和箱形梁，T形梁的梁间接缝按梁体设计不同有干接缝和湿接缝两种，箱形梁梁间接缝通常采用混凝土现浇湿接缝。先以干接缝为例，介绍其施工过程。

用钢板或螺栓连接将相邻两片梁翼板和横隔板焊接起来，形成横向联系的方法，其优点是施工方便、连接速度快、焊接后能立即承受荷载。但耗费钢材较多、需要有现场焊接设备，且有时需在桥下进行仰焊，有一定困难，整体性效果稍差一些。T形梁的连接构造示意图如图3-18所示。

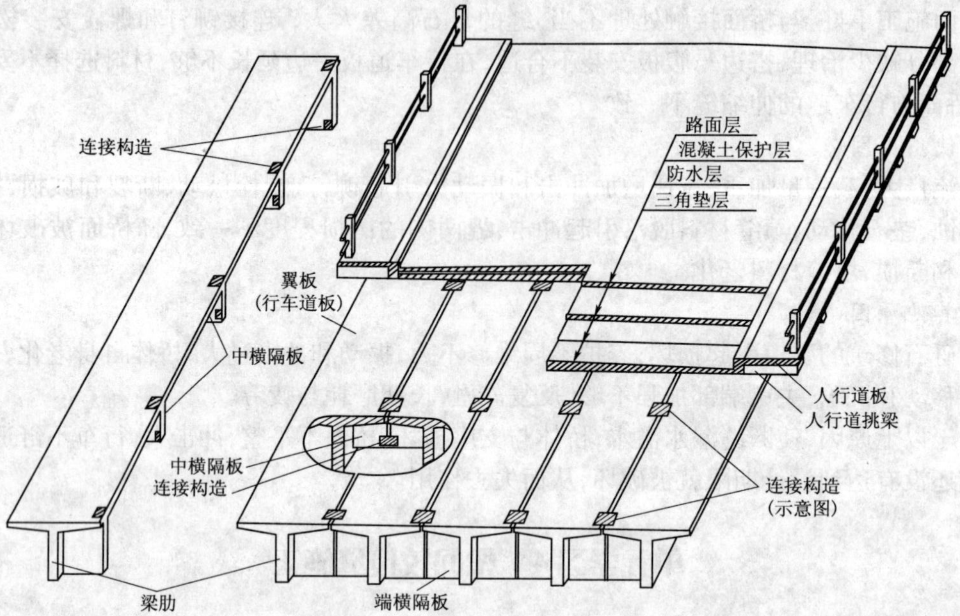

图3-18　T形梁的连接构造示意图

在T梁翼缘板及横隔梁相应位置预埋钢板，梁架设安置好后，把相对应位置的钢板焊接相连，使其形成整体。

施工方法如图3-19和图3-20所示。在横隔梁靠近下部边缘的两侧和顶部的翼板内均埋有焊接钢板A和B，焊接钢板则预先与横隔梁的受力钢筋焊接在一起做成安装骨架。当T梁安装就位后即在横隔梁的预埋钢板上加焊盖接钢板使其连成整体。端横隔梁的焊接钢板接头构造与中横隔梁相同，但由于其外侧(近墩台一侧)不好施焊，故焊接接头只设于内侧。相邻横隔梁之间的缝隙最好用水泥砂浆填满，所有外露钢板也应用水泥浆封盖。

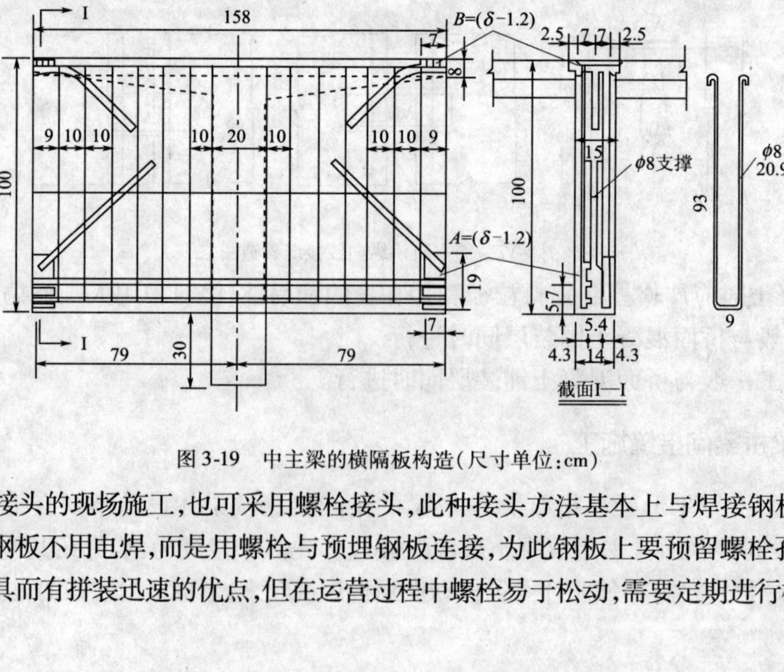

图3-19　中主梁的横隔板构造(尺寸单位:cm)

为了简化接头的现场施工，也可采用螺栓接头，此种接头方法基本上与焊接钢板接头相同，不同之处是盖接钢板不用电焊，而是用螺栓与预埋钢板连接，为此钢板上要预留螺栓孔，这种接头由于不用特殊机具而有拼装迅速的优点，但在运营过程中螺栓易于松动，需要定期进行检查维修。

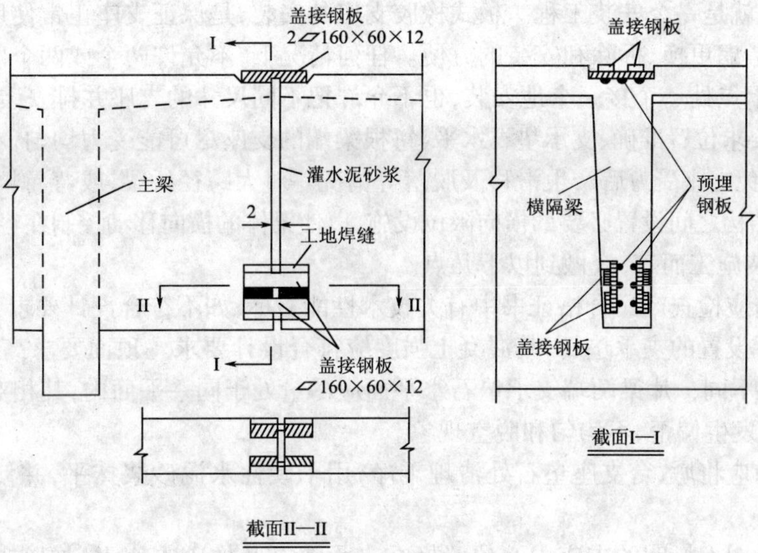

图 3-20 端横隔梁的接头构造

三、桥面连续施工

为了减少桥面伸缩缝数量，保证行车安全平顺，目前简支梁桥均采用桥面连续。桥面连续的道数及联跨长度根据当地气温和桥梁跨径由设计部门计算确定，桥面连续的构造如图 3-21 所示。

桥面连续与桥面铺装层混凝土同时施工，按交通运输部有关规定，桥面钢筋网采用 $\phi12$ 钢筋，间距 15cm ×15cm，靠顶层布设，至混凝土顶面净保护层 1.5cm。桥面连续 $\phi8$ 钢筋，间距 5cm，在底层还要增设分布钢筋和连接钢筋，同样为 $\phi8$ 钢筋，间距 5cm。浇筑混凝土之前用轻质包装板将梁端缝隙填塞密实，即保证上部现浇混凝土不致落下，且能使梁自由伸缩。混凝土强度形成后在连续顶部梁间接缝正中心位置锯以 1.5cm 深的假缝，用沥青马蹄脂填实，保证桥面在温度下降时不产生任何裂缝。

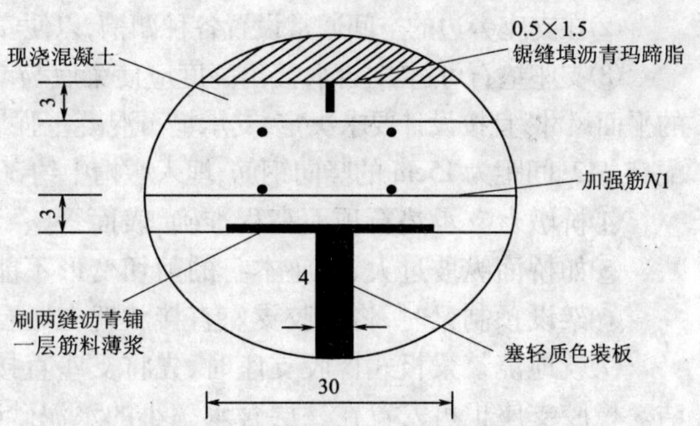

图 3-21 桥面连续大样示意图(尺寸单位:cm)

单元学习 5 其他附属工程施工

桥面其他附属工程包括支座、桥头搭板、人行道、桥面防护(栏杆、防撞护栏)、泄水管、灯柱支座、桥面防水等。高等级公路以及位于二、三级公路上的桥梁通常采用防撞护栏，而城市立交桥，城镇公路桥及低等级公路桥往往要考虑人群通行，设置人行道。

一、桥梁支座施工

支座的类型及属性在前面已经叙述，现以最常见的板式橡胶支座为例，来了解桥梁支座的施工，施工过程就是一个安装工程。板式橡胶支座的安装，是保证支座正常使用的关键。

支座必须考虑更换、拆除和安装的方便。任何情况下，不允许两个或两个以上的支座沿中心线在同一支承点处一个接一个地安装，也不允许把不同尺寸的支座并排安装。

支座安装要求位置准确、支承垫石水平，每根梁端的支座尽可能受力均匀，不得出现个别支座脱空现象，以免支座受力后产生滑移及脱落等情况。对大跨径桥梁，或弯、斜、坡桥等，需在支座与所支承的结构之间设置必要的横向限位设施，以使梁体的横向移动控制在容许限度以内。

就具体安装施工而言，应做到以下几点。

(1)安装前应检查产品合格证书中有关技术性能指标，如不符合设计要求，不得使用。

(2)支座下设置的支承垫石，其混凝土强度应符合设计要求。顶面要求高程准确，表面平整，在平坡情况下同一片梁两端支承垫石水平面应尽量处于同一平面内，其相对误差不得超过3mm，避免支座发生偏歪、不均匀和脱空现象。

(3)安装前应将墩、台支座垫石处清理干净，用干硬性水泥砂浆抹平，并使其顶面高程符合设计要求。

(4)将设计图上标明的支座中心位置标在支承垫石及橡胶支座上，橡胶支座准确安放在支承垫石上，要求支座中心线同支承垫石中心线相重合。

(5)吊装梁、板前，抹平的水泥砂浆必须干燥并保持清洁和粗糙。梁板安放时，必须仔细，使梁、板就位准确且与支座密贴。就位不准时或支座与梁板不密贴时，必须吊起，采取垫钢板等措施并使支座位置在允许偏差内，不得用撬棍移动梁、板。

(6)为了便于检查维修，通常采取下列措施：

①梁端横隔板设置在与支座平行处，且距梁底有一定的距离，以便利用横隔板位置安装千斤顶或扁千斤顶，顶升后纠偏或更换支座。

②在支座旁边的空间通常设置各种凹槽，以便安装千斤顶或扁千斤顶，随时纠正或更换支座。

③支座垫石可适当接高，接出高度应使梁底与墩台帽顶之间便于安装顶梁千斤顶。支承垫石的平面尺寸，宜按设计要求决定，支承垫石混凝土强度等级不低于C25。接高部分的支承垫石中应配有ϕ12、间距为15cm的竖向钢筋，埋入墩帽中约30cm。旧桥改建时支承垫石可不接高。

④桥墩台支承垫石顶面高程准确、表面平整、清洁。

⑤如桥面纵坡过大、支座本身的剪切变形不能完全适应时，必须使支承表面保持水平。

⑥架设预制梁时，将橡胶支座直接放置在墩台顶面上或钢筋混凝土面层上。

⑦就地浇筑梁板式橡胶支座时，先将支座直接安放在承台上，混凝土顶面应平整、干燥、清洁。橡胶支座也可安置在一层含水率小的水泥砂浆层上，各支座之间的空隙用纤维板、软木块或砂填没，上面覆以薄板隔开上部构造混凝土与橡胶支座，然后浇筑混凝土。在拆除脚手架以后，此时支座间填塞物可除去。

⑧支座安装时要保持位置准确，调正时避免产生过大的剪切变形，并且最好能在气温略低于全年平均气温的季节里进行，以保证支座在低温或高温时偏离中心位置不致过大。如果必须在高温或低温季节安装，要考虑顶升主梁，以将支座调整到正常温度时的中心位置。同时应注意，安装时支座必须与梁对中，防止偏心过大而损坏。

⑨在外荷较大时，也可借助支座上的定位孔来固定支座，以防止滑动。但要注意锚钉不能深入支座太多，否则会不利于支座的水平位移，以致不能起到活动支座的作用。在使用这一方法安装支座时，仍要保持混凝土表面平整，并注意安装温度及设置抽换设备等情况。

⑩虽然橡胶支座在构造上可用变化其厚度的方式来得到“活动支座”或“固定支座”，但在

实用上多数采用等厚度的活动支座。如系固定支座,其安装方法与活动支座基本相同。

二、防撞护栏施工

边板(梁)预制时应在冀板上按设计位置预埋防撞护栏锚固钢筋,支设护栏模板时应先进行测量放样,确保位置准确。特别是位于曲线上的桥梁,应首先计算出护栏各控制点坐标,用全站仪逐点放样控制,使其满足曲线线形要求。绑扎钢筋时注意预埋防护钢管支撑钢板的固定螺栓,保证其牢固可靠。在有伸缩缝处,防撞护栏应断开,依据选用的伸缩缝形式,安装相应的伸缩装置。混凝土浇筑及养生与其他构件相同。

三、人行道、栏杆施工

人行道、栏杆通常采用预制块件安装施工方法,有些桥的人行道采用整块预制,分中块和端块两种,若为斜交桥其端块还要作特殊设计。预制时要严格按照设计尺寸制模成形,保证强度。大部分桥梁人行道采用分构件预制法,一般分为 *A* 挑梁、*B* 挑梁、路线石、支承梁、人行道板五部分,如图 3-22 所示。*A*、*B* 挑梁,人行道板为预制构件,路缘石和支承梁采用现浇施工。注意 *A* 挑梁上要留有槽口,保证立柱的安装固定。栏杆的造型多种多样,一般由立柱、扶手、栅栏等几部分组成,均为预制拼装。施工时应注意以下几点:

(1)悬臂式安全带和悬臂式人行道构件必须与主梁横向连接或拱上建筑完成后才可安装。

(2)安全带梁及人行道梁必须安放在未凝固的 M20 稠水泥砂浆上,并以此来形成人行道顶面设计的横向排水坡。

(3)人行道板必须在人行道梁锚固后才可铺设,对设计无锚固的人行道梁,人行道板的铺设应按照由里向外的次序。

(4)栏杆块件必须在人行道板铺设完毕后才可安装,安装栏杆柱时,必须全桥对直、校平(弯桥、坡桥要求平顺),竖直后用水泥砂浆填缝固定。

(5)在安装有锚固的人行道梁时,应对焊接认真检查,注意施工安全。

(6)为减少路缘石与桥面铺装层中渗水,缘石宜采用现浇混凝土,使其与桥面铺装的底层混凝土结为整体。

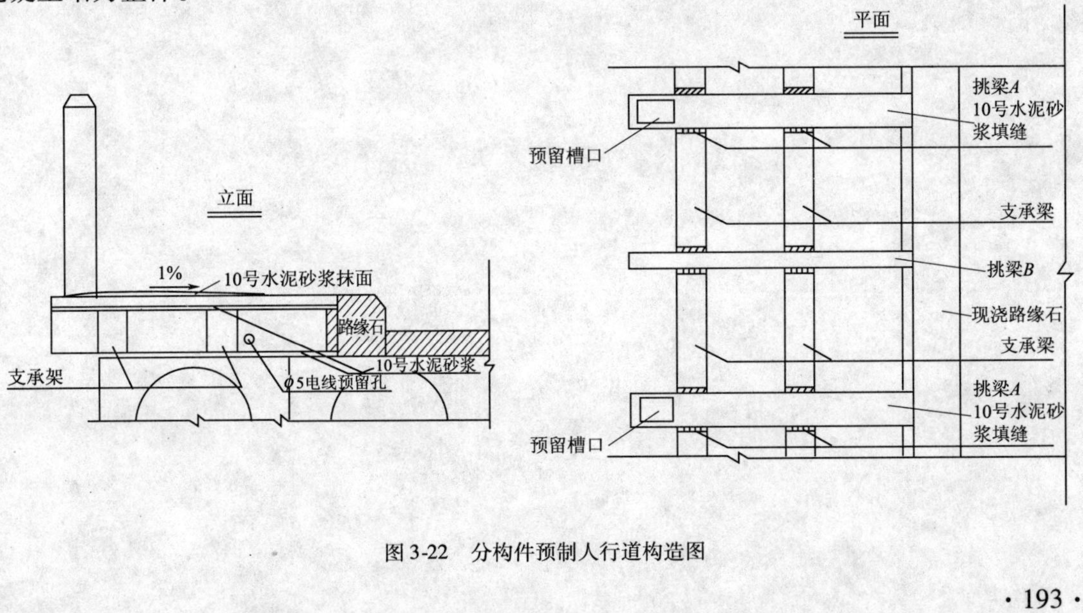

图 3-22　分构件预制人行道构造图

思考题

1. 桥面系包含的内容有哪些？常用伸缩缝类型有哪些？
2. 无缝式 TST 弹塑体伸缩缝的特点是什么？
3. 简述简支梁桥梁干接缝施工技术要点。
4. 何谓桥面连续？桥面连续施工有何要求？
5. 钢筋混凝土桥面铺装层施工有何注意事项？
6. 简述板式橡胶支座安装过程。其安装时要注意哪些内容？
7. 人行道、栏杆采用预制块件安装施工时应注意哪些内容？

学习情境4　涵洞施工

工作任务　涵洞的构造

学习目标

1. 掌握涵洞施工准备工作；
2. 掌握各种类型涵洞施工。

任务描述

利用某在建公路的涵洞施工案例、多媒体教学资源和教师的讲解，同学们能掌握各种涵洞施工准备工作，各种涵洞施工，以及涵洞地基处理方法。

学习引导

本工作任务沿着以下脉络进行学习。

第一步：结合课件，教师讲解相关知识；

第二步：展示某在建公路的涵洞施工案例；

第三步：掌握各种涵洞施工准备工作、施工要点、涵洞地基处理方法。

单元学习1　涵洞的构造

一、概述

1. 涵洞的概念

涵洞是修建在路基当中，用来沟通两侧水流的人工构筑物。涵洞的主要功能见表4-1。

涵洞的主要功能　　表4-1

功　能	说　明
排水	将排水沟、边沟、截水沟的水流汇入涵洞，排除在路基以外
泄洪	将山坡坡面汇水流入涵洞，排除在路基以外
灌溉	恢复原有沟渠，灌溉农田，满足农业生产需要
通道	用作农用机耕道、人行通道（跨径≤4.5m）

从工程统计以及投资的角度来考虑，涵洞和桥的主要区别是跨径（单孔跨径小于5m，多孔跨径小于8m，统称涵洞），实际上涵洞与桥梁是有根本区别的，其主要区别如下：

涵洞修在路基当中，它是路基的一个组成部分，他保持路基的连续性，使路基不中断；而小桥则中断路基,自成一体,不保持路基的完整性。涵洞一般从路基底部通过,其上有较厚的路基填土,而小桥上部除拱桥外,不再填土方,桥面即为行车路面。

路基加高时,涵洞洞身显著增长,即路基高度与涵洞洞身长度成正比,小桥则不随路基的高度而加宽桥面。

涵洞的孔径比较小,洞身高度和孔径大小有一定的比例关系,而小桥的桥高与孔径则没有一定的比例关系。在进行水力计算时,涵洞和小桥考虑的因素不完全相同。

涵洞比小桥更能承受超量洪水的侵袭,涵洞实际通过的流量超过设计流量的50%,小桥一般只能承受超过设计流量的25%。涵洞排水的潜在能力大,工程造价低,因此在可建桥又可建涵洞时尽量修建涵洞。

城市道路中,高填土路基很少,涵洞修建不多,但在公路建设中涵洞则占有重要地位,数量多。随着农田水力建设的发展,排水或灌溉的人工渠道增加,涵洞的数量还会不断增多。

涵洞的主要作用是保护路基,保持路基的完整和连续,使水流或洪水能顺利穿过路基,不使路基冲毁或淹没,保证车辆正常通行。

2. 涵洞分类

1)按建筑材料分类

按建筑材料,涵洞分为下列几类:

(1)石涵。包括石盖板涵和石拱涵。石涵造价、养护费用低,节省钢材和水泥,在产石地区应优先考虑采用石涵。

(2)混凝土涵。可现场浇筑或预制成拱涵、圆管涵和小跨径盖板涵。该种涵洞节省钢材,便于预制,但损坏后修理和养护较困难。

(3)钢筋混凝土涵。可用于管涵、盖板涵、拱涵和箱涵。钢筋混凝土涵涵身坚固,经久耐用,养护费用少。管涵、盖板涵安装运输便利,但耗钢量较多,预制工序多,造价较高。

(4)砖涵。主要指砖拱涵。砖涵便于就地取材,但强度较低,在水流含碱量大或冰冻地区不宜采用。

(5)其他材料涵洞。有陶瓷管涵、铸铁管涵、波纹管涵、石灰三合土拱涵等。

2)按构造形式分类

按构造形式,涵洞分为下列几类:

(1)管涵。受力性能和对地基的适应性能较好,不需墩台,圬工数量少,造价低,适用于有足够填土高度的小跨径暗涵。

(2)盖板涵。构造简单,易于维修,有利于在低路堤上修建,还可以做成明涵。现在施工基本使用钢筋混凝土盖板涵,石盖板涵较少使用。

(3)拱涵。适宜于跨越深沟或高路堤时采用。拱涵承载能力大,砌筑技术容易掌握,但自重引起的永久作用也较大,施工工序繁多。

(4)箱涵。整体性强,适宜于软土地基。但用钢量多,造价高,施工较困难。

3)按洞顶填土情况分类

按洞顶填土情况,涵洞分为下列几类:

(1)明涵。洞顶不填土,适用于低路堤、浅沟渠。

(2)暗涵。洞顶填土大于50cm,适用于高路堤、深沟渠。

4)按水力性能分类

按水力性能,涵洞分为下列几类:

(1)无压力式涵洞。进口水流深度小于洞口高度，水流流经全涵保持自由水面，适用于涵前不允许壅水或壅水不高时。

(2)半压力式涵洞。进口水流深度大于洞口高度，但水流仅在进口处充满洞口，在涵洞其他部分都是自由水面。

(3)有压力式涵洞。涵前壅水较高，全涵内充满水流，无自由水面，适用深沟高路堤。

(4)倒虹吸管。路线两侧水深都大于涵洞进出水口高度，进出水口设置竖井，水流充满全涵身，适用于横穿路线的沟渠，水面高程基本等于或略高于路基高程。

二、涵洞的构造

涵洞是由基础、洞身及洞口建筑组成的排水构造物，构造如图 4-1 所示。在地面以下，防止沉降和冲刷的部分称为基础；在基础之上，挡住路基填土，形成流水孔洞的部分称为涵洞；洞身承受可变作用压力和土压力并将其传递给地基，应具有保证设计流量通过的必要孔径，同时本身要坚固而稳定。在洞身两端，用以集散水流，保护洞身和路基，使之不被水流破坏，这部分称为涵洞。洞口建筑连接着洞身及路基边坡，应与洞身较好地衔接并形成良好的泄水条件。位于涵洞上游的洞口称为进水口，位于涵洞下游的洞口称为出水口。上游洞口是把面积较大的地面水流，汇集于一定的孔径之内，使之顺利通过涵洞；下游洞口是把汇集于一定孔径之内的水流扩散开去，使之顺畅离开涵洞。所以，上游洞口的作用是束水导流，下游洞口的作用是疏水防冲。对洞口的要求是：保证水流顺畅进出洞身，提高涵洞的过水能力；防止水流对洞口附近路基边坡及洞口基础的冲刷；确保涵洞安全，保证道路正常通车。

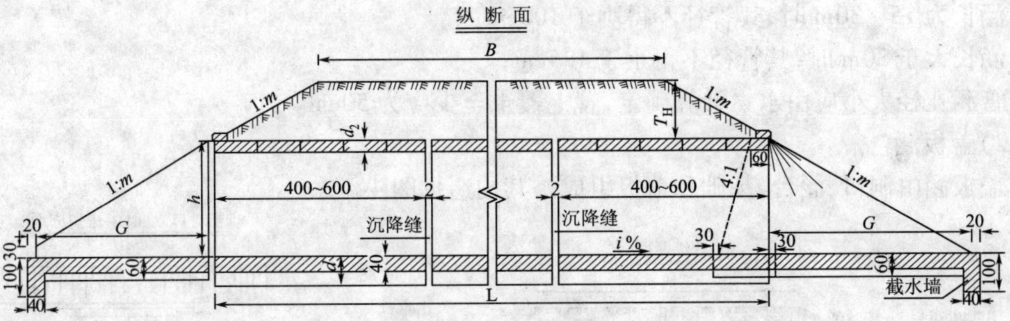

图 4-1　涵洞的组成示意图(尺寸单位:cm)

1. 洞身构造

1)管涵

用圆形管壁挡住路基填土形成的过水孔洞称为圆管涵。

圆管涵洞身主要由各分段圆管节和支承管节的基础垫层组成(图 4-2)。当整节钢筋混凝土圆管涵无铰时，称为刚性管涵。刚性管涵在横断面上是一个刚性圆环。管壁内钢筋有内外两层，钢筋可加工成一个个的圆圈或螺旋筋(图 4-3)。当管节沿横截面圆周对称加设四个铰时，称为四铰管涵。铰通常设置在弯矩最大处，即涵洞两侧和顶部、底部。由于四铰涵有铰的作用，降低了管节的内力。四铰涵是一个几何可变结构，只有当竖向作用力和横向作用力互相平衡时方能保持其形状，因此，要求四铰涵四周的土具有相同的性质。为此，四铰管涵可布置在天然地基或砂垫层上。

圆管涵常用孔径 d_0 为 50cm、75cm、100cm、125cm、150cm，对应的管壁厚度分别为 6cm、8cm、10cm、12cm、14cmo 基础垫层厚度 t 根据基底土质确定，当为卵石、砾石、粗中砂及整体岩石地基时，$t=0$；当为亚砂土、黏土及破碎岩层地基时，$t=15$cm；当为干燥地区的黏土、亚黏土、亚砂土及细砂的地基时，$t=30$。

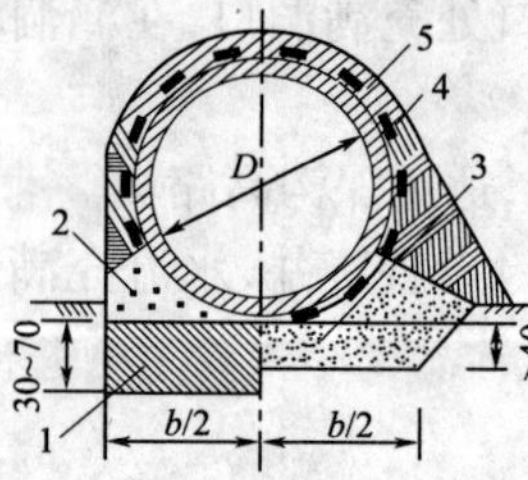

图4-2　钢筋混凝土圆管涵基础（尺寸单位：cm）

1-浆砌片石；2-混凝土；3-砂垫层；4-防水层；5-黏土

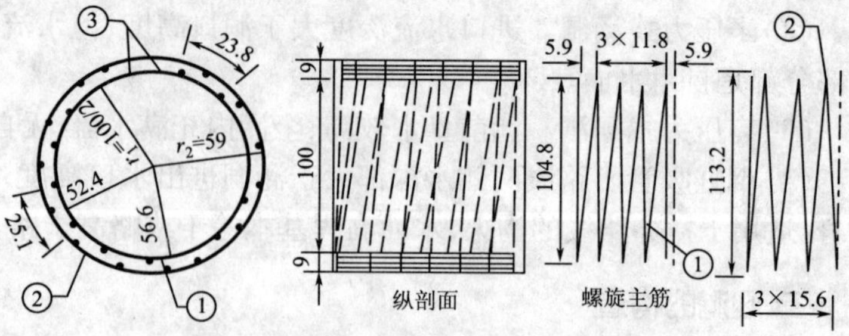

图4-3　钢筋混凝土圆管（尺寸单位：cm）

我国目前生产的圆管除少数小口径规格的管为普通混凝土管（素混凝土管）外，大多数均为钢筋混凝土管，普遍采用离心法生产，管壁厚度一般为管内径的1/12～1/10。管节环用钢筋做成螺旋形或焊接圆环，除小口径为单层筋外，管径在100cm以上者通常为双层筋，环筋间距（螺距）应不小于2.5cm，外环钢筋间距约为内环钢筋间距的一半左右。

管涵的涵长过大，容易发生冲淤现象，养护困难，影响正常使用，一般符合如下规定：

管径50cm的涵洞，涵长不得大于8m；

管径60～90cm的涵洞，涵长不得大于15m；

涵长为15～30m时，其管径不得小于100cm；

涵长大于30m时，其管径不得小于125cm；

管涵孔径大小应由水力计算确定，管上覆土至少应为50cm。

2）盖板涵

盖板涵由洞口、涵台、基础和盖板组成。其构造见图4-4。

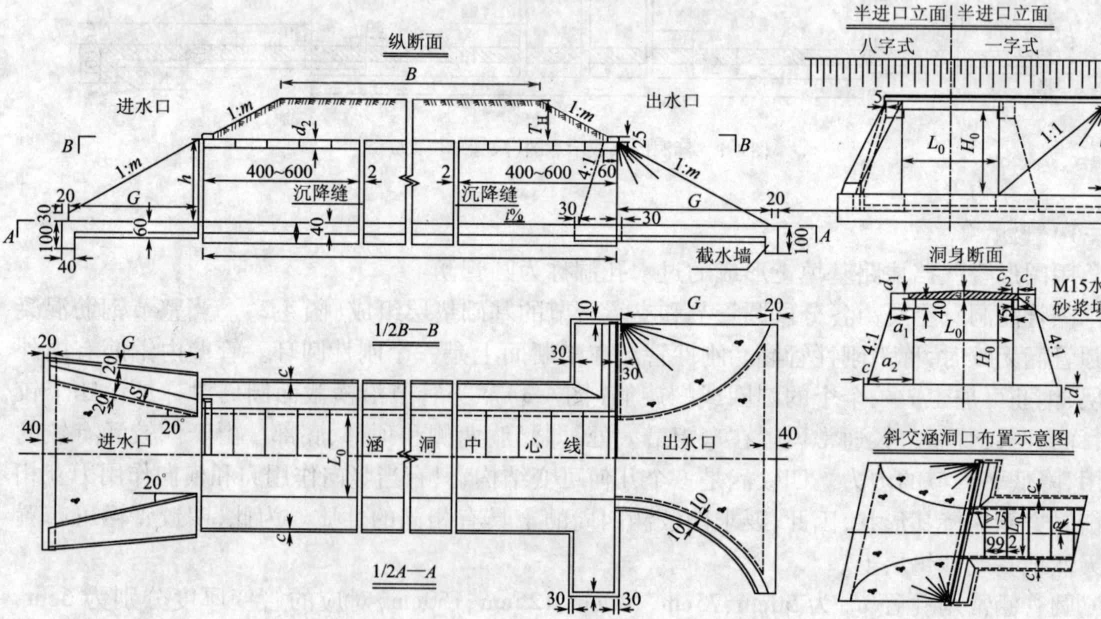

图4-4　涵洞构造图（尺寸单位：cm）

盖板涵标准跨径为:1.5m、2.0m、2.5m、3.0m、4.0m;交角:0°~40°(涵洞轴线与路线法线之夹角);汽车荷载等级:公路—I级(可根据荷载等级确定)。

圬工涵台(墩)的临水面一般采用垂直面,背面采用垂直或斜坡面,涵台(墩)顶面可做成平面,也可做成I形,借助盖板的支承作用来加强涵台的稳定。为了增加整体稳定性和抗振性,当跨径大于2m且涵洞较高时,可在盖板下或盖板间,沿涵长每隔2m增设一根支承梁。同时在台(墩)帽内预埋栓钉,使盖板与台(墩)加强连接。

基础有分离式(即涵台基础与河底铺砌分离)和整体式(即涵台基础与河底连成整体)两种,前者适用于地基较好的情况,后者适用于地基较差的情况。当基础采用分离式时,涵底铺砌层下应垫10cm厚的砂垫层,并在涵台(墩)基础与涵底间设纵向沉降缝。为加强涵台的稳定性,基础与基础间设置支承梁数道。

3)拱涵

拱涵主要由拱圈和涵台(墩)组成(图4-5)。

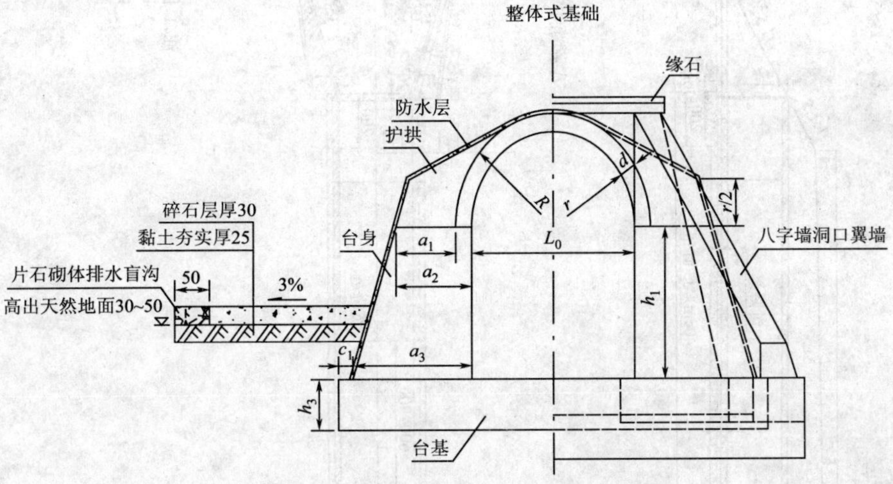

图4-5 拱涵洞身构造(尺寸单位:cm)

拱圈是拱涵的承重部分,可由石料、混凝土、砖等材料构成。

地方道路或农用大车道常用片石、乱石、卵石等修建拱涵,承载力很高,使用效果较好。拱圈一般采用等截面圆弧拱。跨径 L_0 为1.5m、2.0m、2.5m、3.0m、4.0m,相应拱圈厚度为25~50cm。涵台(墩)临水面为竖直面,背面为斜坡,以适应拱脚较大水平推力的要求。基础有整体式和分离式两种。整体式基础主要用于小跨径涵洞。对于松软地基上的涵洞,为了分散压力,也可用整体式基础。

4)箱涵

箱涵又称矩形涵,箱涵洞身可采用钢筋混凝土封闭薄壁结构,根据需要做成长方形断面或正方形断面(图4-6)。箱涵的上下顶板、底板与左右墙身是刚性结构,适于在软土地基上采用。

箱涵的常用跨径 L_0 为200cm、250cm、300cm、400cm,单孔箱涵顶板和侧墙的厚度一般取其跨径的1/12~1/9,双孔箱涵顶板及侧板的厚度可取其跨径的1/13~1/12。箱涵壁厚 d 一般为22~35cm,垫层厚度 t 为40~70cm,箱涵内壁面四个角处往往做成45°的斜面,其尺寸为5cm×5cm。

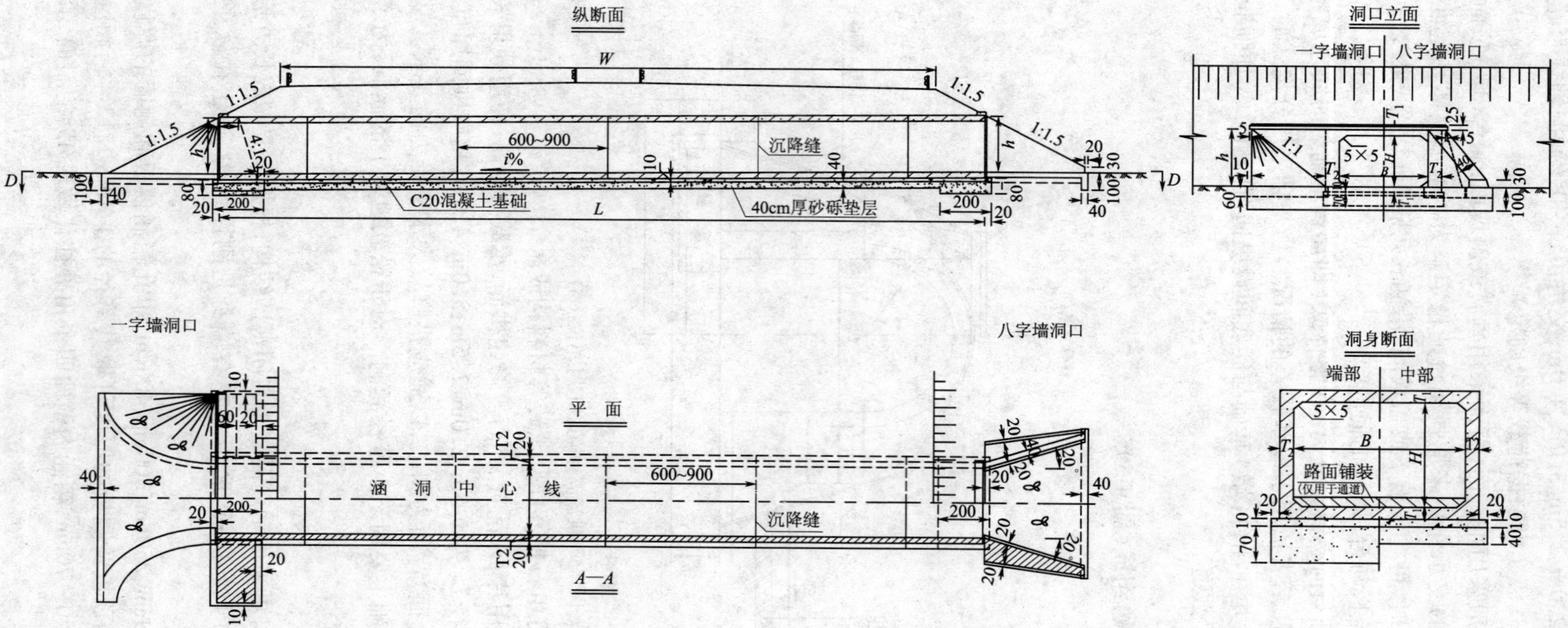

注：1. 图中尺寸均以厘米为单位；

2. 通道箱涵与过水箱涵的形式相同，其区别是通道箱涵的洞口可不设河床铺砌和隔水墙，而需根据所连接道路标准铺设路面，并加强洞口与涵身连接处的基础。

图4-6　箱涵构造图

5）洞口建筑

洞口建筑是由进水口和出水口两部分组成。洞口应与洞身、路基衔接平顺，并起到调节水流和形成良好流线的作用，同时使洞身、洞口（包括基础）、两侧路基以及上下游附近河床免受冲刷。另外，洞口形式的选定，还直接影响涵洞的宣泄能力和河床加固类型的选用。

常用的洞口形式有八字式、直翼墙、一字墙、跌水井等形式。无论采用何种形式，洞口进出水口河床必须铺砌。

（1）八字墙

在洞口两侧设张开成八字形的翼墙（图4-7）。八字翼墙式洞口由八字墙体挡住洞口两侧基土的下滑，同时用端墙挡住洞口上部路基土的坍塌，在两个翼墙之间，则需用片石铺砌，以防止水流冲刷。这种形式的翼墙工程量小，施工简单，水流条件好，是常用的洞口形式。八字翼墙应与洞口端墙分开砌筑，留出沉降缝，缝中涂热沥青两道或夹油毡。为缩短翼墙长度并便于施工，可将其端部建成平行于路线的矮墙。八字翼墙与涵洞轴线的夹角，按水力条件最适宜的角度设置，进水口为13°左右，出水口为10°左右。但习惯上都按30°设置。这种洞口工程数量小，水力性能好，施工简单，造价较低，因而是最常用的洞口形式。

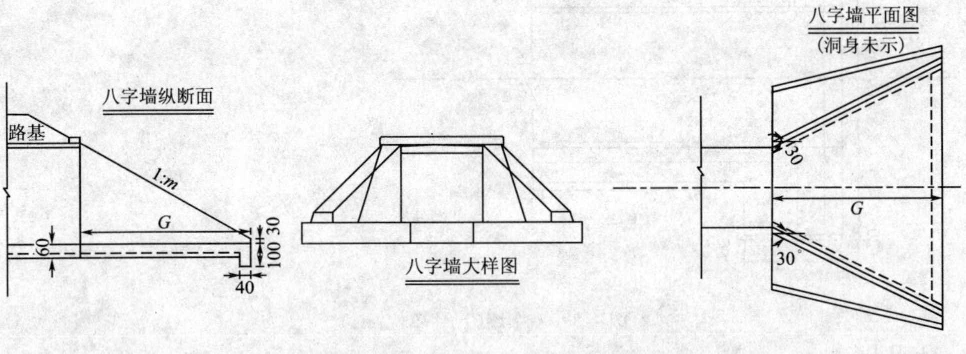

图4-7　八字墙（尺寸单位：cm）

（2）直翼墙

直翼墙的构造、特点可同八字墙，区别点在于进出口偏角，八字墙为30°，直翼墙为0°。

（3）一字墙

一字墙洞口由一道垂直于涵洞轴线的竖直端墙以及盖于其上的帽石和设在其下的基础组成，构造见图4-8。这种洞口构造简单，但泄水能力小，适用于流速较小的人工渠道或不易受冲刷影响的岩石河沟上。为了保证端墙稳定及改善排水效果，防止水流对填土边坡的冲刷，一般应设锥形护坡，这种形式因锥坡需铺砌，圬工体积较大，施工复杂，不够经济，一般多用于路基两侧地形平坦的宽浅河流或孔径压缩较大的河沟，由于此种形式的稳定性较好，当涵洞较高时常被使用。

当一字墙洞口与人工渠道相接时，则可不设锥形护坡，而与渠道侧坡相衔接，必要时洞口附近渠道可砌石加固。这种形式构造简单，材料省，施工简便。

一字墙墙身断面形式有直背式与斜背式。直背式因其稳定性较差，现在使用得较少。斜背式墙体一般采用4：1背坡（构造均可见图4-8）。端墙厚度由砌体材料及墙高而定。一般采用浆砌片石或C20片石混凝土。一字墙厚度一般视墙高而定，最小为60cm。

锥形护坡一般均按椭圆形正锥坡施工，图可见4-4。锥坡短半轴多采用坡比1:1，长半轴为1:1.5，以便与路基边坡平顺衔接。锥形护坡用干砌或浆砌片石砌筑，厚度为10～30cm，干砌时应采用1:(2~3)水泥砂浆勾缝。在冲刷比较严重处,锥形护坡的坡脚可单独设置锥坡基础。为保证锥形护坡附近路基边坡的稳定,并防止路基排水对洞口的局部冲刷,宜在锥形护坡外将路基边坡护砌50~100cm。

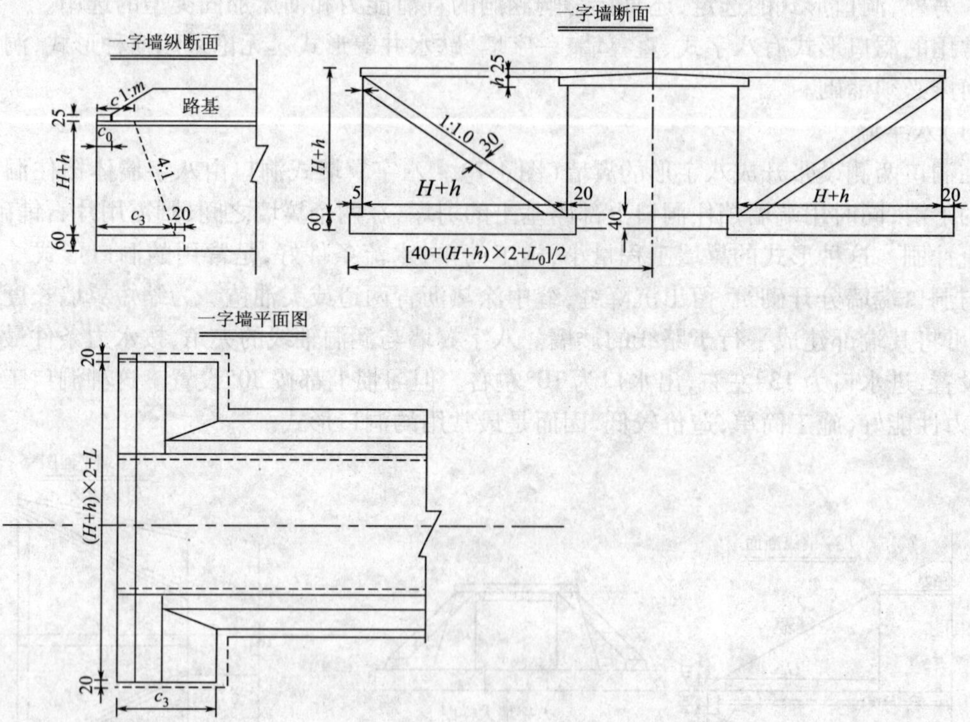

图4-8　一字墙(尺寸单位:cm)

(4)跌水井

一般适用于进口是挖方路段,用圬工砌筑。砌筑坡比为8:1,构造见图4-9。

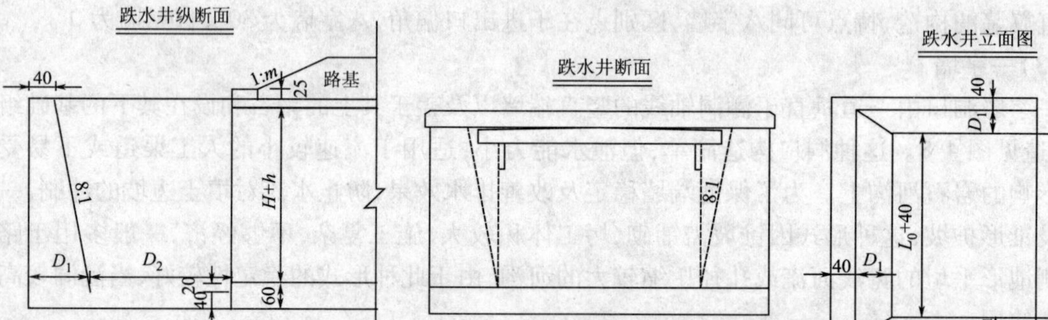

图4-9　跌水井(尺寸单位:cm)

2. 涵洞的基础

涵洞基础的作用是承受整个建筑的重力,包括涵洞顶部路基、路面重力以及车辆、行人等活荷载的重力等,保证涵洞的稳定和牢固,防止因水流冲刷造成的沉降或坍塌。基础处理不好,将造成整个洞的破坏,基础是涵洞的重要组成部分。

涵洞的基础有下列两种设置形式。

(1)直接坐落在天然地基上

当天然地基的容许压应力大于350kPa时，一般可直接把基础坐落在天然地基上。除石拱涵外，其他类型涵洞都允许直接坐落在地基容许承压应力不低200kPa的天然地基上。

(2)在天然地基上设垫层

当天然地基容许承压应力不能满足要求时，则必须采用设置垫层、砂桩或打群桩（小木桩）等办法加强地基。一般常用设置垫层法，垫层有砂砾垫层、石灰土垫层、干砌片石垫层、低强度混凝土垫层等，可根据具体情况和材料来源选用。采用砂砾垫层时，不宜含黏土或粉土过多（黏土含量不大于25%，粉土含量不大于5%），地基为湿陷性黄土时，则不宜采用砂砾垫层。

当天然地基为岩石、卵石、砾石或中砂等不受冻胀影响的土层时，基层的埋置深度可不考虑冻土深度的影响，如果天然地基为黄土、粉砂土、黏土等受冻胀影响的土层时，涵洞的基底应设在冰冻线以下25cm处。

3.涵洞的野外勘测

1)涵洞位置的确定

小桥涵位置原则上应服从路线走向。桥涵中心桩号可根据已定的路线走向及水流流向确定，同时用方向架或有度盘的水准仪测量桥涵与路线的夹角。

下列位置一般应设置桥涵：

(1)一沟一涵。凡路线跨越明显的干沟、小溪时，原则上均应设涵。

(2)农田灌溉涵。路线经过农田，跨越灌溉用渠，为了不致因修路而影响农田灌溉，必须设置灌溉涵。

(3)路基边沟排水涵。山区公路的傍山线，为了排除路基内侧边沟的流水，通常每隔200～400m应设置一道涵洞，其具体位置可根据路线纵、横断面及实际地形情况设置。如在设置截水沟的地段，截水沟排水出口处应设置涵洞；路线的转角较大（大于90°），曲线半径又比较小，进入弯道前的纵坡大于4%，坡长在加200m内又无别的排水涵洞，在弯道地点附近应设置涵洞；由路线的陡坡段过渡到缓坡段，在此200m内又无其他涵洞，在变坡点附近应设置涵洞。

(4)路线交叉涵。当路线与铁路、公路、机耕道平面交叉时，为了不使边沟流水受阻，同时不致冲坏相交路线的路基，一般应设排水涵。

(5)其他情况。路线通过积水洼地、池塘、泥沼地带时，为沟通两侧水位，应设置涵洞；路线穿越村镇时，应保证地面排水通畅，也可设置涵洞。

2)河沟横断面测量

一般应沿路线方向测量涵址中线横断面。当河沟与路线斜交时，还应在涵位附近测量垂直河沟的断面，测绘范围一般在调查历史洪水位以上1.0m，或水面宽度以外2～10m。当沟形复杂，地形起伏较大，不宜布置洞口时，可在河沟上下游纵断面起伏较大处增测几个横断面，将这些断面套绘在一张米格纸上，以便检查涵位及路线夹角是否合适，涵身与翼墙基础有无不良地质现象等。

3)河沟纵断面及河沟比降测量

测量河沟纵断面主要是了解涵址附近河沟的纵坡情况，以便于计算流量、水位及考虑构造物的纵向布置。河沟纵断面测量应自涵位中桩沿涵洞中线方向分别向上下游施测，施测范围为上下游洞口外20m。遇有改沟、筑坝或设缓流设备等附属工程时，应适当延长。其施测长度：在平原区，一般河沟上游测量200m，下游100m；在山区，上游测量100m，下游50m。如有跌水陡坡时，还应将跌水陡坡测出。

4）涵址平面示意图勾绘

为了便于内业设计时了解涵址附近的地形、地貌现状，当遇地形复杂、河流较弯曲、涵位与路线斜交、上下游河沟需改道等情况时，有必要勾绘出涵址平面示意图。勾绘时一般是先按比例绘好路线和涵洞方向的关系图，再用目测的方法将地形、地貌、地物等勾绘在示意图上。必要时可用平板仪实测地形图。

5）小桥涵地质调查

小桥涵地质调查的目的在于了解桥涵基底土质的承载能力、地质构造和地下水情况以及其对构造物的稳定性影响等，为正确选定桥涵及附属工程的基础类型和尺寸、埋置深度等提供有关资料。调查内容有：基底土质类别与特征，有无不良地质情况，土质冻结深度及水位地质对桥涵基础与施工有无影响等。调查方法常采用调查与挖探、钻探相结合。

（1）调查原有构造物基础情况。通过地质部门收集各种有关的地质资料和附近原有构造物的基础情况，并详细记录河床地表土质情况。

（2）挖探法。在沟底中心或两侧涵台附近开挖探坑，开挖深度一般不小于预定基底高程以下1～2m，开挖的同时应分层选取代表性土样进行试验。

（3）钻探法。一般用轻型螺旋钻，最大钻进深度为5m左右，能取出扰动土样，可以判断土石类别及液性指数等。

单元学习2　施工准备工作

涵洞在公路工程施工中，所占总造价比例很小，但功能非常重要，涵洞施工质量的好坏，直接影响公路工程的整体质量及其使用性能。因此，涵洞施工质量不容忽视，应在施工前做好充分准备，周密安排，施工过程中严格控制施工质量，确保其质量达到设计及规范要求。

一、准备工作

1. 现场核对

涵洞开工前，应根据设计资料，结合现场实际地形、地质情况，对其位置、方向、孔径、长度、出入口高程以及与灌溉系统的连接等进行核对。核对时，还需注意农田排灌的要求，需要增减、涵洞数量、变更涵型或孔径时，应向监理反映，按照合同有关规定办理。

2. 施工详图

若原设计文件、图纸不能满足施工需要时，例如地形复杂处的陡峻沟谷涵洞、斜交涵洞、平曲线或大纵坡上的涵洞、地质情况与原实际资料不符处的涵洞等应先绘出施工详图或变更设计图，然后再依图放样施工。

3. 施工放样

根据涵洞设计图，在实地上把涵洞的中心线先确定下来。根据涵洞设计尺寸，把涵洞的基础、涵身、洞口基础、洞口墙身在实地上放样出来，用桩做标记，并用白灰画线。

1）涵洞中心线的确定

仪器立在涵洞中桩，根据设计的斜交角度，旋转水平度盘至涵洞中心线方向，在该方向上定出涵洞的$L_{上}$和$L_{下}$长度，定桩。在远离涵长的该方向上确定四个方向桩（A、B、C、D），如图4-10所示，上下游各两个，注意在钉桩时应该使桩相对固定。

2）涵身基础的放样

涵身基础的放样是依据涵洞中线与涵洞设计图里的基础尺寸，利用经纬仪和钢尺在实地上确定基础的轮廓线，如图 4-11 所示。

如图 4-11，基础放样的步骤如下：

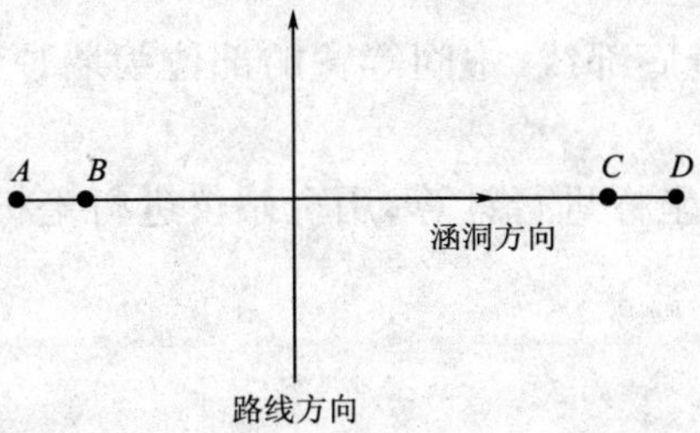

图 4-10　确定方向桩

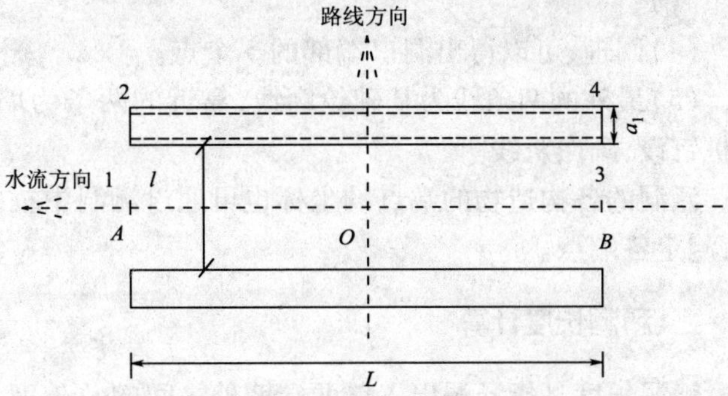

图 4-11　涵洞洞身基础放样

(1) 立仪于 O 点，瞄准线路方向，拨转涵洞角度，量取距离$\frac{L}{2}$，钉出涵洞上游长度 A 点，同理定出 B 点。

(2) 立仪于 A 点，瞄准 O 点，旋转 90°方向，量取$\frac{L}{2}$，钉出台基内侧边缘点 1。

(3) 从 1 点在该方向上量取 a，钉出 2 点。同理钉出 3、4 点。

(4) 在 1、2、3、4 点钉桩并用白灰把四点连线，涵身的基础线则放样完毕。

(5) 同理可以放出另一侧的涵身基础线。

3) 台身的放样

据图 4-11，在基础样放完后，在基础线内量取台身的尺寸并画线。

4) 洞口放样

常见的洞口式样有八字墙、直翼墙、一字墙、跌井等，现对洞口为八字翼墙的放样方法举例，如图 4-12 所示。

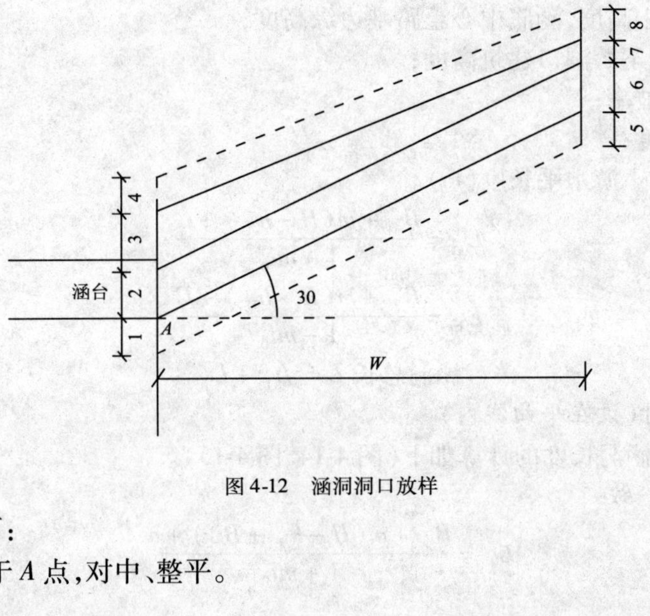

图 4-12　涵洞洞口放样

放样步骤如下：

(1) 立经纬仪于 A 点，对中、整平。

(2)瞄准涵台台身内侧方向，倒镜180°，拨转30°为翼墙方向，在该方向上量取设计图尺寸cos30，得墙身顶端内侧边缘点。

(3)继续旋转水平度盘60°，从A点量取距离2，再量距离3，再量距离4，倒镜180°，从A量取距离1。

(4)同理，可以得出洞口端部的5个点。

(5)最外的两条线为基础轮廓线，靠近的两条为墙身底部线，中间等宽的部位为墙顶线。用桩钉设，画白灰线。

涵洞的各构造物的端点的坐标也可通过涵洞中桩的坐标进行计算，用全站仪进行坐标放样，测定各端点。

二、涵洞长度计算

涵洞长度是指涵洞出入口两端墙外缘间的总长度，包括沉降缝、接缝在内。一般情况下，设计资料会提供涵长，可不必再进行计算；但在设计文件比较简单，或需要变更设计时，则需要进行涵洞长度计算。

1.无超高加宽时

无超高加宽时，涵洞长度的计算如下(图4-13)：

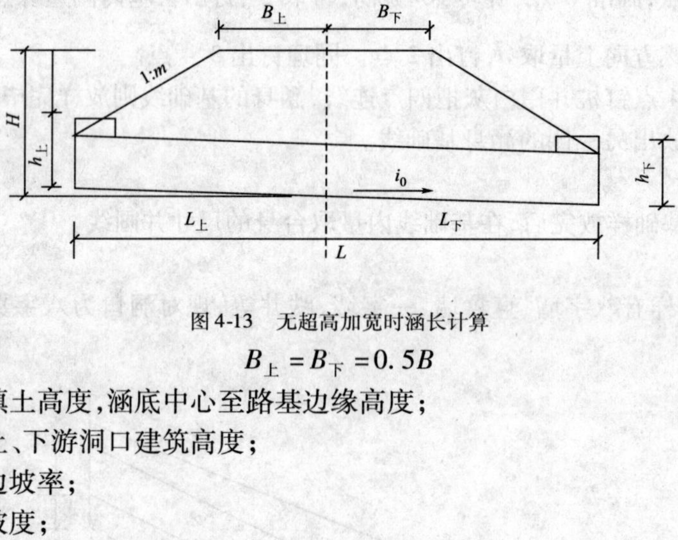

图4-13　无超高加宽时涵长计算

$$B_上 = B_下 = 0.5B \tag{4-1}$$

图中：H——路基填土高度，涵底中心至路基边缘高度；

$h_上$、$h_下$——涵洞上、下游洞口建筑高度；

m——路基边坡率；

i_0——涵底坡度；

$L_上$、$L_下$——涵洞上、下游水平长度(m)。

$$L_上 = \frac{B_上 + m(H - h_上) + C}{1 + mi_0}$$

$$L_下 = \frac{B_下 + m(H - h_下) + C}{1 - mi_0}$$

$$涵洞总长\ L = L_上 + L_下$$

2.有超高加宽时(设在平曲线内)

有超高加宽时，涵洞长度的计算如下(图4-14、图4-15)。

1)i_0与i_1方向一致

$$L_上 = \frac{B_上 + m(H - h_上 + Bi_1) + a}{1 + mi_0}$$

$$L_{下}=\frac{B_{下}+m(H-h_{下}-Wi_1)+W+a}{1-mi_0}$$

式中：$B_{上}$、$B_{下}$——半个标准路基宽；

W——路基加宽；

a——帽石宽度，没有则为0。

$$涵洞总长\ L=L_{上}+L_{下}$$

（注意：路基的设计高为未超高加宽前路基内侧边缘点的高程。）

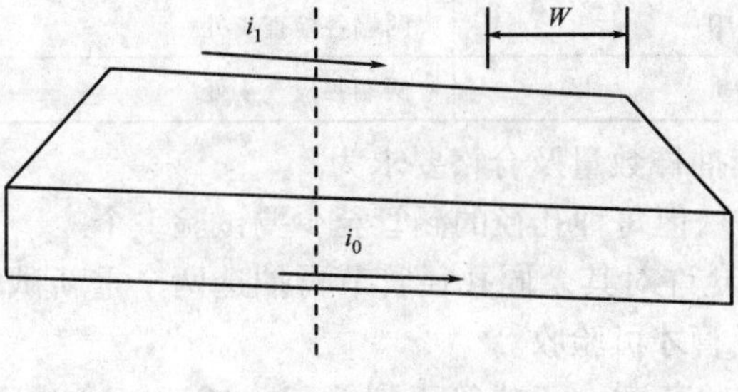

图4-14　有超高加宽时涵长计算1

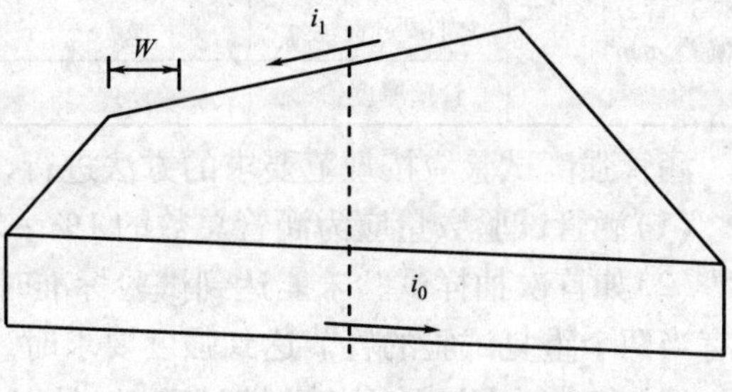

图4-15　有超高加宽时涵长计算2

2）i_0 与 i_1 方向相反

$$L_{上}=\frac{B_{上}+W+m(H-h_{上}-Wi_1)+a}{1+mi_0}$$

$$L_{下}=\frac{B_{下}+m+(H-h_{下}+Bi_1)+a}{1-mi_0}$$

涵洞总长　$L=L_{上}+L_{下}$

3. 斜交斜做涵洞（图4-16）

因：$L_{上}\cdot\cos\alpha=B_{上}+m(H-h_{上}-L_{上}i_0)+a$

所以：$L_{上}=\frac{B_{上}+m(H-h_{上})+a}{\cos\alpha+mi_0}$

同理：$L_{下}=\frac{B_{下}+m(H-h_{下})+a}{\cos\alpha-mi_0}$

（如没有 a，a 值可为0）

涵洞总长　$L=L_{上}+L_{下}$

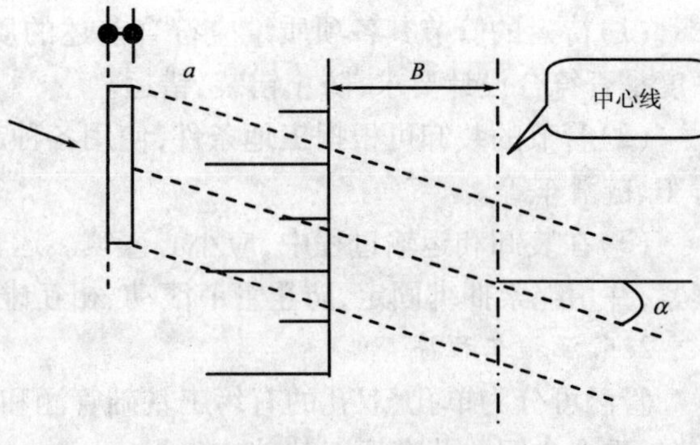

图4-16　斜交斜做涵长计算

单元学习3　各种类型涵洞施工技术

一、管涵

公路工程中的管涵有铸铁管，混凝土管涵和钢筋混凝土管涵，目前我国公路工程中多采用钢筋混凝土管涵。

1. 涵管的预制和运输

公路工程中涵洞圆管一般为外购，所以管涵预制不再进行详细说明，但涵管进场后必须对其质量进行检验。涵管质量要求及尺寸允许偏差见表4-2。

混凝土圆管节成品质量要求和尺寸允许偏差　　表4-2

项目		质量要求或允许偏差(mm)	检验方法和数量
1.管节形状		端面平整并与其轴线垂直,斜交管节端面符合设计要求	目测,用锤心吊线
2.管节内外侧表面		平直圆滑,如有蜂窝,每处面积不得大于3cm×3cm,深度不得超过1cm,其总面积不得超过全部面积的1%,并不得露筋。应修补完善后方准使用	目测,用钢尺丈量
3.管节尺寸允许偏差(mm)	管节长度	0~ -10	沿周边检查4处
	内(外)直径	±10	两端各检查4处
	管壁厚度	±5	两端各检查4处

涵管强度试验应按规范要求的方法进行,其抽样数量及合格要求为:

(1)涵管试验数量应为涵管总数的1%~2%,但每种孔径的涵管至少要试验1个。

(2)如首次抽样试验未能达到试验标准时,允许对其余同孔径管节再抽选两个重新试验。只有当两个重复试验的管节达到强度要求时,涵管才可验收。

(3)在进行大量涵管检验性试验时,是以试验荷载大于或等于裂缝荷载(0.2mm)时还没有出现裂缝者为达到标准。

在北方冬季寒冷冰冻地区的混凝土的涵管还应进行吸水率试验,要求钢筋混凝土涵管的吸水率不得超过干管质量的6%。

管节运输与装卸过程中,应注意下列问题:

(1)待运的管节其各项质量应符合前述的质量标准,应特别注意检查待运管节的顶填土高度是否符合设计要求,防止错装、错运。

(2)管节的装卸可根据工地条件,使用各种起重设备:龙门吊机、汽车吊和小型起重工具、滑车、链滑车等。

(3)在装卸和运输过程中,应小心谨慎。运输途中每个管节底面宜铺以稻草,用木块圆木楔紧,并用绳索捆绑固定,防止管节滚动、相互碰撞破坏。

2.管涵施工程序

管涵可分为单孔、双孔的有圬工基础管涵和单孔、双孔的无圬工基础管涵。结合管涵施工情况,重点介绍单孔有圬工基础施工程序。

1)施工工艺流程

施工工艺流程如下:

施工放样→基坑开挖→基底处理→基础浇筑→管节安装→洞口各部分砌筑→涵背回填。

2)管涵施工方法

(1)基坑开挖

先进行施工放样,完毕,根据施工设计图涵洞轮廓尺寸用白灰撒出基坑线(适当考虑开挖深度);测出原地面高程,根据原地面高程和坑底设计高程算出开挖深度(有原涵的用挖掘机先拆除原有涵洞);再根据开挖线及开挖深度(预留0.2m)人工整平,开挖成型,自检合格,报监理检查。

(2)基底处理

将基底承重面进行人工挂线整平,并结合已有的夯实设备进行夯实,使其满足基础设计要求,如基底有水不能彻底排干时,应将水引至排水沟,报监理检查后进行下道工序。

(3)基础浇筑

①砂砾垫层。基坑开挖成型后,做涵基承载力试验,合格后再将经检验合格的砂砾按用量分层填入槽中,然后人工整平,用打夯机分层夯实。每下一层完毕,检验合格后可进行上一层的填筑、整平、夯实,直至砂砾垫层全部完工检验合格。

②混凝土管基浇筑及端墙基础浇筑。当基坑开挖完毕并处理后,放出基础轮廓线,即可支模板,准备搅拌机,准备原材料,水泥、砂子、石头、水等。每批进场水泥,必须附有质量证明书,混凝土用的砂子,应采用级配合理、质地坚硬、颗粒洁净的天然砂,砂中有害杂质不超过规定;混合料中用石子要求质地坚硬,有足够强度,表面洁净,针、片状颗粒以及泥土、杂质等含量在规定要求内的,根据设计的配合比及施工所采用的原材料,在施工条件相同的情况下,拌和少量混凝土做试块试验,验证混凝土的强度及和易性(坍落度试验)。检查模板的尺寸和形状是否正确,接缝是否严密,支架连接是否牢固;清除模板内灰屑,并用水冲洗干净。

③混凝土拌和、运输、浇筑。机械拌和混凝土是在拌和机内进行,混凝土拌和前,应先测定砂石料的含水率,调整配合比,计算配料单。水泥以包为单位,砂石料过磅,其偏差按质量计时为3% ~5%。上料的顺序一般是先石子,次水泥,后砂子。混凝土拌和前,应先向鼓筒内注入用水量的2/3,然后把全部混合料喂入鼓筒,随即将余下的1/3水量注入,拌和时间一般为3min左右,以石子表面包满砂浆、混凝土颜色均匀为标准。一般采用独轮车双轮手推车及自卸三轮车运输。

混凝土浇筑应依照次序,逐层连续浇完,不得任意中断,并应在前层混凝土开始初凝前将次层混凝土拌和物浇捣完毕。当间歇时间超过表4-3规定的数值时,应按工作缝处理。

混凝土浇筑允许间歇时间　　表4-3

混凝土入模温度(℃)		20 ~30	10 ~19	5 ~9
允许间歇时间(h)	普通水泥	1.5	2.0	2.5
	其他水泥	2.0	2.5	3.0

待下层混凝土强度达到1 200kPa(钢筋混凝土达到2 400kPa)方可浇筑上层混凝土。在浇筑混凝土前应凿除施工缝下层混凝土表面的水泥砂浆和松弱层;经凿毛处理的混凝土表面应用水冲洗干净,刷一层砂浆。无筋构件的工作缝应加锚固筋。为保证混凝土在浇筑过程中不发生离析现象,应在浇筑无筋或少筋混凝土时,混凝土自由倾落高度不超过2m;浇筑钢筋较密的混凝土倾落最好不超过30cm。

④混凝土的振捣。用表面振捣器振捣混凝土,适用于管基混凝土,移位间距以使振捣器平板能覆盖已振实部分100mm为宜。

对每一振捣层部位必须振捣到该部位混凝土密实为止,密实标志是混凝土停止下沉,不再冒气泡,表面呈平坦泛浆。

管基混凝土浇筑需预留安放管节坐浆混凝土2 ~3cm。

⑤混凝土的养护。浇筑完成后,应在收浆后尽快覆盖草栅养护,混凝土洒水养护时间最少为7d。

(4)圆管安装

采用无支架缆索吊装,各管节应顺流水坡度安装平顺,当管壁厚度不一致时,应调整高度使内壁齐平,管节必须垫稳坐实,管道内不得遗留泥土等杂物。

管采用平接管,接缝宽度15mm,接口表面应平整。熬制一桶沥青,熬开,准备一批麻絮,用麻絮在热沥青中泡一下，用工具捞出，填塞于两圆管接缝里。塞满后再准备一卷油毡，上面涂满热沥青，黏在已塞满沥青麻絮的圆管接缝内外两侧，黏密实、黏紧、黏严，使之不能有空隙。随后用 M7.5 细砂浆抹面防护。

沉降缝每隔 4 ~ 6m 设置，分别设在路基中部和两侧行车道外侧，设置缝宽 2cm，采用 1cm 厚木板上涂热沥青，周围用沥青麻絮填塞密实。

(5)洞口各部砌筑

①砌筑注意事项。石料在砌筑前应清除污泥及其他杂质，以免影响石块与砂浆的结合；并将石块充分湿润。浆砌片石的砌缝宽度不大于 4cm，浆砌块石不得大于 3cm，上下层砌石应相互压叠，竖缝尽量错开，浆砌粗料石竖缝错开距离不得小于 10cm，浆砌块石不得小于 8cm。应将石块大面向下，不得在石块下用高于砂浆层厚度的石块支垫。浆砌砌体中石块都应以砂浆隔开，砌体中的空隙应用石块和砂浆填满。在砂浆尚未凝固的砌层上，应避免受外力碰撞，砌筑中断后应洒水养护，重新开始砌筑时，应将原砌筑表面清扫干净，洒水湿润，再铺浆砌筑。

②砌筑方法。砌筑开挖完毕并处理后，放出基础轮廓线，即可砌筑基础。砌筑时应自外边缘开始(定位行列)，砌好外圈后填砌腹部，基础一般用片石砌筑。当基底为土质时直接干铺于基土上，当基底为岩石时，则应铺坐砂浆再砌块石。第一层砌筑的石块应尽可能挑选大块的，平放铺砌，且交替丁放和顺放，并用小石块将空隙填塞灌以砂浆并加以捣实。然后开始一层一层平砌，每砌 2 ~ 3 层就要大致找平后再砌。当基础砌筑完毕后，并检查平面位置和高程均符合设计要求后，即可砌筑台身。砌筑前应将基础顶洗刷干净，砌筑时桥墩先砌上下游圆头石或分水尖；涵台先砌四角转角石，然后在已砌石料上挂线，先砌边部外露部分，最后填砌腹部，边面石料一般采用一丁一顺的排列方法，每砌 2 ~ 3 层大致找平。勾缝形式一般采用凸缝或平缝，勾缝砂浆强度等级应按实际文件规定。砌筑时，外层砂浆预留出距石面 1 ~ 2cm 的空隙，以备勾缝。

③砌筑工艺。一般采用铺灌和灌浆相结合的方法，砌筑时先铺一层砂浆，把片石铺上，每层高度不超过 40cm。空隙处先灌满较稠砂浆，再用合适的小石块卡紧，然后再铺上砂浆，以同样的方法继续砌筑上层石块，高度每隔 2 ~ 3 层砌缝应大致水平。

(6) 台背填土

采用砾石土，土中不得含有泥草腐殖物。台背填土顺路线方向长度，应自台身起顶面不小于涵台高度加 2m，底面不小于 2m。台背填土应分层填筑、分层夯实，分层厚度为 0.2m，用打夯机夯实，台背填土检查频率每 $50m^2$ 检查一点，不足 $50m^2$ 时至少检查一点，每点都应合格，压实度达到 95%。

二、盖板涵

1. 施工顺序

施工顺序为：

测量放样→基础开挖→清理基底→基础钢筋安装→浇筑基础→浇筑墙身→安装盖板→台背回填→洞口施工。

2. 盖板涵施工方法

1)准备工作

涵洞开工前，应根据设计文件资料进行现场核对，核对时还需注意农用排灌要求，如需要变更设计时，按变更程序进行办理；对地形复杂陡峻沟谷涵洞、斜交涵洞、平曲线和纵坡上涵洞，应先绘制出施工详图，然后再依图放样施工。

2）测量放样

基础的底宽度为基础的尺寸加上两侧预留排水或砌筑站人的宽度，根据土壤类别和深度，确定挖基坡度，算出上口宽，画出开挖范围，钉好桩橛。在施工场地附近设置控制桩和检查桩，以便经常核对涵洞位置。涵洞测量放样时应注意以下事项：

（1）注意核对涵洞纵横轴线的地形剖面图是否与设计图相符。

（2）注意涵洞的长度、涵底高程的正确性。

（3）对斜交涵洞、曲线上和陡坡上的涵洞，应考虑交角、加宽、超高和纵坡对涵洞具体位置、尺寸的影响。

（4）注意锥坡、翼墙、一字墙和涵洞墙身顶部和上下游调治构造物的位置、方向、长度、高度、坡度，使之符合技术要求。

3）挖基

根据测量放样出的挖基施工范围，进行开挖。如果基础土石方量很大，则采用人工配合机械施工；如果遇到岩石，则需进行松动爆破，然后人工处理，爆破必须严格采用松动爆破，避免药量过大导致基底岩层被破坏。

4）清理基础（图 4-17）

基础开挖完成后，对基底进行全面清理，石质基底可用水进行清洗，土质基底须清扫干净，然后按照基底设计高程进行复核，同时进行基底承载力试验。

5）立侧模、线架（图 4-18）

基坑测量结果和承载力均达到设计要求后，根据基础钢筋混凝土的形式，做出样板、线架，有关的各部尺寸、变化点的高程要标定在线架与样板上，施工中可经常检查、核对，能较好地控制施工质量。

图 4-17　基础示意图

图 4-18　立侧模、线架

6）浇筑混凝土（基础和墙身）

混凝土采用混凝土搅拌机集中拌和、罐车运输进行浇筑。混凝土应分段分层浇筑，上层混凝土在下层混凝土初凝前完成浇筑。上下层同时浇筑时，上层与下层前后浇筑距离应保持 1.5m 以上。混凝土的振捣使用插入式振捣器振捣，在振捣过程中，移动的间距不超过振捣器作用半径的 1.5 倍，振捣器应插入下层混凝土 50～100mm，布点要均匀，以保证混凝土的密实性。分段混凝土应一次性连续浇筑，当混凝土浇筑至模板顶后，及时清除表面已离析的混合物和水泥浮浆。浇筑涵洞基础和涵台墙身时，根据现场基底情况每 4 ~ 10m 设置一道沉降缝，沉降缝宽度 2cm，沉降缝两端面应保持竖直、平整，上下不得交错，缝间采用沥青麻絮填塞。

7）盖板的预制

钢筋混凝土盖板采取集中预制，对正交涵洞预制时仅对底模尺寸进行变换即可。当涵洞为斜交时，将洞口盖板预制为梯形即可，具体施工工艺如下：

（1）对盖板底模和侧模进行打磨，除去锈迹和局部疤痕，然后在模板上涂抹脱模剂，最后安装模板，测量尺寸和角度。

（2）在安装好的模板内绑扎钢筋，安装钢筋时注意将事先制作好的混凝土块（3 ~ 4cm）平稳安放在底层钢筋下，使钢筋保持设计规定的净保护层间距。

（3）钢筋安装完毕后复核盖板长度、宽度及角度，如果符合要求，可以开始浇筑混凝土。浇筑时振捣必须密实，同一块板一次性浇筑完毕，并对表面进行找平清洗，对超出侧模的混凝土予以清除，保持盖板厚度一致。

（4）当盖板的强度达到设计强度的 90% 后方能脱模搬运存放。盖板在存放时采用两点搁置（方木支垫于支撑线位置），不得翻转。

8）盖板的安装（图 4-19）

当涵台的强度达到设计强度的 90%，即可安装盖板。安装时采用汽车吊吊运安装，施工中注意以下事项：

（1）盖板在装卸和运输过程中，应注意安放平稳，以防碰撞破坏盖板表面和棱角。

（2）安装前，先清扫涵台顶的污物和杂尘，将涵台顶湿润，摊铺一层砂浆，然后将盖板安放就位。

（3）盖板在墙身和基础沉降缝处断开，沉降缝两侧的盖板采用沥青麻絮进行填塞，其余盖板之间采用 M30 水泥砂浆充填。

（4）盖板安装完毕后采用 M30 水泥砂浆充填台背与盖板间的空隙。

9）台背回填和涵顶填土（图 4-20）

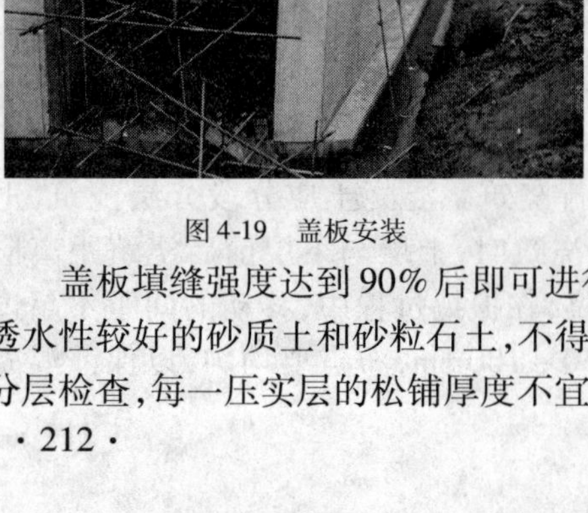

图 4-19　盖板安装

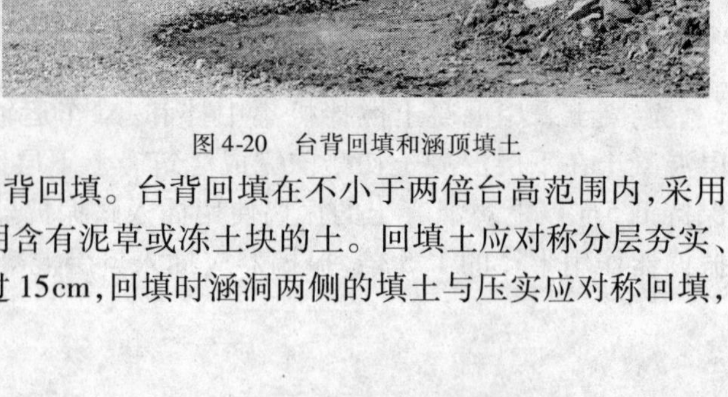

图 4-20　台背回填和涵顶填土

盖板填缝强度达到 90% 后即可进行台背回填。台背回填在不小于两倍台高范围内，采用透水性较好的砂质土和砂粒石土，不得采用含有泥草或冻土块的土。回填土应对称分层夯实、分层检查，每一压实层的松铺厚度不宜超过 15cm，回填时涵洞两侧的填土与压实应对称回填，填土碾压先用小型手扶振动夯或手扶振动压路机碾压，在涵顶以上 50cm 范围内采用轻型静载压路机碾压。涵洞顶部至路床顶面的压实度均为95%。

10）洞口工程（图4-21）

洞口工程包括跌水井、八字翼墙、墙锥（一字墙）坡等形式，施工时注意以下事项：

（1）涵洞进出口采用锥坡时，一字翼墙与洞身一起浇筑；采用跌水井、八字翼墙时均应与洞身分开砌筑，连接缝内填以沥青麻絮。

图4-21　洞口工程

（2）洞口帽石，可按涵洞孔径预制或现场浇筑。

（3）涵洞进出口铺砌，排水设施应做好与路基排水沟、原有沟渠的顺应连接，保持涵洞排水流畅。

三、拱涵

常见的拱涵类型有石拱涵、预制块拱涵、钢筋混凝土拱涵。现以预制块拱涵为例，将其施工程序简介如下：

施工准备→施工放样→基坑开挖→基础施工→台身施工及 C25（或 C30）混凝土预制块预制→搭设支架及拱架→拱圈砌筑→洞口砌筑→墙背分层夯填。

1. 施工放样

组织测量放样，复测中线、高程，准确放出基础位置，并在施工中根据设计及时复核、检查、校对相关结构尺寸变化（过程同盖板涵）。

2. 基础开挖

严格控制平面尺寸和高程，严禁扰动基底。采用挖掘机械开挖，人工配合开挖基底。当基坑开挖至设计高程时，对基底进行检测，如承载力不足，及时与设计、监理单位联系，采取适当措施处理后方可砌（浇）筑基础（过程同盖板涵）。

3. 基础砌筑（基础为 M10 砂浆砌 MU30 片石基础）

按照设计拱涵基础采用 M10 浆砌 MU30 片石，片石应分层砌筑，一般 2 ~ 3 层组成一个工作层，每一工作层应大致找平。应选用具有比较整齐表面的大尺寸石块作为角隅石及镶面石。相对长和短的石块应交错铺在同一层并和帮衬石或腹石交错锁结。竖缝应与邻层的竖缝错开，基础每隔 5m 设一道上下贯通的沉降缝，缝宽 1 ~ 2cm，用麻絮浸沥青填满全缝。

4. 涵洞台身砌筑及 C25（或 C30）混凝土预制块施工

块石砌体应成行铺砌，并砌成大致水平层次。镶面石应一丁一顺或一丁二顺砌筑，任何层次石块应与邻层石块搭接至少 80mm。帮衬石及腹石的竖缝应相互错开，砂浆砌筑平缝宽度不应大于 30mm，竖缝宽度不应大于 40mm。沉降缝与基础沉降缝对应并用麻絮浸沥青填满全缝。预制块在预制厂集中预制，严格按照设计及规范施工。

5. 拱圈砌筑

拱圈采用强度和几何尺寸满足设计要求的 C25（或 C30）预制块砌筑。涵洞内设满堂支架支承，采用钢制（或木制）拱式拱架，预制块拱圈从拱脚向拱顶对称均衡砌筑，并随时进行观察和测定，以控制拱架和拱圈的变形。沉降缝与台身沉降缝对应并用麻絮浸沥青填满全缝。拱圈砌筑应由两侧向中间同时对称进行，以防拱架失稳。护拱待拱圈合龙，砂浆强度达到设计强度的30%以上方可进行施工。

6. 进、出水口及八字墙砌筑

清理进出口，根据设计，测量放样八字墙平面几何尺寸，过程同盖板涵。

7. 拱架拆除和台背填土（图4-22）

拱圈强度达到设计强度的75%时方可拆除拱架；砂浆强度必须达到设计强度后方可进行拱上填土；台背填料用透水性能良好的砂砾，台后和翼墙后1m内严禁用重型机械压实，可采用人工、电动夯对称分层压实，压实度达95%以上。

8. 砌体勾缝、抹面及养护（图4-23）

砌体勾缝按照设计或规定采用凸缝或平缝。勾缝用M10水泥砂浆，砂浆强度应满足设计要求。湿砌体勾缝应嵌入砌缝内约20mm深，缝槽深度不足时，应凿够深度后再勾缝。浆砌砌体应在砂浆初凝后，洒水覆盖养生7～14d，养护期间应避免碰撞、振动或承重。

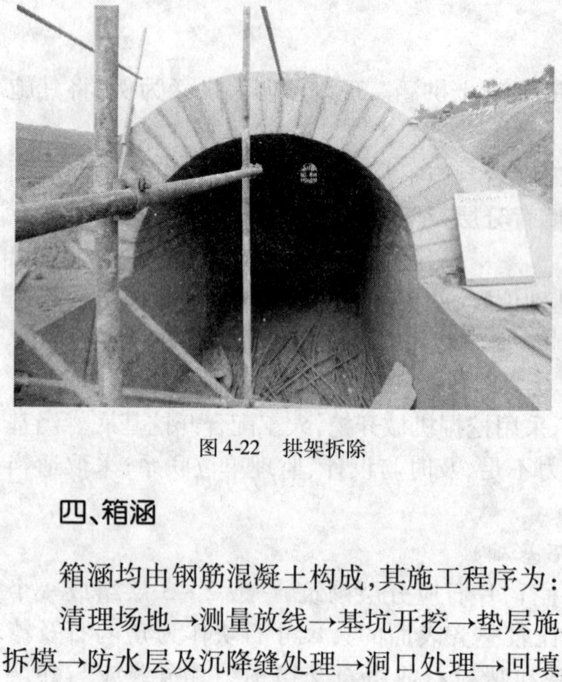

图4-22　拱架拆除

图4-23　砌体勾缝

四、箱涵

箱涵均由钢筋混凝土构成，其施工程序为：

清理场地→测量放线→基坑开挖→垫层施工→布筋→立模→浇筑混凝土→混凝土养护→拆模→防水层及沉降缝处理→洞口处理→回填土方。

其中，布筋→立模→浇筑混凝土→混凝土养护→拆模这段过程称为箱体施工，顺序为底板→侧板→顶板。

1. 基础及垫层施工

（1）精确测量放线，做好桩点固定保护，并经监理工程师检查验收。

（2）在修建涵洞时挖一道临时水沟排水，需通车路段埋设15～20m圆管，以便车辆通行。

（3）基坑开挖时不得超挖、欠挖，开挖后通知监理工程师验槽和进行触探试验。要求地基承载力不小于120kPa，即可进行素混凝土垫层的施工，否则作设计变更。

（4）施工C10素混凝土垫层，注意控制长、宽、厚度，变形缝每隔20m设一道，缝宽3cm。

2. 底板钢筋绑扎、支模、浇筑

（1）混凝土垫层施工完毕并达到一定强度后，在混凝土垫层表面放出底板边线，即可进行钢筋绑扎工作。钢筋锚固及搭接长度严格按照规范及设计图纸施工。

(2)模板应洒水润湿，靠混凝土一侧涂隔离剂，注意不得沾污钢筋和其他预埋件，保护层用砂浆垫块制成。

(3)底板混凝土浇筑分层浇筑，浇至高出底板50cm以上侧墙处；混凝土坍落度控制在5~7cm；混凝土用机械拌和，时间不少于2min。

(4)混凝土振捣采用插入式振捣器振捣，当混凝土不再有显著沉落，且没有较大气泡冒出，混凝土表面均匀、平整并已泛浆，则表面混凝土振动时间已足够，振捣时间为20~30s。

3. 侧墙、顶板混凝土浇筑

(1)侧墙、顶板钢筋绑扎以及支架、模板安装等工作完毕后，可进行混凝土浇筑工作。注意变形缝两侧混凝土不能同时浇筑，先浇一侧混凝土，待强度达到5MPa时，拆除模板，再浇筑另一侧混凝土。变形缝处混凝土必须振捣密实，设专人负责止水带附近的捣实和排气。

(2)混凝土自由下落的高度不大于1.5m，否则采用导管等方法降低自由倾落高度，以防止混凝土产生离析。

4. 拆模及养护

(1)侧模在混凝土强度达到2.5MPa时即可拆除，承重模板需在混凝土强度达到设计强度70%以上方可拆除(可以用试件强度或回弹仪测得混凝土强度)，气温在+20℃时需11.5d，+25℃时需8.5d，+30℃时需6d，+35℃时需4.5d。跨径小于3m的梁板，底模拆除只要达到设计强度等级的50%时可拆除。

(2)混凝土养护工作在混凝土浇筑后4~6h后进行覆盖、洒水，拆模后保持混凝土表面湿润不小于14d。

5. 八字墙进、出水口砌筑

片石和砂浆质量必须满足设计和规范要求；附属工程尺寸符合施工图设计要求；砌体砂浆应饱满，砌体外观美观；涵底铺筑浆砌片石，缝隙间填满砂浆防止冲刷；翼墙和侧墙设沉降缝断开，缝隙宽1~2cm，缝内填沥青麻絮。

6. 台背回填

(1)台背回填在混凝土达到设计强度70%以后，方可进行填土。材料选用含砂质黏土对称均匀回填，25cm一层，分层填筑，分层压实。

(2)如地形条件不允许，台背回填材料可用石粉，采用水密法振实，回填范围底宽不少于2m，顶宽不少于台高+2m。

五、软土地基涵洞基础的处理

在涵洞基坑开挖后，经检测地基承载能力达不到设计要求时，结合实际情况选用下列处理方案进行地基处理。

1. 基坑超挖(图4-24)

在基坑开挖后，经检测地基承载能力达不到设计要求，可根据检测的实际地质情况判定下层的土质情况，在监理工程师的许可下进行基坑的超挖。若以下地基的承载能力满足设计要求，即

图4-24　软土地基涵洞基础

可进行基础的施工。

2. 换填

在基坑超挖后仍不能满足设计要求时，可扩大基坑的开挖面积，砌筑浆砌片石或干砌片石，再铺设碎石垫层，使涵洞的地基应力扩散，经验算满足地基的承载能力后，可进行基础的砌筑。

3. 钢筋混凝土基础

在浆砌或干砌片石、铺设碎石垫层后，基底应力仍然满足不了设计要求，可考虑将原浆砌基础变更为钢筋混凝土整体式基础，使路基填筑后，涵洞能够均匀沉降。

单元学习4　涵洞附属工程施工

一、防水层

涵洞的钢筋混凝土结构设计防水层的作用是防止水分侵入混凝土内使钢筋锈蚀、缩短结构寿命。

防水层的材料多种多样。公路涵洞使用的主要防水材料是沥青，有些部位可使用黏土，以节省工料费用。

1. 防水层的设置

1）钢筋混凝土涵洞（不包括圆管涵）

涵洞的洞身及端墙、预制板拼接处、基础以上凡被土掩埋部分，一般防水处理为：涂热沥青两道，厚1~2mm，不另抹砂浆。

2）钢筋混凝土圆管涵

预制管节接头的拼装：管节间的缝隙用浸过沥青的麻絮填塞，外面用涂满热沥青的油毛毡圈裹两道或用二布涂阳离子氯丁橡胶防水材料；管节在对头拼接时，填塞缝隙的麻絮上半圈应从外往里填塞，下半圈应从里往外填塞。

2. 沥青的敷设

沥青可用锅、铁桶等容器以火熬制，或使用电热设备。铁桶装的沥青，应打开桶口小盖，将桶横倒搁置在火炉上，以文火使沥青熔化后，从开口流入熬制用的铁锅或大口铁桶中。熬制用的铁锅或铁桶必须有盖，以便在沥青飞溅或着火时，用以覆盖。熬制处应设在工地下风方向并与一般工作人员、料堆、房屋等保持一定距离，锅内沥青不得超过锅容积的2/3。熬制中应不断拌和至全部为液态为止。熔化后的沥青应继续加温至175℃（不得超过190℃）。熬好的沥青盛在小铁桶中送至工点使用。使用时的热沥青温度宜低于150℃。涂敷热沥青的圬工表面应先用刷扫净，清除粉屑污泥。涂敷工作宜在干燥温暖（温度不低于+5℃）的天气进行。

3. 沥青麻絮、油毡、防水纸的浸制方法和质量要求

沥青麻絮（沥青麻布）可采用工厂浸制的成品或在工地用麻絮以热沥青浸制。浸制后的麻絮，表面应呈淡黑色，无孔眼、无破裂和褶皱，横断面上应呈黑色，不应有显示未浸透的布层。油毡是用一种特制的纸胎（或其他纤维胎）用软化点低的沥青浸透制成，浸渍石油沥青的称石油毡，浸渍焦油沥青的称焦油沥青油毡。为了防止在储存过程中相互黏着，油毡表面应撒一层云母粉、滑石粉或石棉粉。防水纸（油纸）是用低软化点的沥青材料浸透原纸做成的，除沥青

层较薄、没有撒防黏层外，其他性质与油毡相同。油毡和防水纸可以从市场上采购，其外观质量应符合如下要求：

(1)油毡和防水纸外表不应有孔眼、断裂、褶皱及边缘撕裂等现象，油毡的表面防黏层应均匀地撒布在油毡表面上。

(2)毡胎或原纸内应吸足油量，表面油质均匀，撕开后的断面应是黑色的，无未浸透的空白纸层或杂质，浸水后不起泡、不翘曲。

(3)气温在25℃以下时，把油毛毡圈在2cm直径的圆棍上弯曲，不应发生裂缝和防黏层剥落等现象。

(4)将油毡加热至80℃时，不应有防黏层剥落、膨胀及表面损坏等现象。夏季在高温下不应黏在一起。

二、沉降缝

1. 沉降缝设置目的

结构物设置沉降缝的目的是避免结构物因荷载或地基承载力不均匀而发生不均匀沉陷，且产生不规则的多处裂缝，而使结构物破坏。设置沉降缝后，可限定结构物发生整齐、位置固定的裂缝，并可事先在沉降缝处予以处理；如有不均匀沉降，则将其限制在沉降缝处，有利于结构物的安全、稳定和防渗(防止管内水流渗入涵洞地基或路基内，造成土质浸泡松软)。

2. 沉降缝设置的位置和方向

涵洞洞身、洞身与端墙、翼墙、进出水口急流槽交接处必须设置沉降缝，但无圬工管涵仅于交接处设置沉降缝，洞身范围不设。具体设置位置视结构物和地基土的情况而定。

1)洞身沉降缝

一般每隔4~6m设置1处，但无基础涵洞仅在洞身涵节与出入口涵节间设置。缝宽一般3cm，两端与附属工程连接处也各设置1处。

2)其他应设沉降缝处

凡地基土质发生变化、基础埋置深度不一、基础对地基的荷载发生较大变化处、基础填挖交界处、采用填石垫高基础交界处，均应设置沉降缝。

3)岩石地基上的涵洞

凡置于岩石地基上的涵洞，不设沉降缝。

4)斜交涵洞

斜交涵洞洞口正做的，其沉降缝应与涵洞中心线垂直；斜交涵洞洞口斜做的，沉降缝与路基中心线平行；但拱涵与管涵的沉降缝一律与涵洞轴线垂直。

3. 沉降缝的施工方法

沉降缝的施工，要求做到使缝两边的构造物能自由沉降，又能严密防止水分渗漏。故沉降缝必须贯穿整个断面(包括基础)。沉降缝具体施工方法如下。

1)基础部分

可将原基础施工时嵌入的沥青木板或沥青砂板留下，作为防水之用。如基础施工时，不用木板，也可用黏土填入捣实，并在流水面边缘以1:3水泥砂浆填塞，深度约为15cm。

2)涵身部分

沉降缝外侧以热沥青浸制的麻筋填塞，深度约为5cm，内侧以1:3水泥砂浆填塞，深度约为 15cm,视沉降缝处圬工的厚薄而定。可以用沥青麻筋与水泥砂浆填满;如太厚,也可将中间部分先填以黏土。

3)沉降缝的施工质量要求

沉降缝端面应整齐、方正,基础和涵身上下不得交错,应贯通,嵌塞物应紧密填实。

4.保护层

对于有圬工基础涵洞的基础襟边以上,均顺沉降缝周围设置黏土保护层,厚约 20cm,顶宽约 20cm。对于无圬工基础涵洞,保护层宜使用沥青混凝土或沥青胶砂,厚度 10~20cm。

三、涵洞进出水口

涵洞进出水口工程是指涵洞端墙、翼墙(包括八字墙、锥坡、平行廊墙)以外的部分,如沟底铺砌和其他进出水口处理工程。

1.平原区的处理工程

涵洞出入口的沟床应整理顺直,与上、下排水系统(天沟、路基边沟、排水沟、取土坑等)的连接应圆顺、稳固,保证流水顺畅,避免损害路堤、村舍、农田、道路等。

2.山丘区的处理工程

在山丘区的涵洞底纵坡超过 5% 时,除进行上述整理外,还应对沟床进行干砌或浆砌片石防护;当翼墙以外的沟床坡度较大时,也应铺砌防护。防护长度、砌石宽度、厚度、形状等,应按设计图纸施工。如设计图纸漏列,应按合同规定向业主提出,由业主指定单位作出补充设计。

四、涵洞缺口填土

(1)建成的涵管、圬工达到设计要求的强度后,应及时回填。回填土要切实注意质量,严格按照有关施工规定和设计要求处理。

(2)填土路堤在涵洞每侧不小于两倍孔径的宽度及高出洞顶 1m 范围内,应采用非膨胀的土从两侧分层仔细夯实。每层厚度 10~20cm,特殊情况也可用与路堤填料相同的土填筑。管节两侧夯填土的密实度标准,高速公路和一级公路为 95%;其他公路为 93%。管节顶部其宽度等于管节外径的中间部分填土,其密实度要求与该处路基同。如为填石路堤,则在管顶以上 1m 的范围内应分三层填筑:下层为 20cm 厚的黏土;中层为 50cm 厚的砂卵石;上层为 30cm 厚的小片石或碎石。在两端的上述范围及两侧每侧宽度不小于孔径的两倍范围内,码填片石。对于其他各类涵洞的特别填土要求,应分别按照有关的设计要求办理。

(3)用机械填筑涵洞缺口时,须待涵洞圬工达到容许强度后,涵身两侧应用人工或小型机具对称夯填,高出涵顶至少 1m,然后再用机械填筑。不得从单侧偏推、偏填,使涵洞承受偏压。

(4)冬季施工时,涵洞缺口路堤、涵身两侧及涵顶 1m 内,应用未冻结土填筑。

(5)回填缺口时,应将已成路堤土方挖出台阶。

思考题

1.简述涵洞的种类、特点及使用条件。

2.简述涵洞出入口建筑的类型及特点。

3.涵洞类型应如何选择?